HISTOIRE

DE

L'HARMONIE AU MOYEN AGE

HISTOIRE
DE L'HARMONIE
AU MOYEN AGE

PAR

E. DE COUSSEMAKER

CORRESPONDANT DU COMITÉ HISTORIQUE DES ARTS ET MONUMENTS
ASSOCIÉ DE L'ACADÉMIE ROYALE DE BELGIQUE

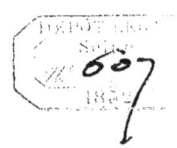

PARIS
LIBRAIRIE ARCHÉOLOGIQUE DE VICTOR DIDRON
13, RUE HAUTEFEUILLE

M DCCC LII

IMPRIMÉ PAR LES PROCÉDÉS D'E. DUVERGER,

RUE DE VERNEUIL, N° 6.

PRÉFACE

Dans l'histoire de la musique au moyen âge, le fait dominant est la constitution, à l'état d'art, de la musique à sons simultanés, de la musique mesurée et de la notation proportionnelle, trois éléments intimes, si l'on peut s'exprimer ainsi, de l'harmonie. Ce mot " harmonie", nous le prenons ici dans le sens le plus large et le plus général.

Les traités de musique de Hucbald, moine de Saint-Amand, montrent que, au IXe siècle, la musique à sons simultanés était soumise à certaines règles; mais ces règles ne concernaient que l'organum ou la diaphonie, l'un et l'autre composés exclusivement de successions harmoniques, par mouvement semblable, d'octaves, de quintes et de quartes, auxquelles on ne peut pas, à vrai dire, donner le nom d'art. La musique à sons simultanés, formée d'intervalles et de mouvements mélangés, où les successions continues d'un même intervalle n'étaient plus employées que rarement, et par exception en quelque sorte, celle qui n'était pas entièrement composée de note contre note, mais où plusieurs notes se faisaient entendre contre une ou plusieurs autres dans des proportions de durée déterminée, le déchant, en un mot, marque le point de départ de l'harmonie comme art.

La musique mesurée existait avant le XIIe siècle, en ce sens que les chants populaires et certains chants ecclésiastiques, dont plusieurs étaient populaires aussi, avaient un rhythme musical. Dans les chants latins, le rhythme musical était de deux sortes : l'un, basé sur le mètre poétique; l'autre, déterminé par l'accentuation. Les chants des peuples du Nord n'avaient d'autre rhythme que celui résultant de l'accent. Mais ni l'un ni l'autre ne constituent la musique mesurée proprement dite. A mesure que le mètre poétique s'est affaibli par l'influence de plus en plus grande de l'accentuation, le rhythme musical a pris plus de prépondérance, plus d'extension, plus d'indépendance ; c'est néanmoins de l'ensemble de ces deux éléments qu'est née la musique mesurée du XIIe siècle.

Les mélodies profanes semblent s'être transmises plutôt par les traditions que par l'écriture, car les manuscrits antérieurs au XIIe siècle en renferment très peu avec notation musicale, bien qu'ils semblent avoir été assez nombreux. Ceux-là, du reste, comme les autres étaient notés en neumes, la seule notation en usage à cette époque. Les neumes, ainsi que nous le ferons voir, avaient quelques signes représentatifs de la durée des sons, mais ces signes n'étaient pas toujours bien précis; l'inexactitude des notateurs coopérait à les rendre encore plus équivoques ou plus incertains. Ce qui manquait surtout, c'étaient des principes déterminés sur la proportionnalité de la durée des sons ; c'était un système où étaient réglées, d'une manière claire et nette, les diverses modifications de durée.

Les règles sur le déchant, sur la musique mesurée et sur la notation proportionnelle paraissent s'être établies entre le Xe siècle et le XIIe. Toutefois, les documents connus ne permettent ni de leur assigner une date fixe, ni de suivre leurs premiers développements avec exactitude. Ceux qui ont été publiés jusqu'à présent ne remontent pas au delà de la fin du XIIe siècle. A cette époque, la doctrine précédemment élaborée et pratiquée avait déjà reçu de grands perfectionnements ; elle se trouvait en quelque sorte fixée par le célèbre Francon de Cologne, considéré longtemps comme l'inventeur de la musique mesurée et dont l'autorité en cette matière fut invoquée pendant deux siècles par les maîtres et les didacticiens qui l'ont suivi. Les documents que nous publions sont presque tous antérieurs à la fin du XIIe siècle ; le plus ancien remonte à la fin du XIe. Indiquer cette date, c'est signaler l'importance de ces documents, puisqu'ils viennent combler une lacune considérable dans une partie importante de l'histoire musicale qui n'était qu'imparfaitement connue.

Quant à l'état de l'harmonie mesurée à l'époque qui a précédé celle à laquelle appartiennent nos documents, on ne possède d'autres renseignements que quelques indications semées çà et là que nous examinerons dans le cours de notre travail. Hucbald, Gui d'Arezzo et Jean Cotton, les seuls écrivains qui traitent de l'harmonie, ne font aucune mention de la musique mesurée. Son origine et son premier développement sont encore une sorte de mystère, dont le voile ne sera déchiré que par la découverte de documents analogues à ceux qui existent pour les époques postérieures. En vue, non d'y suppléer, mais de faire connaître, dans la mesure de nos forces, les phases apparentes de cette branche historique, nous avons pensé qu'il ne serait pas sans intérêt de présenter quelques considérations sur l'origine et le développement de l'harmonie, de la musique mesurée et de la notation proportionnelle, et de rechercher de quelle manière, par quelles transitions ces parties de l'art sont arrivées au point où on les trouve exposées dans nos documents.

Le commencement du XIe siècle, qui semble marquer cette époque de transition, est encore enveloppé d'obscurités. Non-seulement les documents font défaut, mais les renseignements partiels, les rares indications fournies par les auteurs contemporains ou postérieurs, permettent à peine de fixer approximativement le vrai caractère de cette transition. Les découvertes importantes sur l'histoire de la musique au moyen âge, faites depuis quelques années, laissent espérer que, lorsqu'on aura fouillé et exploré à fond nos bibliothèques et nos archives, si riches en documents historiques de toute nature, on en trouvera qui, en comblant cette lacune, viendront lever plus d'un doute, rectifier plus d'une erreur et modifier, peut-être sur plus d'un point, les opinions reçues. En attendant et sans avoir la prétention de dissiper entièrement les nuages qui couvrent encore cette période, nous allons grouper les faits connus et nouveaux, et tâcher d'en faire ressortir l'importance historique. Heureux si, par notre labeur, nous sommes parvenu à jeter quelque lumière sur ce sujet.

PRÉFACE.

Si l'histoire de la musique au moyen âge a été, pendant longtemps, peu ou mal connue, cela tient surtout à l'oubli où sont restés les documents originaux et les monuments. Privés de notions certaines et positives, les littérateurs auxquels, dans le siècle dernier, on avait, pour ainsi dire, abandonné exclusivement le monopole de l'histoire de la musique, ont, les uns, bâti des systèmes qui n'avaient d'autre base que l'originalité ou la fécondité de leur imagination, les autres, répété des erreurs déjà accréditées. Aujourd'hui on est entré dans une voie différente. Pour être accueilli avec faveur, pour inspirer de la confiance, l'historien a besoin de s'appuyer sur des faits précis, sur des documents authentiques. Que de services n'a pas rendus aux érudits la collection des écrivains sur la musique au moyen âge publiée par l'abbé Gerbert! Que d'erreurs n'a pas détruites l'apparition de cet ouvrage! Ce n'est que de ce moment, à vrai dire, qu'on a commencé à étudier avec fruit et sur des fondements solides l'art musical de nos ancêtres. C'est depuis lors qu'on a vu paraître les savants travaux de Burney, de Forkel, de Kiesewetter, et ceux de MM. Fétis, de Winterfeld, Danjou et d'autres dont on trouvera les publications mentionnées dans la nomenclature bibliographique qui termine la première partie de cet ouvrage.

Notre histoire de l'harmonie au moyen âge est divisée en trois parties intitulées : Histoire, Documents, Monuments.

L'histoire offre le récit de l'origine et du développement de l'harmonie ; l'exposé des doctrines théoriques et pratiques qui se sont succédé ; la discussion des divers systèmes ; en un mot, le narré de tous les éléments qui ont concouru à la formation du vaste ensemble de la musique à sons simultanés. Les documents sont la base théorique et pratique de l'histoire ; les monuments en sont les exemples ou l'application sous toutes les formes.

La partie historique comprend, dans trois études qui se lient entre elles, malgré leur diversité apparente, ce que nous considérons comme les trois principaux éléments de l'harmonie : la simultanéité des sons, le rhythme musical, la notation.

PRÉFACE.

Dans la première, nous prenons la musique à sons simultanés dès son origine, pour la conduire à travers l'organum, la diaphonie et le déchant jusqu'au XIVe siècle, époque où le contre-point se trouve établi sur les vrais principes de l'harmonie diatonique, principes encore en vigueur et devenus les règles fondamentales de l'art d'écrire.

La seconde, intitulée « Musique rhythmée et mesurée », a pour objet le rhythme musical dans les chants populaires, dans la musique des anciens, dans les chants latins du moyen âge, dans le plain-chant, dans le drame liturgique, transitionnel et profane. Nous établissons que la musique mesurée, telle qu'elle existait au XIIe siècle, et dont les plus anciens vestiges ne semblent pas dater d'une époque antérieure au XIe siècle, a sa source dans le rhythme musical des anciens et des peuples du Nord.

La troisième est une étude historique et pratique sur la notation. Nous y démontrons que les neumes, par des transformations successives, ont donné naissance à la notation carrée du XIIe siècle. Cette démonstration a donné lieu à des recherches sur l'origine des neumes, leur développement, leur signification et leur traduction. Ces recherches, sans présenter un résultat complet, pourront du moins être considérées comme des jalons propres à tracer la voie pour arriver à la solution des questions importantes qui se rattachent à cette branche de la paléographie.

La deuxième partie, intitulée « Documents », renferme sept traités inédits dont l'importance sera, nous le pensons, appréciée par tous les savants. Un de ces traités est du XIe siècle; cinq appartiennent à la première moitié du XIIe; le septième a été écrit, au XIVe siècle, par l'Anglais Hothby, dont les ouvrages sont restés totalement inexplorés jusqu'à présent. Chacun de ces documents étant précédé d'une notice bibliographique, nous n'en dirons pas davantage ici.

La troisième partie, ayant pour titre « Monuments », contient une série de pièces de musique depuis le IXe siècle jusqu'au XIVe. Nous y donnons, en fac-similés fidèlement reproduits, même avec les couleurs des manuscrits, tout ce que nous avons pu recueillir de plus remarquable en fait de musique religieuse, civile, militaire, dramatique, de table et de danse, ce qui permettra d'étudier l'art dans ses sources les plus authentiques. Nous y ajoutons leur traduction en notation moderne.

A qui sait la rareté des monuments de musique antérieurs au xiiie siècle, il sera facile de comprendre de quelle importance sont, pour l'étude de l'harmonie, de la musique mesurée et de la notation, ceux que nous publions ici. Est-il besoin de faire remarquer que la plupart de ces pièces étant conçues dans un ordre d'idées différent de celui qui règne aujourd'hui, il est nécessaire, pour apprécier leur valeur, de se dégager des dispositions que l'on apporte habituellement au jugement d'une pièce de musique moderne?

Nous ne saurions assez appeler l'attention sur les monuments originaux; car, de même que l'histoire de notre architecture nationale du moyen âge se trouve en quelque sorte écrite sur les cathédrales, les abbayes, les hôtels de ville et autres édifices, tant civils que religieux, de même l'histoire musicale possède ses éléments les plus vrais dans les mélodies, les motets et les chants de tout genre, pour la plupart restés jusqu'ici enfouis dans la poussière des bibliothèques. Il est donc nécessaire de les recueillir, de les publier, puisque c'est par là que l'on acquerra l'idée la plus juste et la plus exacte de l'art.

Si, au lieu des théories spéculatives sur la musique des Grecs, on possédait des monuments pratiques, où l'on pût étudier l'art tant vanté de ce peuple, on serait mieux instruit à cet égard qu'on ne l'est, et l'on ne verrait pas, depuis des siècles, se soutenir sur divers points les systèmes les plus contradictoires.

Les documents originaux, les monuments, voilà donc les véritables sources historiques. Tandis que les uns révèlent exactement les faits et les traditions, les autres montrent l'art sous ses diverses formes, sous ses divers aspects, suivant les époques auxquelles ils appartiennent. Ces deux éléments, se complétant l'un par l'autre, concourent à donner à l'histoire sa physionomie la plus fidèle.

PRÉFACE.

Tous les fac-similés de la troisième partie ont été faits de notre main. Tous ont été calqués, par nous, sur les manuscrits eux-mêmes, excepté la "Prose de Montpellier", que nous donnons d'après M. Paulin Blanc[1]; le "Modus Ottinc", d'après M. Bethmann; l'"Ode à Philis", d'Horace, d'après MM. Paulin Blanc et Laurens, de Montpellier; les "Tableaux de neumes" du Vatican, du Mont-Cassin et de Saint-Marc de Venise, d'après M. Danjou, et l'"Ode à Albius", d'Horace, d'après le docteur Ottema de Leuwarden. Nous en garantissons donc la rigoureuse exactitude, et l'on ne doutera pas de celle des sources que nous venons d'indiquer.

Quant à nos traductions, en notation moderne, des pièces écrites en neumes, nous n'avons pas la prétention de croire qu'elles soient toutes exemptes d'erreurs. Elles laissent peut-être à désirer sous plus d'un rapport. Nous ne craignons pas d'ailleurs de confesser que des doutes se sont quelquefois élevés dans notre esprit sur l'enchaînement de certains signes. Si nous avons passé outre, c'est dans la pensée que notre excuse se trouverait, d'une part, dans le désir que nous avons eu d'être agréable aux érudits en leur offrant à lire quelques spécimens des mélodies de ces temps reculés, et, d'une autre, dans la facilité que nous procurons à de plus habiles que nous de rectifier nos erreurs au moyen des originaux que nous reproduisons.

Mais en somme, à notre travail personnel, qui pourra être diversement apprécié, se joignent d'abord sept documents inédits très importants, puis une collection de monuments les plus curieux, dont la publication mérite l'attention de tous ceux qui veulent étudier dans leurs sources originales l'histoire de l'art musical au moyen âge.

Nous terminerons ces lignes par une observation qui n'est pas sans importance au point de vue général de notre histoire nationale.

---

[1] M. P. Blanc, dans sa dissertation sur cette prose, page 8, indique que le manuscrit porte une ligne tracée à la pointe sèche dans l'épaisseur du vélin. Nous avons fait reproduire cette ligne sur une copie faite d'après le fac-similé de M. Blanc; mais cette ligne nous ayant paru ne pas y occuper toujours sa véritable face, nous avons préféré donner le fac-similé sans lignes.

PRÉFACE.

Quand on examine avec attention nos documents et monuments, leur origine, l'époque à laquelle ils appartiennent, on est frappé d'une idée qu'ils font naître : c'est que tous les anciens traités de déchant étant d'origine française, on se sent porté à croire que le déchant a pris naissance dans notre patrie. Cette opinion, qui ne semble pas pouvoir être sérieusement contestée, au profit du moins d'une autre nation, acquiert une nouvelle force de ce fait, que tous les traités antérieurs au XIIIe siècle, découverts dans les autres contrées de l'Europe[1], sont d'origine française, et que tous les auteurs, non français, qui ont écrit sur le déchant et sur la musique mesurée, sont postérieurs aux documents que nous publions. D'un autre côté, Jean de Garlande et le nommé Aristote, qui paraissent avoir été contemporains de Francon de Cologne, dont l'origine et l'époque où il vécut sont d'ailleurs controversées, ne lui sont guère inférieurs en mérite. L'autorité de cet Aristote, suivant le témoignage de Jean de Muris, semble même avoir égalé celle de Francon de Cologne.

Une autre circonstance digne de remarque est l'espèce de corrélation qui existe entre l'origine du système ogival et du déchant. Il est curieux que ce soit en France[2] que ces deux faits, d'une importance capitale, dans deux ordres d'idées tout différents, se soient produits et développés presque simultanément.

Nous devons des remercîments envers plusieurs personnes qui nous ont prêté leur concours par des communications obligeantes. Leurs noms se trouvent mentionnés dans le cours de notre ouvrage.

Malgré tous les soins donnés à la correction des épreuves, il s'est glissé quelques fautes légères qu'il sera facile au lecteur de rectifier; nous nous

---

(1) Les bibliothèques d'Italie, si riches en ouvrages sur la musique, n'en contiennent aucun sur le déchant qui soit antérieur à la fin du XIIe siècle. MM. Danjou et Morelot, dans leur voyage de 1847, n'y ont rencontré que des traités des XIIIe, XIVe et XVe siècles.

(2) Voyez, dans les *Annales archéologiques* de M. Didron, volumes II et III, les articles de M. Félix de Verneilh et de M. Lassus, architecte de la Sainte-Chapelle et de Notre-Dame de Paris, sur l'origine, la patrie, la date et l'appellation du style ogival.

bornons à signaler les suivantes, comme pouvant donner lieu à méprise ou erreur :

Page 9, ligne 5, lisez Gerb., *Script.*, au lieu de *ibid.* — Page 10, suite de la note précédente, lisez *ibid.*, au lieu de Meibom, etc. — Page 33, avant-dernière ligne, supprimez le mot "que". — Page 65, ligne 23, lisez " Vallicellana ", au lieu de " Vatticellana ". — Page 119, ligne 13, lisez " famina ", au lieu de " fumina ". — Page 135, lignes 33 et 34, lisez " entre le corps de deux animaux ". — Page 136, ligne 4, au lieu de " adorait ", lisez " adorera "; ligne 30, au lieu de " in fures ", lisez " infans "; ligne 33, au lieu de " clautus ", lisez " clausus ". — Page 179, note 4, lisez " instrumentum ", au lieu de " ministerium ".

PREMIÈRE PARTIE

HISTOIRE

HISTOIRE
DE
L'HARMONIE AU MOYEN AGE

PREMIÈRE PARTIE
HISTOIRE

I
HARMONIE

CHAPITRE PREMIER.

Origine de l'harmonie. — Connaissance que les Grecs en ont eue.

L'homme remonte volontiers à l'origine des choses, de celles surtout qui lui procurent des jouissances ou des émotions. Il en a été ainsi de la musique à sons simultanés, appelée par les modernes "harmonie". Dès qu'elle a eu pris un développement assez grand pour exciter un attrait général, elle a été l'objet d'investigations historiques. Les études se sont portées d'abord sur la musique des Orientaux dont la civilisation nous est la mieux connue. Après l'avoir vainement recherchée chez les plus anciens en date, les Indiens et les Chinois, on a interrogé la musique des peuples occidentaux. Les Grecs étant regardés comme la nation de l'antiquité chez laquelle la civilisation et les beaux-arts se sont élevés au plus haut degré de perfection, il était naturel d'examiner s'ils avaient connu l'harmonie. Avant le XVIe siècle, cette question ne semble pas s'être présentée à l'esprit des savants, convaincus qu'ils étaient de la supériorité des Grecs en toutes choses et principalement en fait de beaux-arts; mais, à cette époque dite de renaissance, où les idées et les études se sont dirigées vers tout ce qui concerne la littérature et les arts de la Grèce et de Rome, l'on examina avec avidité les documents dans l'espoir d'y retrouver des vestiges de cette partie de l'art qu'on avait à cœur de faire revivre. De cet examen surgit la question de savoir quelle avait été la part des peuples anciens dans l'origine et la constitution de l'harmonie. Cette question, agitée par les littérateurs, champions de l'antiquité, aussi bien que par les musiciens érudits, se présenta donc d'une manière complexe. On voulut savoir si les Grecs avaient connu l'harmonie, quelle était cette harmonie et s'ils en avaient fait usage dans leur musique pratique. A cet égard on se divisa en deux camps, où les thèses contraires et absolues furent débattues avec une grande ardeur, sans qu'il soit intervenu une solution décisive en faveur de l'un ou l'autre système. La lutte s'est prolongée et elle n'est pas éteinte, car le même dissentiment existe encore parmi les savants modernes les plus recommandables. La question a fait pourtant un pas : d'un côté, beaucoup de ceux qui soutiennent la négative ne contestent plus d'une manière absolue que les Grecs ont connu la relation simultanée de certains sons; de l'autre, plusieurs de ceux qui se prononcent pour l'affirmative admettent que l'usage de l'harmonie par les Grecs y a été fort restreint. C'est dans ces limites qu'il convient, selon nous, de se maintenir.

Il est certain en effet que les Grecs ont connu la musique à sons simultanés; mais cette harmonie était tellement limitée, que ce n'est pas tout à fait sans raison que quelques-uns l'ont considérée comme ne devant entrer en aucune ligne de compte, eu égard à nos idées modernes sur cette science.

Avant de dire en quoi consistait l'harmonie des Grecs, nous croyons devoir faire remarquer que ce mot, fréquemment employé par ceux de leurs auteurs qui ont écrit sur la musique, n'a pas chez eux la signification qu'on lui donne aujourd'hui. Le mot "harmonie" pris dans son acception la plus générale, signifiait chez les Grecs l'arrangement ou l'enchaînement des sons considérés sous le rapport mélodique de leur acuité ou de leur gravité. Ce n'était point le mélange de plusieurs sons frappant l'oreille en même temps. Cela résulte clairement du passage suivant d'Aristide Quintilien : « Toute la science harmonique, dit-il, se divise en sept parties : la première traite des sons; la seconde, des intervalles; la troisième, des systèmes; la quatrième, des

CHAPITRE I.

genres; la cinquième, des tons; la sixième, des mutations; la septième, de la mélopée[1]. »

Lucien n'est pas moins formel : « Chaque espèce d'harmonie, dit-il, doit conserver son propre caractère : la phrygienne, son enthousiasme; la lydienne, son ton bachique; la dorienne, sa gravité; l'ionienne, sa gaieté[2]. »

Un passage de Platon confirme les deux précédents. « On appelle cadence, dit-il, l'ordre ou la suite du mouvement; on appelle harmonie l'ordre ou la suite du chant, de l'aigu et du grave, diversement combinés et entremêlés[3]. »

Ce serait donc une erreur de croire qu'il s'agit de musique à sons simultanés dans les « Éléments de l'harmonie » d'Aristoxène; dans « l'Introduction à l'harmonie » d'Euclide et de Gaudence, dans le « Manuel d'harmonie » de Nicomaque et dans les « Harmoniques » de Ptolémée.

Nous ne prétendons pas dire par là que la musique à sons simultanés soit exclue des traités grecs sur la musique, ou qu'il n'y soit question que de mélodie; on y trouve en effet plus d'un passage où il est parlé de ce que nous appelons "harmonie". Nous voulons seulement démontrer que le mot "harmonie" n'avait pas chez les Grecs la signification restrictive qu'il a aujourd'hui, et qu'on serait dans l'erreur si on le prenait dans ce sens.

Cela entendu, voici de quoi se composait l'harmonie des Grecs. Lorsqu'une mélodie était chantée par plusieurs voix, ces voix étaient de même timbre ou de timbres différents. Dans le premier cas, on chantait à l'unisson, et cela s'appelait "homophonie"; dans le second cas, on chantait à l'octave, et cela se nommait "antiphonie". Ainsi on donnait à une mélodie le nom d'homophonie ou d'antiphonie, suivant qu'elle était chantée par des voix égales, c'est-à-dire par des voix d'hommes exclusivement, ou par des voix de femmes exclusivement, ou par des voix d'enfants exclusivement encore, ou qu'elle était dite simultanément par des voix d'hommes unies à des voix de femmes ou à des voix d'enfants[4].

(1) « Ὅτι τῆς πάσης ἁρμονικῆς μέρη ἑπτά. Διαλαμβάνει γὰρ πρῶτον περὶ φθόγγων· δεύτερον περὶ διαστημάτων· τρίτον, περὶ συστημάτων· τέταρτον, περὶ γενῶν· πέμπτον, περὶ τόνων· ἕκτον, περὶ μεταβολῶν· ἕβδομον, περὶ μελοποιίας. » —MEIBOMIUS, Antiquæ musicæ auctores septem, vol. II, p. 9.

(2) « Καὶ τῆς ἁρμονίας ἑκάστης διαφυλάττειν τὸ ἴδιον, τῆς φρυγίου τὸ ἔνθεον, τῆς λυδίου τὸ βακχικόν, τῆς δωρίου τὸ σεμνὸν, τῆς ἰωνικῆς τὸ γλαφυρόν. » —In Harmon.

(3) « Τῇ δὲ τῆς κινήσεως τάξει ῥυθμὸς ὄνομα εἴη, τῇ δ' αὖ τῆς φωνῆς, τοῦ τε ὀξέος ἅμα καὶ βαρέος συγκεραννυμένων, ἁρμονίας ὄνομα προσαγορεύοιτο. » —PLATO, De Legibus, II, 9.

(4) Aristote dit que l'antiphonie est la consonnance de l'octave; « τὸ μέν ἀντίφωνον σύμφωνόν ἐστι διὰ πασῶν. » A quoi il ajoute : Elle résulte du mélange de la voix de jeunes enfants avec celle des hommes faits, lesquelles voix sont entre elles à même distance, pour le ton, que la corde la

HARMONIE.

Quant aux symphonies de quartes et de quintes, auxquelles on donnait le nom de "paraphonie", elles ne semblent pas avoir été admises à l'époque où florissait Aristote [1]. Du temps de Plutarque, au contraire, qui vécut dans le 1er siècle de notre ère, c'est-à-dire plus de trois siècles après Aristote, les idées à cet égard s'étaient modifiées : la quarte et la quinte, aussi bien que l'octave, étaient employées comme sons simultanés dans la musique vocale et instrumentale [2].

Mais, par des raisons qui tiennent à la constitution générale de la musique des Grecs et aux différences essentielles qui existent entre leur système musical et le nôtre [3], l'emploi des sons simultanés y a toujours dû être et paraît y avoir été en effet restreint [4]. Leur échelle tonale, sans y être totalement antipathique, n'était pas favorable à l'application d'une harmonie continue.

---

plus haute du double tétracorde ou de l'octocorde l'est par rapport à la basse : « Ἐκ παίδων γὰρ νέων καὶ ἀνδρῶν γίνεται τὸ ἀντίφωνον, οἳ διεστᾶσι τοῖς τόνοις, ὡς νήτη πρὸς τὴν ὑπάτην. » — ARISTOTE, *Probl.* 19.

Le même philosophe, recherchant ailleurs pourquoi l'antiphonie est plus agréable que l'homophonie, en rend cette raison, que dans l'antiphonie les voix se font entendre plus distinctement; au lieu que, lorsqu'elles chantent à l'unisson, il arrive nécessairement qu'elles se confondent ensemble, de manière que l'une efface l'autre. « Διὰ τί ἥδιον τὸ ἀντίφωνον τοῦ συμφώνου; ἢ ὅτι μᾶλλον διάδηλον γίνεται τὸ συμφωνεῖν, ἢ ὅταν πρὸς τὴν συμφωνίαν ᾄδῃ; Ἀνάγκη γὰρ τὴν ἑτέραν ὁμοφωνεῖν. Ὥστε δύο πρὸς μίαν φωνὴν γινόμεναι ἀφανίζουσι τὴν ἑτέραν. » — ARISTOTE, *Probl.* 16. (BURETTE, *Mémoires de l'Académie des Inscriptions*, t. IV, p. 119.)

(1) « A l'égard des trois consonnances, la quarte ni la quinte ne se jouoient ni ne se chantoient en concert, selon Aristote qui dit : Διὰ πέντε καὶ διὰ τεσσάρων οὐκ ᾄδουσιν ἀντίφωνα. Il ne restait que la seule octave qui eût ce privilége, comme le dit ce philosophe : ἡ διὰ πασῶν συμφωνία ᾄδεται μόνη. » — BURETTE, *Mémoires des Inscriptions et Belles-Lettres*, t. IV, p. 130.

(2) « Il est vrai, dit Burette, qu'on peut recueillir d'un passage de Plutarque que de son temps la symphonie avait fait quelque progrès, puisqu'il témoigne que la quarte et la quinte se jouoient et se chantoient; d'où il les appelle σύμφωνα. » — *Ibid.*

(3) Une de ces différences, celle qui est relative à la tonalité, se trouve bien indiquée par M. Vincent dans son beau travail sur la musique grecque publié par l'Académie des Inscriptions et Belles-Lettres : « Une de ces différences, dit M. Vincent, est relative à ce que nous pouvons, suivant l'usage, nommer la « tonalité », et qui n'est autre chose que la manifestation, dans la mélodie, de cette loi universelle qui régit les beaux-arts, la « loi de l'unité ». Ce n'est donc pas que, chez les anciens, le sentiment de la tonalité fût entièrement nul (hâtons-nous de repousser une pareille supposition); mais certes il y était bien moins prononcé que chez les modernes. Ainsi, tandis que nous effectuons constamment le repos fixe sur une même note, que nous nommons, pour cette raison, la « tonique », sauf à établir des repos momentanés sur deux autres notes nommées « dominantes » et distantes de la première, à l'aigu ou au grave, d'un intervalle de quarte ou de quinte, chez les Grecs, au contraire, les repos pouvaient se faire presque indifféremment sur tel ou tel degré de l'échelle diatonique. » — « Notice sur divers manuscrits grecs relatifs à la musique », tome XVIe des *Notices et Extraits des Mss. de la Bibliothèque du roi*. Paris, 1847, p. 398.

(4) M. Vincent, tout partisan qu'il soit de l'opinion qui admet l'existence de l'harmonie chez les Grecs, est des premiers à déclarer qu'elle n'y a été que d'un usage fort restreint. « Une seconde différence, dit-il (différence entre la musique

CHAPITRE I.

Les Grecs modernes ne sont pas plus sensibles à l'harmonie que ne semblent y avoir été leurs ancêtres. Voici comment en parle Chrysanthe : « Les règles de cette sorte d'harmonie, dit-il, sont si nombreuses qu'il y en a de quoi remplir un livre entier. En outre, elles sont tellement appropriées aux intervalles de l'échelle diatonique européenne, que si on voulait les appliquer à notre propre échelle, il faudrait commencer par en changer les intervalles, et ce n'est pas tout : car le chant à plusieurs parties exige des auditeurs habitués à y trouver du plaisir. Pour nous, qui n'en ressentons pas la moindre jouissance, un plus long discours sur ce sujet serait en pure perte, et ne saurait en aucune manière être agréable à nos auditeurs. Si cependant il se trouvait quelqu'un qui voulût s'en occuper par forme de distraction, rien ne l'empêche d'ouvrir un de ces nombreux ouvrages qui ont traité sur la matière dans ses plus petits détails : c'est le moyen de satisfaire sa curiosité [1]. »

CHAPITRE II.

Suite de l'origine de l'harmonie. — Système de M. Fétis.

M. Fétis, l'un des plus savants musicologues modernes, repousse avec force l'opinion qui admet l'existence de l'harmonie chez les Grecs et présente un système entièrement nouveau, d'après lequel il faudrait assigner à l'harmonie une origine septentrionale. Il en trouve la preuve :

1° Dans certains caractères particuliers, qu'un examen approfondi lui a fait découvrir dans les chants nationaux des peuples du Nord, et principalement

grecque et la musique moderne), est la suivante. Nous n'avons, à proprement parler, comme nous l'avons indiqué déjà, qu'un seul genre, le genre diatonique, et ce genre, nous l'avons caractérisé plus haut en disant que, dans chaque tétracorde, deux des intervalles partiels étaient d'un ton chacun, tandis que dans le dernier il était d'environ un demi-ton. Voilà un mode de division bien déterminé et ne souffrant aucune modification, sauf certains écarts que l'oreille tolère, mais sous la condition, toutefois, qu'ils ne seront jamais assez marqués pour lui rendre impossible toute illusion sur les véritables intervalles. Cette condition est de rigueur, en raison surtout de l'emploi habituel que nous faisons de sons simultanés, ou de ce qu'en langage moderne nous nommons « l'harmonie » : car la convenance mutuelle des sons ainsi combinés exige que chacun d'eux soit en rapport, non-seulement avec la tonique, mais avec les divers sons destinés à être entendus en même temps que lui.

« Dans la musique ancienne, au contraire, où l'usage des sons simultanés était extrêmement restreint, la détermination juste et précise des tons intermédiaires du tétracorde n'avait plus le même genre d'importance. »

(1) Θεωρητικὸν μέγα τῆς Μουσικῆς, συνταχθὲν μὲν παρὰ Χρυσάνθου Ἀρχιεπισκόπου Διρραχίου τοῦ ἐκ Μαδύτων, ἐκδοθὲν δὲ ὑπὸ παναγιώτου Γ. Πελοπίδου Πελοποννησίου, διὰ φιλοτίμου συνδρομῆς τῶν ὁμογενῶν.—Ἐν Τεργέστῃ, ἐκ τῆς τυπογραφίας Μιχαὴλ Βαΐς. 1832, p. 221.

de ceux qui, par leur position topographique, étant restés sans contact avec la civilisation moderne, ont dû conserver en grande partie la tradition musicale de leurs ancêtres. Après avoir démontré l'antiquité de ces chants et le cachet d'originalité dont ils sont empreints, il fait voir que leur échelle musicale, leur contexture mélodique sont telles, que l'harmonie y est en quelque sorte inhérente ;

2° Dans l'harmonie grossière dont les paysans russes, qui habitent l'intérieur des terres, où jamais l'étranger n'a pénétré, accompagnent leurs chants sur leur violon ou harpe rustique et qui offre le caractère d'une antiquité reculée ;

3° Dans le caractère de la musique des peuples qui ont habité les Iles Britanniques au moyen âge et de son analogie avec celle des peuples du Nord ;

4° Dans la disposition du crowt et de la harpe des bardes welches, dont la forme actuelle serait encore la même que celle qu'elle avait au VIe siècle, et dont l'accord facilite l'emploi de l'harmonie de cette époque.

Nous ajouterons qu'indépendamment de la harpe et du crowt, connu alors sous le nom de "chrotta" ou "rote", et qui est devenu notre violoncelle, deux autres instruments importés par les peuples du Nord en Europe, où ils étaient inconnus auparavant, avaient ce caractère particulier ; c'étaient la "vièle", qui est devenue notre violon, et "l'organistrum", qui n'était autre que la vielle de nos jours.

Nous avons fait voir, dans notre « Essai sur les instruments de musique au moyen âge[1] », que la forme de ces instruments et la disposition de leurs cordes montrent de la manière la plus évidente qu'on ne pouvait toucher moins de deux cordes à la fois, et que souvent on en faisait vibrer trois en même temps. Il s'ensuit qu'on faisait entendre nécessairement plusieurs sons simultanément, et, comme il n'est pas admissible que les diverses cordes dont ils étaient garnis aient été accordées à l'unisson, il faut conclure que l'accord était combiné de manière à faciliter les assemblages de sons alors usités ; or, l'on sait que les premières réunions de sons simultanés étaient des suites d'octaves, de quintes ou de quartes ; nul doute que tels aient été les accords des instruments dont nous parlons. L'instrument qui porte ce cachet de la manière la plus frappante est "l'organistrum". Son nom, composé "d'organum" et de "instrumentum", en est lui-même une preuve manifeste ; car "l'organum" était précisément

---

[1] *Annales archéologiques*, par M. Didron aîné, secrétaire du Comité historique des arts et monuments, vol. III, VII, VIII.

CHAPITRE II.

le nom des accords formés de réunions d'octaves, de quintes ou de quartes, ce qui indique parfaitement sa destination.

Ce système sur l'origine de l'harmonie, que M. Fétis a développé avec toute l'érudition et tout le talent de discussion qui le distinguent[1], n'a d'autre base, il faut le reconnaître, que des inductions ingénieuses, vraisemblables même, mais de simples inductions. Il n'est fondé sur aucun document historique[2], sur aucun monument d'une authenticité incontestable. Il ne démontre véritablement qu'une chose, c'est que l'échelle musicale des peuples du Nord semble avoir été favorable à l'application des sons simultanés, et que certaines circonstances laissent présumer qu'ils en ont fait emploi avant leur arrivée dans l'Europe occidentale.

Mais, en admettant ce système comme établi, il faut remarquer, ce dont M. Fétis convient d'ailleurs lui-même[3], que ces sons simultanés formaient seulement les plus faibles rudiments, les plus informes éléments de notre harmonie. Sous ce rapport, elle n'y aurait pas été dans un état plus avancé que chez les Grecs au temps de Plutarque. Il n'y a donc pas de raisons suffisantes, suivant nous, pour assigner à l'harmonie une origine plutôt septentrionale qu'occidentale.

Ce qui résulte de la dissertation de M. Fétis, et ce qu'il est très important de considérer, c'est que l'application et la pratique de l'harmonie se sont trouvées favorisées par la tonalité de la musique des peuples du Nord.

Pour nous résumer sur ce qui concerne l'origine de l'harmonie, on peut conclure de ce qui précède :

1° Que les Grecs ont connu, mais peu pratiqué l'harmonie, à laquelle leur système musical était peu favorable ;

2° Que le système de M. Fétis, qui lui assigne une origine septentrionale, ne peut être considéré comme basé sur des faits historiquement prouvés ;

3° Que l'échelle musicale des peuples du Nord semble avoir été plus favorable à l'application de l'harmonie que la musique des Grecs, et que c'est une des causes qui ont facilité son emploi et son développement au moyen âge.

---

(1) *Biographie universelle des musiciens*, t. I, p. cxxvi et suiv.

(2) En preuve historique, M. Fétis invoque des passages d'Isidore de Séville dont nous allons parler dans le chapitre suivant; mais comme, à notre point de vue, l'harmonie existait déjà en Europe longtemps avant l'invasion des barbares, ces passages s'appliquent à cette harmonie qui était en usage du temps d'Isidore.

(3) Sans doute, je ne prétends point qu'il y ait eu, dans ce que les peuples du Nord connaissaient de l'harmonie, autre chose que de faibles rudiments; mais ces faibles éléments d'une partie si importante de notre musique paraissent avoir suffi pour donner naissance à un art nouveau chez les peuples de l'Europe méridionale. *Biographie universelle des musiciens*, t. I, p. cxxxii.

CHAPITRE III.

L'harmonie depuis Isidore de Séville (vi[e] siècle) jusqu'à Hucbald (ixe siècle).

Le plus ancien document historique sur l'harmonie au moyen âge se trouve dans les « Sentences sur la musique », d'Isidore de Séville ; le voici : « La musique harmonique, dit cet écrivain, est une modulation de la voix ; c'est aussi une concordance de plusieurs sons et leur union simultanée[1]. »

Ce texte paraît clair. Cependant, quand on considère la signification donnée au mot "harmonie" par les auteurs grecs, qui l'ont toujours employé ou dans un sens général ou pour nommer la mélodie, il est étonnant qu'Isidore de Séville, versé, comme il l'était, dans la littérature des Grecs et sans nul doute dans leurs écrits sur la musique, n'ait pas été plus explicite dans une définition aussi importante, et que, pour désigner la musique à sons simultanés, il se soit servi d'une expression à peu près identique à celle dont les Grecs se sont servis pour désigner la mélodie.

Quoi qu'il en soit, tel qu'il est, ce passage ne semble pas pouvoir être interprété autrement. Ce qui démontre d'ailleurs qu'il doit être entendu ainsi, c'est que les écrivains postérieurs à Isidore de Séville ont donné à l'expression "musique harmonique" le même sens, en l'accompagnant d'explications qui ne peuvent laisser le moindre doute dans l'esprit.

Aurélien de Réomé, le premier auteur qui a écrit sur la musique après Isidore de Séville, commence par diviser, comme lui, la musique en harmonique, rhythmique et métrique[2]. Puis il s'exprime ainsi sur l'harmonique : « Dans l'harmonique, dit-il, on considère les sons de telle sorte que les sons graves, unis convenablement aux sons aigus, produisent un assemblage simultané des voix[3]. »

---

(1) « Harmonica (musica) est modulatio vocis, et concordantia plurimorum sonorum et coaptatio. » — GERB., *Script.*, t. I, p. 21.

(2) Cette division, empruntée par Isidore de Séville à Cassiodore, n'est autre que la division, en quelque sorte classique, des théoriciens grecs. Voir les traités d'Alipius, d'Aristide Quintilien et de plusieurs autres. « Musicæ partes, » dit Cassiodore, « sunt tres ; nam vel illa est harmonica, vel rhythmica, vel metrica. » — GERB., *Script.*, t. I, p. 16, et il ajoute ; « Harmonica scientia est musica, quæ discernit in tonis acutum et grave. » En cela, il suit Alipius qui dit : « Αὕτη δὲ ἁρμονικὴ καλεῖται, διακριτικήν τινα δύναμιν ἔχουσα, καὶ καταληπτικὴν τῶν ἐμμελῶν καὶ διαστηματικῶν φθόγγων, καὶ τῶν ἐν αὐτοῖς γινομένων διαφορῶν. » — MEIB., vol. I, p. 1. — Ce qui prouve que le mot harmonie n'avait pas encore, du temps de Cassiodore, le sens nouveau qui lui est donné par Isidore de Séville et par les auteurs qui l'ont suivi.

(3) « In harmonica (musica) quidem consideratio manet sonorum : uti scilicet graves soni acutis

CHAPITRE III.

Remi d'Auxerre, qui vécut au commencement du IXe siècle, dans son commentaire sur le Traité de Martianus Capella, définit l'harmonie : « Une consonnance et une réunion simultanée des voix[1]. »

Voilà donc le sens de " musica harmonica " d'Isidore de Séville bien fixé ; c'est bien la musique à sons simultanés, l'harmonie dans le sens moderne, que cet auteur a voulu définir dans le passage cité.

Voyons maintenant comment on appelait les intervalles harmoniques ou les accords, et quels étaient ces accords. « La symphonie, dit Isidore, est l'accord des sons graves et aigus, soit dans les voix, soit dans les instruments[2]. » Les intervalles discordants ou dissonants étaient rangés sous le nom de diaphonie. « Le contraire de la symphonie, ajoute-t-il, est la diaphonie, qui se compose de voix discordantes ou dissonantes[3]. »

Isidore de Séville ne compte que cinq symphonies ou accords : l'octave, la quarte, la quinte, l'octave et la quinte, et la double octave, tandis que Cassiodore et les autres auteurs du moyen âge, suivant en cela, comme en beaucoup de choses, les théoriciens grecs, en admettent six : la quarte, la quinte, l'octave, l'octave et la quarte, l'octave et la quinte et la double octave.

Isidore les appelle aussi consonnances. Il ajoute que certaines consonnances, jointes à d'autres, en produisent de nouvelles. « La quinte et la quarte, dit-il, jointes à l'octave font naître d'autres consonnances[4]. »

---

congruenter copulati compagem efficiant vocum. » — GERB., *Script.*, t. I, p. 35.

(1) « Harmonia est consonantia et coadunatio vocum. » — GERB., *Script.*, t. I, p. 64.

(2) « Symphonia est modulationis temperamentum ex gravi et acuto concordantibus sonis sive in voce, sive in flatu, sive in pulsu. » — *Ib.*, p. 21. — Cette définition de la symphonie est la reproduction presque textuelle de la définition donnée par Cassiodore : « Symphonia est temperamentum sonitus gravis ad acutum vel acuti ad gravem, modulamen efficiens, sive in voce, sive in percussione, sive in flatu. » — GERB., *Script.*, t. I, p. 16. — Ce texte prouve bien qu'Isidore de Séville parle d'une chose en usage longtemps avant lui.

(3) « Cujus contraria est diaphonia, id est, voces discrepantes vel dissonæ. » — *Ibid.*, p. 21. — Cette définition semble encore avoir été empruntée à Gaudence. — MEIBOMIUS, *Antiquæ musicæ auctores septem.*, vol. I, p. 11.

(4) « Agnoscat autem diligens lector, quod consonantiæ consonantiis superpositæ alias quidem consonantias effecerunt. Nam diapente et diatessaron junctæ diapason consonantias creant. » — *Ibid.*, p. 25. — Réginon de Prum, mieux qu'aucun auteur de cette époque, explique ce que l'on entendait par consonnance et par dissonance. Nous allons reproduire ici le passage où il en parle, parce qu'il sera utile de le comparer avec la définition que donne Francon de Cologne de la concordance et de la discordance. « Definitur autem », dit Réginon de Prum, « ita consonantia : consonantia est dissimilium inter se vocum in unum redacta concordia. Aliter : consonantia est acuti soni gravisque mixtura, suaviter uniformiterque auribus accidens. Et contra dissonantia est duorum sonorum sibimet permixtorum ad aurem veniens aspera atque injucunda percussio. Quotiens enim duæ chordæ intenduntur, et una ex his gravius, altera acutius resonat, simulque pulsæ reddunt permixtum quodammodo et sua-

Ce sont là les seules notions que l'on possède sur la musique à sons simultanés antérieurement au viie siècle, et ces notions, bien succinctes, sont encore plutôt théoriques que pratiques.

A partir de la fin du vi[e] siècle, et pendant les deux siècles suivants, l'Europe a été stérile en productions littéraires; le mouvement intellectuel y a été pour ainsi dire nul. Cela tient principalement à la situation de la société à cette époque, à la lutte des divers éléments sociaux qui se disputaient la prépondérance. C'était, d'une part, la barbarie envahissant tout, bouleversant tout sur son passage; d'autre part, la civilisation romaine arrivée à son apogée et s'affaissant en quelque sorte sous le poids de sa trop vaste domination. Un troisième élément, élément de paix et de régénération, le christianisme, se constituait, se développait, et ouvrait la voie à une nouvelle civilisation. Au milieu de cette désorganisation, il n'y avait guère de place pour les travaux intellectuels; c'est là la cause de leur stagnation pendant ces deux siècles.

La musique s'est ressentie de cette situation; elle a partagé le sort des autres connaissances humaines. C'est pour cela que, depuis Isidore de Séville jusqu'à Charlemagne, on ne trouve aucun traité sur la musique religieuse ou profane. La théorie et la didactique semblent avoir sommeillé pendant cette période. On remarquera que nous ne parlons ici que de la théorie et de la didactique; et encore seulement d'une manière dubitative, parce que, de l'absence de documents sur cette matière, peut-être perdus[1], nous ne voudrions pas arguer qu'il n'en ait pas existé. Quant à la pratique, c'est tout différent; la liturgie musicale s'est enrichie pendant cette période d'une multitude de chants du plus haut intérêt, auxquels ont coopéré les prélats et les hommes les plus illustres de l'Église[2]. Il est évident que la musique n'est pas restée immobile dans des mains aussi savantes.

L'harmonie elle-même n'a pas dû rester stationnaire; elle doit avoir pris un certain développement durant cet intervalle. L'état où elle se montre au ixe siècle fait voir qu'il a dû s'y opérer des modifications qui marquent un progrès. Ce qui semble le démontrer, suivant nous, c'est d'un côté son intro-

---

vem sonum, duæque voces in unum quasi conjunctæ coalescunt, tunc fit ea quæ dicitur consonantia. Cum vero simul pulsit sibi quisque contrarie nititur, nec permiscent ad aurem suavem atque unum ex duobus compositum sonum, tunc est quæ dicitur dissonantia. » — MEIBOM., *Antiquæ musicæ auctores septem*, t. I, p. 237.

(1) Nous citerons, comme exemple, les messes si heureusement restituées par le savant M. Mone, d'après des Mss. palimpsestes des IIe, IIIe, IVe, V[e] et VIe siècles et publiées par lui sous le titre de : — *Lateinische und griechische Messen aus dem zweiten bis sechsten Jahrhundert*, in-4°, 1850.

(2) Dom GUÉRANGER, *Institutions liturgiques*, t. I, chap. V, VI et VII.

CHAPITRE III.

duction dans la chapelle papale, et, d'un autre, l'existence de règles déterminées sur son emploi.

L'introduction de l'harmonie dans la chapelle papale est attestée par le moine d'Angoulême. Dans un passage de sa chronique relatif à certains faits attribués à la sollicitude de Charlemagne pour le chant ecclésiastique, il dit que « les chantres romains apprirent aux chantres français l'art d'organiser [1] », c'est-à-dire l'art d'accompagner la mélodie d'une autre partie vocale ou instrumentale, appelée " organum ".

En supposant que cette assertion n'ait pas le caractère d'authenticité voulu pour considérer que l'harmonie ait été en usage dans la chapelle papale sous Charlemagne, il faut au moins admettre qu'elle existait du temps où le moine d'Angoulême écrivait sa chronique, c'est-à-dire tout au commencement du IXe siècle.

L'existence, à la même époque, de règles sur l'harmonie se trouve constatée dans un passage du livre intitulé : De la division de la nature, « De naturæ divisione », par Érigène Scot, célèbre philosophe qui vécut au commencement du IXe siècle. Voici ce passage : « Un chant organique, dit-il, est composé (de sons) de diverses qualités et quantités. Lorsqu'on les entend à part et isolément, ces sons paraissent séparés par des proportions d'élévation et d'abaissement bien éloignées l'une de l'autre ; mais lorsqu'ils sont réunis, simultanément entre eux, suivant les règles déterminées et rationnelles de l'art musical qui concernent chaque ton, ils produisent un certain charme [2] ».

Ainsi la musique à sons simultanés était accueillie de plus en plus dans la pratique ; elle fut non-seulement cultivée comme un des éléments les plus intéressants de l'art, mais encore réglée par des principes déterminés. Il est à regretter que nous ne connaissions pas les règles auxquelles elle était alors soumise.

Les faibles documents que nous venons de produire ne sont pas les seuls qui témoignent de l'extension et du progrès qui s'étaient manifestés dans la musique à sons simultanés. Aurélien de Réomé [3], Remi d'Auxerre [4], Réginon

---

(1) « Similiter erudierunt romani cantores supradictos cantores Francorum in arte organandi. » — Duchesne, *Hist. franc.*, t. II, p. 75.

(2) « Ut enim organicum melos ex diversis qualitatibus et quantitatibus conficitur, dum viritim separatimque sentiuntur longe a se discrepantibus intensionis et remissionis proportionibus segregatæ, dum vero sibi invicem coaptantur secundum certas rationabilesque artis musicæ regulas per singulos tropos naturalem quamdam dulcedinem reddentibus. » — *De divina natura*.

(3) « Quid est enim quod illam incorpoream rationis vivacitatem corpori misceat, nisi quædam coaptatio, et veluti gravium vocum quasi unam consonantium efficiens temperatio ? » — Gerb., *Script.*, t. I, p. 33.

(4) Gerb., *Script.*, t. I, p. 64, et passim.

de Prum[1] en parlent tous comme d'une chose en pleine pratique de leur temps. L'organum n'était donc pas, comme l'a prétendu M. de Kiesewetter, un simple essai de moine qui n'avait jamais dépassé le seuil de son couvent.

Mais ce qui prouve surtout l'état de développement auquel était arrivée l'harmonie au IXe siècle, ce sont les travaux de Hucbald dont nous allons parler.

CHAPITRE IV.

L'harmonie au IXe et au Xe siècle. — Travaux de Hucbald. — " Organum ", diaphonie. — Première espèce de diaphonie.

Hucbald, moine de Saint-Amand en Flandre, qui vécut à la fin du IXe siècle et au commencement du Xe, est le premier auteur du moyen âge qui traite de l'harmonie avec tous les détails pratiques propres à nous en donner une idée nette et exacte. Ses ouvrages, envisagés rien que sous ce rapport, — et certes ils sont dignes d'être étudiés sous bien d'autres, — sont de la plus haute importance pour l'histoire de l'art. Nous nous sommes étendus ailleurs sur leur mérite; ici, nous allons nous borner à en faire connaître en substance ce qui concerne l'harmonie. Cette matière se trouve expliquée dans deux de ses ouvrages publiés par l'abbé Gerbert dans le premier volume de ses « Scriptores ».

L'un, intitulé : Manuel de musique, « Musica Enchiriadis », se compose de dix-neuf chapitres dont plusieurs sont spécialement consacrés à l'harmonie ; l'autre, portant pour titre : Commentaire du manuel de musique, « Scholia de « arte musica », n'est, en quelque sorte, que la reproduction textuelle du premier en forme de dialogue.

Hucbald ne se tient pas à la définition plus ou moins vague de ses devanciers. Il appelle la symphonie, considérée comme intervalle harmonique, « un accord agréable de sons dissemblables réunis entre eux[2]». Ailleurs il la nomme « un mélange agréable de certains sons[3] ».

---

(1) « Qui (toni) pulchra varietate harmonicæ dilectationis ex gravibus acutisque sonis mixti, quasi quibusdam floribus respersi blandam atque convenientem reddunt melodiæ suavitatem. » — GERB., Script., t. I, p. 232, et passim.

(2) « Voces non omnes æque suaviter sibi miscentur, nec quoquo modo junctæ concordabiles in cantu reddunt effectus; ut litteræ, si inter se passim jungantur, sæpe nec verbis nec syllabis concordabunt copulandis. Sic in musica quædam sicut certa intervalla, quæ symphonias possint efficere. Est autem symphonia vocum disparium inter se junctarum dulcis concentus. » — Ibid., t. I, p. 159 et 160.

(3) « Dulcis quarumdam vocum commixtio. » — Ibid., p. 184.

CHAPITRE IV.

Il conserve les six symphonies admises par ses devanciers. Il les divise en symphonies simples : l'octave, la quinte et la quarte; et en symphonies composées : la double octave, l'octave unie à la quinte, et l'octave unie à la quarte[1].

Du temps de Hucbald, la musique à sons simultanés n'est plus connue sous le nom de " musique harmonique "; on l'appelait alors " diaphonie " ou " organum ". « On nomme diaphonie, ou ordinairement organum, dit-il, un chant composé de symphonies[2]. »

Ici le mot diaphonie a un tout autre sens que celui donné par Gaudence et par Isidore de Séville. Chez ces auteurs, on l'a vu, diaphonie signifie dissonance. Hucbald, au contraire, donne à la diaphonie le sens de double son : διὰ φονος; en latin, " dis cantus ". « On l'appelle diaphonie, dit-il, parce qu'elle consiste, non en une mélodie formée par une seule voix, mais en un chant harmonieux de sons dissemblables entendus simultanément[3]. »

On se rappelle qu'avant Hucbald le mot " organum " était déjà employé pour désigner la musique à sons simultanés. Le moine de Saint-Amand a d'ailleurs soin lui-même d'avertir que c'était le terme usuel. Mais on ne sait pas aussi bien d'où lui provient cette signification. On n'en trouve l'explication ni dans Hucbald, ni dans aucun auteur du IXe ou du Xe siècle.

Jean Cotton, écrivain sur la musique du XIe siècle, est le premier qui parle de l'origine du mot " organum " appliqué à l'harmonie. « Cette espèce de chant, dit-il, est appelé ordinairement organum, parce que la voix humaine, qui exprime d'une manière convenable des sons dissemblables, ressemble à l'instrument appelé organum.[4] »

Depuis la découverte qu'on a faite de monuments qui démontrent que l'orgue paraît avoir été en usage en France antérieurement à Charlemagne, nous nous trouvons un peu ébranlé dans l'opinion contraire que nous avions manifestée, dans notre mémoire sur Hucbald, au sujet de l'origine du mot " orga-

---

(1) « Quarum (symphoniarum), tres sunt simplices, diapason, et diapente ac diatessaron. Tres sunt compositæ, disdiapason, diapason et diapente, diapason ac diatessaron. » — *Ibid.*, p. 184.

(2) « Nunc id, quo proprie symphoniæ dicuntur et sunt, id est, qualiter eædem voces sese invicem canendo habeant, prosequamur. Hæc namque est, quam Diaphoniam cantilenam vel, assuete, organum, vocamus. » — Gerb., *Script.*, t. I, p. 165.

(3) « Dicta autem diaphonia, quod non uniformi canore constet, sed concentu concorditer dissono. » — Gerb., *Script.*, t. I, p. 165. — Suivant Jean Cotton, diaphonie signifiait double son. « Interpretatur autem, » dit-il, « diaphonia dualis vox vel dissonantia. » — Gerb., *Script.*, t. II, p. 263.

(4) « Qui canendi modus vulgariter organum dicitur : eo quod vox humana apte dissonans similitudinem exprimat instrumenti, quod organum vocatur. » — Gerb., *Script.*, t. II, p. 263.

num " pris comme harmonie, opinion que nous fondions autant sur les dispositions des orgues en usage avant le xiie siècle que sur leur non existence présumée antérieurement à Charlemagne[1]. Avant de modifier cependant notre première manière de voir, nous voudrions être certain que les orgues de cette époque eussent un jeu de mixture[2], ou que leur construction fût assez parfaite pour qu'on pût y exécuter des accords, ce qui n'est pas encore du tout démontré.

Jean de Muris donne une autre origine au mot " organum " pris dans le sens de musique à sons simultanés. Suivant lui, ce nom serait venu de l'organe de la voix, parce que « dans cette espèce de chant, l'organe de la voix travaille beaucoup[3], et parce que divers organes résonnent diversement[4] ».

Ainsi " organum " et " diaphonie " signifiaient, aux ixe et xe siècles, ce que nous appelons harmonie. Quand nous nous servirons donc de l'un ou de l'autre de ces mots, on saura qu'il s'agit de l'harmonie de cette époque.

On distinguait deux espèces de diaphonies.

Dans la première, le chant était accompagné par une, deux ou trois parties qui le suivaient par mouvement direct à l'octave, à la quinte, à la quarte, à la double octave, à l'octave unie à la quinte ou à l'octave unie à la quarte, avec redoublements de ces intervalles à la partie supérieure ou inférieure.

Dans la seconde, il n'y avait que deux parties : la mélodie et l'organum ; mais l'organum, au lieu de suivre la mélodie exclusivement par mouvement direct à l'octave, à la quinte ou à la quarte, l'accompagnait par mouvement tantôt direct, tantôt oblique, tantôt contraire, en employant d'autres intervalles que ceux rangés sous le nom de symphonie.

On comptait, on se le rappelle, trois symphonies simples : l'octave, la quinte et la quarte ; et trois symphonies composées : la double octave, l'octave unie à la quinte, et l'octave unie à la quarte. Ces symphonies produisaient autant de diaphonies.

---

(1) On voit des orgues pneumatiques sur deux sarcophages du vi[e] siècle ou du viie, découverts à Arles, et dont nous donnerons les dessins dans la continuation de notre travail sur les instruments de musique au moyen âge, publié dans les *Annales archéologiques* de M. Didron.

(2) On appelle jeu de mixture celui dans lequel chaque touche fait entendre, indépendamment du son fondamental, plusieurs autres sons tels que la quinte, l'octave, la dixième, la douzième. Dans les premiers temps le jeu de mixture n'était composé que de mélanges d'octaves, de quintes et de quartes.

(3) « Dicitur autem organica (diaphonia) ab organo, quod est instrumentum canendi, quia in tali specie cantus multum laborat. » Gerb., *Script.*, t. III, p. 240.

(4) « Organica, ut dictum est, ab organo vocali nomen accepit, eo quod diversa organa diversi modi resonent, quemadmodum et singuli homines singulas habent formas diversas. » — *Ibid.*, p. 240.

CHAPITRE IV.

La première diaphonie, qui répond à la première des trois symphonies simples, se composait d'une série continue d'octaves. Exemple [1] :

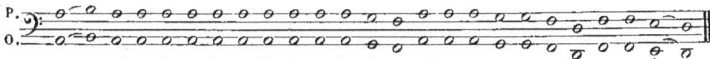
Nos qui vi-vi-mus be-ne-di- ci-mus Dominum ex hoc nunc et usque in se-cu - lum

La seconde, qui répond à la deuxième symphonie simple, se composait d'une série continue de quintes. Exemple :

Nos qui vi-vi-mus be-ne- di-ci-mus Dominum ex hoc nunc et usque in se-cu - lum

La troisième, qui répond à la troisième symphonie simple, se composait d'une série continue de quartes. Exemple :

Nos qui vi-vi-mus be-ne-di- ci-mus Dominum ex hoc nunc et usque in se-cu - lum

Hucbald désigne, dans la diaphonie, la mélodie sous le nom de " vox principalis ", ou simplement " principalis " ; et la partie qui accompagne le chant, sous le nom de " vox organalis ", ou " organalis ".

Les diaphonies formées de symphonies composées se constituaient en doublant à l'octave inférieure ou supérieure la voix principale ou la voix organale des diaphonies formées de symphonies simples.

Ainsi la quatrième diaphonie, celle à doubles octaves, se formait de la première diaphonie, en doublant la partie supérieure à l'octave supérieure, ou bien en doublant la partie supérieure à l'octave inférieure. Exemple :

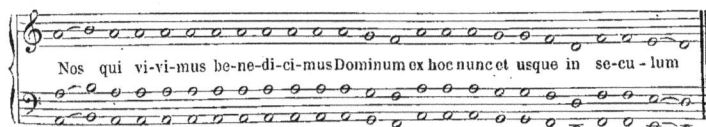
Nos qui vi-vi-mus be-ne-di-ci-mus Dominum ex hoc nunc et usque in se-cu - lum
Nos qui vi-vi-mus be-ne-di ci-mus Dominum ex hoc nunc et usque in se-cu - lum

Hucbald a soin de faire remarquer que, quand la diaphonie à octaves

---

(1) Tous les exemples de ce chapitre sont les exemples mêmes donnés par Hucbald dans le commentaire de son manuel de musique. — GERB., Script., t. I, p. 185-190.

simples était exécutée par des voix d'hommes, il suffisait, pour produire une diaphonie à doubles octaves, de faire chanter la partie supérieure par une voix d'enfant ; ce qui, au surplus, pouvait se faire dans toutes les diaphonies, tant simples que composées[1].

La cinquième diaphonie se formait d'une série continue de symphonies composées d'octaves et de quintes ; elle avait lieu de plusieurs manières :

1° En doublant, dans la deuxième diaphonie, la partie organale à l'octave supérieure. Exemple :

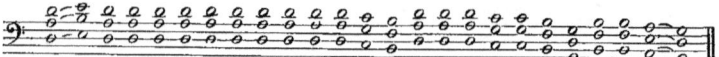

Nos qui vi-vi-mus be-ne-di-ci-mus Dominum ex hoc nunc et usque in se-cu-lum

2° En doublant la partie principale à l'octave inférieure. Exemple :

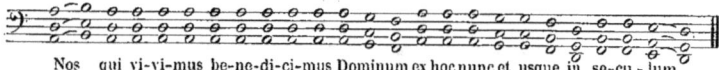

Nos qui vi-vi-mus be-ne-di-ci-mus Dominum ex hoc nunc et usque in se-cu-lum

3° En doublant à la fois la partie organale et la partie principale à l'octave, de façon néanmoins que les deux parties intermédiaires fussent à la quarte l'une de l'autre. Exemple :

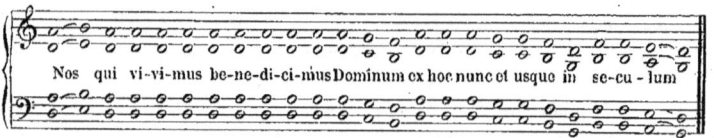

Nos qui vi-vi-mus be-ne-di-ci-mus Dominum ex hoc nunc et usque in se-cu-lum
Nos qui vi-vi-mus be-ne-di-ci-mus Dominum ex hoc nunc et usque in se-cu-lum

4° Enfin en doublant la partie principale à l'octave inférieure, et en plaçant la partie organale au-dessus de la partie principale. Exemple :

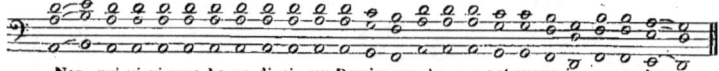

Nos qui vi-vi-mus be-ne-di-ci-mus Dominum ex hoc nunc et usque in se-cu-lum

La sixième diaphonie se formait d'une série continue de symphonies composées d'octaves et de quartes ; elle avait lieu de diverses manières :

---

(1) « Et ut hoc clarius insinuetur nescientibus sine fastidio scientium, si voce virili organizetur simul cum voce puerili, sunt hæ duæ voces sibi per diapason consonæ. » — GERB., *Script.*, t. I, p. 167.

1° En doublant, dans la troisième diaphonie, la partie organale à l'octave supérieure. Exemple :

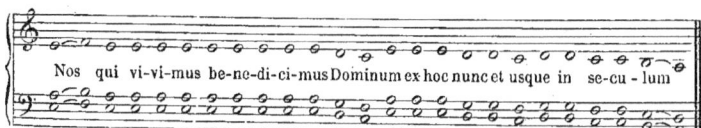

Nos qui vi-vi-mus be-ne-di-ci-mus Dominum ex hoc nunc et usque in se-cu-lum

2° En doublant la partie principale à l'octave inférieure. Exemple :

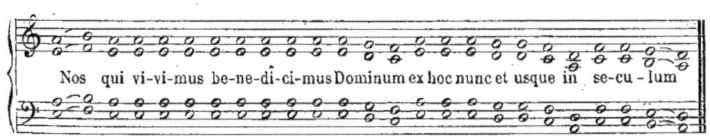

Nos qui vi-vi-mus be-ne-di-ci-mus Dominum ex hoc nunc et usque in se-cu-lum

3° En doublant à la fois la partie principale et la partie organale à l'octave, de façon pourtant que les deux parties intermédiaires fussent à la quinte l'une de l'autre. Exemple :

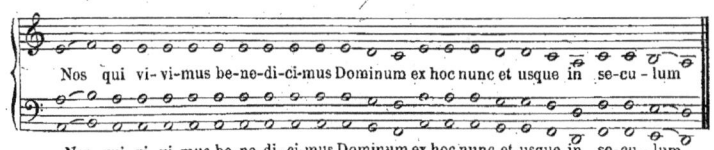

Nos qui vi-vi-mus be-ne-di-ci-mus Dominum ex hoc nunc et usque in se-cu-lum

4° En doublant la partie organale à l'octave inférieure et en plaçant la partie organale au-dessus de la partie principale. Exemple :

Nos qui vi-vi-mus be-ne-di-ci-mus Dominum ex hoc nunc et usque in se-cu-lum

Nos qui vi-vi-mus be-ne-di-ci-mus Dominum ex hoc nunc et usque in se-cu-lum

Voilà, suivant Hucbald, les diaphonies régulières qu'on pouvait former à l'aide des intervalles harmoniques admis par lui comme les seules symphonies. Avons-nous besoin de faire remarquer combien de pareils assemblages de sons seraient durs et insupportables à notre oreille? Il n'en était pas ainsi du temps de Hucbald; ils étaient alors regardés comme «produisant un concert harmonieux [1], un chant d'une grande suavité [2]. »

Tous ceux qui ont parlé de ces sortes de relations de sons simultanés ont constaté l'effet horrible qu'ils produiraient sur notre oreille et sur notre intelligence musicale. On n'a pas expliqué jusqu'ici, ce nous semble, la véritable cause de cette différence de sentir entre les musiciens du moyen âge et ceux d'aujourd'hui. M. Kiesewetter, persuadé qu'il n'y a jamais eu d'oreille assez barbare pour supporter un instant l'effet d'une telle harmonie, s'est contenté de nier qu'elle ait été en usage à cette époque. Cette opinion n'est pas sérieusement soutenable en présence des témoignages sans nombre qui établissent ce fait. Aux preuves incontestables de l'emploi de la diaphonie dans la musique de ce temps, qu'il oppose à l'opinion du savant viennois, M. Fétis ajoute des raisons puisées dans la philosophie même de l'art. Ces raisons aident à faire comprendre d'une manière générale les bizarreries et les transformations qui ont eu lieu dans la musique du moyen âge et dont quelques-unes peuvent paraître aussi singulières que l'existence de la diaphonie. M. Fétis attribue cette différence de sentir aux penchants divers de tel ou tel peuple dans la musique et surtout à l'éducation de l'oreille qui, suivant les temps et les individus, peut développer des goûts si différents, qu'il n'y a point de règles générales pour les impressions [3].

Voici maintenant comment nous l'expliquons. Quand nous entendons une quinte, cet intervalle harmonique représente à notre oreille un accord parfait; car bien que la tierce ne soit pas exprimée, on la sous-entend comme si elle existait. Il en résulte que, en entendant deux ou plusieurs quintes de suite, c'est comme si nous entendions deux ou plusieurs accords parfaits successifs; ce qui blesse notre oreille qui ne souffre pas le passage aussi brusque d'un ton à un autre. Il n'en était pas de même au moyen âge, où l'harmonie moderne n'existait pas. Une quinte ne représentait pas un accord parfait; cet accord était alors inconnu. La partie constitutive de l'accord parfait, la tierce, non-seulement n'était pas admise, mais encore était considérée comme dissonance. La quinte, au temps de Hucbald, était moins un accord qu'un seul

---

(1) « Sic enim duobus aut pluribus in unum canendi modesta duntaxat et concordi morositate, quod suum est hujus meli, videbis nasci suavem ex hac sonorum commixtione concentum. » — GERB., Script., t. I, p. 166.

(2) « Verum tamen modesta morositate edita, quod suum est maxime proprium, et concordi diligentia procurata, honestissima erit cantionis suavitas. » — Ibid., t. I, p. 188.

(3) Biographie universelle des musiciens, t. I, p. CLIX.

et même son. Les suites de quintes, de quartes et d'octaves produisaient sur l'oreille des musiciens du moyen âge l'effet que produit sur la nôtre le jeu de mixture de l'orgue, c'est-à-dire un effet vague, étrange, indéfinissable, mais nullement désagréable et barbare.

CHAPITRE V.

Controverse sur la manière de traduire les exemples de diaphonie de Hucbald en notation moderne — Seconde espèce de diaphonie.

Avant de passer à la deuxième espèce de diaphonie, arrêtons-nous un instant pour examiner un point qui n'est pas sans importance.

Dans un article de la « Revue de musique religieuse » de M. Danjou, t. III, p. 173, M. Fétis fait observer que, dans la traduction de l'exemple du chapitre XIV du « Manuel de musique » de Hucbald, que nous avons donné dans notre Mémoire sur cet auteur, page 72, « nous nous serions trompé sur la signification des signes, parce que nous n'aurions pas remarqué l'indication des tons et des demi-tons placés à côté de ces signes, en sorte que nous aurions transporté toute la diaphonie à une quarte au-dessous de sa position véritable, et que nous y aurions introduit des intervalles de quinte mineure et de triton inconnus dans la tonalité du moyen âge ».

Faisons voir d'abord que nous ne nous sommes pas trompé, comme le prétend M. Fétis, sur la signification des signes de Hucbald. Pour être convaincu à l'instant que nous les avons fidèlement traduits, il suffit de les considérer et de comparer ceux de l'exemple en question avec la signification donnée par Hucbald lui-même dans le premier chapitre de son « Manuel de musique ». N'insistons donc pas à cet égard.

Supposons maintenant que les signes de Hucbald, placés dans cet exemple, puissent laisser de l'incertitude. Sont-ce les indications de tons et de demi-tons placés à côté de ces signes, dans l'édition de l'abbé Gerbert[1], qui seraient de nature, comme le dit M. Fétis, à faire disparaître cette incertitude? Nous n'hésitons pas à répondre négativement, et nous le prouvons en démontrant que les indications de l'exemple en question ont précisément le défaut signalé par M. Fétis, comme existant dans l'exemple du chapitre XVIII du même ouvrage; c'est-à-dire que, au lieu d'une échelle composée de 2 tons, 1 demi-ton; 3 tons, 1 demi-ton; 2 tons, 1 demi-ton, etc., l'édition de l'abbé Gerbert

(1) *Scriptores*, t. I, p. 166 et 170.

porte 2 tons, 1 demi-ton ; 3 tons, 1 demi-ton ; 3 tons, 1 demi-ton ; 3 tons, 1 demi-ton ; en sorte que la succession naturelle des sons est ici non-seulement intervertie, mais qu'elle n'existe pas. Il y a donc impossibilité de suivre ou de consulter même ces indications pour traduire cet exemple.

Puisque nous avons parlé de l'exemple du chapitre xviii du « Manuel de musique », nous croyons que, pour ne pas laisser de confusion dans l'esprit de nos lecteurs, il est bon de faire encore une observation. M. Fétis, qui paraît avoir porté son attention exclusivement sur les indications de tons et de demi-tons, sans remarquer leur correspondance avec les signes de Hucbald, ne paraît pas avoir vu que, dans l'exemple du chapitre xviii, ces signes se divisent en deux octaves semblables et que, par conséquent, au lieu de considérer ces indications comme ne formant qu'une seule succession de 2 tons, 1 demi-ton ; 3 tons, 1 demi-ton ; 3 tons, 1 demi-ton ; 3 tons, 1 demi-ton ; il faut les regarder comme formant deux successions semblables entre elles, composées chacune de 2 tons, 1 demi-ton ; 3 tons, 1 demi-ton.

Ainsi, les indications de tons et de demi-tons, placées à côté des signes de Hucbald dans l'exemple du chapitre xiv, qui seraient inexactes suivant M. Fétis, sont parfaitement exactes et correctes ; et ces mêmes indications, placées à côté des signes de Hucbald, dans l'exemple du chapitre xviii, considérées comme exactes par M. Fétis, sont fautives.

En présence de ces faits patents, et qu'il est facile pour chacun de vérifier dans le premier volume des « Scriptores » de l'abbé Gerbert, pages 166-170, on ne s'étonnera pas que nous ayons jugé préférable de nous en tenir aux signes fixes et non équivoques de Hucbald, que de prendre pour guide des indications aussi évidemment erronées. Il reste donc certain que nous n'avons fait aucune transposition, et que nous avons traduit scrupuleusement.

Il était facile de remarquer et nous avons très bien vu que cet exemple, traduit comme nous l'avons fait, contient une quinte mineure et un triton, ce qui est contraire à la tonalité du chant ecclésiastique. Mais nous avons examiné alternativement tous les exemples donnés par Hucbald, et nous avons considéré :

1° Que les intervalles de triton et de quinte mineure sont employés non-seulement dans l'exemple dont il s'agit, dans celui du chapitre xv et dans un grand nombre de ceux du « Commentaire du Manuel de musique », mais encore dans le troisième exemple du chapitre xviii du « Manuel » où Hucbald lui-même semble les proscrire ;

2° Que les exemples du « Commentaire du Manuel de musique » ont tous pour partie principale la même mélodie, et que, pour éviter le triton et la quinte mineure, il faudrait nécessairement transposer plusieurs de ces exemples, ce qui n'est nullement indiqué par Hucbald;

3° Que l'exemple en question, ainsi que celui du chapitre xv du « Manuel », est conforme aux préceptes de Hucbald, qui dit que, dans la diaphonie redoublée à la quinte, les deux parties intermédiaires sont à la distance d'une quarte, tandis que, dans la diaphonie redoublée à la quarte, les deux parties intermédiaires sont à la quinte, comme dans le troisième exemple de la page 16 et dans le troisième de la page 17.

En conséquence, nous n'avons pas hésité à traduire fidèlement les signes de Hucbald, tels que l'abbé Gerbert les a reproduits, tels qu'ils se trouvent dans les manuscrits qui portent des signes semblables[1].

Dans cet état de choses, nous avons pensé qu'il faut chercher la cause de cette anomalie, qu'il faut tâcher de trouver la solution de la difficulté ailleurs que dans la transposition. C'est dans l'addition de demi-tons artificiels, le si bémol et le fa dièse, que réside, suivant nous, cette solution. Car quoique Hucbald n'en parle pas dans ses traités, il est certain que le si bémol, au moins, était connu et en usage de son temps[2].

Ajouter un bémol au si ou un dièse au fa, suivant les cas et les tons, voilà la seule manière de comprendre et d'expliquer tous les exemples de diaphonie qui se trouvent dans les traités de Hucbald. Ne pas admettre l'emploi du si bémol et du fa dièse, quoique non écrits, c'est vouloir que la diaphonie par quinte et celle par quarte n'aient pu se mouvoir que dans une série de sons restreints à six en montant et à six en descendant, comme dans l'exemple suivant; c'est prétendre que tous les chants organisés ont

---

(1) De tous les manuscrits contenant le traité intitulé : *Musica Enchiriadis*, parvenus à notre connaissance, aucun ne porte les indications de tons et de demi-tons données par l'abbé Gerbert; plusieurs même ne portent pas toujours les notes de Hucbald. La bibliothèque nationale de Paris possède quatre manuscrits de cet ouvrage, sous les numéros 7202, 7210, 7211 et 7212. Un codex du x° siècle, de la bibliothèque de Valenciennes, marqué F. 3. 2., renferme l'Enchiriadis, qui se trouve aussi à la bibliothèque de Chartres, sous le n° 148, et à la bibliothèque royale de Bruxelles, sous le n° 10,092.

Indépendamment des Mss. des bibliothèques magliabecchiana de Florence et malatestiana de Césène, qui ont été connus par Gerbert, M. Danjou, dans sa *Revue de musique religieuse*, t. III, p. 360, en signale encore deux autres : l'un à la bibliothèque vaticane, fonds palatin 1342, dont l'écriture est du x° siècle; l'autre à la bibliothèque laurentienne de Florence (Pluteus, xxix, cod. 48).

(2) « Prima vero nona b et secunda nona ♮ ad se invicem neque tonum neque semitonium faciunt, sed a prima nona b ad octavam a. est semitonium; ad decimam c. tonus. Secunda vero nona ♮ ad octavam a. e contrario est tonus, ad decimam vero c. semitonium præstat. Ideoque una earum semper superflua est, et in quocunque cantu unam recipis, aliam contemnis, ne in eodem loco, quod absurdum est, tonum et semitonium facere videaris. » — ODDONIS *Dialog. in mus.*, apud GERB., *Script.*, t. I, p. 254.

22   HARMONIE.

dû être produits suivant ce système, ce qui n'est ni supposable, ni admissible.

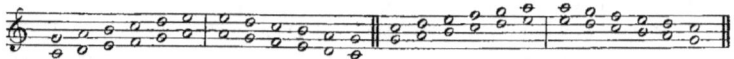

Il est plus raisonnable de croire que les demi-tons dont nous venons de parler, quoique non écrits, ont été usités dans les passages où, sans cela, se seraient rencontrés le triton et la quinte mineure. Cela s'appela plus tard musique feinte ou musique fausse. Notre opinion à ce sujet paraîtra encore plus vraisemblable lorsqu'on saura que, suivant certains auteurs, la musique feinte n'était marquée par aucun signe[1].

La deuxième espèce de diaphonie se composait, comme nous l'avons dit plus haut, d'intervalles plus variés que les autres diaphonies. Ces intervalles pouvaient se mélanger par mouvements direct, oblique ou contraire.

Ce qui a donné naissance à cette diaphonie, c'est, suivant Hucbald, que le troisième son d'un tétracorde avec le second du tétracorde suivant, formant un intervalle de trois tons entiers, dépassant par conséquent d'un demi-ton la mesure de la quarte, produisait une " inconsonnance " qui était exclue de la diaphonie. Il en conclut qu'il n'était pas permis à la partie organale d'accompagner le chant à la quarte, lorsque, par la disposition de la mélodie, cette inconsonnance devait se rencontrer.

En outre, lorsqu'une mélodie commençait par la quatrième note d'un tétracorde, la voix organale ne pouvait commencer qu'à l'unisson avec la mélodie et elle devait finir aussi à l'unisson.

Le reste était abandonné à l'inspiration du musicien, qui devait se conformer toutefois le plus possible aux autres règles de la diaphonie.

Hucbald donne plusieurs exemples de cette espèce de diaphonie dans les chapitres XVII et XVIII de son « Manuel de musique ». Nous nous bornons à reproduire ici le premier du chapitre XVIII, parce qu'il résume en lui toutes les diaphonies de cette espèce.

---

(1) « Non debet falsa musica signari. » — Ms. anonyme du XIV° siècle de la bibliothèque laurentienne de Florence, *Revue de musique religieuse*, de M. DANJOU, t. III, p. 410, note 1.

On y voit l'emploi de l'unisson, de la seconde, de la tierce mineure, de la quarte et de la quinte. On y remarque aussi les trois mouvements, direct, oblique et contraire, qui constituent un des pricipaux éléments de la musique harmonique moderne.

Cette espèce de diaphonie, quelle que soit d'ailleurs son origine, est un progrès réel pour l'harmonie. C'est elle qui a fait sortir l'art des stériles et monotones successions d'intervalles semblables; c'est elle qui a ouvert la voie aux combinaisons multipliées qui ont élevé l'harmonie au point scientifique où elle est arrivée aujourd'hui.

CHAPITRE VI.

Diaphonie au XI° siècle. — Règles de Gui d'Arezzo. — Prépondérance de la diaphonie à intervalles et à mouvements mélangés sur celle à intervalles et à mouvements semblables. — Règles de Jean Cotton. — Mouvement contraire, nettement posé par cet écrivain.

S'il faut en juger par les ouvrages de Gui d'Arezzo, il ne s'est opéré aucun changement important, aucun progrès remarquable dans la diaphonie pendant les cent trente ans qui se sont écoulés entre Hucbald et le moine de Pompose.

Les explications et les exemples qu'en donne Gui dans les chapitres XVIII et XIX de son « Micrologue », le seul de ses ouvrages où il en soit parlé, nous la montrent à peu près dans le même état.

Voici comment il la définit : « La diaphonie, dit-il, que l'on appelle organum, fait entendre la séparation des voix, lorsque les voix séparées l'une de l'autre sonnent différemment en s'accordant ou s'accordent en sonnant différemment[1]. »

Après avoir dit de quelle manière se pratiquait la diaphonie en usage de son temps, et en Italie sans doute, il en donne un exemple à trois parties composées de la mélodie, d'une partie placée à une quinte supérieure du chant, et d'une autre posée à une quarte inférieure du même chant.

C'est, comme l'on voit, une des nombreuses diaphonies décrites par Hucbald et dont le premier exemple de la page 17 offre un spécimen.

Il explique ensuite la diaphonie à laquelle il donne la préférence et qui

---

[1] « Diaphonia vocum disjunctio sonat, quam nos organum vocamus, cum disjunctae ab invicem voces et concorditer dissonant, et dissonanter concordant. » — GERB., Script., t. II, p. 21.

semble être une nouvelle proposée par lui. Car il dit, en parlant de la diaphonie usuelle, qu'elle est dure, tandis que la sienne au contraire est douce [1].

Il n'admet dans la sienne ni la seconde mineure, ni la quinte; mais bien la seconde majeure, la tierce majeure, la tierce mineure et la quarte. Il considère la tierce mineure comme un intervalle d'une qualité secondaire; quant à la quarte, il lui donne la primauté [2].

La principale règle de Gui consiste en ce que la partie organale ne pouvait descendre au-dessous de l'ut du premier tétracorde [3].

Lorsque, par exception, un chanteur voulait descendre au-dessous de cette note, il fallait qu'il eût soin de ne pas faire de repos, mais d'exécuter ces sons inférieurs avec rapidité et de revenir le plus vite possible à la note posée pour limite [4].

Dans le chapitre XIX, Gui indique la manière de procéder dans un grand nombre de cas, et il donne des exemples pour chacun d'eux. Ces exemples rentrent, pour la plupart, dans les règles posées par Hucbald dans le chapitre XVII de son « Manuel de musique ».

Ils sont de peu d'utilité pour nous. Ce qu'il nous importe le plus de remarquer, c'est qu'ils se rapportent presque tous à la diaphonie formée d'intervalles et de mouvements mélangés. Cela indique une tendance à abandonner les successions continues d'octaves, de quintes et de quartes.

Qu'on ne croie pas d'ailleurs que la diaphonie enseignée par Gui d'Arezzo fût plus douce, ainsi qu'il le prétend, que celle dont il fait la critique comme étant dure. Le contraire est évident.

Plus on avance, plus on voit diminuer l'emploi de la diaphonie à intervalles et à mouvements semblables, plus celui à intervalles et à mouvements mélangés prend de développement. Cette marche est naturelle. Elle s'explique : d'une part, par la monotonie et par la condition stationnaire à laquelle se trouvait en quelque sorte condamnée la première; de l'autre, par les combinaisons et le progrès dont la seconde était susceptible.

Vers le milieu du XIe siècle, la diaphonie à intervalles et à mouvements

---

(1) « Superior nempe diaphoniæ modus durus est, noster vero mollis. ». GERB., *Scr.*, t. II, p. 21.

(2) « Ad quem (modum diaphoniæ) semitonium et diapente non admittimus; tonum vero et ditonum et semiditonum cum diatessaron recipimus, sed semiditonum in his infirmatum, diatessaron, vero obtinet principatum. » — *Ibid.*

(3) « A trito enim infimo aut infimis proxime substituto deponi organum nunquam licet. »—*Ib.*, p. 22.

(4) « Sæpe autem cum inferiores trito voces cantor admiserit, organum suspensum tenemus in trito; tunc vero opus est, ut in inferioribus distinctionem cantor non faciat, sed discurrentibus cum celeritate vocibus præstolanti trito redeundo subveniat et suum et illius facta in superioribus distinctione repellat. » — *Ibid.*

mélangés attirait en quelque sorte exclusivement l'attention des didacticiens. Jean Cotton, qui vécut vers cette époque, ne parle pas de la diaphonie à intervalles et à mouvements semblables, quoiqu'elle fût bien plus simple et plus facile que l'autre, tandis qu'il consacre à celle-ci un chapitre presque entier de son traité. Les règles qu'il pose, les éclaircissements qu'il donne montrent que d'assez notables modifications s'étaient opérées depuis Gui d'Arezzo.

Voici d'abord comment il définit la diaphonie : « La diaphonie, dit-il, est un ensemble de sons différents convenablement unis. Elle est exécutée au moins par deux chanteurs, de telle sorte que, tandis que l'un fait entendre la mélodie principale, l'autre, par des sons différents, circule convenablement autour de cette mélodie, et que, à chaque repos, les deux voix se réunissent à l'unisson ou à l'octave[1]. Cette espèce de chant, ajoute-t-il, est appelée ordinairement organum[2] ».

Jean Cotton commence par déclarer qu'il existait de son temps diverses diaphonies dont chacune avait ses partisans. Il indique, comme la plus facile, celle à laquelle il donne la préférence[3]. Il en pose les règles comme suit :

Lorsque la mélodie montait, la voix organale devait descendre, et réciproquement[4].

Lorsque le repos de la mélodie se faisait dans les sons graves, l'organum devait prendre l'octave supérieure, et réciproquement[5].

Mais, lorsque le repos avait lieu sur une note du milieu de l'échelle tonale, l'organum chantait à l'unisson[6].

L'organum devait suivre le chant, tantôt à l'unisson, tantôt à l'octave, mais plus souvent et plus commodément à l'unisson[7].

---

(1) « Est ergo diaphonia congrua vocum dissonantia, quæ ad minus per duos cantantes agitur : ita scilicet, ut altero rectam modulationem tenente, alter per alienos sonos apte circueat, et in singulis respirationibus ambo in eadem voce, vel per diapason conveniant. » — GERB., *Script.*, t. II, p. 263.

(2) « Qui canendi modus vulgariter organum dicitur. » — *Ibid*, 264.

(3) « Ea (diaphonia) diversi diverse utuntur. Cæterum hic facillimus ejus usus est, si motuum varietas diligenter consideretur. » — *Ibid.*

(4) Ut ubi in recta modulatione est elevatio, ibi in organica fiat depositio et e converso. » — *Ibid.*

(5) « Providendum quoque est organizanti, ut si recta modulatio in gravibus moram fecerit, ipse in acutis canendo per diapason occurrat; sin vero in acutis, ipse in gravibus per diapason concordiam faciat. » — *Ibid.*

(6) « Cantui autem in mese vel circa mese pausationes facienti in eadem voce respondeat. » — *Ibid.*

(7) « Observandum est ut organum ita texatur, nunc in eadem voce, nunc per diapason alternatim fiat; sæpius tamen et commodius in eadem voce. » — *Ibid.*

HARMONIE.

Jean Cotton fait observer que cette diaphonie, qui n'est qu'à deux parties, pouvait se faire à trois ou à quatre [1].

Telles sont les notions que l'on possède sur la diaphonie en usage dans la première moitié du xie siècle. Si nous n'avons pu suivre sa marche d'une manière plus précise, c'est, il faut le dire, parce que les auteurs, qui ont suivi Hucbald, ont attaché, dans leurs écrits, une plus grande importance à la théorie spéculative de la musique qu'à la pratique, surtout en ce qui concerne celle de la diaphonie. Les commentateurs les plus immédiats de Gui d'Arezzo, Guillaume, abbé de Hirschau, en Bavière, dans sa « Musica », et Aribon, le scolastique, dans son ouvrage qui porte aussi pour titre « Musica », n'en parlent pas.

Quelque incomplètes que soient pourtant ces notions, elles servent au moins à constater deux faits importants : d'une part, la prépondérance toujours croissante de la diaphonie à intervalles et à mouvements mélangés sur celle à intervalles et à mouvements semblables; et de l'autre, l'emploi du mouvement contraire, principe qui se trouve posé nettement, et pour la première fois, par Jean Cotton. Ces deux faits ont exercé la plus grande influence sur l'harmonie.

CHAPITRE VII.

Déchant. — Différence entre le déchant et la diaphonie. — Le déchant était une harmonie écrite et non improvisée. — Chant ou contre-point sur le livre.

A côté de la diaphonie, il s'était formé une autre harmonie qui, bien qu'il n'en soit pas question dans les écrivains sur la musique du xie siècle, n'exerça pas moins une assez grande influence sur la musique à sons simultanés en général et sur la diaphonie elle-même. C'est celle qui fut connue sous le nom de "discantus", déchant, dès la fin du xie siècle ou le commencement du xiie.

Le mot "discantus" porte en lui sa définition; il vient de "dis", deux, et de "cantus", chant, c'est-à-dire deux chants ou double chant [2]. Ce n'est, au surplus, que la traduction latine du mot grec διαφωνία [3].

---

[1] « Animadvertere etiam debes, quod quamvis ego in simplicibus motibus simplex organum posuerim, cuilibet tamen organizanti simplices motus duplicare vel triplicare, vel quovis modo competenter conglobare si voluerit licet. » — GERB., Script., t. II, p. 264.

[2] « Discantus uno modo dicitur a dia, quod est duo et cantus, quia duplex vel duo cantus seu duorum cantus. Quia et si possit esse plurium, magis proprie tamen est duorum. » — JEAN DE MURIS, Speculum musicæ, lib. VII, cap. III.

[3] « Græce enim διαφωνία, latine discantus dicitur a διά, quod est duo, et φωνή, sonus, quas duplex sonus quia distinctos simul prolatos re-

CHAPITRE VII.

Francon de Cologne[1] et Jean de Muris[2] en donnent encore une autre définition. Suivant ces auteurs, "discantus" serait venu de "di", de, et de "cantus", chant, parce que le déchant est formé du chant ou de la mélodie.

Le déchant n'était originairement qu'à deux parties: la mélodie principale, appelée "ténor", et la partie d'accompagnement, nommée "déchant"[3]. Plus tard, on accompagna le ténor de plusieurs parties, auxquelles on donna le nom de "motet, triplum", ou "quadruplum"[4], suivant qu'il se composait de trois ou de quatre parties.

Ce qui distinguait le déchant de la diaphonie, c'est que le déchant était un contre-point mesuré, tandis que la diaphonie était un contre-point simple de note contre note, non soumis à la mesure. La diaphonie, telle qu'elle est décrite dans les chapitres précédents, se trouve quelquefois désignée sous le nom de déchant, mais jamais la musique harmonique mesurée ne se trouve appelée diaphonie[5].

Cette distinction résulte des explications mêmes des auteurs qui ont écrit sur cette matière et dont les opinions sont à juste titre les mieux accréditées.

« Le déchant, dit Francon de Cologne, est un ensemble harmonieux de divers chants, dans lequel ces divers chants sont ajustés entre eux proportionnellement par des longues, des brèves et des semi-brèves, et représentés dans l'écriture par des figures diverses[6]. »

Cette explication est confirmée par Jean de Muris, qui ajoute que le déchant simple était celui dont toutes les parties étaient mesurées dans chaque

---

quirit sonos. Et hæc sonorum simul facta prolacio organum vulgariter appellatur, tum quia ὄργανον græce, duplex modulatio dicitur latine, tum quia vox hominis apte concordans et dissonans suavitatem exprimet instrumenti quod vocant organum. » — Jean de Muris, Speculum musicæ, lib. VII, cap. IV.

(1) « Discantus dupliciter dicitur : primo dicitur discantus, quia diversorum cantus; secundo discantus dicitur, quia cantu sumptus. » — Gerb., Script., t. III, p. 12.

(2) « Vel potest discantus dici a dy quod est de et cantu, quia de cantu sumptus; id est de tenore supra quem discantus fundatur. » — Jean de Muris, Speculum musicæ, lib. VII, c. III.

(3) « In principio, in discantu non erant nisi duo cantus, ut ille qui tenor dicitur, et alius qui supra tenorem decantatur, qui vocatur discantus. » — Ibid.

(4) « Quamvis proprie uni tenori unus respondeat cantus ut sint duo cantus, possunt tamen supra tenorem unum multi fieri discantus ut motetus, triplum, quadruplum. » — Ibid.

(5) « Discantus igitur cum magis proprie duos cantus respiciat quam plures, antiquitus de organo duplo dicebatur in quo non sunt nisi duo cantus. Unde discantare erat organizare vel diaphonizare, quia diaphonia discantus est. » — Ibid.

(6) « Discantus est aliquorum diversorum cantuum consonantia, in quo illi diversi cantus per voces longas, breves vel semibreves proportionaliter adæquantur, et in scripto per debitas figuras proportionari ad invicem designantur. » — Texte de J. de Moravie.

temps[1], par opposition à un autre, l'organum proprement dit, l'organum pur, qui n'était pas mesuré dans toutes ses parties[2].

Une chose digne de remarque, c'est que la diaphonie ne paraît pas avoir été usitée dans la musique mondaine; du moins on n'a découvert jusqu'à présent aucun monument de ce genre où la diaphonie y soit employée, et aucun document écrit n'y fait allusion. La diaphonie est pourtant restée en usage longtemps encore après que le déchant était en pleine vigueur. Jean de Muris, dans sa " Summa musica[3] ", divise la diaphonie en diaphonie basilique et diaphonie organique. Jean de Muris, docteur et professeur de Sorbonne, un des plus célèbres écrivains sur la musique du moyen âge, vivait au commencement du XIVe siècle.

Nous avons vainement cherché, dans les auteurs des XIIe et XIIIe siècles, l'origine du déchant et le procédé primitivement employé pour le composer; ce que l'on y trouve se rapporte évidemment à une époque plus avancée de l'art.

Egidius de Murino, écrivain du XIVe siècle, et auteur d'un traité sur le chant mesuré[4], est le seul, à notre connaissance, qui paraît avoir indiqué cette mé-

---

(1) « Est enim quidam discantus simpliciter qui in omni sua parte cuncto tempore mensuratur. » — J. DE MURIS, *Speculum musicæ*, lib. VII, cap. X.

(2) « Organum proprie sumptum cantus non in omni parte sua mensuratur. » — FRANCON, apud GERB., *Script.*, t. III, p. 15.

(3) « Diaphonia est modus canendi duobus modis; et dividitur in basilicam et organicam. Basilica est (modus) canendi duobus modis melodiam, ita quod unus teneat continue notam unam, quæ est quasi basis cantus alterius concinentis; alter vero socius cantum incipit vel in diapente, vel in diapason, quandoque ascendens, quandoque descendens, ita quod in pausa concordet aliquo modo cum eo, qui basin observat. Organica dyaphonia est melodia duorum vel plurium canentium duobus modis, ita quod unus ascendat, reliquus vero descendat, et e contra; pausando tamen conveniunt maxime vel in eodem, vel in diapente, vel in diapason. Dicitur autem organica ab organo, quod est instrumentum canendi, quia in tali specie cantus multum laborat. » — GERB., *Script.*, t. III, p. 239.

(4) Le nom d'Égidius de Murino et son traité de musique sont restés inconnus jusqu'ici. Ils ont été révélés pour la première fois par M. Danjou qui, dans son voyage musical de 1847 en Italie, en a découvert deux manuscrits : l'un au Vatican, sous le n° 5321; l'autre à la même bibliothèque, fonds palatin, sous le n° 1377. Le traité d'Égidius de Murino est un des documents les plus intéressants pour l'histoire de la musique mesurée au XIVe siècle. M. Danjou en a fait une copie collationnée sur les deux manuscrits que nous venons de citer; mais il n'a trouvé aucun renseignement sur cet auteur. SPATARO, *Tractato di musica, nel quale si tracta de la perfectione de la sesquialtera producta in la musica mensurata*, Venise, 1531, est le seul qui en parle; il l'appelle « claro musico ». L'ouvrage d'Égidius de Murino est important pour la résolution de certaines difficultés de notation qui résultaient de la perfection et de l'imperfection, de l'augmentation et de la diminution des notes dans les temps et les prolations. On y trouve aussi un chapitre sur la manière de composer les ténors dans des motets. M. Danjou, qui a bien voulu nous communiquer le traité d'Égidius de Murino, nous a autorisé à reproduire ce chapitre. Le traité d'Égidius de Murino finit par quelques renseignements sur les ballades, les vironelles et les rondeaux.

CHAPITRE VII.

thode primitive, méthode bien grossière sans doute, mais qui paraît certainement avoir été le premier procédé qu'on ait employé. Voici comment ce procédé se trouve analysé par M. Danjou [1], qui a découvert le traité d'Égidius de Murino :

« Pour ajouter, dit-il, une seconde partie à un chant, on prenait souvent au hasard le chant d'un répons ou même quelquefois d'une autre chanson ; puis, modifiant et altérant la valeur primitive des notes, prolongeant l'une, diminuant l'autre, on ajustait ce chant au-dessous de la mélodie principale et on formait ainsi une seconde partie ou ténor. Si on voulait une troisième voix ou contraténor, on cherchait un troisième chant, qu'on accommodait, tant bien que mal, avec les deux autres [2] ».

(1) *Gazette musicale de Paris*, 9 janvier 1848.
(2) EGIDIUS DE MURINO, *Tractatus cantus mensurabilis* :

CAP. IV. — De modo componendi tenores motetorum.

« Primo accipe tenorem alicujus antiphonæ vel responsorii vel alterius cantus de antiphonario; et debent verba concordare de materia de qua facere motetum. Et tunc recipe tenorem et ordinabis et colorabis secundum quod inferius patebit de modo perfecto vel imperfecto. Et modus perfectus est quando comparantur tria tempora vel sex pro nota. Et modus imperfectus est quando comparantur duo tempora vel quatuor pro nota. Et quando tenor est bene ordinatus, tunc si vis facere motetum cum quatuor, tunc etiam ordinabis et colorabis contratenorem supra tenorem ; et quando vis dividere contratenorem, tunc accipe tenorem et contratenorem; si componis cum quatuor, et ordinabis triplum supra, bene ut concordet cum tenore et contratenore. Et si vis ipsum superius concordare, tunc divide tenorem in duas partes vel quatuor, vel tot partes sicut tibi placuerit; et cum feceris unam partem supra tenorem, tunc ipsa pars debet ita esse figurata sicut prima pars et sicut alia pars; et istud vocatur colorare motetos.

« Item potes ibi adjungere aliam subtilitatem et hoc est, si vis, potes eum facere de modo perfecto, id est, comparare super tempora insimul et post tria tempora debet superesse punctus divisionis. Hoc facto, procede ad motetum, id est, ad quintum ; et concordabis et colorabis cum triplo et tenore, et cum contratenore si est cum quatuor, et ita fac usque ad finem.

« Postquam cantus est factus et ordinatus, tunc accipe verba quæ debent esse in moteto et divide ea in quatuor partes; et sic divide cantum in quatuor partes et primam partem verborum compone super primam partem cantus sicut melius potest, et sic procede usque ad finem. — Et aliquando est necesse extendere multas notas super pauca verba et aliquando est necesse extendere multa verba supra pauca tempora, quousque perveniantur ad complementum.

« Est autem alius modus componendi motetos quam superius dictum est, videlicet, quod tenor vadat supra motetum, et sic ordinabis : accipe tenorem de antiphonario, sicut superius dictum est, quem colorabis et ordinabis, et stat in gamma bassa ; et tu potes eum mittere in gamma alta ; et quando est ordinatus bene, tunc facias discantum sub tenore sicut melius scis. Et potes ipsum colorare et de modo perfecto facere, si vis. Hoc facto, facias triplum discantare super motetum sicut melius scis et potes. Et si vis ipsum facere cum quatuor, tunc debet ibi esse contratenor. Sed oportet quod contratenor sit primo et concordet cum tenore, aliter non possit colorari. Item si vis facere motetum cum quinque, per hunc modum potest fieri : fac primo tenorem, sicut dictum est, et fac discantare subtus tenorem et concordare. Hoc modo fac triplum discantare insuper motetum sicut melius scis. Adhuc potes facere alium discantum qui ibi circumplectatur triplum fulgendo ipsum triplum, et iste quintus cantus vocatur quadruplum, et sic erit motetus totaliter plenus. Et credo quod non possint fieri plures cantus insimul. »

Quand on se rappelle le passage rapporté plus haut, où Francon de Cologne dit que le déchant était composé de diverses mélodies qu'on ajustait entre elles proportionnellement; quand on rapproche ensuite le procédé d'Égidius de Murino de quelques anciens monuments de déchant avec paroles différentes, dont on trouvera trois spécimens dans la troisième partie de cet ouvrage, sous les nos 1, 2, 3 de la Planche XXVII, on est convaincu que c'est de cette manière qu'ils ont été composés. Tout porte donc à croire que c'est ce procédé grossier qui a donné lieu à la naissance du déchant.

On ne peut pas dire que ce procédé fût complétement abandonné au XIIe siècle, puisqu'on le trouve encore en usage au XIVe; mais on peut assurer du moins, cela résulte et des traités et des monuments, qu'il ne faisait pas partie de la musique artistique telle qu'elle se trouve enseignée dans nos documents inédits et dans les traités de Francon de Cologne, de Jérôme de Moravie, du nommé Aristote, de Jean de Garlande, de Pierre Picard et de plusieurs autres.

Le déchant était-il une harmonie écrite ou une harmonisation improvisée, appelée plus tard, chez les Français, " chant sur le livre ", et chez les Italiens " contrapunto a mente "?

Les opinions se trouvent divisées sur cette question. Doni[1], Baini[2], M. Fétis[3] et quelques autres pensent que c'était une harmonisation improvisée. Quant à nous, nous sommes d'un avis contraire; nous pensons que le déchant était et n'a pu être qu'une harmonie écrite, et nous espérons le démontrer.

Voyons d'abord ce que l'on entendait par chant sur le livre. C'était, suivant les auteurs qui ont traité spécialement la matière, un contre-point improvisé en chantant. Ce contre-point à deux, trois ou quatre parties se faisait sur le plain-chant qui était pris pour thème, et qui était habituellement exécuté par la voix de ténor. Il a été principalement en usage au XVIe et au XVIIe siècle, en France et en Italie. Mais les Italiens passent pour y avoir été supérieurs aux

---

(1) «Tertius gradus ecclesiastici cantus adjecisse videtur concentum, quem vocant extemporaneum (contrapunto a mente) in quo super dictiones, sive syllabas antiphonasque, earum potissimum, quæ ad introitus pertinent, chorus symphonetarum variis consonantiis, secundum cujusque partes, ut vocant, saltuatim quodam modo, accini grato quidem auribus murmure, sed parum, ita me Deus amet, apto ad sententiarum expressionem. Ejus origo inter duodecimum, ac trigesimum Christi Domini sæculum, ut adparet, incurrit; nec tum publicæ auctoritati, quam privatæ musicorum licentiæ tribuenda.» — *Opera omnia*, t. I, p. 275.

(2) *Memorie della vita e delle opere di G. P. da Palestrina*, t. I, p. 121 et suiv.

(3) *Revue de musique religieuse* de M. Danjou, t. III, p. 178.

CHAPITRE VII.

Français. Zarlino[1], Aaron[2], Zacconi[3], Vicentino[4] et quelques autres en enseignent les principes et les règles.

On prétend que certains musiciens étaient très habiles dans ce genre de composition; cela ne paraîtra pas très extraordinaire, quand on remarquera qu'il s'agit d'une époque où la plupart des chanteurs de la chapelle papale et des principales églises étaient à la fois compositeurs et chanteurs. En songeant pourtant aux difficultés inhérentes à ce genre de contre-point, il est permis de croire qu'il a été rarement satisfaisant, et que la prétention de la part de médiocrités d'imiter les maîtres a dû produire des monstruosités qui ont motivé son abandon.

Voyons maintenant si le déchant a pu être une semblable harmonisation. Pour adopter cette opinion, il faut admettre d'abord que les chanteurs des XIIe et XIIIe siècles, quelque instruits qu'ils fussent dans les règles et dans l'art du chant, aient été assez habiles pour improviser le déchant d'après les règles exposées dans nos documents inédits et dans les traités des maîtres précités; mais, en le supposant, il faut admettre ensuite que la partie de déchant était toujours exécutée et ne pouvait l'être que par un seul chanteur; sans cela, comme le déchant n'était pas une simple diaphonie à intervalles et à mouvements semblables, qu'il était permis au contraire au déchant de faire entendre non-seulement divers intervalles sur une même mélodie, mais aussi des notes de diverses durées, l'improvisation uniforme eût été impossible. On ne saurait prétendre, en effet, que plusieurs déchanteurs aient pu exécuter sur le livre un déchant uniforme.

Or, il est incontestable que, dans un déchant, chaque partie pouvait être exécutée par plusieurs voix. Jean de Muris le dit du reste en termes formels[5]. Le mot déchant, on l'a vu plus haut, ne vient pas de ce que cette sorte d'harmonie était exécutée par deux chanteurs, mais de ce que c'était un double chant dont chaque partie pouvait être chantée par une ou plusieurs voix.

Mais ce ne serait pas seulement le déchant à deux parties qui aurait été improvisé, les déchants à trois et à quatre parties auraient été composés de même. Ceux qui soutiennent cette opinion doivent aller jusque-là, et ils y vont, puisqu'ils ne font aucune distinction, aucune exception. Nous lais-

---

(1) *Istituzioni harmoniche divise in quatro parti*, etc., parte 3ᵉ, cap. LVIII.
(2) *Il Toscanello in musica*, lib. II, cap. XXI.
(3) *Prattica di musica*, lib. II, cap. XXXIV.
(4) *L'antica musica ridotta alla moderna pratica*, etc., p. 83.

(5) « Sed aliud est duos cantus et duos cantantes. Nihil enim prohibet in duobus cantibus simul esse cantantes plures tam in tenore quam in discantu. » — JEAN DE MURIS, *Speculum musicæ*, lib. VII, c. III.

sons au lecteur à apprécier s'il eût été possible pour des chanteurs, quelque habiles qu'ils fussent, d'improviser une harmonie à trois et à quatre parties, dont les éléments étaient restreints, il est vrai, mais dont les règles pratiques étaient fort compliquées, comme on le verra. Quant à nous, nous n'hésitons pas à déclarer que cela nous paraît de toute impossibilité. Nous en concluons que le déchant était une harmonie composée d'avance pour pouvoir être exécutée par plusieurs chanteurs, une harmonie écrite, " res facta ".

CHAPITRE VIII.

L'harmonie à la fin du xiᵉ siècle et au commencement du xiiᵉ. — Doctrine des trois premiers documents inédits.

A partir de la fin du xiᵉ siècle, on a une série de documents et de monuments qui permettent de suivre la marche de l'harmonie, sinon dans toutes ses phases, du moins dans les principales qu'elle a parcourues.

Les plus anciens, connus et découverts jusqu'à présent, sont ceux que nous publions dans la deuxième et la troisième partie de cet ouvrage. Nous allons analyser ici les documents sous le point de vue de l'harmonie ; les monuments seront examinés plus loin.

Le premier de nos documents inédits est un traité anonyme d'organum ou de diaphonie. M. Danjou, le savant directeur de la « Revue de musique religieuse », dont la publication a été interrompue en 1848, au regret des érudits, et M. Morelot, ancien élève de l'école des Chartes, qui ont découvert ce traité dans la bibliothèque Ambroisienne de Milan, à la suite d'un volume contenant les œuvres de Gui d'Arezzo, estiment que l'écriture du manuscrit est de la fin du xiᵉ siècle. Cette date concorde fort bien avec le contenu du traité.

M. Danjou et M. Morelot ont eu la généreuse pensée de nous communiquer ce précieux document et de nous permettre d'en enrichir notre ouvrage ; nous leur en exprimons ici toute notre vive reconnaissance.

Le prologue indique que ce traité a été composé peu de temps après Gui d'Arezzo, car l'auteur ne parle d'aucune autre doctrine qui aurait existé à cette époque, et il propose lui-même cinq nouveaux modes d'organum dont il se déclare l'inventeur. Doc. I¹. — Ce sont ces cinq modes d'organum qui forment l'objet principal de ce traité.

---

(1) Cette abréviation et les suivantes semblables indiquent le renvoi aux documents publiés dans la deuxième partie. Doc. signifie document. Le chiffre romain fait connaître le numéro d'or-

CHAPITRE VIII.

Les deux premiers modes étaient relatifs au premier son d'un organum ; le troisième concernait les sons intermédiaires ; le quatrième comprenait à la fois le premier son et les sons intermédiaires ; le cinquième réglait les notes finales.

Dans le premier mode, l'organum commençait à l'unisson ou à l'octave. Doc. I, 9.

Dans le second, l'organum commençait à la quinte ou à la quarte. Doc. I, 10.

Dans le troisième, qui réglait les notes intermédiaires, les quartes pouvaient se changer en quintes, et réciproquement. Doc. I, 11.

Le quatrième était, à proprement parler, la réunion des trois premiers. Doc. I, 12.

Le cinquième consistait dans l'augmentation ou la diminution des dernières notes. Doc. I, 13.

Les exemples de ces modes d'organum sont compris dans ce document sous les n°˚ 4, 5, 6 et 7. Le n° 4 s'applique au premier mode ; le n° 5 au second ; le n° 6 s'applique au quatrième ; le n° 7 est relatif au cinquième. L'exemple du troisième mode est oublié.

Il est à remarquer que les diaphonies de ces exemples sont toutes composées sur le même thème. Ce qui prouve : d'une part, la variété de cette harmonie ; de l'autre, l'impossibilité qu'il y avait de l'improviser, lorsque les chanteurs étaient plus de deux.

Ce traité contient ensuite des conseils pratiques, accompagnés d'exemples pour la composition de la diaphonie en certains cas donnés, et selon certaines marches mélodiques du ténor ou du thème. Tous ces exemples sont de curieux spécimens de ce genre d'harmonie ; car jusqu'ici l'on n'en connaissait pas, ou les spécimens connus étaient de peu d'importance.

En tête du même traité, on trouve plusieurs diaphonies qui paraissent appartenir au même ouvrage. Elles sont composées d'après les mêmes règles et les mêmes principes ; nous les attribuons au même auteur.

Pour ce qui regarde la théorie, les règles écrites indiquent que, en principe, les seuls intervalles admis dans la diaphonie étaient l'unisson, l'octave, la quinte et la quarte.

Il y est bien parlé de la tierce mineure, mais seulement comme d'un intervalle intermédiaire, dont l'emploi ne pouvait avoir lieu que par mouvement conjoint ascendant ou descendant.

_{dre sous lequel chaque document se trouve classé. Les chiffres arabes renvoient aux alinéas de chaque document.}

Toute diaphonie pouvait indifféremment commencer à l'unisson, à la quinte, à la quarte ou à l'octave; mais le repos final et le demi-repos se faisaient, hormis de très rares exceptions, à l'unisson ou à l'octave.

De l'ensemble de ce document et des exemples qu'il renferme, il résulte que la doctrine harmonique enseignée par son auteur est l'intermédiaire entre celle de Gui d'Arezzo et de Jean Cotton, et celle de déchant dont il est question dans les traités suivants.

Elle tient de Gui d'Arezzo et de Jean Cotton l'emploi du mouvement contraire, presque rigoureusement observé. La préférence donnée à l'octave, à l'unisson et à la quinte, dans les exemples, démontre l'abandon successif qu'on a fait de la quarte. Cet abandon était complet peu de temps après, ainsi qu'on le voit dans le deuxième document inédit dont nous allons parler, et qui appartient vraisemblablement à la fin du XIe siècle ou tout au commencement du XIIe.

Ce document, en langue romane du nord, tiré du manuscrit n° 813, de la bibliothèque nationale de Paris, pose les règles suivantes :

1° Lorsque le chant montait, le déchant devait commencer à l'octave supérieure; 2° lorsque le chant descendait, le déchant devait commencer à la quinte supérieure. Doc. II, 2 et 3.

On y détermine ensuite les intervalles que devait employer le déchant, lorsque la mélodie montait et descendait un, deux, trois ou quatre degrés. Doc. II, 4, 5, 6, 7, 10, 11, 13.

Bien que les seuls intervalles constitutifs de cette harmonie soient l'octave et la quinte, ces règles indiquent néanmoins un progrès en ce que leur emploi est fixé suivant tel ou tel mouvement des voix. Ces règles n'étaient pourtant pas absolues; elles ne pouvaient même pas l'être; car, lorsque la mélodie montait ou descendait par degrés conjoints successifs, il devenait impossible de s'astreindre aux règles précitées; aussi, dans ce cas, l'emploi de quintes continues était-il permis. Doc. II, 8, 14.

Dans ce deuxième document, on détermine seulement, comme on vient de le voir, les intervalles à employer par le déchant, lorsque la mélodie procédait par mouvement de seconde, de tierce, de quarte et de quinte; il n'y est pas question des mouvements de sixte, de septième et d'octave. Est-ce une lacune, ou bien ces mouvements mélodiques étaient-ils les seuls usités à l'époque de ce traité? Cette dernière hypothèse nous paraît la plus vraisemblable. Quoi qu'il en soit, ce complément se trouve dans notre troisième document inédit. Ce document, qui forme une partie du vingt-sixième chapitre du traité de Jérôme

CHAPITRE VIII.

de Moravie, y est inséré sous le nom de « Vulgaris (discantus) positio ».

Jérôme de Moravie, ainsi désigné parce qu'il était né dans la contrée qui porte ce nom, vécut, au commencement du xiiie siècle, dans le couvent des Frères prêcheurs de la rue Saint-Jacques, à Paris. Il est auteur d'un traité de musique, resté inédit jusqu'à présent, et que l'on peut considérer comme une sorte d'encyclopédie musicale de ce temps. Le manuscrit unique qui contient ce traité, aujourd'hui à la bibliothèque nationale de Paris, sous le n° 1817, était autrefois à la Sorbonne. Il est intitulé : « Incipit tractatus a « fratre Hieronimo Moravo ordinis fratrum prædicatorum »; et on lit à la fin : « Explicit tractatus de musica fratris Hieronimi de Moravia ordinis fratrum « prædicatorum [1] ». Le traité de Jérôme de Moravie révèle plusieurs noms d'auteurs et plusieurs traités de musique qui étaient restés totalement inconnus. Ainsi, pour ne parler que de ce qui concerne l'harmonie et la musique mesurée, son vingt-sixième chapitre seul renferme : 1° le traité de déchant vulgaire, dont il est question ici; 2° le traité de Jean de Garlande; 3° le traité de Francon de Cologne; 4° le traité de Pierre Picard. Il signale encore un autre didacticien, Jean de Bourgogne, dont nous parlerons plus loin.

En copiant le traité de Jérôme de Moravie, pour en donner une édition qui est préparée depuis quelque temps, nous avons recherché avec le plus grand soin, mais vainement, la date de 1260, que M. Fétis[2] indique comme existant dans le volume. On ne trouve cette date que dans la notice sur Jérôme de Moravie des Pères Quétif et Echard, qui la citent non comme la date du manuscrit, mais comme celle où Pierre de Limoges, le donateur de ce volume, a été nommé membre titulaire de la Sorbonne[3].

---

[1] La table des chapitres du traité de Jérôme de Moravie a été publiée par les Pères Quétif et Échard, *Scriptores ordinis prædicatorum*, t. I, p. 159 et suiv.; par Proschaska, *Commentarius de sæcularibus liberalium artium in Bohemia et Moravia fatis*, p. 123; par Dlabacz, *Dictionnaire historique des artistes de la Bohême*, t. II, p. 333 et suiv.; et par les nouveaux éditeurs de *la Science et la pratique du plain-chant*, de Dom Jumilhac. Elle nous a paru trop intéressante pour ne pas avoir sa place dans ce volume. On la trouvera à la page 213.

[2] *Biographie universelle des musiciens*, t. I, p. cxci.

[3] « Hieronymus de Moravia, e regno scilicet seu principatu hujus nominis Boemiam inter et Hungariam sito ortus, a nullis, quos sciam, seu nostratibus seu extraneis nomenclatoribus recencitus, præterquam a Simlero, idque leviter et non accurate, e tenebris nunc eruitur et in apertam lucem producitur. Medio seculi xiii, circa S. Thomæ de Aquino tempora, claruisse videtur et saltem annis quibusdam in domo Sanjacobea Parisiensi egisse. Sic conjicio ex cod. Ms. memb. fol. par. n° 1, p. 896, in Sorbona etiamnum servato, ex legato Petri de Lemovicis ejus Gymnasii socii et ipsius Roberti de Sorbona æqualis et ab anno mcclx sodalis individui. »—PP. Quétif et Echard, *Scriptores ordinis prædicatorum*, t. I, p. 159.

Il est vraisemblable que Jérôme de Moravie n'existait plus à cette époque. Ce manuscrit qui, selon toute apparence, est le manuscrit autographe, est donc antérieur à cette date, toutefois de peu d'années, puisque Jérôme de Moravie vivait vers le milieu du XIII siècle.

Comme le deuxième document inédit, le « Traité du déchant vulgaire » n'admet pour consonnance que trois intervalles : l'unisson, la quinte et l'octave. Tous les autres sont considérés comme dissonances, plus ou moins prononcées. Doc. III, 14. Les deux règles générales posées dans le traité précédent se trouvent ici. Lorsque la mélodie montait, le déchant devait commencer à l'octave ; lorsqu'elle descendait, le déchant devait commencer à la quinte.

Les successions mélodiques, dans lesquelles l'harmonie se trouvait réglée, étaient la seconde majeure et la seconde mineure ; la tierce majeure et la tierce mineure ; la quarte, la quinte, la sixte majeure et la sixte mineure ; la septième majeure et l'octave, tant en montant qu'en descendant. Doc. III, de 17 à 35. La quarte n'apparaît plus ici comme intervalle harmonique ; c'est tout au plus si on la trouve employée dans deux cas comme note intermédiaire ou changée.

CHAPITRE IX.

Doctrine de Gui de Chalis. — Quatrième document inédit.

Le traité de Gui, abbé de Chalis, au monastère de Citeaux en Bourgogne, au XII siècle, qui forme notre quatrième document inédit, témoigne d'un progrès assez considérable accompli depuis l'époque où a été écrit le précédent traité.

Les deux règles fondamentales qui prescrivaient au déchant de prendre l'octave lorsque la mélodie montait, et de commencer à la quinte lorsque le chant descendait, n'étaient plus aussi absolues ni aussi exclusives.

Dans le premier cas, il était permis au déchant de commencer indifféremment à l'octave, à la quinte ou à l'unisson. Doc. IV, 1, 2, 3, 4, 9, 10, 11. — Exemples : 1 à 8, 13 à 18 de la PLANCHE A[1]. Dans le second cas, on pouvait commencer à la quarte ou à l'unisson. Doc. IV, 5 à 8, 13 à 16. — Exemples : 9 à 13, 19 à 26 de la PLANCHE A.

Les résolutions étaient aussi variées. Dans le premier cas, le déchant pouvait descendre sur la deuxième note en produisant avec celle-ci une quinte : Doc. IV,

---

(1) Cette planche est placée dans la deuxième partie, à la fin du troisième document inédit.

CHAPITRE IX.

1, 2, 14, 16; — ou un unisson : Doc. IV, 1, 2, 3, 10, 11; — ou une quarte inférieure : Doc. IV, 3, 4; — ou une quinte inférieure : Doc. IV, 9, 10, 11.

Dans le second cas, le déchant pouvait produire avec la seconde note une octave : Doc. IV, 7, 8, 13, 14, 15, 16; — ou une quinte : Doc. IV, 13, 14, 15; — ou une douzième : Doc. IV, 16.

Dans la succession de deux unissons, le déchant avait également une beaucoup plus grande liberté de mouvement. Il pouvait commencer à l'unisson; à la quarte supérieure ou inférieure; à la quinte supérieure ou inférieure; à l'octave supérieure ou inférieure; à la onzième inférieure ou à la douzième inférieure.

Il pouvait se résoudre, sur la seconde note, à la quarte supérieure ou inférieure; à la quinte supérieure ou inférieure; à l'octave supérieure ou inférieure; à la onzième supérieure ou inférieure; à la douzième inférieure ou supérieure.

Avec cette latitude dans les mouvements on pouvait éviter, à la rigueur, les successions continues de quinte. L'a-t-on fait? Il paraîtrait que non. Cela résulte du moins de l'examen du traité qui forme notre cinquième document inédit et dont nous allons parler dans le chapitre suivant.

En considérant les préceptes de Gui de Chalis et les exemples que nous donnons, d'après son traité, dans la Planche A, annexée au troisième document de la seconde partie de cet ouvrage, on est étonné de voir l'emploi de sauts mélodiques aussi considérables que ceux de onzième et de douzième. C'étaient des licences introduites dans le déchant; car de pareils sauts étaient non-seulement contraires aux règles du chant ecclésiastique, mais antipathiques à son système de mélodie, qui ne pouvait généralement dépasser l'étendue d'une neuvième. Leur exécution devait au surplus être assez difficile. Elle nécessitait indubitablement une grande habileté de la part des chanteurs pour saisir ces intonations avec justesse.

On remarquera aussi que Gui de Chalis se sert du mot « organum » pour désigner l'harmonie dont il donne les règles, ce qui indique qu'il a entendu traiter plus spécialement de l'harmonie applicable au plain-chant, et ce qui est une nouvelle preuve que l'harmonie non mesurée avait conservé son ancienne dénomination de " diaphonie " ou " d'organum ". Il ne faudrait pas en conclure que la même harmonie ne fût pas usitée dans le chant mesuré. Le traité de déchant vulgaire, notre troisième document inédit, dit formellement le contraire. Il y est parlé de la mesure, de la valeur des notes, des

CHAPITRE X.

Doctrine harmonique du cinquième et du sixième documents inédits. — Musique feinte ou fausse. — Age des documents inédits.

Bien que notre cinquième document inédit ne témoigne d'aucun changement important dans l'état de l'harmonie de cette époque, on y aperçoit néanmoins quelques modifications qui n'ont pas été sans influence.

Les règles, relatives aux mouvements mélodiques de deux notes, sont à peu près les mêmes que celles de Gui de Chalis. Ainsi, le déchant pouvait commencer à l'octave, à la quinte ou à l'unisson, lorsque la mélodie montait; quand elle descendait, le déchant pouvait commencer à la quinte ou à l'unisson.

Les résolutions y avaient lieu aussi à l'octave, à la quinte ou à l'unisson. Mais ce qu'on est étonné d'y rencontrer, ce sont des accompagnements harmoniques à la quinte sur deux sauts mélodiques de quarte et de quinte consécutives. Doc. V, 6, 14. De semblables successions harmoniques semblent avoir été soigneusement évitées par les auteurs de nos trois premiers documents inédits. Ils ne les admettent, on l'a vu, que lorsque la mélodie procédait par degrés conjoints, là en un mot où, dans leur système, il eût été très difficile de les éviter. La même règle est conservée par l'auteur de ce cinquième document, mais il enseigne la manière de s'affranchir de l'emploi des quintes consécutives; c'est là une modification remarquable, un progrès réel.

Ainsi, lorsque trois notes montaient par degrés conjoints, le déchant pouvait commencer à l'octave, à la quinte ou à l'unisson avec la mélodie, et descendre par degrés conjoints. Doc. V, 7.

Lorsque trois notes descendaient par degrés conjoints, le déchant pouvait commencer à l'unisson, ou à la quinte inférieure, et monter par degrés conjoints. Doc. V, 15.

Ce qui non-seulement évitait les suites de quintes, mais ce qui donnait lieu en même temps à l'emploi d'intervalles non admis jusqu'alors, la tierce et la sixte par mouvement contraire.

Ces nouvelles marches harmoniques, peu importantes en apparence, étaient de nature à donner une grande variété dans la composition du déchant.

Bien que, dans ces successions mélodiques, il fût encore permis au déchant de suivre le ténor à la quinte, cette règle paraît n'avoir plus été suivie que

CHAPITRE X.

rarement ; elle tomba peu à peu en désuétude et ne tarda pas à disparaître tout à fait, car il n'en est plus question dans le sixième document dont nous allons parler.

On a pu remarquer que le déchant se faisait généralement au-dessus de la mélodie ; c'est même encore là un des caractères qui le distinguaient de l'ancienne diaphonie. A l'époque où l'on est arrivé, c'est-à-dire vers le milieu du XIIe siècle, il paraît que le déchant se faisait autant au-dessous qu'au-dessus du chant. Cela semble résulter du moins des règles de déchant du sixième document inédit. En voici le résumé.

Les principaux intervalles harmoniques sont toujours l'octave, la quinte et l'unisson disposés à peu près de la même manière que dans le traité de Gui de Chalis. On y admet aussi la tierce et la sixte, mais avec d'autres successions mélodiques que dans le précédent traité.

Ce qu'il y a de plus intéressant, et ce qu'on rencontre ici pour la première fois, c'est l'emploi régulier de notes de passage par degrés conjoints et même par degrés disjoints. La troisième règle, la cinquième, la sixième, la huitième, la dixième et la onzième offrent des exemples de notes de passage par degrés conjoints. Doc. VI, 59, 64, 67, 73, 78, 81. La neuvième règle contient un exemple de notes de passage par degrés disjoints. Doc. VI, 75.

Ces nouvelles ressources étaient de nature à contribuer puissamment à rompre la monotonie qui résultait de l'emploi de l'octave, de la quinte et de l'unisson seulement, et à donner au déchant une variété qu'il ne pouvait avoir jusque-là.

Ce traité est aussi le premier où il soit question de signes accidentels pour éviter les intervalles harmoniques proscrits, le triton et la quinte mineure.

Ces signes accidentels, qui servaient à élever ou à baisser une note d'un demi-ton, s'appelaient musique feinte ou musique fausse, " musica ficta, " musica falsa ", parce que les notes ainsi altérées étaient étrangères à la gamme diatonique[1]. On ne voit pas l'époque précise où les signes accidentels ont été

---

(1) « Ficta musica nihil aliud est quam positio toni pro semitonio et contra. Et si inter duos gradus musicales immediatos semitonium poneretur, ubi regulariter ponendus esset tonus, vel e contra, ficta musica est, quam fictam musicam appellant plerique, cantare per conjunctas. Unde sciendum quod conjuncta dicitur alicujus deductionis vel proprietatis musicalis de loco proprio ad locum alienum secundum sub et supra transpositio. Unde sequitur quod tunc cadit semitonium ubi regulariter deberet cadere tonus, et contra. Quæ tamen conjunctæ dicuntur propterea inventæ, ut si quis cantus irregularis foret, per eas ad regularem cantum debite reduci posset. » — *De arte musices*. Ms. n° 171 de la bibliothèque de Gand, 2e partie, chap. XVI. — Un mot sur l'auteur de ce traité. M. Walwien de Tervliet, l'ancien bibliothécaire de l'Université de Gand,

ajoutés à d'autres notes qu'au si; mais il est à croire, d'après les motifs que nous avons déjà exposés plus haut, que, dès l'origine de l'emploi de la diaphonie, on y a eu recours pour éviter le triton et la quinte mineure; cela résulte des termes mêmes du traité que nous examinons en ce moment, où l'auteur semble ne rappeler qu'une chose depuis longtemps en usage. Ce document est le plus ancien où il soit parlé de "musique fausse", et où l'on spécifie les notes qu'on altérait de cette manière. Le bémol s'appliquait au si et au mi, le dièse au fa seulement. Les exemples y sont, sous ce rapport, conformes aux principes énoncés dans le traité de Denis Lewts [1].

Si l'on a suivi jusqu'ici les développements de l'harmonie, on a pu remarquer avec quelle difficulté, à la suite de quels tâtonnements elle est sortie des langes de la diaphonie dans lesquels elle se trouvait enveloppée et enchaînée comme dans un réseau infranchissable. Mais la barrière une fois rompue, sa marche a été de plus en plus vive; les combinaisons ont surgi, la variété s'est fait jour. Les mouvements contraires, brisant l'uniformité des intervalles harmoniques, a donné lieu à des résolutions nouvelles, à des successions et même à des sauts mélodiques inconnus jusqu'alors; cette variété s'est accrue de plus en plus par l'admission de notes de passage, par les broderies servant d'intermédiaires aux intervalles ou aux mouvements harmoniques trop brusques ou trop rudes. On voit, en un mot, la liberté prenant possession de la musique à sons simultanés, comme elle s'empare de la politique et même de la religion.

Il résulte encore de l'examen rapide auquel nous venons de nous livrer:

1° Que, dans l'ordre où ils sont classés, nos documents renferment tous

---

rédacteur d'un Catalogue des Mss. de ce dépôt, a attribué ce traité à Denis Lewts, de Ryckel au pays de Liége, qui fut chartreux à Ruremonde, d'après un passage du prologue de cet ouvrage. M. Fétis, qui a examiné ce Ms., a prétendu — Revue musicale, année 1834, page 19 — que le prologue seul était du chartreux de Ruremonde et que le traité était de Jean le Chartreux, dit Jean de Mantoue. Mais la comparaison de l'analyse que donne M. Fétis du traité de Jean de Mantoue avec le contenu du traité du Ms. de Gand fait voir que ce sont deux ouvrages différents. Or, comme ce dernier traité n'est pas celui de Jean de Mantoue, et que rien n'indique que l'auteur du prologue ne soit pas l'auteur même de l'ouvrage, nous croyons que, jusqu'à preuve contraire, il faut considérer ce traité comme l'œuvre de Denis Lewts.

(1) « Unde sciendum quod apud veteres ficta musica solum in tribus gradibus ponebatur, scilicet: 1° mi per ♮ durum in F fa ut in linea cujus vox ut cadebat in D sol re cum correspondentia cæterarum vocum ad ipsam consequentium. 2° ponebant fa pro ♭ molle in E la mi in linea cujus vox ut cadebat in ♭ fa ♮ mi in spacio cum correspondentia cæterarum vocum ad eam consequentium. 3° Et ponebant mi per ♮ durum in F fa ut in spacio, cujus vox ut cadebat in d la, sol re cum correspondentia cæterarum vocum ad eam consequentium. Unde tales extant versus:

« Ut D sol re tene: ♭ fa ♮ sinul et d la sol re,
« Quando ficta suum deprimit musica cantum. »

certaines règles qui indiquent un progrès successif; ce progrès, tout faible qu'il soit, lorsqu'on compare ces traités un à un, suivant le rang qu'ils occupent, est assez considérable quand la comparaison s'établit du premier au dernier; 2º que la doctrine harmonique s'y présente dans un état moins avancé que dans le traité de Francon de Cologne. De là cette double conséquence, savoir : d'une part, que nos documents inédits n'ont pas tous été écrits à la même époque; et, de l'autre, que, si l'intervalle écoulé entre chacun d'eux semble n'avoir dû être que minime, on peut évaluer au moins à un demi-siècle celui qui a existé entre le premier et le dernier.

La date du premier, quoique non écrite, ne peut être douteuse; elle se trouve suffisamment fixée par la doctrine harmonique elle-même contenue dans le traité.

Quant à celle des autres, voici comment on peut l'établir très approximativement. Comme l'on sait que le traité de Gui de Chalis appartient à la première moitié du XIIe siècle, et que nos documents inscrits dans la deuxième partie, sous les nos II et III, ont dû être composés antérieurement, puisque la doctrine harmonique y est moins avancée que dans Gui de Chalis, on ne peut leur assigner une date postérieure à la fin du XIe siècle ou au commencement du XIIe. Par la même raison, prise dans un sens contraire, nos Ve et VIe documents ont dû être écrits après Gui de Chalis, ce qui les porte au moins au milieu du XIIe siècle; et comme il a dû se passer un certain intervalle entre ces traités et celui de Francon de Cologne, on ne peut donner à ce dernier une date antérieure à la fin du XIIe siècle.

En résumé, les documents inédits, que nous venons d'analyser brièvement, parce qu'on les trouvera plus loin en entier, sont très importants pour l'histoire de l'harmonie, car ils nous font connaître la situation de l'art pendant près d'un siècle, depuis la fin du XIe siècle jusqu'à la fin du XIIe. Ils prouvent, en outre, que les traités de Francon de Cologne, du nommé Aristote, de Jean de Garlande, de Jérôme de Moravie, de Jean de Bourgogne, de Pierre Picard leur sont postérieurs.

CHAPITRE XI.

Analyse des plus anciens monuments de déchant.

Après avoir examiné les théories et les préceptes, portons un instant notre attention sur les monuments pratiques. Bien que ceux que l'on connaît ne soient qu'en petit nombre, ils suffisent néanmoins pour donner une idée de l'art d'écrire l'harmonie à cette époque.

Le plus ancien monument de déchant, découvert jusqu'à présent est le « Mira lege », à deux parties, contenu dans le manuscrit 1139 de la bibliothèque nationale de Paris. Cette pièce, écrite en neumes transitionnels, est de la fin du xie siècle ou du commencement du xiie. On en trouvera le fac-similé, avec sa traduction en notation moderne, à la troisième partie de cet ouvrage. Le fac-similé porte le n° 2 de la Planche XXIII.

Cette pièce est une des plus curieuses du moyen âge. Bien que, dans le Ms. 1139, elle fasse partie du fascicule qui contient les mystères du xie siècle que nous ferons connaître plus loin, sa notation n'est pas pareille à la notation de ces drames et des autres chants du même fascicule. Ceux-ci sont en neumes à points superposés, et la pièce « Mira lege » est en neumes transitionnels; ce qui pourrait donner à croire qu'elle a été écrite plus tard, ou ce qui, suivant nous, montre peut-être que, déjà alors, il y avait une distinction entre les neumes servant à noter la musique mesurée et ceux qu'on employait pour noter le plain-chant.

Dans ce morceau, les notes sont placées au-dessus du texte, en deux rangées, séparées entre elles par un trait longitudinal. Chaque rangée représente une partie distincte. Cette disposition indique que ces deux parties étaient chantées simultanément. C'est le plus ancien exemple de déchant connu.

On y remarque l'emploi presque continu du mouvement contraire, conformément aux règles de nos documents inédits. Les intervalles qui s'y rencontrent le plus sont : l'unisson, l'octave, la quinte, la tierce et la quarte. La tierce est le plus souvent précédée de la quinte ou de l'unisson, ou bien elle se résout sur l'un de ces intervalles. Les intervalles de seconde et de sixte s'y trouvent rarement ; la septième n'y est pas.

Nous donnons ici le texte entier de cette pièce, dont les trois premiers vers seuls sont en musique. Nous la croyons inédite. Nous l'avons intitulée : « Décacorde », parce que c'est évidemment le titre qui lui appartient d'après le troisième et l'avant-dernier vers. Cette pièce est un nouvel exemple de la grande variété de formes dont on savait revêtir la poésie latine au moyen âge, qui, dans les mains ecclésiastiques, était devenue une langue tout autre, et quelquefois non moins riche que celle des auteurs classiques.

DÉCACORDE.

Mira lege, miro modo, Deus format hominem;
Mire magis hunc reformat, vide mirum ordinem.
Reformandi mirus ordo in hoc sonat decacordo.

1. Primus homo fit ex humo, mulier ex homine;
    Nos ex illis : novus homo fit ex sola Virgine. ℟.
2. Sic se nobis coaptavit, homo fit pro homine;
    Cecus alta ne desperet, filius fit femine. ℟.
3. Primus homo non peccare poterat, sed noluit;
    Nostrum tamen est peccare, novus hoc non potuit. ℟.
4. Mori potest et non mori, primus homo conditur;
    Sumus tamen nos mortales, novus sponte moritur. ℟.
5. Adquisivit morte sua nobis benignissimus
    Vitam in qua nec peccare, nec mori potuimus. ℟.
6. Pater Deus, mater, homo Deus, homo filius,
    Deus sursum, homo scitra (sic), Deus homo medius. ℟.
7. Matrem petat reus, homo hominem securius,
    Sit per matrem natus, homo per natum propicius. ℟.
8. Patrem intus portat mater, hostium est filius;
    Intrant rei per Mariam prius atque latius. ℟.
9. Solem (sol est) pater, mater stella, natus solis radius,
    Pater sanctis, mater reis, lux inferni filius. ℟.
10. Sic novatur vetus homo : sic novari poteris,
    Si per matrem tibi natum advocatum feceris. ℟.

A predicto decacordo discordanti non concordo :
Non sunt Christi quibus cordi non est ordo decacordo.

Le second monument en date est un déchant à deux parties, de la bibliothèque de Douai [1], sur la prose à la Vierge commençant par ces mots :

---

(1) Cette pièce est tirée du Ms. 124 de la bibliothèque de Douai. Son existence nous a été signalée par M. Estabel, secrétaire de la commission de cette bibliothèque, à qui nous témoignons ici nos remerciements de l'empressement qu'il a mis à nous faire part de cette précieuse découverte, et de quelques autres, intéressantes pour l'histoire musicale.

« Verbum bonum et suave », que nous donnons en fac-similé à la troisième partie de cet ouvrage, PLANCHES XXIV et XXV. Ce morceau, écrit en neumes sur quatre lignes, est du commencement du XIIe siècle.

Les intervalles qui y sont le plus fréquemment employés sont l'unisson, la quinte, la tierce et la quarte. La seconde, la sixte et la septième n'y apparaissent guère que comme notes de passage. Le mouvement contraire est celui qui s'y remarque le plus.

La mélodie des deux premières strophes de cette prose est la même que la mélodie sur laquelle se chante la première strophe du « Lauda Sion » attribué à saint Thomas d'Aquin. Ce qui fait voir que, si ce célèbre docteur de l'Église est l'auteur du texte du « Lauda Sion », sa mélodie était déjà connue. Ce n'est pas, du reste, le seul exemple de proses ou d'hymnes composées sur des mélodies déjà en vigueur.

Voici maintenant le texe de ce déchant :

Verbum bonum et suave,
Personemus illud ave
Per quod Christi fit conclave
    Virgo, mater, filia[1].

Per quod ave salutata
Mox concepit fecundata
Virgo David stirpe nata
    Inter spinas lilia.

Ave veri Salomonis
Mater, vellus Gedeonis
Cujus magi tribus donis
    Laudant puerperium.

Ave, solem genuisti;
Ave, prolem protulisti;
Mundo lapsu contulisti
    Vitam et imperium.

Ave mater Verbi summi,
Maris portus signum dumi,
Aromatum virga fumi,
    Angelorum domina.

Supplicamus, nos emenda,
Emendatos nos commenda
Tuo nato, ad habenda
    Sempiterna gaudia.

Le troisième monument de déchant que nous considérons comme le plus ancien, après les deux précédents, est « l'Agnus fili Virginis[2] », à deux parties, que nous reproduisons, parmi nos monuments inédits, sous le n° 2 de la PLANCHE XXVI.

Ce déchant est écrit en notation proportionnelle dont les principes sont expliqués plus loin. Les parties y marchent généralement par mouvements

---

[1] M. Daniel, qui donne cette prose dans son *Thesaurus hymnologicus*, t. II, p. 93, d'après un missel du XIIIe siècle, de la bibliothèque de Manheim, la divise en strophes de huit vers.

[2] Cet « Agnus fili Virginis » est tiré du Ms. 95 de la bibliothèque de Lille, contenant le jeu

CHAPITRE XI.

contraires. Les intervalles les plus fréquents sont l'unisson, l'octave, la quinte et la tierce. Ici, comme dans les deux premiers morceaux, la quarte a une tendance à disparaitre. Les successions d'octaves, de quintes, d'unissons et de quartes y sont assez rares.

Après ceux-là, viennent par rang d'ancienneté les déchants à deux et à trois parties qui se trouvent dans les manuscrits n° 812 et n° 813 de la bibliothèque nationale de Paris, d'où nous avons extrait nos documents inédits V et VI. Ces pièces, qui appartiennent à la fin du XIIe siècle, sont à peu près toutes composées dans les mêmes conditions que les précédentes. On y remarque pourtant un progrès dans la succession des intervalles, dans l'agencement des parties et surtout dans l'emploi des dissonances qui n'y figurent guère plus qu'accidentellement. On remarquera que plusieurs de ces morceaux sont à trois parties. L'addition de la troisième partie était venue augmenter les difficultés et les complications.

Le triple, ou déchant à trois voix de Francon de Cologne, que nous donnons parmi nos monuments inédits sous le n° 5 de la Planche XXVII, est un morceau intéressant, dans lequel les consonnances et les dissonances sont employées conformément aux règles de cet auteur. L'octave et la quinte sont les accords fondamentaux; les autres n'y figurent que comme notes de passage, ou tout à fait exceptionnellement.

En somme, les monuments sur lesquels nous venons d'appeler l'attention de nos lecteurs sont généralement composés suivant les règles de nos documents inédits. Si quelques-uns dénotent un état plus avancé, cela prouve qu'alors, comme aujourd'hui, la pratique devançait la théorie ou les préceptes, qui ne sont presque toujours que la constatation de la première.

---

d'Adam de la Bassée, intitulé : *Ludus Adæ de Basseia, canonici insulensis, super Anti-claudianum*. L'écriture du Ms. est du XIVe siècle, mais M. Dupuis (*Catalogue descriptif des manuscrits de la bibliothèque de Lille*, par M. le docteur Le Glay, page 420) fait voir que la composition de cet ouvrage date vraisemblablement de la fin du XIIIe siècle. Ce qui vient à l'appui de cette opinion, c'est que, parmi les chants notés qui s'y trouvent semés çà et là, il n'y en a pas du XIVe siècle. La plupart sont du XIIIe siècle, et quelques-uns même remontent au XIIe. (Voir la « Notice sur les collections musicales de la bibliothèque de Cambrai et des autres villes du département du Nord », par l'auteur de cet ouvrage, page 114.)

Nous croyons que « l'Agnus fili Virginis » est de la fin du XIIe siècle ou du commencement du XIIIe, d'abord parce qu'il est écrit dans le style de cette époque, et ensuite parce qu'il n'est qu'à deux parties. Le titre de *Ludus* donné par Adam de la Bassée pourrait faire croire que cet ouvrage est un jeu dramatique, mais il n'en est rien. C'est simplement une imitation assez servile, en prose, de « l'Anti-claudianus » d'Alain de Lille, divisée en rubriques et mélangée d'airs composés par des trouvères du XIIe et du XIIIe siècle.

CHAPITRE XII.

Doctrine de Francon de Cologne, du nommé Aristote et de Jean de Garlande. — Classement des intervalles harmoniques. — Leur emploi. — Déchant coloré. — Répétition. — Contre-point double. — Imitations.

Pour faire mieux apprécier la distance qui sépare la doctrine harmonique de nos documents inédits d'avec celle de Francon de Cologne et de plusieurs de ses contemporains, pour qu'on puisse mieux juger des progrès accomplis du temps de ces didacticiens, nous allons donner un aperçu de leur doctrine, qui montrera en même temps l'état où se trouvait l'art à la fin du xiie siècle.

Francon de Cologne classe les intervalles harmoniques en consonnances et en dissonances, qu'il appelle "concordances" et "discordances"[1]. La même classification et les mêmes dénominations étaient adoptées par le nommé Aristote[2] et par Jean de Garlande[3].

Les noms de ces deux didacticiens s'étant révélés depuis peu seulement dans le monde musical érudit, nous allons en dire quelques mots. Parlons d'abord d'Aristote.

Il ne s'agit pas ici du célèbre fondateur de la philosophie péripatéticienne, mais d'un écrivain de la fin du xiie siècle ou du commencement du xiiie, portant aussi le nom d'Aristote, et auteur d'un traité sur la musique mesurée, intitulé : « Musica quadrata seu mensurata ». Ce traité, et un autre ayant pour titre : « Musica theoretica », ont été insérés dans l'édition des œuvres de Bède, surnommé le Vénérable, publiée à Cologne en 1612, 8 vol. in-fol.

Déjà auparavant ils avaient été imprimés, sous le nom de Bède, dans un volume in-folio intitulé : « Venerabilis Bedæ de musica libri duo », Basileæ, Hervay, 1563.

Burney, et Forkel après lui, ont fait remarquer que le traité de musique mesurée ne pouvait être de Bède le Vénérable, parce que le contenu de cet ouvrage n'était pas en rapport avec l'état de l'art où vécut cet écrivain. Forkel l'attribue à un autre Bède, qui, suivant lui, aurait vécu plus tard. Il l'appelle Pseudo-Bède, pour le distinguer de Bède le Vénérable.

---

(1) « Sed quia discantus quilibet per consonantias regulariter, videndum est de consonantiis et dissonantiis factis in eodem tempore et in diversis vocibus. » — Gerb., *Script.*, t. III, page 11.

(2) « Istarum specierum quædam sunt concordantes, quædam discordantes, quædam magis, quædam minus. » Bibl. nat., Ms. 1136, suppl. lat.

(3) « Consonantiarum quædam dicuntur concordanciæ, quædam discordanciæ. » Apud J. de Moravia.

CHAPITRE XII.

Sans se prononcer bien positivement, M. Fétis [1] semble considérer Bède le Vénérable comme pouvant être l'auteur de ce traité.

Aujourd'hui, aucun doute ne peut plus subsister. M. Bottée de Toulmon [2] a prouvé, d'une manière irréfragable, d'après quelques passages du « Speculum musicæ » de Jean de Muris, que ce traité est d'un nommé Aristote. En invoquant à plusieurs reprises l'autorité de cet Aristote, Jean de Muris donne divers extraits de cet auteur, qui ne sont autres que des passages du traité en question. M. Bottée de Toulmon en reproduit deux qu'il a tirés du livre XII, chapitres XI et XVIII du « Speculum musicæ ». Les chapitres V, XIX, XX et XXVII du même livre en contiennent encore d'autres qui sont la confirmation du fait avancé par M. Bottée de Toulmon.

Dans ce dernier chapitre, Jean de Muris n'hésite pas à déclarer qu'Aristote et Françon sont les deux auteurs capitaux qui ont traité de la musique mesurée. Il parle encore avec éloge d'Aristote dans le prologue et le Ve chapitre du Ier livre, et dans le prologue du VIIe livre du même ouvrage.

Il est vraisemblable que le nom d'Aristote n'a été qu'une espèce de nom de guerre sous lequel s'est caché le véritable auteur de ce traité. On ne connaissait jusqu'ici d'autre manuscrit de ce traité que celui qui a servi aux éditeurs de Bède. M. Danjou, qui a visité avec soin les principales bibliothèques d'Italie, si riches en manuscrits d'ouvrages sur la musique, n'en a pas rencontré un seul de cet Aristote. Nous avons été plus heureux en en trouvant un à la bibliothèque nationale de Paris, sous le n° 1136 du supplément latin. Ce petit volume in-4°, indiqué par M. Fétis sous la dénomination de « manuscrit de l'abbé de Tersan », contient le traité du nommé Aristote. Il n'est malheureusement pas complet; il y manque les premiers feuillets. Tel qu'il est cependant, il est du plus haut intérêt, car il renferme une version plus complète et plus correcte que celle que l'on possède dans l'édition de Bède. A l'aide de ce manuscrit, on pourra donner une bonne édition de cet auteur, ce que nous nous proposons de faire.

Jérôme de Moravie a inséré dans son ouvrage, immédiatement après le document que nous publions dans la deuxième partie sous le n° III, un traité qu'il désigne comme la première des doctrines spéciales sur la musique mesurée, par opposition à la doctrine appelée vulgaire, et il l'attribue à Jean de Garlande. Deux écrivains du moyen âge ont porté ce nom. L'un, anglais, poète

---

[1] *Biographie universelle des musiciens*, t. II, article BÈDE.

[2] Rapport sur un projet de publication de musique ancienne, fait au comité historique des arts et monuments. *Bulletin archéologique*, t. II, p. 651.

et grammairien, vécut au XIIIe siècle[1]. On a de lui un assez grand nombre d'ouvrages, mais toutes les matières qu'il paraît avoir traitées sont étrangères à la musique, ou n'ont aucune analogie avec cet art. Ce n'est donc pas lui qui est l'auteur du traité dont il s'agit ici.

L'autre, appelé tantôt Gerland, tantôt Garland, confondu souvent avec le précédent, était originaire de la Lorraine et chanoine de l'abbaye de Saint-Paul à Besançon, au XIIe siècle. D'après les auteurs de « l'Histoire littéraire de la France[2] », il était directeur des écoles du chapitre de cette abbaye, où il enseignait les sept arts libéraux. Ce qu'il y a de certain, c'est qu'il les possédait d'une manière assez remarquable, car dans une lettre à lui adressée par Hugues Metel, il est qualifié ainsi : « Gerlando scientia trivii quadriviique « onerato et honorato Hugo Metellus, etc. »

L'abbé Gerbert[3] a publié quelques fragments sur les tuyaux d'orgues et sur les cloches ou timbres de ce Garlande, d'après un manuscrit de la bibliothèque impériale de Vienne; ce qui prouve qu'il a écrit sur la musique. Il est donc à croire que c'est l'auteur du traité donné par Jérôme de Moravie. Cela est d'autant plus vraisemblable que le contenu même de l'ouvrage indique qu'il a dû être composé dans le cours du XIIe siècle. L'usage que nous en avons fait pour éclaircir divers points de la musique mesurée et du déchant fait voir combien il est intéressant. Les érudits ne tarderont pas au surplus d'en jouir, car il se trouvera dans l'édition de Jérôme de Moravie que nous avons préparée, et qui va être publiée prochainement.

Le traité de Jean de Garlande se trouve aussi à la bibliothèque du Vatican, dans un manuscrit du XIIIe siècle, mais sans nom d'auteur. Il contient de nombreuses variantes qui seront utiles pour notre édition.

On trouve le nom de Jean de Garlande parmi les interlocuteurs d'un dialogue sur les semibrèves, dans le traité de Robert de Handlo, intitulé : « Re- « gulæ cum maximis magistris Franconis, cum additionibus aliorum musico- « rum, compilatæ à Roberto de Handlo. » Cet ouvrage porte la date de 1326[4].

Examinons maintenant la doctrine harmonique des auteurs dont nous venons de parler.

---

(1) Pendant longtemps, et sur l'autorité du savant RIVET, auteur du huitième volume de l'*Histoire littéraire de la France*, ce JEAN DE GARLANDE fut compté parmi les écrivains français du XIe siècle; mais M. Thomas Wrigt a prouvé dernièrement, par quelques citations du poëme de JEAN-DE GARLANDE, *De Triumphis ecclesiæ*, d'abord, que cet écrivain était anglais, ensuite qu'il a vécu au XIIIe siècle. — *Histoire littéraire de la France*, t. XXI, p. 369-372.

(2) T. XII, p. 275 à 277.

(3) *Script.*, t. II, p. 277-278.

(4) FORKEL, *Allgemeine Geschichte der Musik*, t. II, 418.

CHAPITRE XII.

L'intervalle harmonique est la distance qui existe entre deux sons entendus simultanément. Les noms des intervalles expriment cette distance. Ainsi l'on appelle "seconde" l'intervalle de deux sons qui se touchent; "tierce," celui dont les deux sons extrêmes sont séparés par un autre, et ainsi de suite. Les intervalles harmoniques sont appelés aussi accords de deux sons; ce sont les plus simples de tous.

Les intervalles harmoniques sont de deux sortes : les uns produisent un effet agréable à l'oreille et à l'intelligence; les autres leur déplaisent ou ne peuvent les satisfaire que sous de certaines conditions. On donne aux uns le nom de consonnances, et aux autres celui de dissonances. Suivant Francon de Cologne, la consonnance était un intervalle de deux ou plusieurs sons qui, entendus simultanément, ne blessaient pas l'oreille [1].

La dissonance, au contraire, était un intervalle de deux ou de plusieurs sons qui, entendus simultanément, discordaient entre eux et blessaient l'oreille [2].

On employait trois espèces de consonnances : les consonnances parfaites, les consonnances imparfaites et les consonnances moyennes. Les consonnances parfaites étaient : l'unisson et l'octave. Les consonnances imparfaites étaient : la tierce majeure et la tierce mineure. Les consonnances moyennes étaient : la quinte et la quarte [3].

Francon divise les dissonances en dissonances parfaites et en dissonances imparfaites [4]. Il appelle dissonances parfaites celles qui étaient insupportables à l'oreille, telles que la seconde mineure, le triton, la septième majeure et la septième mineure. Étaient regardées comme dissonances

---

(1) « Concordantia dicitur esse quando duæ voces vel plures in uno tempore prolatæ se compati possunt secundum auditum. » — Gerb., Script., t. III, p. 11. — « Concordantia dicitur esse quum duæ voces junguntur in eodem tempore, ita quod una potest compati cum alia secundum auditum. » — Joan. de Garlandia. — « Concordantia vero dicitur esse quando duæ voces in eodem tempore compatiuntur ita quod una cum alia secundum auditum suavem reddit melodiam, tunc est consonantia. » — Aristoteles, Ms. 1136.

(2) « Discordantia vero e contrario dicitur, scilicet quando duæ voces sic conjunguntur, quod discordant secundum auditum. — Franco, apud Gerb., Script., t. III, p. 11. — « Discordantia vero per oppositum dicitur unde cum discordantia concordantiæ opponatur et unum oppositum propter alterum complete scire non possit. Unde discordantia est duorum sonorum sibimet permixtorum dura collisio. Scilicet quandocunque duæ voces in eodem junguntur ita quod secundum auditum una cum alia non compatitur, tunc est dissonantia. » — Aristoteles, Ms. 1136. — « Discordantia dicitur esse quum duæ voces junguntur in eodem tempore, ita quod secundum auditum una vox non possit compati cum alia. » — Joan. de Garlandia.

(3) Francon, Aristote et J. de Garlande sont d'accord sur ce point.

(4) « Discordantiarum duæ sunt species, perfecta et imperfecta. » — Gerb., Script., t. II, p. 12.

HARMONIE.

imparfaites celles qui, bien que non insupportables à l'oreille, discordaient néanmoins; telles étaient la sixte majeure et la sixte mineure.

Dans le traité de Francon rapporté par Jérôme de Moravie, on compte une troisième dissonance imparfaite, la seconde. « Et sunt tres species, scilicet : Tonus, Tonus cum Diapente, et Semi-ditonus cum Diapente. » L'exemple qui suit ce texte y est conforme.

Jean de Garlande et Aristote divisaient, au contraire, les dissonances en dissonances parfaites, en dissonances imparfaites et en dissonances moyennes [1].

Parmi les dissonances parfaites Jean de Garlande range la seconde mineure, le triton, la septième majeure [2]. Aristote met dans cette classe : la seconde majeure, la seconde mineure et le triton [3].

Les dissonances imparfaites étaient, suivant Jean de Garlande [4] : la sixte majeure et la septième mineure. Suivant Aristote [5], c'étaient la sixte majeure et la sixte mineure.

Le même auteur range parmi les dissonances moyennes la seconde majeure et la sixte mineure [6]; Aristote place dans cette catégorie la tierce majeure et la seconde mineure [7].

Jean de Garlande donne à la dissonance parfaite et à la dissonance imparfaite à peu près la même définition que Francon. Quant aux dissonances moyennes, il dit qu'elles sont appelées ainsi parce qu'elles se rapportent en partie aux dissonances parfaites et en partie aux dissonances imparfaites [8].

Les consonnances et les dissonances pouvaient se faire à l'octave, à la double octave et même à la triple octave, lorsque les voix pouvaient y atteindre [9].

---

(1) « Discordantiarum quædam dicuntur perfectæ, quædam imperfectæ, quædam vero mediæ. » — J. DE GARLANDIA. — « Quarum autem quædam dicuntur imperfectæ, quædam mediæ et quædam perfectæ. » — ARISTOTELES, Ms. 1136.

(2) « Perfectæ dicuntur cum duæ voces junguntur aliquo modo secundum compactionem vocum ita cum secundum auditum una non possit compati cum alia, et istæ sunt tres species, semitonium, tritonus, ditonus cum diapente. »

(3) « Perfectæ sunt tonus, semitonium et tritonus quia quanto propinquiores inveniuntur eo tanto pejores, et quanto remotiores, tanto meliores. » — Ms. 1136.

(4) « Imperfectæ dicuntur cum duæ voces junguntur ita quod secundum auditum possunt aliquo modo compati, tamen non concordant. Et sunt duo species, scilicet tonus cum diapente et semiditonus cum diapente. »

(5) « Imperfectæ sunt tonus cum diapente et semitonium cum diapente. »

(6) « Et istæ sunt duæ species scilicet tonus et semitonium cum diapente. »

(7) « Mediæ vero sunt ditonus et semitonium. »

(8) « Mediæ dicuntur cum duæ voces junguntur ita quod partim conveniunt cum perfectis partim cum imperfectis. »

(9) Cela ne pouvait avoir lieu que par la réunion de voix d'enfants ou de femmes avec des voix d'hommes, ou bien dans certains instruments. « Triplex diapason quod vix reperitur in instrumentis a flatu, dicitur octupla. » — JOAN. DE GARLANDIA, texte de JÉRÔME DE MORAVIE.

CHAPITRE XII.

Alors l'unisson devenait octave ou quinzième; l'octave, quinzième ou vingt-deuxième; la tierce devenait dixième ou dix-septième, etc.

La division et la distinction des intervalles en consonnances et en dissonances sont très importantes; car les intervalles consonnants étant seuls agréables à l'oreille, seuls aussi ils pouvaient se succéder immédiatement les uns aux autres. La variété de l'harmonie consonnante était donc en raison du nombre des intervalles consonnants. Ce qui n'était pas considérable, puisque ces accords se réduisaient au plus à cinq. Mais ce qui contribuait surtout à augmenter la monotonie de ces accords, c'est le repos continu qu'ils produisent sur l'oreille, c'est le vague qu'engendrent leurs successions, quelque habilement qu'ils puissent être enchaînés. L'admission de dissonances combinées avec les consonnances est venue rompre la monotonie en faisant succéder à une consonnance ou accord agréable une dissonance ou accord qui, sans blesser l'oreille, veut être résolu sur une consonnance. Elle a en outre ouvert la voie à de nouvelles formes, de nouvelles combinaisons, dont la science harmonique n'a pas tardé de s'enrichir.

Francon pose donc une règle importante en disant que toute dissonance imparfaite pouvait précéder immédiatement une consonnance [1].

Mais les consonnances mélangées de dissonances devaient être disposées de telle sorte que, lorsque le ténor descendait, le déchant devait monter, et réciproquement [2]. Francon ajoute que, pour la beauté du chant, le ténor et le déchant pouvaient quelquefois monter ou descendre en même temps [3]; il était donc encore permis de faire des suites de consonnances parfaites. Le déchant pouvait commencer avec le ténor à l'unisson, à l'octave, à la quinte, à la quarte, à la tierce majeure ou à la tierce mineure.

Il y a, comme on le voit, une assez grande différence entre ces principes et ceux de nos documents inédits. Ces derniers n'admettent pour consonnances que l'unisson, la quinte et l'octave. Ils considèrent tous les autres comme des dissonances plutôt que comme des consonnances; les intervalles de tierces et de sixtes n'y sont employés que par degrés conjoints; ceux de seconde, de quarte et de septième, comme notes de passage.

---

(1) « Item sciendum est quod omnis imperfecta discordantia immediate ante concordantiam bene concordat. » — Gerb., Script., t. III, p. 12.

(2) « Deinde prosequendo per concordantias, commiscendo aliquando discordantias in locis debitis, ita quod quandocumque tenor ascendit, discantus descendit, et e contrario. » — Ibid., p. 13.

(3) « Et sciendum est quod tenor et discantus propter pulchritudinem cantus quandoque simul ascendit et descendit. » — Texte de Jérôme de Moravie.

Bien que les règles relatives au classement, à l'emploi et à l'enchaînement des consonnances et des dissonances ne semblent se rapporter dans Francon qu'au déchant de note contre-note, c'est-à-dire au contre-point dans lequel on donnait à chaque partie des notes d'une égale durée, ce serait une erreur de croire que celui-là seul était en usage du temps de cet auteur. Les monuments des XIIe et XIIIe siècles, que nous publions dans la troisième partie de cet ouvrage, démontrent au contraire que le déchant de note contre-note était le déchant exceptionnel en quelque sorte ; que le plus usité était celui dans lequel la durée des notes, dans telle ou telle partie, était plus ou moins rapide que la durée des notes de telle ou telle autre. C'est de ces mélanges, de ces combinaisons que sont nés les divers contre-points simples, connus plus tard sous le nom de " contre-point égal ", lorsque toutes les voix avaient des notes d'une égale valeur ; " contre-point inégal ou figuré ", lorsque les diverses parties avaient une, deux, trois ou quatre notes contre une ; " contre-point mixte ou fleuri ", lorsqu'on joignait ensemble tous ces contre-points.

Cette sorte de composition n'était pas abandonnée au caprice des auteurs ; elle était soumise au contraire à des règles que nous fait connaître Jean de Garlande. Ces règles, que nous allons exposer, sont loin toutefois d'embrasser tout ce qui paraît relatif à ces contre-points.

Lorsque deux notes se faisaient entendre contre une seule, elles devaient s'accorder ensemble ; les deux devaient se trouver en état de consonnances avec la note qui leur correspondait [1]. Quelquefois cependant l'une de ces deux notes pouvait former dissonance avec la correspondante pour donner au déchant ce que Jean de Garlande appelle de la " couleur [2] ". Ce mot est ici heureusement appliqué, suivant nous.

En effet, par le mélange et la combinaison des consonnances et des dissonances, par la résolution d'une dissonance sur une consonnance, on donne véritablement de la couleur à la musique. C'est pour la musique ce qu'est pour la peinture l'entente du clair-obscur, à savoir la distribution des lumières et des ombres. Aussi est-ce avec raison que Jean de Garlande définit

---

(1) " Omne quod sit in pari debet concordari cum omni illo quod sit in impari ; si sit in primo, vel secundo, vel tertio modo. " — JOAN. DE GARLANDIA, texte de JÉRÔME DE MORAVIE, cap. 26.

(2) " Sed duo puncti sumentur, hic pro uno et aliquando unus eorum ponitur in discordanciam, propter colorem musicæ. Et hic primus sive secundus et hic bene permittitur ab auctoribus primis et licentraliter ; hoc autem invenitur in organo diversis locis et præcipue in motetis. " — Ibid.

CHAPITRE XII.

la couleur, une beauté de la musique ou un objet dont l'audition procure du plaisir[1]. La couleur s'effectuait de diverses manières : par "un son ordonné"; par la "florification"; par la "répétition d'une même voix", ou par la "répétition de voix différente"[2]. Les deux premières n'ayant pas trait à l'harmonie, nous n'en parlerons pas ici.

La répétition d'une même voix était la couleur au moyen de laquelle un son inconnu devenait connu et dont l'audition procurait du plaisir dès qu'il était entendu[3]. Cette définition, quoique peu claire, semble s'appliquer à la prolongation ou au retard pratiqué dans l'harmonie moderne, avec cette différence toutefois que la note retardée, au lieu d'être liée, est séparée; cela peut s'appliquer aussi à la syncope qui a été en usage dès la fin du XIIIe siècle.

La répétition d'une voix différente était le même son répété dans une autre mesure et par des voix différentes[4].

Ici se révèle pour la première fois un des faits les plus curieux de l'histoire de la musique au moyen âge. Sous le nom de "répétition de voix différente", Jean de Garlande entend ce que nous appelons contre-point double. L'exemple qu'il donne, et que nous reproduisons ici dans sa notation originale et avec traduction en notation moderne, ne peut laisser aucun doute sur ce point.

(5)

TRADUCTION.

(1) « Color est pulchritudo soni vel objectum auditus per quod auditus suscepit placentiam. » — J. DE GARLANDE, texte de JÉR. DE MORAVIE.

(2) « Et fit multis modis, aut sono ordinato, aut in florificatione, aut in repetitione ejusdem vocis vel diversæ. » — *Ibid.*

(3) « Repetitio ejusdem vocis est color faciens ignotum sonum esse notum per quam notitiam auditus suscepit placentiam, et isto modo utimur in rondellis et cantibus vulgaribus. » — *Ibid.*

(4) « Repetitio diversæ vocis est idem sonus repetitus in tempore diverso a diversis vocibus. » — *Ibid.*

(5) Cet exemple contient deux fautes de copie : la première, dans le premier groupe de trois notes de la partie inférieure qui devrait être placé, sur la portée, comme le dernier de la partie supérieure ; la deuxième, dans les deux groupes de trois semibrèves dont la première devrait avoir une queue à gauche.

HARMONIE.

Jean de Garlande ajoute que cette sorte de répétition se pratiquait dans les triples, dans les quadruples, dans les conduits et dans beaucoup d'autres déchants [1].

Ce déchant coloré, appelé par Jean de Garlande " répétition de voix différente, " qu'on le considère comme " contre-point double ", comme " canon " ou comme " imitation ", est un des faits les plus importants de l'histoire de l'harmonie. Il est resté inconnu à tous les historiens de la musique. On ne connaissait jusqu'ici aucun vestige de ce genre de composition qui remontât à une époque antérieure à la fin du xive siècle. Ni les compositions des musiciens des xiie, xiiie et xive siècles, découvertes jusqu'à présent, ni les documents connus ne contiennent rien de semblable. Les premières traces d'imitation et de canon se trouvent dans les compositions de Dufay et d'Éloy, deux des plus célèbres musiciens de la fin du xive siècle et du commencement du xve. Quant au contre-point double, il faut aller jusqu'au milieu du xvie siècle avant d'en trouver l'emploi et la théorie. On peut être étonné de l'oubli ou de l'abandon dans lequel on a laissé ce genre de composition depuis le xiiie siècle; mais on est obligé de reconnaître que les préceptes de Jean de Garlande n'ont pas été une pure fantaisie, sans application, puisqu'on trouve des pièces du xiiie siècle où ils sont mis en pratique.

Quelquefois la répétition n'était pas tout à fait rigoureuse; au lieu de former un contre-point double, c'était une imitation à l'unisson ou à l'octave. Le manuscrit 813 de la bibliothèque nationale de Paris contient un spécimen de ce genre de composition. Nous le donnons à la troisième partie, sous le n° 4 de la Planche XXVII. C'est un morceau à trois voix avec des imitations dans les deux parties supérieures. Pour le reste, l'harmonie y est travaillée suivant les principes des auteurs du xiie siècle. L'octave, la quinte et la quarte sont les principaux intervalles harmoniques qui y sont employés. Leur succession par mouvement tantôt direct, tantôt contraire, est conforme aux règles tracées par Francon et par les autres maîtres.

Par ce fait remarquable, on voit combien il est important de rechercher et de mettre au jour les ouvrages didactiques et pratiques des maîtres restés inconnus; de recueillir et de publier les monuments de ces temps primitifs de l'harmonie. Ce n'est que par la comparaison des uns et des autres que peut surgir la lumière sur une foule de points obscurs.

---

(1) « Et iste modus reperitur in triplicibus, quadruplicibus, et conductis, et multis aliis. » Joan. de Garlandia, texte de J. de Moravie.

CHAPITRE XIII.

Déchant avec paroles. — Déchant en partie sans paroles et en partie avec paroles. — Conduit. — Triple. — Quadruple. — Quintuple.

Le déchant se faisait ou avec paroles, ou en partie sans paroles et en partie avec paroles [1].

Le déchant avec paroles se faisait de deux manières :

1° Avec les mêmes paroles dans toutes les parties, comme dans les " cantilènes ", dans les " rondeaux " et dans un certaine hant ecclésiastique qui n'est pas spécifié [2];

2° Avec des paroles différentes, comme dans les " motets ", qui avaient une partie appelée ténor, parce que le ténor tenait lieu de texte [3].

Le déchant avec paroles différentes est une des choses les plus bizarres qu'aient imaginées les musiciens du moyen âge. Voici en quoi il consistait : pendant qu'une partie chantait des paroles de l'office de l'église, l'autre chantait une mélodie mondaine, le plus souvent un air populaire connu. Ceci est prouvé par des monuments authentiques, répandus dans plusieurs manuscrits que nous aurons occasion de citer. Nous nous bornerons ici à reproduire trois déchants de ce genre, deux à deux parties et un à trois. Ces pièces, qu'on trouvera à la troisième partie sous les n°s 1, 2 et 3 de la Planche XXVII, sont tirées du manuscrit 813, fonds Saint-Victor de la bibliothèque nationale de Paris.

Le n° 1, à deux parties, a pour ténor un fragment d'antienne, « regnat », et pour déchant l'air : « Lonc le riev de la fontaine ». Cette mélodie profane, dont l'auteur est sans doute un trouvère contemporain, est naturelle, simple et facile. Elle n'est point dans la tonalité du plain-chant; on y remarque, au contraire, la tonalité moderne d'ut majeur, dans la première moitié, et celle de sol majeur dans la deuxième. La mélodie de plain-chant ne semble pas avoir été altérée pour s'adapter à cet air, mais elle n'est plus la même dans le déchant qui vient après celui-ci dans le manuscrit. Ce déchant étant établi

---

(1) « Discantus aut fit cum littera aut sine et cum littera. » — Franco, apud Gerb., Script., tome III, page 12.

(2) « Si cum littera hoc est dupliciter cum eadem vel cum diversis. Cum eadem littera fit discantus in cantilenis, rondellis et cantu aliquo ecclesiastico. » — Ibid.

(3) « Cum diversis litteris fit discantus ut in motetis qui habent triplum vel tenorem; quia tenor cuidam litteræ æquipollet. » — Ibid.

sur une autre mélodie, le chant « regnat » a reçu des modifications pour s'ajuster à cette mélodie.

Le n° 2, composé aussi de deux parties, a pour mélodie mondaine l'air de « Dames sont en grant esmoi », et pour chant ecclésiastique un fragment de « In fines ».

L'air de « Dames sont en grant esmoi » est encore une de ces mélodies légères et vives qui ont dû être populaires. La tonalité de fa majeur est ici bien marquée. Quant à la mélodie qui l'accompagne, il est douteux que ce soit un fragment de plain-chant, à moins qu'elle n'ait subi ici une grande modification qui en ait dénaturé le caractère primitif. Cette mélodie, reproduite dans le motet qui suit celui-ci dans le manuscrit, a été soumise, quant à la valeur des notes, à des changements tels qu'elle a pris une tout autre physionomie.

Le n° 3 est à trois parties. La partie supérieure n'a pas de paroles, celle du milieu a pour mélodie l'air : « Dieus je ne puis la miex dormir », et la dernière est un chant avec ces paroles latines : « Et vide, et inclina aurem tuam ». Ce morceau est beaucoup plus tourmenté que les deux précédents, et dans l'harmonie et dans la mélodie.

Pour composer un déchant de ce genre, on prenait une mélodie avec des paroles latines, choisie parmi les antiennes ou les autres chants ecclésiastiques, et on y adaptait un chant avec des paroles profanes, souvent un air populaire, dont l'ensemble harmonique semblait susceptible de se conformer à peu près à ce thème. On ajustait ensuite ces deux chants, en modifiant la durée primitive des notes, de telle manière que les deux parties pussent être exécutées ensemble et à mesure. Cette sorte de déchant s'appelait motet.

Examinée avec attention, la définition du déchant donnée par Francon semble conforme à ce procédé ; ce qui indiquerait, ainsi que nous l'avons déjà fait remarquer, que sa véritable origine a été l'ajustement primitif de deux mélodies déjà connues. C'est ainsi que paraissent avoir été composés les déchants avec texte différent du Ms., dont nous venons de parler. On y voit en effet certains fragments de plain-chant, certains motets latins, accompagnés de chansons profanes en langue vulgaire et dont les notes changent de durée suivant l'exigence de la mélodie mondaine. Ce qui le démontre jusqu'à l'évidence, c'est que certaines mélodies de ces motets se trouvent adaptées à diverses chansons, de sorte que les notes ont des valeurs différentes selon l'exigence de la chanson mondaine qu'elles accompagnent.

CHAPITRE XIII.

Dans la nomenclature des déchants avec paroles différentes, du Ms. 813, que nous donnons avec la notice de ce manuscrit en tête de notre cinquième document inédit, on verra plusieurs exemples de ce genre. Nous signalerons notamment : 1° « Ille vos docebit », ayant pour accompagnement les quatre chansons suivantes : « Je m'estoie mis en voie » ; « Pourquoi m'avez-vous donc mari » ; « Lies est » ; « En contre le nouvel tant d'été ». 2° « Gaudebit », formant le déchant sous ces mélodies populaires : « Je me cuidai bien tenir à mon fin et loiaul ami » ; « Al cor ai une aliguance ». 3° « Fiat », accompagnant : « J'ai trouve ki m'amera » ; « Merchi de cui j'atendo secours » ; « En espoir d'amour merchi ».

Les déchants avec paroles différentes ont été en usage jusqu'à la fin du xive siècle. Les paroles différentes n'étaient pas toujours du texte latin et du texte français, c'étaient quelquefois des paroles françaises, différentes dans les deux parties.

La chanson comprise sous le n° 2 de la Planche xxxiv est un spécimen de ce genre. Ce fac-similé représente le fragment d'une feuille de garde d'un manuscrit de la bibliothèque de Cambrai. La notation et l'écriture appartiennent au xive siècle. La différence qui existe dans le caractère des paroles des deux voix semble avoir été observée par le compositeur. La mélodie du ténor est gracieuse, simple et facile. Elle a une sorte de gravité analogue aux paroles ; c'est évidemment la partie qui a servi de thème sur lequel le musicien a brodé le déchant qui, au contraire, est diffus et maniéré. Ce ténor est le « cantus prius factus » dont parle Francon de Cologne. Il y a encore une chose digne d'attention dans cette pièce : c'est la proportionnalité de la mesure dans les deux parties. Cette proportionnalité, que nous avons réduite à une unité qui se rapproche de la mesure moderne, est de 9/8 dans la partie du déchant et de 3/4 dans la partie du ténor.

Dans les triples, ou déchants à trois parties, les trois voix chantaient quelquefois des paroles différentes. Tel est celui publié par M. Fétis, dans la «Revue de musique religieuse », de M. Danjou, t. III, p. 332 ; tel est celui d'Adam de la Hale, publié par M. Bottée de Toulmon[1], d'après le Ms. 81 de la bibliothèque nationale de Paris ; tels sont encore les motets qui précèdent la messe de Guillaume de Machault, dans le Ms. 25 de la même bibliothèque, et plusieurs autres de la même époque.

C'est cette sorte de déchant qui a donné naissance, aux xve et xvie siècles,

---

(1) *Encyclopédie catholique*, ADAM DE LA HALE. —*Théâtre français du moyen âge*, Paris, 1839, p. 53.

à la composition de messes entières où l'on prenait pour thème une mélodie profane dont les paroles étaient quelquefois fort libres. Il est vrai que, dans les motets et les messes de ce genre, qui sont en très grand nombre dans les principales bibliothèques de l'Europe, on ne trouve presque toujours que les premières paroles du chant profane; ce qui donne à présumer que le texte même des chansons n'était pas chanté et que cette partie était peut-être destinée à être exécutée par l'orgue ou par tout autre instrument d'accompagnement.

Le déchant avec paroles et sans paroles était un déchant dans lequel une partie était avec texte et l'autre sans texte. Cette sorte de déchant se pratiquait dans les conduits et dans un certain chant ecclésiastique appelé improprement " organum ", suivant Francon [1].

Il est probable que la partie sans texte était un accompagnement exécuté par quelque instrument de musique. Cela semble résulter des vers suivants du « Roman de la Violette » :

> « Cil jugleor viellent lais,
> « Et sons et notes et conduis »,

à moins de supposer que cette partie ait été un accompagnement de la voix formé de sons inarticulés dans l'intérieur de la bouche moitié fermée, comme cela se pratique dans quelques sociétés de chant en Allemagne et en Belgique.

Quoi qu'il en soit, la manière de procéder dans la composition des déchants était la même pour tous, excepté pour le " conduit ". Pour composer un déchant on prenait pour thème une mélodie composée à l'avance, « cantus prius factus », et l'on en tirait ou faisait dériver le déchant [2]. Le conduit était une pièce d'harmonie dans laquelle le chant et le déchant étaient composés par le même musicien [3]. Pour faire un conduit, il fallait d'abord inventer un chant aussi beau que possible, puis composer un déchant sur ce ténor, suivant les règles expliquées précédemment [4].

Plus il y a de parties dans un contre-point, plus les combinaisons augmentent et se compliquent. En écrivant à trois parties, le compositeur est obligé

---

(1) « Cum littera et sine fit discantus in conductis et discantu aliquo ecclesiastico qui improprie organum appellatur. » — Francon; texte de J. de Moravie.

(2) « Et nota quod his omnibus est idem modus operandi, excepto in conductis, quia in omnibus aliis primo accipitur cantus aliquis prius factus, qui tenor dicitur, eo quod discantum tenet et ab ipso ortum habet. » — Francon, ibid.

(3) « In conductis vero non sic, sed fiunt ab eodem cantus et discantus. » — Francon, ibid.

(4) « Qui vult facere conductum, primum cantum invenire debet pulchriorem quam potest; deinde uti debet illo, ut de tenore faciendo discantum, ut dictum prius. » — Francon, ibid.

CHAPITRE XIII.

de porter son attention sur la marche de ces trois parties, sur le rapport de leurs intervalles réciproques, etc. On comprend combien cela augmente la difficulté. Si l'on écrit à quatre parties, la difficulté accroît encore.

Avant Francon, il n'est pas question de déchant ou de contre-point, proprement dit, à plus de deux parties; les déchants à trois et à quatre voix n'étant, à vrai dire, que le produit du redoublement des parties déjà existantes. Francon est le premier qui enseigne les règles de ce genre de composition. Dans le " triple ", ou contre-point à trois parties, la troisième voix devait être combinée de telle sorte que, lorsqu'elle formait dissonance avec le ténor, elle formât consonnance avec le déchant en montant ou en descendant tantôt avec le ténor, tantôt avec le déchant, mais jamais avec l'un des deux seulement[1]. Francon donne un exemple de triple dans son traité de la musique mesurée; mais cet exemple, et les autres du même auteur, sont si fautifs dans l'édition de l'abbé Gerbert qu'il n'est pas possible de se faire une idée de ce genre de contre-point mis en pratique par Francon. Le texte de Jérôme de Moravie nous offre cet exemple dans un meilleur état. Nous l'avons reproduit dans sa notation originale, sous le n° 5 de la PLANCHE XXVII. On y trouve seulement deux petites lacunes qu'il est facile de combler, et que nous avons désignées dans la traduction en notation moderne. Ce morceau est d'autant plus intéressant que c'est le seul de Francon qui puisse nous donner une idée de sa manière d'écrire.

Le " quadruple " était un contre-point à quatre voix, qui prenait son nom de la quatrième partie, appelée quelquefois elle-même quadruple. Il en était de même du " quintuple ", contre-point à cinq voix. Dans un quadruple ou dans un quintuple, il fallait combiner la quatrième partie ou la cinquième de sorte que, lorsqu'elles formaient dissonance avec le ténor, elles formassent consonnance avec les autres voix. Elles devaient, comme dans le triple, monter ou descendre tantôt avec le chant, tantôt avec le déchant[2]. Il fallait, en

---

(1) « Qui autem triplum operari voluerit, respicere debet tenorem et discantum, ita quod si discordat cum tenore, non discordat cum discantu vel converso; et procedat ulterius per concordantias, nunc ascendendo cum tenore, vel descendendo nunc cum discantu, ita quod non semper cum altero tantum. » — FRANCON, texte de J. DE MORAVIE. — Voici ce que Jean de Garlande dit du triple : « Triplum est commixtio trium sonorum secundum habitudinem sex concordantiarum scilicet unisonus, diapason, etc., et ista est communis descriptio. Specialiter autem sic describitur : triplum est cantus proportionatus aliquis conveniens et concordans cum discantu. Et sic est tertius cantus adjunctus duobus. Unde regula : triplum specialiter sumptum debet ex remoto concordare primo et secundo cantui, nisi fuerit concordantia in simul per sonum reductum quod sibi æquipollet. » — Texte de J. DE MORAVIE, c. 26.

(2) « Qui autem quadruplum vel quintuplum facere voluerit, accipiat vel respiciat cantus prius

outre, disposer ces diverses parties suivant les règles de la mesure, en comptant les notes et les pauses jusqu'à la dernière, la seule qui ne fût pas astreinte à une règle aussi sévère, parce qu'on pouvait y faire un point d'orgue [1].

CHAPITRE XIV.

Copule. — Hoquet. — Organum.

La "copule", que Francon de Cologne appelle un déchant rapide et composé de notes unies entre elles [2], était un passage harmonique dans lequel l'une des parties était composée de plusieurs notes qui s'exécutaient rapidement pendant que l'autre faisait une tenue. C'était ce que nous nommons, en harmonie moderne, broderies ou notes de passage. La copule était si utile, suivant Jean de Garlande, que, sans elle, il n'y avait pas de déchant parfait [3]. La copule était liée ou non liée. La copule liée était celle qui commençait par une longue et qui continuait par des ligatures dont la première note était brève et la seconde longue, comme dans le deuxième mode [4] ; mais elle différait de ce mode : 1° dans la notation, parce que ce mode ne commence pas par une longue comme la copule ; 2° dans l'exécution, parce que la brève et la longue imparfaite du second mode se transformaient en brève et en semibrève dans la copule [5]. La copule non liée se faisait à l'instar du cinquième mode ; elle en différait aussi dans la notation et dans l'exécution : 1° dans la notation, parce que, dans le cinquième mode, les notes sans paroles pouvaient se lier, tandis que la copule n'était pas liée, quoiqu'elle fût avec paroles ; 2° dans

factos, ut si cum uno discordat, cum aliis concordantiis habeatur ; nec ascendere debet semper vel descendere cum altero ipsorum, sed nunc cum tenore, nunc cum discantu, etc. » — Francon ; texte de J. de Moravie, ch. 26.

(1) « Et notandum quod, tam in discantu quam in triplicibus, etc., inspicienda est æquipollentia in perfectionibus longarum, brevium et semibrevium ; ita quod tot perfectiones habeantur in tenore, quot in discantu vel triplo, etc., etc., vel e converso, computando tam voces rectas quam omissas usque ad penultimam, ubi non attenditur talis mensura sed magis est organicus ibi punctus. » — Francon, ibid.

(2) « Copula est velox discantus ad invicem copulatus. » — Francon, ibid.

(3) « Multum valet ad discantum quod discantus nunquam perfecte scitur nisi mediante copula. » — J. de Garlande, ibid.

(4) « Ligata copula est quando incipit a simplici longa, et sequitur per binariam ligaturam cum proprietate et pausatione, ad similitudinem secundi modi. » — Francon, ibid.

(5) «Ab ipso tamen secundo modo differt scilicet in notando et proferendo ; in notando, quia secundus modus in principio simplicem longam non habet, copula vero habet. In proferendo etiam differt copula a secundo modo : quod secundus profertur ex recta brevi et longa imperfecta ; sed copula ista velociter profertur, quasi semibrevis et brevis usque ad finem. » — Francon, ibid.

CHAPITRE XIV.

l'exécution, parce que le cinquième mode était composé de brèves, et que la copule devait être exécutée plus rapidement.

Cette distinction entre la copule liée et la copule non liée, établie par Françon, n'existe pas pour nous; elle ne repose que sur la différence de notes qui étaient ligaturées dans l'une et simples dans l'autre. Les notes qui composaient la copule étaient liées par le chanteur dans les deux.

Le hoquet, "ochetus", était un déchant dans lequel les notes d'une ou de plusieurs parties étaient entrecoupées ou interrompues par des silences. Cela s'appelait aussi déchant tronqué [1].

Cette interruption pouvait avoir lieu d'autant de manières que la longue pouvait se diviser en brèves et en semibrèves. Lorsque la longue parfaite se divisait en une longue imparfaite et une brève, le hoquet se faisait ainsi : la brève se taisait dans une partie et la longue dans l'autre, comme dans l'exemple suivant :

Lorsque la longue se divisait en trois brèves ou en plusieurs semibrèves, le hoquet se faisait ainsi : pendant qu'une voix chantait une partie, l'autre se taisait, et réciproquement.

La brève se divisait en trois semibrèves ou en deux. Alors le hoquet se faisait ainsi : lorsqu'une voix se reposait pendant la durée d'une semibrève, l'autre chantait, et réciproquement.

Nous donnons ici l'exemple de Francon tel qu'il est rapporté par Jérôme de Moravie.

---

[1] « Ochetus truncatio est cantus rectis omissisque vocibus truncate prolatus. » — FRANCON; apud GERB., Script., t. III, p. 14.

Le "hoquet" se faisait sur un chant composé d'avance, soit en langue vulgaire, soit en latin [1].

En définitive, le hoquet n'était autre chose que l'interposition de silences dans les diverses parties du déchant; mais ce qui avait été admis d'abord, soit pour donner du repos à la voix dans certaines pièces de longue haleine, soit pour introduire une nouvelle variété dans les compositions harmoniques, devint bientôt l'objet d'abus excessifs contre lesquels s'élevèrent des maîtres célèbres et l'autorité ecclésiastique [2].

Francon ne donne que les deux exemples que nous venons de citer, mais il est évident, comme il le dit d'ailleurs lui-même, que ces sortes d'interruptions du chant, par des silences, pouvaient avoir lieu d'une foule de manières. D'un autre côté, parce que, dans les exemples cités, ces interruptions ont lieu d'une manière uniforme dans chaque mesure, et pendant toute une pièce, il ne faudrait pas en conclure que, dans la pratique, le compositeur fût astreint à une règle aussi absolue. On trouvera à la troisième partie de cet ouvrage, PLANCHES XXXIV, n° 2, XXXV et XXXVI, trois pièces à deux, à trois et à quatre parties qui, bien que postérieures à Francon, à Jean de Garlande et à Aristote, donneront une idée assez nette de ce genre de composition.

La première est une chanson à deux voix, avec paroles différentes, dont il a été parlé plus haut, page 57. La seconde est une chanson à trois voix, en notation rouge et noire, dont nous entretiendrons nos lecteurs plus loin. Enfin la troisième est une chanson à quatre voix, où le "hoquet" est pratiqué dans trois parties, et particulièrement dans le ténor et le contraténor.

Ces trois pièces, que nous avons découvertes à la bibliothèque de Cambrai, se trouvent sur des feuillets servant de garde à des Mss. de ce dépôt. Ces feuillets ont fait partie d'un même recueil; on ne saurait en douter, car on voit en tête de celui sur lequel est écrite la chanson à quatre parties le chiffre de pagination que ce feuillet portait dans le volume. On ne voit aucune trace

---

(1) « Item sciendum est quod quælibet truncatio fundari debet supra cantum prius factum licet vulgaris et latinum. » — FRANCON; texte de J. DE MORAVIE.

(2) « Nonnulli novellæ scholæ discipuli dum temporibus mensurandis invigilant, novis notis intendunt fingere suas, quam antiquos cantare malunt, in semibreves et minimas ecclesiastica cantuntur, notulis percutiuntur. Nam melodias hoquetis interscecant, discantibus lubricant, triplis, et motetis vulgaribus nonnunquam inculcant; adeo ut interdum antiphonarii, et gradualis fundamenta despiciant, ignorent super quo ædificant, tonos nesciant quos nos discernunt, imo confundunt: cum ex earum multitudine notarum ascensiones pudicæ, descensiones temperatæ plani cantus, quibus toni ipsi secernuntur, ab invicem obfuscentur: gestis simulant, quod depromunt, quibus devotio quærenda contemnitur, vitanda lascivia propalatur. » — *Extravag. comm.*, lib. III, tit. 1. De vita et honest. clericor., cap. unic.

CHAPITRE XIV.

d'auteur sur ces fragments. Faut-il en attribuer la musique à des musiciens de la maîtrise de Cambrai? On serait disposé à le croire en se rappelant que cette institution a eu de tout temps, au moyen âge, des maîtres habiles [1].

Quoi qu'il en soit, ces pièces sont des plus intéressantes pour l'histoire de l'art sous le point de vue de l'harmonie, de la musique mesurée et de la notation. Le morceau à quatre parties est un des rares monuments de ce genre, d'une époque aussi reculée, qui nous soient parvenus. Il est remarquable, non sous le rapport de la pureté du style, mais comme exemple d'abus de l'emploi du hoquet, de la syncope et du style haché, ennemi de toute simplicité.

C'est contre ces abus, et d'autres de même genre qui s'étaient introduits dans les pièces de déchant religieux, qu'est dirigée surtout la bulle du pape Jean XXII.

Disons maintenant quelques mots de l'organum tel qu'il existait encore à cette époque. On en comptait deux : l'organum appelé ainsi communément; c'était un chant ecclésiastique quelconque mesuré [2]; et l'organum double ou pur, qui n'était pas mesuré dans toutes ses parties [3], et qui ne pouvait se faire que sur un ténor composé d'une seule note, car dès que le ténor faisait entendre plusieurs notes, ce n'était plus un organum, mais un déchant [4]. Ce dernier organum est le point d'arrêt moderne sur lequel un chanteur exécute une roulade ou des fioritures pendant que les autres tiennent la note.

Il y avait trois règles relatives à l'organum pur :

1° Les notes simples, la longue, la brève et la semibrève, conservaient leur valeur.

2° Toute longue devait former consonnance avec le ténor, et lorsqu'une longue devait produire une dissonance avec ce même ténor, celui-ci devait se taire ou se transformer en consonnance au moyen de la musique feinte [5], c'est-à-dire par l'addition d'un bémol ou d'un dièse.

3° Toute note placée immédiatement avant le repos appelé point final ou

---

(1) *Notice sur les collections musicales de la bibliothèque de Cambrai et des autres villes du département du Nord*, par l'auteur de cet ouvrage, pages 13 et suivantes.

(2) « Communiter dicitur organum quilibet cantus ecclesiasticus tempore mensuratus. » — *Ibid.*

(3) « Organum proprie sumptum est cantus non in omni parte suo mensuratus. » — FRANCON; GERB., *Script.*, t. III, p. 15. — « Est enim organum proprie sumptum organum duplum, quod purum organum appellatur. » — *Ibid.*, p. 2.

(4) « Secundum quod purum organum haberi non potest nisi super tenorem ubi sola nota est unisono, ita quod quando tenor accipit pluras notas simul, statim est discantus. » — FRANCON; texte de J. DE MORAVIE.

(5) « Quidquid est longum indiget concordantia respectu tenoris; sed si in discordantiam evenerit tenor, taceat, vel se in concordantiam fingat. » — FRANCON; GERB., *Script.*, t. III, p. 15.

HARMONIE.

note finale était longue, parce que toute pénultième était longue, de telle sorte que, lorsque l'organum pur faisait entendre plusieurs notes sur un unisson, la première seule se marquait; les autres étaient exécutées comme des fioritures [1].

CHAPITRE XV.

Résumé de l'harmonie au xiie, au xiiie et au xive siècles. — Faux bourdon. — Déchant dans l'église.

En résumant ce qui concerne l'histoire de l'harmonie au xiie siècle, on voit qu'il s'y était accompli des progrès assez remarquables.

1° L'unisson, l'octave, la quinte et la quarte ne sont plus les seuls intervalles harmoniques employés; on y admet aussi les tierces et les sixtes.

2° Les intervalles dissonants eux-mêmes sont employés comme intervalles harmoniques, mais à la condition de se résoudre sur des consonnances par mouvement contraire.

3° Les successions de quintes ne sont pas totalement bannies, mais des règles existent pour les éviter. On n'en aperçoit plus que de faibles traces dans la pratique.

4° On emploie les notes de passage et les broderies.

5° Dans un contre-point de deux notes contre une, l'une des deux peut être dissonance.

6° Enfin le fait le plus remarquable et le plus curieux est l'existence et l'emploi du contre-point double et de l'imitation.

Si, à ce qui précède, l'on ajoute la prolongation ou le retard, qui semble avoir été connu à cette époque sous le nom de répétition d'un même son, on peut dire qu'on était en possession des principaux éléments constitutifs de l'harmonie moderne.

L'harmonie paraît être restée à peu près dans le même état pendant le xiiie siècle. Les auteurs qui ont suivi Francon le prennent tous pour guide; ils se bornent même en grande partie à commenter sa doctrine, considérée comme la meilleure et la plus parfaite. Marchetto de Padoue pose bien certains principes théoriques plus avancés, mais, en pratique, il ne va pas au delà de Francon.

---

(1) « Quidquid accipitur immediate ante pausationem, quæ finis dicitur punctorum est longum, quia omnis penultima longa est. Item notandum, quod quotiescunque in organo puro plures figuræ similiter in unisono venerint, sola prima debet percuti, reliquæ vero omnes in floratura teneantur. » — FRANCON; apud GERB., Script., t. III, p. 15.

CHAPITRE XV.

Marchetto, surnommé de Padoue, parce qu'il était né dans cette ville, vécut dans la dernière moitié du xiiie siècle. Il est auteur de deux ouvrages importants pour l'histoire de la musique.

Le premier, intitulé « Lucidarium musicæ planæ », se compose de seize petits traités subdivisés eux-mêmes en un certain nombre de chapitres. Cet ouvrage, plus spéculatif que pratique, est relatif aux sons et à leur division, aux consonnances, aux dissonances et à leurs proportions, aux tons, aux pauses, considérés dans la musique plane, c'est-à-dire non mesurée. Les deuxième, cinquième et huitième traités contiennent des exemples de successions harmoniques, tellement hardies pour ce temps, que Marchetto lui-même ne songe pas à en proposer l'emploi.

Le deuxième ouvrage, portant pour titre « Pomerium in arte musicæ mensuratæ », est entièrement consacré à la musique mesurée, telle qu'elle est exposée par Francon. Comme le Lucidarium, il est divisé en traités dont les paragraphes forment comme autant de chapitres. On y trouve des éclaircissements, non-seulement sur quelques points difficultueux de la notation de Francon, mais aussi sur d'autres points que l'usage avait introduits depuis lors.

Après Marchetto de Padoue, le didacticien qui paraît avoir exercé la plus grande influence sur l'art d'écrire à plusieurs parties est le célèbre Philippe de Vitry, évêque de Meaux vers la fin du xiiie siècle. Ce prélat est auteur de plusieurs ouvrages sur la musique ; tous sont restés inédits. Celui où il parle du déchant ou du contre-point, ainsi qu'il l'appelle, se trouve à Rome dans la bibliothèque Vatticillana, au couvent des pères de l'Oratoire, marqué B. 89, et dans celle du Vatican sous le n° 5321 ; les deux manuscrits sont du xive siècle. Le traité y porte pour titre : « Ars contrapuncti magistri Philippi ex Vitriaco ». Suivant M. Danjou [1], qui l'a copié d'après le manuscrit de l'Oratoire et collationné avec celui du Vatican, ce traité est peu étendu ; mais il résume parfaitement les principes d'harmonie en usage à la fin du xiiie siècle. On y remarque des règles fondamentales dont ne parlent pas les auteurs antérieurs et dont quelques-uns sont encore en usage.

Philippe de Vitry compte treize intervalles : l'unisson, la seconde majeure, la seconde mineure, la tierce majeure, la tierce mineure, la quarte, le triton, la quinte, la sixte majeure, la sixte mineure, la septième majeure, la septième mineure et l'octave. Quelques auteurs de son temps y joignaient quatre autres intervalles qui ne sont que des redoublements de certains intervalles simples ; ce sont : la dixième, la douzième, la treizième et la quinzième.

---

(1) *Revue de musique religieuse* t. III, p. 198.

Philippe de Vitry divise les intervalles en intervalles consonnants et en intervalles dissonants.

Les intervalles consonnants sont parfaits ou imparfaits. Trois sont parfaits : l'unisson, la quinte et l'octave. Quatre sont imparfaits : la tierce majeure, la sixte majeure, la tierce mineure et la sixte mineure.

Tous les autres intervalles sont considérés comme dissonants.

Voici maintenant de quelle manière ces intervalles harmoniques s'agençaient et se succédaient :

1° Quand le chant montait, le déchant ou la partie d'accompagnement devait descendre, et réciproquement. Il n'y avait d'exception que dans la succession de consonnances imparfaites.

2° Tout contre-point devait commencer et finir par une consonnance parfaite.

3° Deux consonnances parfaites de même nature ne pouvaient se suivre.

4° On ne pouvait non plus faire deux consonnances parfaites de suite.

5° On pouvait faire suivre deux ou plusieurs consonnances imparfaites, mais seulement en cas de nécessité et comme par exception.

6° Les dissonances n'étaient pas admises dans le contre-point de note contre note.

7° Elles n'étaient employées que dans le contre-point fleuri, appelé par Philippe de Vitry chant brisé ; et encore, la troisième partie de la brève ou de la semibrève seulement pouvait y être dissonante [1].

Au XIVᵉ siècle même, la doctrine de Francon avait conservé ses partisans.

---

(1) « Modo dicendum est quomodo et qualiter istæ species supradictæ ordinari debeant in contrapuncto, id est nota contra notam, præmotando quod, quando cantus ascendit, discantus debet e converso descendere; quando vero cantus descendit, discantus debet ascendere, et hæc regula generalis est semper observanda, nisi per species imperfectas sine aliis rationibus evitetur. Considerando, ut supra dictum est, quomodo et qualiter sunt tredecim species et non plures nec pauciores, secundum doctores ac etiam secundum Octonem in hac scientia quondam expertissimum. Tamen alii magistri adjungunt istas quatuor species, videlicet, decimam, duodecimam, tertiam decimam et quintam decimam; sunt tamen ad bene esse et ad voluntatem..... istarum autem specierum tres sunt perfectæ, scilicet unisonus, diapente alio nomine quinta, et diapason alio nomine octava. Et dicuntur perfectæ quia perfectum et integrum sonum important auribus audientium, et cum ipsis omnis discantus debet incipere et finire; et nequaquam duæ istarum specierum perfectarum debent sequi una post aliam. Sed bene duæ diversæ species imperfectæ, tres autem, etiam quatuor sequuntur una post aliam, si necesse fuerit. Quatuor autem sunt imperfectæ : scilicet ditonus, alio nomine tertia perfecta; tonus cum diapente, alio nomine sexta perfecta; semiditonus, alio nomine tertia imperfecta, et semitonium cum diapente, alio nomine sexta imperfecta. Et dicuntur imperfectæ quia non tam perfectum sonum important ut species perfectæ, quia interponuntur speciebus perfectis in compositione. Aliæ vero species sunt discordantes et propter earum discordantiam ipsis non utimur in con-

CHAPITRE XV.   67

Jean de Muris, dans son « Speculum musicæ, » la cite comme excellente et comme préférable, en beaucoup de points, à celle de ses contemporains [1].

L'harmonie n'était pourtant pas restée stationnaire depuis Francon jusqu'à Jean de Muris. Sans entrer à cet égard dans des détails qui dépasseraient les limites que nous nous sommes tracées, nous allons en faire connaître les principes généraux, bien posés dans un traité de déchant du xive siècle, attribué à Jean de Muris. On trouve ce traité dans un excellent manuscrit de la bibliothèque de Gand. L'abbé Gerbert [2] en a publié un extrait d'après un manuscrit de Saint-Blaise, dont la version n'est pas toujours conforme à celle du manuscrit de Gand. Voici ces principes :

1° Les consonnances se divisent en consonnances parfaites et en conson-

---

trapuncto, sed bene eis utimur in cantu fractibili, in minoribus notis, ubi semibrevis vel tempus in pluribus notis dividitur, id est in tribus partibus, tunc una illarum trium partium potest esse in specie discordanti.... » — *Ars contrapuncti*, magistri PHILIPPI DE VITRIACO.

Nous avons tiré ce passage inédit du t. IV, p. 8, de la *Revue de musique religieuse*, de M. Danjou, qui s'en est servi pour démontrer que cette doctrine était celle des auteurs de la fin du xiiie siècle et qu'elle était non-seulement applicable à l'accompagnement, par l'orgue ou les voix, du plaint-chant, mais encore la seule qu'on pût appliquer lorsqu'on voulait rester dans la véritable tonalité du chant ecclésiastique.

(1) « Sane cum dudum venerabiles viri de musica plana tractaverint, ut Tubal Chayn ante diluvium, et quam plures de quibus supra meminimus ; de mensurabili et multi, inter quos eminet Franchon Teutonicus et alius quidam qui Aristoteles nuncupatur ; nunc nostris temporibus novi recentioresque venerunt de mensurabili tractantes musica, parentes suos doctores antiquos parum reverentes, quin potius illorum bonam doctrinam in aliquibus mutantes, corrumpentes, reprobantes, annulantes factis, quidquid verbis protestentur. Cum curiale bonique moris sit illos in bene dictis imitare, in dubiis ipsos excusare, ipsos exponere. Hæc igitur in modo cantandi ipsorum et amplius in eorum tractatibus considerans, indolui, et ex tunc principali et primaria intentione ad antiquorum excusationem quædam de musica mensurabili scribere disposui ; secundariæ tamen intentionis ex causa musicam agressus sum planam, theoricam et practicam. Expleto igitur, Dei adjutorio, quod fuit accessorium, expediamus, si possumus, intensum nostrum primarium et hic quidem benevolum requiro lectorem mihi parcat, mihi, quæso, condescendat quia solus sum de quo tristor ; illi multi contra quos opus hoc ultimum satiricum et disputativum aggredior non dubito tamen quin multis valentibus modernus cantandi modus despliceat, tractatus quoque super hunc confecti, et tamen non vidi quod super hoc aliquid scribitur. Adhuc sum de numero antiquorum quos horum aliqui rudes vocant ; sum senex ; illi acuti et juvenes. Mortui sunt quos sustineo ; vivunt contra quos disputo. Ipsi novi novas conclusiones in musica mensurabili invenisse se lætantur, mihi sufficiat in hac parte antiquos quos puto rationabiles sustinere. » ...... « Adhuc pium videtur antiquos, qui nos in musica mensurabili fundaverunt, honorare. Pium est ipsos in bene dictis sustinere, in dubiis exponere, non impugnare. Incuriale vero et reprehensibile est homines bonos persequi mortuos qui defendere se nequeunt. Hæc dicta sint ad excusationem meam, quia et si in hoc opere dicturus aliqua sum contra dicta modernorum, ubi obviant dictis antiquorum, diligo tamen personas illorum ; cantum, cantores, musicam et musicos ab ætate dilexi juvenili. » — *Speculum musicæ*, lib. vii, cap. 1.

(2) *Script.*, t. III, p. 806.

nances imparfaites ; 2° les consonnances parfaites sont : l'unisson, la quinte et l'octave ; 3° les consonnances imparfaites sont : les tierces et les sixtes[1] ; 4° la quarte n'est plus rangée parmi les consonnances ; 5° le déchant doit commencer et finir par une consonnance parfaite ; 6° lorsque le déchant monte, le chant doit descendre et réciproquement ; 7° deux consonnances parfaites ne peuvent se suivre[2] ; 8° la même prohibition existe à l'égard des consonnances imparfaites ; 9° ces prohibitions ne sont pas pourtant absolues, surtout à l'égard des consonnances imparfaites.

Plusieurs de ces principes, qu'on voit ici pour la première fois, sont restés en vigueur et sont devenus des règles fondamentales de l'art d'écrire. Nous signalerons notamment ceux repris sous les n°s 5 et 7. Quant aux règles relatives aux retards, aux syncopes, aux broderies, aux notes de passage, on les trouve plutôt indiquées qu'écrites dans les ouvrages didactiques ; c'est dans les monuments pratiques qu'on est surtout obligé de chercher à les découvrir.

Il existait au moyen âge une sorte de contre-point, ordinairement à trois voix, auquel on donnait le nom de "faux bourdon". Ce contre-point consistait en une suite d'accords de sixtes pratiqués le plus souvent au-dessus de la mélodie du plain-chant. On ignore l'époque précise où le faux bourdon a pris naissance.

Le morceau à trois voix de la Planche xxxiii, dont l'écriture et la notation semblent remonter à la première partie du xive siècle, est une espèce de faux bourdon composé dans les conditions que nous venons de spécifier. A l'exception de la note par laquelle chaque période musicale commence et finit, à l'exception encore de quelques-unes qui marquent un repos ou un demi-repos, ayant pour intervalle harmonique la quinte et l'octave, toutes portent l'accord de sixte.

Cette pièce, ainsi que quatre autres motets en l'honneur de la Vierge, également dans le même style, se trouvent écrits sur un double feuillet de vélin qui a servi de garde à un volume relié, et qui est aujourd'hui en notre possession. Il a évidemment appartenu à un recueil ; mais aucune indication ne nous permet de soupçonner sa provenance.

---

(1) Le texte de Gerbert ne parle pas de la sixte mineure. Dans le manuscrit de Gand, au contraire, elle se trouve comptée parmi les consonnances imparfaites : « Reliquæ imperfectæ dicuntur quæ sunt semiditonus, ditonus, semitonus cum diapente et tonus cum diapente, cum eorum reiterationibus. »

(2) Le texte de Gerbert dit : « autant que possible, *prout possumus* ». Dans le manuscrit de Gand on ne trouve pas cette restriction ; la défense est absolue. On y permet seulement à la quinte et à l'octave de se suivre : « Item notandum quod duæ perfectæ consonantiæ similes non debent poni in discantu consequenter. Sed bene possunt poni diapente et diapason. »

Ce faux bourdon présente une particularité digne de remarque : c'est l'emploi de la sixte augmentée, composée, comme l'on sait, d'une tierce mineure et d'une quarte augmentée, laquelle est exclue de la tonalité du plain-chant. On remarque cette particularité dans la 4ᵉ mesure, dans les 10ᵉ, 18ᵉ, 23ᵉ, 27ᵉ, 34ᵉ, 50ᵉ, 57ᵉ, 69ᵉ, 74ᵉ, 79ᵉ, 92ᵉ, 107ᵉ et 120ᵉ.

Peut-être faut-il supposer, et avec raison, suivant nous, que, conformément à l'accord de la 103ᵉ mesure, le fa doit être haussé d'un demi-ton au moyen d'un dièse oublié ou négligé par le notateur. Cette supposition paraît d'autant plus fondée que, dans les autres motets, où le même accord est employé, le fa est accompagné d'un dièse.

Le déchant étant une harmonie mesurée, quelques auteurs ont pensé qu'il avait été en usage dans la musique mondaine, avant d'avoir été appliqué au chant ecclésiastique : cela ne paraît basé sur rien et cela ne s'accorde pas avec les faits historiques que nous venons d'exposer. En effet, on a vu que si l'harmonie a été connue des Grecs, elle n'y a été qu'à l'état de phénomène théorique; les anciens n'en ont deviné ni la portée ni la puissance. C'est le christianisme qui l'a mise en pratique; c'est là qu'il s'est développé et qu'il est devenu un des principaux éléments de la musique moderne. Le déchant, qui n'a été qu'une forme plus avancée de l'art, a la même source, il s'est développé dans les mêmes conditions et par les mêmes moyens. On en a d'ailleurs la preuve dans les monuments eux-mêmes. En nous reportant aux plus anciens déchants connus, on voit que tous ont pour thèmes des mélodies ecclésiastiques; ce sont, par conséquent, des déchants religieux.

Nous rappellerons le "Verbum bonum et suave" à deux parties, du xııᵉ siècle, de la bibliothèque de Douai, et toutes les pièces du xııᵉ siècle des Mss. 812 et 813 de la bibliothèque nationale de Paris, dont nous avons parlé dans le chapitre xı. Tous ces morceaux ont pour thèmes des antiennes ou d'autres mélodies ecclésiastiques.

Dans l'impossibilité où nous nous trouvons de donner toutes les pièces du Ms. 813, qui y sont en très grand nombre, nous avons reproduit celles qui offrent un intérêt particulier pour le sujet que nous traitons. Quant aux pièces du Ms. 812, comme elles semblent appartenir au traité à la suite duquel elles sont écrites, et que d'ailleurs elles ne sont pas nombreuses, nous les donnons toutes à la troisième partie de cet ouvrage, Planches xxvııı, xxıx et xxx.

L'"Ascendit" à deux voix a déjà été publié par M. Fétis, dans la «Revue de musique religieuse» de M. Danjou, tome III, page 228, mais d'une manière qui n'est pas tout à fait exacte. Dans la reproduction de M. Fétis, les deux parties sont placées en regard l'une de l'autre, tandis que, dans le manuscrit, elles sont l'une sous l'autre, comme dans notre copie fac-similé.

D'un autre côté, cette pièce doit, suivant nous, être traduite entièrement en mesure ternaire. D'après les règles de nos documents inédits et d'après celles de Francon, de Jean de Garlande et du nommé Aristote, la longue parfaite n'était désignée par aucun signe particulier.

Le "Sanctus" est intéressant pour l'époque où il a été composé. On y voit l'application des règles de Francon pour le triple. L'harmonie y est la même que dans le "Dulcia" du même auteur; mais il lui est inférieur, tant sous le rapport de l'agencement des parties qu'à cause des octaves et quintes successives qui s'y trouvent employées d'une manière plus fréquente que dans l'autre pièce. D'un autre côté les voix se croisent moins dans le premier que dans le second.

Le "Benedicamus" à trois parties est composé dans le même style que le "Sanctus". On remarque cependant que le croisement des voix est plus abondant ici que dans l'autre. La partie inférieure se compose entièrement de notes égales, ce qui est rare dans les compositions de ce temps.

La pièce à deux voix, commençant par ces mots. " Tumba sancti Nicolai ", est encore dans le même style.

Si l'on examine ensuite les plus anciens traités de déchant, qui sont ceux que nous publions dans la deuxième partie de cet ouvrage, tous en parlent comme d'une harmonie appliquée au plain-chant. Doc. I, 14. — Doc. II, 1.

Jérôme de Moravie, qui nous fait connaître le plus ancien système de déchant, inséré parmi nos documents inédits sous le n° III, déclare, dans le vingt-cinquième chapitre de son traité, que le chant ecclésiastique pouvait être considéré sous un double rapport, soit en lui-même, c'est-à-dire indépendant de toute harmonie, soit comme soumis au déchant[1]. Ainsi, dès que le déchant apparaît, il est appliqué au plain-chant, il est introduit dans l'église.

Les plus anciens déchants profanes connus jusqu'ici ne remontent pas au delà de la dernière moitié du XIIIe siècle; car on ne peut pas compter comme tels les fragments de motets avec paroles latines et françaises du Ms. 813, puisque l'une des parties est une mélodie religieuse, et qu'il n'est pas certain que ces sortes de déchant n'aient pas été exécutées dans l'église.

Adam de la Hale est le plus ancien trouvère musicien qui nous ait laissé

---

(1) « Cantus firmus sive planus, præcipue ecclesiasticus cantus, potest considerari dupliciter: primo scilicet in quantum per se, id est, sine discantu, ab uno, duobus aut pluribus vel etiam toto choro canitur; secundo in quantum discantui subjicitur. »

des compositions musicales à plusieurs parties. Parmi les manuscrits de la bibliothèque nationale de Paris, qui contiennent les ouvrages de ce trouvère, le n° 81 est le plus remarquable. On y trouve trente-cinq chansons et dix-sept pastures; seize rondeaux à trois voix et huit motets à deux et trois parties, avec paroles différentes. Nous avons découvert, sur un feuillet servant de garde à un manuscrit de Cambrai, quatre de ces rondeaux dont la musique offre quelques variantes avec celle des mêmes pièces du Ms. 81.

Nous reproduisons, PLANCHE XXXI, le fac-similé du verso de ce feuillet, contenant les deux rondeaux dont voici le texte :

Hareu li maus d'amer
M'ochist.
Il me font désirer.
Hareu li maus d'amer
Par un doux regarder
Me prist.
Hareu li maus d'amer
M'ochist.

Fines amouretes ai :
Dieus! si ne sai quant les verrai!

Or manderai m'amiette,
Qui est cointe et joliette,
Et s'est si saverousete
C'astenir ne m'en porrai.

Fines amouretes ai :
Dieus! si ne sai quant les verrai!

Fines amouretes ai :
Dieus! si ne sai quant les verrai!

Et s'ele est de moi ençainte
Tost devenra pale et tainte;
S'il en est escandèle et plainte
Deshonnerée l'arai.

Fines amouretes ai :
Dieus! si ne sai quant les verrai!

Miex vaut que je m'en astiengne,
Et pour li joli me tiengne,
Et que de li me souviengne;
Car s'onnour li garderai.

Fines amouretes ai :
Dieus! si ne sais quant les verrai!

Ce feuillet, dont l'écriture et la notation musicale sont du XIIIe siècle, provient évidemment d'un recueil qui renfermait les œuvres de même genre d'Adam. Il est à croire que le manuscrit auquel il appartenait était autrefois à l'abbaye de Vaucelle où, comme l'on sait, Adam de la Hale a été moine pendant quelque temps. Malgré nos recherches, qui se sont étendues à tous les manuscrits de la bibliothèque de Cambrai, dans l'espoir de découvrir quelques autres fragments de ce volume, nous n'en avons rien retrouvé.

Quand on compare ces deux chansons avec les déchants des Mss. 812 et 813, on aperçoit une grande différence dans le style harmonique. Celui d'Adam est en général plus compliqué et plus tourmenté que les autres. On voit que notre trouvère ne s'y trouve pas aussi à l'aise que lorsqu'il invente de pures mélodies qui, chez lui, sont toujours simples, naïves et gracieuses.

Le déchant paraît avoir été accueilli dans les cérémonies religieuses avec une faveur encore plus marquée que la diaphonie. A partir du xiie siècle, il surgit, dans toutes les contrées de l'Europe, des auteurs de déchant, des traités de musique mesurée; mais nulle part le déchant ne paraît avoir eu autant de succès et d'accueil qu'en France où, suivant nous, il est né. Cela démontre combien le "nouvel art", ainsi qu'on le nomma alors, fut goûté et considéré comme pouvant servir à rehausser l'éclat des cérémonies religieuses.

Rien pourtant n'a plus contribué à la dégénération du plain-chant que cet élément nouveau qui ne semble pas fait pour s'allier à la musique plane et diatonique. Autant la diaphonie qui, dans son origine, n'avait pour destination que le renforcement de la mélodie principale par l'addition de quintes, d'octaves et de quartes entremêlées accessoirement, comme les sons secondaires dans le jeu de mixture de l'orgue, et comme les sons concomitants des cloches, pouvait être de nature à donner de l'ampleur et du grandiose au plain-chant, autant le déchant, qui était composé ordinairement de notes dont la durée était proportionnée, s'écartait du principe constitutif du plain-chant.

II

MUSIQUE RHYTHMÉE ET MESURÉE.

CHAPITRE PREMIER.

Caractère général de la musique mesurée au moyen âge. — Du rhythme et de la mesure. — Les chants populaires étaient rhythmés. — Chant sur Clotaire en 662. — Chant sur Louis le Germanique en 881.

Le déchant, on se le rappelle, n'était pas, comme la diaphonie, une simple combinaison simultanée de sons de valeur égale; c'était une harmonie mesurée, un contre-point de deux ou de plusieurs notes contre une ou contre diverses autres, dans lequel la durée des notes d'une voix pouvait être plus ou moins rapide que celle d'une autre voix. Cette durée inégale de sons était réglée suivant de certaines proportions dont l'ordre et la symétrie constituent la mesure[1] et le rhythme[2].

La musique mesurée au moyen âge était principalement l'art de régler les rapports de durée des sons dans l'harmonie, et de représenter par des signes les modifications de leur durée. Ces règles vont être expliquées dans la section suivante relative à la notation. Ici, nous allons considérer la musique rhythmée du moyen âge sous son point de vue général.

Les ouvrages sur la musique, antérieurs à la fin du XIe siècle, ne traitent que du chant ecclésiastique; il n'y est question ni de musique mesurée, ni de musique mondaine. Plusieurs écrivains sur la musique en ont conclu que les mélodies des chants populaires mondains étaient, comme le plain-chant,

---

(1) La mesure musicale est la division de la durée du temps en plusieurs parties égales, dont chacune s'appelle aussi mesure, et qui se subdivisent en d'autres parties aliquotes nommées temps. La durée égale de chaque temps ou de chaque mesure est remplie par une ou plusieurs notes auxquelles on donne diverses figures selon leurs différentes durées.

(2) Le rhythme est le résultat de la différence de vitesse ou de lenteur des temps, établie dans un ordre régulier quelconque, et de la combinaison de certains groupes de sons.

dépourvues de mesure et de rhythme. Pour beaucoup, la musique mesurée ne remonte pas au delà de Francon de Cologne, à qui ils en attribuent l'invention. C'est une erreur évidente, qui vient de ce qu'ils ont confondu la mesure avec les signes inventés pour la représenter. En effet la mesure et le rhythme sont dans la nature de la musique et n'ont pas été plus inventés que l'intonation.

A toutes les époques, chez toutes les nations, chez les nations même les plus sauvages, le peuple a manifesté ses sentiments, a traduit ses souvenirs par des chants dont le caractère était vif ou lent, gai ou triste, selon qu'ils exprimaient sa joie ou ses souffrances. Ce qui donne ce caractère, ce n'est pas seulement la variété d'intonation, c'est surtout le mélange et la combinaison symétrique de sons plus ou moins longs, plus ou moins brefs. Ce mélange, cette combinaison constituent le rhythme. La musique sans rhythme est incapable d'exprimer la vivacité des images, la puissance des sentiments qui règnent dans les chants populaires. Nul doute donc qu'ils aient été mesurés et rhythmés.

Dans l'origine, le rhythme musical n'a été qu'une accentuation plus ou moins régulière; plus tard, il s'est développé et façonné au caractère et au langage particulier de chaque nation. Chez les Grecs, dont la langue, à elle seule, était une sorte de musique, il était astreint et subordonné à la prosodie. Chez les peuples du Nord, dont la langue n'était pas soumise à une prosodie de même genre, le rhythme musical était pour ainsi dire indépendant des paroles.

Pour démontrer que le rhythme accompagnait les mélodies des chants populaires, nous allons rapporter quelques faits constants. Sans remonter à une époque trop reculée, nous rappellerons que les peuples du Nord, longtemps avant leur invasion dans les Gaules, célébraient les exploits guerriers et les hauts faits de leurs aïeux dans les poëmes qui se transmettaient de bouche en bouche, et qui formaient en quelque sorte leurs annales[1]. Ces poëmes n'étaient pas de simples récits, c'étaient des chants accompagnés de tout le luxe de la musique vocale et instrumentale[2], qui, avec les vers, passaient ainsi de génération en génération. Après l'invasion, le contact des barbares avec une civilisation plus avancée, avec des mœurs toutes nouvelles pour eux, n'affaiblit pas leur amour pour ces chants empreints d'une antique

---

[1] « Celebrant carminibus antiquis (quorum unum apud illos memoriæ et annalium genus est) originem gentisque conditores. » — TACITUS, Germania, p. 1. — « Caniturque (Arminius) adhuc barbaras apud gentes, Græcorum annalibus ignotus, qui sua tantum mirantur. » — TACITUS, Annales, liv. II. — « Quemadmodum et in priscis eorum carminibus pene historico ritu in commune recolitur. » — JORNANDES, De Gothorum origine, c. IV.

[2] « Ante quos etiam cantu majorum facta, modulationibus citharisque canebant. » — Ib., c. V.

CHAPITRE I.

nationalité. Leur tradition se conserva dans le cœur et le souvenir. A la cour de Charlemagne on accueillait avec faveur ceux qui composaient et qui faisaient entendre de semblables chants. Ce monarque, tout préoccupé qu'il fût de la restauration des lettres antiques, prit grand soin de faire mettre par écrit les chants populaires de sa nation qui étaient encore dans la mémoire de ses contemporains. « Les poëmes antiques et barbares, dit Éginard, dans lesquels on célébrait les actions et les guerres des anciens rois, furent écrits par son ordre pour être transmis à la postérité[1]. » Ceux qui rappelaient des faits récents ou contemporains n'avaient pas moins d'attraits[2].

N'oublions pas que les Gaulois aussi avaient leurs bardes chargés de recueillir les actions d'éclat et de les transmettre aux descendants dans des vers chantés avec accompagnement d'instruments de musique[3].

Peut-on hésiter à croire que ces chants, qui devaient exprimer des émotions passionnées, réveiller des souvenirs glorieux, aient été rhythmés? Nous ne le pensons pas; il est évident même que le rhythme a dû être un des éléments essentiels de leur popularité. Ce qui d'ailleurs le prouve, sans qu'on puisse conserver encore le moindre doute dans l'esprit, c'est un passage de la vie de saint Faron, par Hildegaire, évêque de Meaux, sous Charles le Chauve. Ce passage, qui accompagne les fragments d'un chant sur la victoire remportée par Clotaire sur les Saxons, est ainsi conçu : « On composa, dit-il, sur cette victoire un chant populaire, qui, à cause de sa rusticité, volait de bouche en bouche, et que les femmes chantaient en dansant et en battant des mains[4]. » L'air était donc rhythmé et assez fortement cadencé, puisqu'il était propre à seconder les mouvements de la danse. Voici les deux fragments de ce chant, tels qu'ils sont rapportés par dom Bouquet :

De Chlotario est canere rege Francorum,
Qui ivit pugnare in gentem Saxonum;

---

[1] « Barbara et antiquissima carmina, quibus veterum regum actus et bella canebantur, scripsit memoriæque commendavit. » — *Vita Caroli magni*, CXXIX, apud PERTZ, t. II, p. 458.

[2] « Contigit joculatorem ex Longobardorum gente ad Carolum (Magnum) venire et cantiunculam a se compositam rotundo in conspectu suorum cantare. » — *Chron. monast. Novallensi*, apud MURAT., *Rerum Italicarum scriptores*, t. II, p. II, pag. 717.

[3] « Et Bardi quidem fortia virorum illustrium fasta heroicis compositis versibus cum dulcibus lyræ modulis cantitarunt. » — AMMIAN. MARCEL., lib. XV, 25. — « Sunt etiam apud eos melici poetæ, quos bardos nominant. Hi ad instrumenta quædam lyris similia, horum laudes, illorum vituperationes decantant. » — DIOD. DE SICILIA, lib. V, 31.

[4] « Ex qua victoria carmen publicum juxta rusticitatem per omnium pene volitabat ora ita canentium : feminæque choros inde plaudendo componebant. » — D. BOUQUET, t. III, p. 565.

Quam graviter provenisset missis Saxonum,
Si non fuisset inclytus Faro de gente Burgundiorum [1].
. . . .
Quando veniunt in terram Francorum,
Instinctu Dei transeunt in urbem Meldorum,
Ne interficiantur a rege Francorum.

Les auteurs de « l'Histoire littéraire de la France », t. III, p. 453, après avoir reproduit ce texte, ajoutent : « On voit sans peine qu'au lieu de poésie, ce n'est qu'une mauvaise prose mise en plus mauvaise cadence. »

La simple inspection de ce texte démontre que ce chant n'est pas là dans sa forme originale. Il n'a en effet ni rhythme, ni cadence, l'un des caractères distinctifs des chants populaires. Ce n'est, suivant nous, que la traduction latine du texte primitif. Composé pour des Francs, destiné à être chanté par le peuple et le soldat, il a été fait en la langue teutonique, la seule qui leur fût familière. Nous n'avons donc qu'une imitation latine, dans laquelle on paraît avoir cherché à conserver la physionomie de l'original, et peut-être les assonances [2]. Remarquons surtout qu'on était alors au VIIe siècle (622), époque encore rapprochée de l'invasion.

Pour être populaires dans la véritable acception du mot, les chants des peuples du Nord, remémoratifs d'une grande bataille ou d'un acte d'éclat, ont dû être composés dans leur langue ; cela paraît évident. Ce qui le démontre, d'ailleurs, c'est que la chanson en l'honneur de Louis le Germanique, à l'occasion de sa victoire sur les Normands, en 881, chantée sur les bords du Rhin, en Belgique et même dans une partie du nord de la France, est encore en langue teutonique.

(1) Hildegaire ajoute ici : « Et infra hujus carminis », ce qui prouve qu'il y a une lacune entre ce vers et les suivants, et que ces derniers finissent le poëme.

(2) « L'antique chanson latine est une traduction, par les clercs, des chansons vulgaires qui intéressent l'église. Elle conserve la physionomie mnémonique des originaux : les assonances y sont répétées, et les petits vers ont une préférence marquée :

  Chlothar est canere
  De rege Francorum,
  Qui ivit pugnare
  In gentem Saxonum.
  Quam provenisset,

  Si missis Saxonum
  Incly' non fuisset
  Faro de Burgundium.

« Cette chanson fut composée d'abord en langage vulgaire, seul compréhensible aux militaires, au peuple, aux femmes. La victoire célébrée ne pouvait être indifférente aux zélateurs du christianisme, empressés d'affranchir des chances de l'oubli le texte confié à sa seule mémoire.

« Les petits vers mnémoniques de l'original théotistique sont imités dans la traduction latine; quelques monosyllabes rectifiés suffisent pour rétablir le rhythme primitif. » —M. BARROIS, *Éléments de linguistique*.

CHAPITRE I.

Le plus ancien texte de ce chant est conservé dans un manuscrit de la bibliothèque de Valenciennes, le même qui renferme la prose de sainte Eulalie, considérée comme la plus ancienne pièce en langue romane du Nord [1]. Il remonte au IXe siècle, c'est-à-dire au temps même où il a été composé. Il est vivement à regretter que le copiste n'ait pas donné l'air. Nul doute qu'il ne fût une nouvelle preuve de l'existence du rhythme et de la mesure dans ces sortes de mélodies. M. Willems, de Gand, a publié ce chant dans son « Elnonensia », Gand, 1839, et 2e édition, Gand, 1845, en l'accompagnant d'une traduction allemande, flamande et française, de commentaires et de notes philologiques. Il y démontre l'erreur de ceux qui se sont fondés sur un passage d'Hériulphe pour prouver que le chant teutonique sur Louis III a été chanté en Ponthieu au XIIe siècle. Comme il intéresse l'histoire de France et qu'il est peu connu, nous allons le reproduire ici en entier, avec la traduction française de M. Willems.

Einan kuning weiz ih.	Je connais un roi,
Heizsit her Hluduig.	il se nomme Louis,
Ther gerno Gode thionot.	Qui sert Dieu volontiers,
Ih weiz her imo-s lonot.	et je sais que Dieu l'en récompense.
Kind warth her faterlos.	Enfant, il perdit son père ;
Thes warth imo sar buoz.	mais cette perte fut bientôt réparée.
Holoda inan truthin.	Dieu l'appela,
Magaczogo warth her sin.	et le prit sous sa tutelle.
Gab er imo dugidi,	Lui donna de grandes qualités,
Fronisc githigini.	un entourage de serviteurs
Stual hier in Vrankon	Et un trône ici en France :
So bruche her es lango.	qu'il les garde longtemps !
Thaz gideild' er thanne.	Ces biens, il les partagea
Sar mi Karlemanne.	bientôt avec Carloman,
Bruoder sinemo.	Son frère, augmentant ainsi
Thia czala wunniono.	le nombre de ses jouissances.

---

(1) M. Bethmann, l'un des savants collaborateurs des *Monumenta Germaniæ historica* de M. Pertz, a découvert, il y a quelques années, sur la garde d'un manuscrit de Valenciennes, un autre fragment de sermon ou d'homélie, demi-latin, demi-français, en écriture du IXe siècle entremêlée de notes tironiennes. Nous en avons joint un fac-similé à notre traduction de la relation du *Voyage historique de M. Bethmann dans le nord de la France* (Paris, 1849, V. Didron), avec l'explication de ce qui n'est pas écrit en abréviations tironiennes.

So thaz warth al gendiot.	Cela fait,
Koron wolda sin God.	Dieu voulut l'éprouver,
Ob her arbeidi.	Et voir s'il supporterait les fatigues,
So jung tholon mahti.	dans son jeune âge.
Lietz her heidine man.	Il permit que les païens
Obar seo lidan.	traversassent la mer.
Thiot Vrancono.	Pour rappeler aux Francs
Manon sundiono.	leurs péchés.
Sume sar verlorane	Quelques-uns furent condamnés,
Wurdun sum erkorane.	d'autres élus.
Haranskara tholota.	Celui qui avait mené une mauvaise vie
Ther er misselebeta.	dut subir sa peine ;
Ther ther thanne thiob was.	Celui qui avait volé,
In der thanana ginas.	et qui put se dégager du crime,
Nam sina vaston.	Eut recours aux jeûnes,
Sidh warth her guot man.	et devint honnête homme.
Sum was luginari.	Tel qui avait été menteur,
Sum skachari.	ou ravisseur,
Sum fol loses.	Ou plein de fourberie,
Ind er gibuozta sih thes.	s'acquitta de sa pénitence.
Kuning was ervirrit.	Le roi était éloigné,
Thaz richi al girrit.	l'empire tout troublé ;
Was erbalgan Krist.	La colère du Christ,
Leidhor thes ingald iz.	hélas ! pesait sur le pays.
Thoh erbarmed' es Got.	Mais Dieu eut enfin pitié,
Wuiss' er alla thia not.	voyant toutes ces calamités :
Hiez her Hludvigan.	Il ordonna au roi Louis
Tharot sar ritan.	de partir à cheval.
Hludwig kuning min.	« Louis, mon roi, (dit-il),
Hilph minan liutan.	secourez mon peuple,
Heigun sa Northman.	Si durement opprimé
Harto bidwungan.	par les hommes du Nord. »
Thanne sprah Hludvig.	Louis répondit :
Herro so duon ih.	« Je ferai, Seigneur,

CHAPITRE I.

Dot ni rette mir iz.	Si la mort ne m'arrête,
Al thaz thu gibiudist.	tout ce que vous me commandez. »
Tho nam her Godes urlub.	Prenant congé de Dieu,
Huob her gundfanon uf.	il éleva le gonfanon ;
Reit her thara in Vrankon.	Il se mit en marche à travers le pays,
Ingagan Northmannon.	contre les Normands.
Gode thancodun.	Ceux qui l'attendaient
The sin beidodun.	louèrent Dieu,
Quadhun al fro min.	Disant tous : « Seigneur,
So lango beidon Wir thin.	nous vous attendons depuis longtemps. »
Thanne sprah luto.	Ce bon roi Louis
Hludvig ther guoto.	leur dit alors :
Trostet hiu gisellion	« Consolez-vous, mes compagnons,
Mine notstallon.	mes défenseurs !
Hera santa mih God.	C'est Dieu qui m'a envoyé ici,
Joh mir selbo gibod.	et qui m'a donné ses ordres.
Ob hiu rat thuhti.	Si vous êtes d'avis
Thaz ih hier gevuhti.	que je livre combat en ces lieux,
Mih selbon ni sparoti.	Je ne veux pas m'épargner,
Unc ih hiu generiti.	jusqu'à ce que je vous délivre.
Nu will ih thaz mir volgon.	Je veux que tous les vrais amis
Alle Godes holdon.	de Dieu me suivent.
Giskerit ist thiu hier-wist.	Notre existence ici-bas est prédisposée
So lango sa wili Krist.	à la durée que veut lui donner la volonté du Christ.
Wili her unsa hina-warth.	S'il veut notre trépas,
Thero habet her giwalt.	il en est bien le maître.
So wer so hier in ellian.	Quiconque viendra ici exécuter
Giduot Godes willion.	en brave les ordres de Dieu
Quimit he gisund uz.	Sera récompensé par moi,
Ih gilonon imo-z.	dans sa personne, s'il en échappe vivant,
Bilibit her thar inne.	Dans sa famille,
Sinemo kunnie.	s'il reste parmi les morts. »
Tho nam her skild indi sper.	Alors il prit son bouclier et sa lance,
Ellianlicho reit her.	et poussa son cheval avec ardeur.

Wuold er war errahchon.	Prêt à dire de grandes vérités
Sina(n) widarsahchon.	à ses adversaires.
Tho ni was iz buro lang.	En peu de temps
Fand her thia northman.	il trouva les Normands,
Gode lob sageda.	Et rendit grâce à Dieu,
Her sihit thes her gereda.	voyant ce qu'il cherchait.
Ther kuning reit kuono.	Le roi s'avança vaillamment,
Sang lioth frano.	entonna un cantique saint.
Joh alle saman sungun.	Et toute l'armée chantait, avec lui,
Kyrie leison.	Kyrie eleison !
Sung was gisungan.	Le chant finissant,
Wig was bigunnan.	le combat commençant,
Bluot skein in wangon.	Le sang leur monta au visage ;
Spilodun ther Vrankon.	les Francs entamèrent le jeu des combats.
Thar vaht thegeno gelih.	De tous les guerriers en lutte,
Nich ein so so Hludvig.	aucun n'égala Louis
Snel indi kuoni.	En adresse et en audace.
Thaz was imo gekunni.	Il tenait cela de sa naissance.
Suman thuruh skluog her.	Il renversait les uns,
Suman thuruh stah her.	il perçait les autres,
Her skancta ce hanton.	Et versait dans ce moment
Sinan fian (ton).	à ses ennemis
Bitteres lides.	Une boisson très amère.
So we hin hio thes libes.	Malheur à eux d'avoir existé !
Gelobot si thiu Godes kraft.	Gloire à la puissance de Dieu !
Hludvig warth sigihaft.	Louis fut vainqueur
Jah allen heiligon thanc.	Et rendit grâce à tous les saints :
Sin warth ther sigikamf.	La victoire fut à lui !
(Fu) ar abur Hludvig.	Il revint en roi qui triomphe
Kuning w(ig) salig.	aux combats,
(Joh) garo so ser hio was.	Et tel qu'il fut toujours,
So war so ses thurft was.	quand et où c'était nécessaire.
Gehalde inan truhtin.	Que Dieu le conserve,
Bi sinan ergrehtin.	par sa miséricorde !

Indépendamment des chants héroïques, il en existait un grand nombre sur des sujets moins graves, tels que l'amour, la danse, la table, la satire; d'autres, où la religion et la morale elles-mêmes n'étaient pas toujours respectées. Les autorités civiles et ecclésiastiques furent obligées de faire de sévères injonctions pour en arrêter la propagation [1].

Il est certain que les seuls airs qui aient pu convenir à des chants de cette nature sont des airs vifs, bien rhythmés, fortement cadencés; ceux-là seuls étaient capables d'exciter les passions qu'on voulait agiter. La mesure et le rhythme étaient donc leurs principaux éléments.

L'autorité cléricale ne se borna pas seulement à interdire ces sortes de chansons; elle-même en composa, dont les sujets furent puisés dans le christianisme. On n'hésita pas de mettre ces textes religieux sur certains airs populaires, afin de les faire accueillir plus facilement et plus sûrement.

CHAPITRE II.

Chants populaires antérieurs au IXe siècle. — Musique vulgaire. — Son caractère est différent de celui du plaint-chant. — Chants religieux rhythmés.

Dans les premiers temps de l'invasion des Gaules, les chants populaires étaient de deux sortes; les uns, en langue du Nord; les autres, en latin. Ceux-ci ont dû être plus nombreux et plus répandus, car le latin était alors la langue usuelle, c'était aussi la langue du clergé. Le latin s'est transformé peu à peu et a fait place à la langue vulgaire. En même temps a disparu le teutonique, en laissant toutefois des traces de son passage dans la langue nouvelle. Les chansons populaires, pendant cette période de transition, en supposant qu'elles aient été écrites, ne sont pas parvenues jusqu'à nous; on peut en attribuer la cause et à l'imperfection de la langue vulgaire, et au peu de cas qu'en faisaient ceux qui auraient pu les transcrire. Celles en latin, au

---

[1] « Exterminanda omnino est irreligiosa consuetudo, quam vulgus per sanctorum solemnitates agere consuevit, ut populi, qui debent officia attendere, saltationibus et turpibus invigilent canticis. » — 23e canon du concile de Tolède de 589, qui porte pour titre: *Ballemathia et turpia cantica prohibenda a sanctorum solemniis*, apud LABBE, t. V, col. 840. — Léon IV, dans son homélie « De cura pastorali », adresse aux évêques les recommandations suivantes : « Cantus et choros mulierum in ecclesia prohibete; carmina diabolica, quæ nocturnis horis super mortuos vulgus facere solet, et cachinnos quos exercet, sub contestatione Dei omnipotentis vitate. » — *Ibid.*, col. 1014. — « Canticum turpe atque luxuriosum circa ecclesias agere omnino, quod et ubique vitandum est. » CAROLI MAGNI *Conc. Mogunt.* 813.

contraire, « dont la forme érudite était à l'abri des variations continuelles du langage, trouvaient des mémoires empressées de les retenir et des écrivains disposés à les recueillir [1]. »

Si la perte de ces chants en langue vulgaire transitionnelle est regrettable pour l'histoire de la transformation de la langue française, elle ne l'est pas moins sous le rapport de l'histoire musicale. Combien ne serait-il pas intéressant de connaître cette musique, dont l'attrait, au dire des historiens, était si puissant que, malgré les défenses les plus sévères, le peuple y revenait toujours, comme poussé par une force irrésistible! A quoi faut-il attribuer cet attrait; est-ce à la poésie, est-ce à la musique? C'est à la musique, suivant nous, puisqu'il suffisait souvent d'adapter des paroles morales ou religieuses aux airs populaires, pour satisfaire ceux qui les chantaient avec une prédilection aussi marquée.

Cette musique, qui paraît avoir été appelée " musique vulgaire " [2] par opposition sans doute à la musique ecclésiastique, en différait aussi par sa tonalité particulière dont nous parlerons plus loin; elle avait en outre, d'après Hucbald, des ressources étendues dont les musiciens de son temps usaient avec succès pour charmer l'oreille de leurs auditeurs. Voici le passage remarquable où ce célèbre moine parle de la musique vulgaire : « Les joueurs de flûtes, de cithares et d'autres instruments, dit-il, voire même les chanteurs et les chanteuses profanes, font tous leurs efforts, dans leurs chants et dans leur exécution, pour charmer par les ressources de l'art les oreilles de ceux qui les écoutent [3]. »

Malgré les circonstances défavorables où elle s'est trouvée, malgré tout ce qu'on a pu faire pour l'anéantir ou la faire oublier, la musique vulgaire a traversé le moyen âge pour se réveiller plus vivace qu'auparavant. On peut suivre ses traces, mais avec difficulté; car elle a été non-seulement négligée ou dédaignée, elle a eu en outre pour adversaires tous les didacticiens et presque tous les artistes. On ne reconnaissait, au moyen âge, qu'une musique artistique, le plain-chant. Les harmonisateurs n'accueillaient les mélodies profanes que lorsqu'elles se pliaient aux exigences de la tonalité du plain-chant.

---

(1) Ed. du Méril, *Poésies populaires au moyen âge*, p. 51.

(2) « De diapason autem symphonia illud etiam et *Vulgaris musica*, fistula videlicet, et cithara sive fidula probant : quod satis commodus cantus est, quia una diapason, id est, octo vocibus continetur. » — Gerb., *Script.*, tome I, page 271.

(3) « Citharœdœ et tibicines, et reliqui musicorum vasa ferentes, vel etiam cantores et cantrices seculares omni student conatu, quod canitur sive citharizatur, ad delectandos audientes artis ratione, temperare. » — *Ibid.*, p. 213.

Pour cela, il fallait souvent les torturer au point de les rendre méconnaissables. Ce n'est donc pas dans les compositions des maîtres qu'il faut aller chercher les mélodies de musique vulgaire ; c'est dans les airs dépourvus d'harmonie qu'on peut seulement encore la trouver.

Cette distinction entre la musique vulgaire et le plain-chant est importante pour apprécier le véritable caractère de certaines mélodies du moyen âge, et pour expliquer l'étrangeté de leur physionomie lorsqu'on y appliquait de l'harmonie combinée d'après la tonalité ecclésiastique.

Parmi les chants religieux, les hymnes seules sont rhythmées. Toutes les autres pièces de l'antiphonaire et du graduel sont en plain-chant pur, en musique plane. Leur origine est évidemment différente ; les hymnes étaient ces chants que les poëtes chrétiens composèrent pour détourner les fidèles des chansons profanes, et auxquels ils adaptèrent souvent des mélodies populaires. Dans l'origine, peu d'hymnes faisaient partie de l'office divin ; la plupart étaient destinées aux fidèles pour être chantées en particulier ou dans les assemblées. Ce n'est que plus tard qu'elles y ont été introduites, dépouillées toutefois de leurs accessoires mondains[1], incompatibles avec la dignité des cérémonies religieuses. Le rhythme même, qui était un des principaux éléments de la musique vulgaire, n'a pas toujours été strictement observé dans les mélodies accueillies par l'église. En plus d'une contrée on l'a fait disparaître pour leur conserver un caractère plus majestueux

CHAPITRE III.

Chants historiques en langue latine. — Leur caractère. — Leur tonalité.

Il existait aux IXe et Xe siècles une autre sorte de chants en langue latine, la plupart sur des sujets historiques qui affectèrent la forme lyrique de la poésie des anciens, mais qui n'en étaient qu'un reste dégénéré. Composés presque exclusivement pour la classe lettrée de la société, ces chants ne jouissaient pas d'une popularité aussi universelle que les autres. Quoique restreinte pourtant, leur popularité n'a pas moins été réelle et importante par

---

[1] « Histrioneas voces, garrulas, alpinas, sive montanas, tonitruantes vel sibilantes, hinnientes velut vocalis asina, mugientes seu balantes quasi pecora ; sive fœmineas, omnemque vocum falsitatem, jactantiam seu novitatem detestemur et prohibeamus in Choris nostris ; quia plus redolent vanitatem et stultitiam quam religionem. » — *Inst. patr. de modo psall.* Gerb., *Script.*, t. I, p. 8.

l'influence qu'ils ont exercée sur l'ensemble de la civilisation, en maintenant les traditions anciennes et en servant en quelque sorte de lien entre la poésie antique et la littérature moderne.

De nombreux témoignages ne permettent pas de révoquer en doute l'existence d'une grande quantité de ces poésies. S'il n'en a été conservé qu'un petit nombre, il faut en attribuer la cause à plusieurs circonstances et principalement au sentiment religieux qui, en se développant de plus en plus, a amené l'oubli et le dédain même des poésies mondaines.

On a publié, dans ces dernières années, le texte de plusieurs de ces chants [1]. Comme notre intention n'est pas de les examiner ici sous le point de vue littéraire, mais seulement sous le rapport musical, nous allons nous attacher exclusivement à ceux qui, dans les manuscrits, sont accompagnés de notation musicale. Ils se réduisent malheureusement à un petit nombre.

Les plus intéressants, sans contredit, sont ceux qui se trouvent dans un manuscrit de Saint-Martial de Limoges, aujourd'hui à la bibliothèque nationale de Paris sous le n° 1154 [2]. Ce manuscrit contient dix-huit pièces notées;

---

(1) Quelques-uns ont été mis au jour par M. Ed. du Méril, *Poésies populaires latines antérieures au XII° siècle*, Paris, 1843; et *Poésies latines du moyen âge*, Paris, 1847.

(2) L'abbé Lebeuf est le premier qui ait signalé l'importance de ce manuscrit en publiant quelques pièces dans ses *Dissertations sur l'histoire ecclésiastique*, t. I, p. 426, et dans son *Recueil pour servir d'éclaircissement à l'histoire de France*, t. I, p. 165. — Ce manuscrit contient des litanies, « incipiunt litaniæ de quacumque tribulatione », des prières et le dialogue de l'homme et de la raison, par Isidore de Séville. Puis viennent les poésies notées et d'autres sans notation musicale, dont voici la nomenclature.

Pièces notées :

1° Versus confessionis de luctu pœnitentiæ, f° 99 v°.
2° Incipit ritmus : Ad te Deus gloriose, f° 102.
3° Versus de pœnitentia, f° 104.
4° Deum time, etc., p. 105.
5° Versus de ploratu pœnitentiæ, f° 106.
6° Versus Paulini de Lazaro, f° 110.
7° Versus, p. 113.
8° Versus Paulini de Herico duce, f° 116.
9° Versus Boecii, p. 118.
10° Prosa in nativitate sancti Marcialis, f° 142.
11° Item alius versus Boecii, p. 119.
12° Versus de die judicii, f° 121.
13° Versus Sibille de die judicii, f° 122.
14° Incipit versus de nativitate Domini, f° 123.
15° Versus Godischalchi, f° 131.
16° Incipit planctus Karoli, p. 132.
17° Planctus Ugoni abbatis, f° 133.
18° Versus de bella que fuit acta Fontaneto, f° 136.

Pièces sans notation musicale :

1° Versus Godischalchi, f° 98.
2° Versus cujusdam, f° 106.
3° Incipit carmen : Spes mea, etc., f° 108.
4° Versus de octo vicia et octo beatitudines, f° 109.
5° Item versus Boecii, f° 120.
6° Versus cujusdam de resurrectione Domini, f° 127.
7° Versus de sancto Paulo, f° 129.
8° Versus de sancto Mauricio, f° 130.
9° Incipit ritmus de divite et paupere, f° 134.
10° Versus de Judit et Holoferne, f° 135.
11° Versus de nativitate Domini, p. 138.

cinq chants historiques, onze sur des sujets religieux et deux odes de Boèce.

Les autres pièces dont nous ayons eu connaissance sont : 1° Un chant sur Otton III, empereur d'Allemagne, dans un manuscrit du Xe siècle de la bibliothèque de Wolfenbuttel; 2° une chanson de table ou invitation à dîner, du Xe siècle, qui se trouve dans le Ms. 1118 de la bibliothèque nationale de Paris, et dans un manuscrit du même temps de la bibliothèque impériale de Vienne; 3° l'ode à Philis d'Horace, notée dans un manuscrit du Xe siècle de la bibliothèque de Montpellier; 4° l'ode à Albius Tibullus, du même auteur, dans un manuscrit du Xe siècle de la bibliothèque de Franekere en Frise.

Les pièces historiques du Ms. 1154, dont nous allons parler ici, se composent de : 1° Un chant sur la bataille de Fontanet; 2° un chant sur la mort d'Éric, duc de Frioul, par Paulin, patriarche d'Aquilée; 3° une complainte sur la mort de Charlemagne; 4° une complainte sur la mort de l'abbé Hug, fils illégitime de Charlemagne; 5° un chant de Godeschalc.

Ces pièces, aussi curieuses qu'intéressantes pour l'histoire et la littérature du moyen âge, sont importantes pour l'histoire de la musique de cette époque. On en trouvera les mélodies dans la troisième partie, avec leur notation originale et leur traduction en notation moderne. Nous allons en reproduire ici le texte.

CHANT SUR LA BATAILLE DE FONTANET.

Ce chant a été composé par un Franc nommé Angelbert, qui se désigne lui-même, dans la huitième strophe, comme étant l'auteur de la pièce et comme ayant assisté au combat où il a joué un rôle assez actif. La bataille eut lieu, le 25 juin 841, entre le fils de Louis le Débonnaire, à Fontenailles, suivant l'abbé Lebeuf, «Recueil de divers écrits pour servir d'éclaircissements à l'histoire de France», t. I, p. 127, à Fontanay en Auxerrois ou en Puisaye, avec plus de raison peut-être, suivant M. Édel. du Méril et d'autres. Dans le deuxième livre de l'ouvrage de Nithard, « De dissentionibus filiorum Ludovici pii », sont racontés les faits qui ont donné lieu à cette bataille. Tout indique que ce chant alphabétique, en vers trochaïques, a joui d'une certaine popularité à laquelle la mélodie a dû nécessairement contribuer pour une bonne part; cette mélodie est

---

12° Versus de sancta Eulalia virgine, f° 139.
13° Hymnus in honore sanctæ crucis, f° 141.
14° Hymnus in cœna Domini, p. 142.
Le texte des pièces notées portant les n° 2, 5, 15, 16, 17 et 18, et des pièces sans notation musicale, indiquées sous les n° 1 et 10, a été publié par M. ÉDEL. DU MÉRIL, *Poésies populaires latines antérieures au XIIe siècle*, Paris, 1843.

écrite, dans le Ms. 1154, au-dessus des vers de la première strophe; nous en donnons le fac-similé, Planche i, n° 3.

VERSUS DE BELLA QUE FUIT ACTA FONTANETO.

Aurora cum primo mane tetram noctem dividens,
Sabbatum non illud fuit, sed Saturni dolium;
De fraterna rupta pace gaudet dæmon impius.

Bella clamant hinc et inde, pugna gravis oritur;
Frater fratri mortem parat, nepoti avunculus;
Filius nec patri suo exhibet, quod meruit.

Cædes nulla pejor fuit, campo nec in Martio[1];
Facta est lex Christianorum Sanguine pluvi.
Unde manus Infernorum gaudet gula Cerberi.

Dextera præpotens Dei protexit Illotharium;
Victor ille, manu sua pugnavit fortiter;
Cæteri, si sic pugnassent mox foret concordia.

Ecce olim velut Judas Salvatorem tradidit,
Sic te, rex, tuique duces tradiderunt gladio;
Esto cautus, ne frauderis, agnus, lupo pervio[2]!

Fontaneto fontem dicunt, villam quoque rustici.
In qua strages et ruinæ Francorum de sanguine;
Horrent campi, horrent silvæ, horrent ipsæ paludes.

Gramen illud ros et imber, nec humectet pluvia,
In quo fortes ceciderunt prælio doctissimi!
Plangent illos, qui fuerunt illo casu mortui!

Hoc autem scelus peractum, quod descripsi rhythmice,
Angelbertus ego vidi[3], pugnansque cum aliis,
Solus de multis remansi prima fontis acie.

(1) Il y a dans le manuscrit *Mercio*, mais c'est évidemment *Martio* qu'il faut lire. Nous avons adopté pour cette pièce les corrections proposées par MM. E. du Méril et Fauriel.

(2) Dans le manuscrit *previo*, par méthathèse.

(3) « Nithard, qui nous a laissé le récit de cette bataille, était le fils d'un Angilbert qui n'avait rien de commun avec celui-ci que le nom. Le père de Nithard, l'Homerus de l'Académie de Charlemagne, s'était retiré en 790 dans le monastère de Saint-Ricquier, et y mourut en 814. Son fils prit une part active à la bataille de Fontenay; mais il se battait contre Lothaire, ainsi qu'il le dit lui-même. » — M. Ed. du Méril, *Poésies populaires latines antérieures au xii° siècle*, p. 250, note 7.

CHAPITRE III.

Ima vallis retrospexi verticemque jugeri [1]
Ubi suos inimicos rex fortis Hlotharius
Expugnabat fugientes usque forum rivuli.

Karoli de parte vero, Hludovici pariter,
Albescebant campi vestes mortuorum lineas,
Velut solent in autumno albescere avibus.

Laude pugna non est digna, nec cantatur melode !
Oriens, meridianus, occidens vel aquilo
Plangent illos, qui fuerunt illo casu mortui !

Maledicta dies illa, nec in anni circulo [2]
Numeretur, sed radatur ab omni memoria !
Jubar solis illi desit, aurora crepusculo !

Noxque illa, nox amara, noxque dura nimium,
In qua fortes ceciderunt prælio doctissimi,
Pater, mater, soror, frater, quos amici fleverunt [3].

CHANT SUR LA MORT D'ÉRIC, DUC DE FRIOUL.

Ce chant et un autre sur Lazare sont attribués, dans le manuscrit, à Paulin, patriarche d'Aquilée. Si cette note est exacte, comme il y a lieu de le croire, le chant sur Éric aurait été composé dans les premières années du IXᵉ siècle, puisque ce prince fut tué en 799 et que Paulin mourut en 894. Éric, duc de Frioul " dux Forojuliensis ", comme l'appelle Alcuin dans sa 112ᵉ lettre à Paulin, en 796, se distingua dans plusieurs batailles contre les Huns et les Avares sur lesquels il remporta des avantages considérables. On trouvera le fac-similé de la première strophe, avec l'air, PLANCHE I, n° 4.

VERSUS PAULINI DE HERICO DUCE.

Mecum Timavi [4] saxa, novem flumina,
Flete per novem fontes redundantia

---

[1] MM. Grimm et Idler en ont fait *Inieri*, qu'ils expliquent par *Indre*. M. Ed. du Méril propose *Ivieri*, qu'il attribue à une petite rivière qui, suivant Nithard, coulait sur le champ de bataille. Nous avons préféré l'interprétation de M. Fauriel.

[2] *Circuli* dans le manuscrit ; *Circulis* suivant M. Fauriel.

[3] Ce chant finit ici, dans le manuscrit ; mais il ne semble pas complet, car ces sortes de pièces renferment ordinairement autant de strophes que de lettres contenues dans l'alphabet.

[4] « Le Timavus, aujourd'hui *Timavo*, se jette dans la mer Adriatique entre Aquilée et Tergeste. » Cette note et celles qui suivent sont empruntées à M. ED. DU MÉRIL, *Poésies populaires latines antérieures au* XIIᵉ *siècle*, p. 241 et 242. On y reconnaîtra facilement toute l'érudition et l'exactitude qui caractérisent les publications de ce savant explorateur de nos richesses littéraires.

MUSIQUE RHYTHMÉE ET MESURÉE.

Quæ salsa glutit unda Ponti Ionici,
Histris[1], Sausque[2], Tissa[3], Culpa[4], Maruum[5],
Natissa[6], Corca[7], Gurgites Isoncii[8].

Herico, mihi dulce nomen, plangite
Syrmium[9], Polla[10], tellus Aquileiæ,
Julii Forus[11], Carmonis ruralia[12],
Rupes Osopi[13], juga Cetenensium[14],
Hastensis humus[15] ploret et Albenganus[16].

Nec tu cessare de cujus confinio
Est oriundus, urbs dives argentea,
Lugere multo gravique cum gemitu;
Civem famosum perdidisti, nobili
Germine natum, claroque de sanguine.

Barbara lingua Stratiburgus diceris;
Olim quod nomen amisisti celebre,
Hoc ego tibi reddidi mellisonum,
Amici dulcis ob amorem qui fuit
Lacte nutritus, juxta flumen Quirnea[17].

(1) « Probablement il faut lire *Hister*, nom que Jornandès et Paul Diacre donnent au Danube. »

(2) « Le Ζαως de Strabon, fleuve de Pannonie, aujourd'hui le *Sau* ou la *Save*. »

(3) « Le Teiss en Pannonie, suivant Sinner. »

(4) « Fleuve de la Pannonie supérieure qui a conservé le même nom ; une rivière d'Illyrie s'appelait aussi *Culpa*. »

(5) « Le *Marus* de Tacite, aujourd'hui *March*, rivière de Moravie, qui se jette dans le Danube. » Nous croyons qu'il s'agit ici de la *Theiss*.

(6) « Le Νατισω de Strabon, aujourd'hui *Natiso*, petite rivière des États vénitiens. »

(7) « Probablement le *Gurck*, fleuve de Pannonie. »

(8) « Le *Sontius* de Cassiodore, aujourd'hui *Isonzo*, fleuve d'Illyrie. »

(9) « *Sirmium* en Pannonie, ou peut-être *Sirmio* dans les États vénitiens, aujourd'hui *Sermione*. »

(10) « *Pola* en Istrie. »

(11) « *Ciudad di Frioul*. Il paraît que *Zuglio* portait autrefois le même nom. »

(12) « Il faut sans doute lire *Cormonis* comme dans le manuscrit de Berne ; plaines de la Gaule Transpadane, aujourd'hui *Cormons*, dont il est parlé dans PAUL DIACRE, *de Gestis Longobardorum*, l. IV, ch. XXXVIII. »

(13) « L'*Osopum Castellum* de Paul Diacre, *loc. cit.*, aujourd'hui *Ossopo* dans les États vénitiens. »

(14) « Le mont Celins, Κεττος de Ptolémée, qui sépare la Pannonie de la Norique. »

(15) « Lebeuf a mal lu, le manuscrit ne porte point *Nastensis*; peut-être l'auteur a-t-il voulu parler du Danemark, dont les habitants étaient quelquefois appelés *Hastingi*. Sinner a imprimé *Abdensis humus*, la terre arrosée par l'*Abda*, aujourd'hui l'*Adda*. »

(16) « L'habitant de l'Αλβιγγαυνον de Strabon, *Albingaunum* de la table de Peutinger, aujourd'hui *Albingue* en Ligurie. »

(17) « Le sens indique clairement un fleuve voisin de Strasbourg, mais nous ne pourrions le désigner d'une manière plus précise. »

CHAPITRE III.

Ecclesiarum largus in donariis,
Pauperum pater, miseris subsidium ;
Hic viduarum summa consolatio
Erat ; quam mitis, carus sacerdotibus,
Potens in armis, subtilis ingenio !

Barbaras gentes domuit sævissimas,
Cingit quas Drauva [1], recludit Danubius ;
Celant quas junco Paludes Meotides,
Ponti coarctat quas unda salsiflui [2].
Dalmatiarum quibus obstat terminus [3].

Turres Stratonis limitis principium,
Scythiæ metas, Thraciæque cardinem,
A se sequestrat [4] utraque confinia ;
Hæc Austro reddit, hæc refundit Boreæ ;
Tendit ad Portas quæ dicuntur Caspiæ [5].

Lybicum litus quo redundant maria,
Mons inimice Laurentus [6] qui diceris,
Vos super unquam imber, ros nec pluvia
Descendant ; flores nec tellus purpureos
Germinet, humus nec fructus triticeos !

Ulmus nec vitem geminato cum pampino.
Sustentet, uvas nec in ramis pendeat !
Frondeat ficcus sicco semper stipite !
Ferat nec rubus mala granis punica !
Promat hirsutus nec globus castaneas !

---

(1) « Le Δραβος de Strabon, *Dravus* des écrivains du moyen âge, rivière de Pannonie, aujourd'hui la *Drave*. »

(2) « *Pontus Tauricus*, qu'on appelait aussi *Mare Cimmericum*, *Colchicum*, *Sarmaticum*, aujourd'hui la *Mer Noire ;* l'épithète de *Salsifluus* les distingue des *Pontus* d'eau douce, en Macédoine et en Argolide. »

(3) « On en distinguait deux, la Dalmatie maritime et la méditerranéenne. »

(4) « Ce passage est certainement corrompu ; il ne peut être question de Césarée (Turris Stratonis), ainsi que le suppose Lebeuf, puisque Éric commandait en Pannonie ; nous lirions plutôt *Turres Stridonis*, aujourd'hui *Strido.* Il rend leurs frontières naturelles à Stridon, limite de son commandement, aux barrières de la Scythie et aux portes de la Thrace ; il restitue les unes au Sud et rejette les autres dans le Nord. »

(5) « Les portes Caspiennes étaient la gorge qui conduisait de la Médie à l'Hyrcanie. »

(6) M. Ed. du Méril, à qui nous empruntons cette note comme les précédentes, ne peut croire avec Lebeuf et Sinner qu'il s'agisse ici de quelque endroit du Latium. « Éric, dit-il, fut tué en Illyrie près de Tersat ; mais nous n'y connaissons pas d'autre nom qui se rapproche de *Laurentus* que le *Lauriana* de Paul Diacre, l. vi, ch. 45. »

Ubi cecidit vir fortis in prælio,
Clypæo fracto, cruentata romphea,
Lanceæ summo retunsona jaculo?
Sagittis fossum, fundis saxa fortia
Corpus ingesta contrivisse dicitur.

Heu! quam durum, quamque triste nuncium
Illa sub die deflenda percrepuit!
Nam clamor inde horrendus per plateas
Lacrymis dignus sonuitque (quum?) tristia
Ejus per verba mors esset exposita.

Matres, mariti, pueri, juvenculæ,
Domini, servi, sexus omnis, tenera
Ætas, pervalde sacerdotum inclyta
Caterva, pugnis sauciata pectora,
Crinibus vulsis, ululabant pariter.

Deus æterne, limi qui de pulvere
Plasmasti tuam primos ad imaginem
Parentes nostros, per quos omnes morimur,
Misisti tuum sed dilectum filium,
Vivimus omnes per quem mirabiliter;

Sanguine cujus redempti purpureo
Sumus, sacrata cujus carne pascimur,
Herico tuo servulo melliflua
Concede, quæso, paradisi gaudia,
Et nunc et ultra per immensa sæcula!

COMPLAINTE SUR LA MORT DE CHARLEMAGNE.

Ce chant a été publié différentes fois, d'après une version plus correcte et plus complète que celle du Ms. 1154. Mais le texte que nous donnons a le mérite d'être plus ancien; il est de plus, ce qui le rend plus intéressant pour nous, accompagné de notation musicale. Ces vers ont été composés peu de temps après la mort de Charlemagne, probablement en 814 ou 815. Cela résulte de l'ensemble du texte même. Les deux premières strophes ont une mélodie différente. Le refrain, qui est également différent dans ces deux strophes, semble indiquer la mélodie qu'il convient d'attribuer aux autres. Le n° 1 de la PLANCHE II en représente le fac-similé.

CHAPITRE III.

INCIPIT PLANCTUS KAROLI.

A solis ortu usque ad occidua
Littora maris, planctus pulsat pectora;
Ultra marina (maria?) agmina tristitia
Tetigit ingens cum mœrore nimio.
    Heu! me dolens, plango!

Franci, Romani atque cuncti creduli
Luctu punguntur et magna molestia;
Infantes, senes, gloriosi principes,
Nam clangit orbis detrimentum Karoli [1].
    Heu mihi misero!

Jam jam non cessant lacrymarum flumina,
Matronæ plangunt interitum Karoli;
Christe, cœlorum qui gubernas agmina,
Tuo in regno da requiem Karolo!
    Heu mihi misero!

Væ tibi, Roma, Romanoque populo,
Amisso summo [2] glorioso Karolo!
Væ tibi, sola formosa Italia!
In Aquis Grani globum terræ tradidit.
    Heu mihi misero!

O Columbane [3], stringe tuas lacrymas
Precesque funde pro illo ad Dominum!
Pater cunctorum orphanorum, omnium
Peregrinorum, viduarum, virginum!
    Heu! me dolens plango.

Nox mihi dira jam (non) retulit somnia
Diesque clara non adduxit lumina.
Pater communis, misericors Domine,
Ut illi dones locum splendidissimum.
    Heu! me dolens plango.

---

[1] Au lieu de ce vers, il y a dans les anciennes éditions le second vers de la strophe suivante.

[2] On lit dans le manuscrit *Hac misit signo*, qui n'a pas de sens ici.

[3] Dom Bouquet attribue ce chant à saint Colomban; mais nous pensons, avec M. Ed. du Méril, qu'il n'est pas probable qu'il soit de ce saint, parce qu'un auteur ne se parle pas ainsi à lui-même.

COMPLAINTE SUR LA MORT DE L'ABBÉ HUG.

La complainte sur la mort de l'abbé Hug est une des pièces les plus intéressantes du Ms. 1154. Elle retrace avec simplicité les principales circonstances de la fin malheureuse de ce prince. Hug était fils naturel de Charlemagne et de Régine. Louis le Débonnaire le fit tonsurer et lui donna plusieurs abbayes, entre autres celle de Saint-Bertin. Hug ne se sentit pas une très grande vocation pour l'état qu'on lui avait donné; il se mêla à la politique de son temps. En 844 il voulut conduire des renforts à Charles le Chauve, qui faisait le siége de Toulouse; mais le jeune roi Pépin vint à sa rencontre et défit ses troupes au milieu desquelles il perdit la vie. L'abbé Lebeuf a cru reconnaître, dans une des strophes, que la pièce avait pour auteur un moine de l'abbaye de Charroux, dont on prétend que Hug a été abbé; mais cela n'est pas démontré. La seconde strophe fait voir que ce chant a été composé peu de temps après sa mort. Le fac-similé de la première strophe, contenant la mélodie, se trouve Planche II, n° 2.

PLANCTUS UGONI ABBATIS.

Hug, dulce nomen, Hug, propago nobilis
Karli potentis ac sereni principis,
Insons sub armis tam repente saucius
    Occubuisti.

Sed cur adire Karolum præsumeres
Quem Hludovicus, imperator inclytus,
Regem libenter visus est ex filio
    Constituisse?

Sed non ob hoc tu perforandus lanceis
Nec membra tua lanianda fuerant,
Cum plus prodesse quam nocere cuique
    Semper amares.

Nam rex Pipinus lacrymasse dicitur,
Cum te vidisset ullis absque vestibus
Nudum jacere turpiter in medio
    Pulvere campi.

Quin immo de te subsecutus addidit :
Hunc si vidissem sospitem nunc corpore,

CHAPITRE III.

Talenta centum non placerent aurea
　　Hoc mihi quantum.

Karroff honeste collocetur tumulo,
De quo sacerdos exstitit, a monachis
Et ubi vivens postulavit mortuum
　　Se sepeliri.

O! quam venustam, quamque pulchram speciem
Circumferebas, omnibus præ ceteris,
Cum plus prodesse quam nocere cuique
　　Semper amares!

Non crimen ullum, non rapinam quamlibet
Tu perpetrasses[1] cum fores mitissimus;
Cum plus prodesse quam nocere cuique
　　Semper amares.

CHANT DE GODESCHALC.

Le chant de Godeschalc est d'une poésie douce et presque sentimentale, qui en fait une des pièces les plus intéressantes de cette époque reculée. Godeschalc, qu'on écrit aussi Gottschalk ou Gotheskalk, Saxon d'origine, fut un des plus célèbres théologiens de son temps. Il a été d'abord moine à l'abbaye de Fulde, au commencement du IXᵉ siècle, puis à celle d'Orbais en France. C'est là qu'il suscita les poursuites que dirigèrent contre lui Raban Maur et surtout Hincmar, qui l'accusa d'hérésie à cause de sa doctrine sur le trinitarisme et la prédestination. Il mourut le 3 octobre 868 ou 869, après avoir été condamné comme hérétique. Il voyagea en Italie, et c'est là qu'il paraît avoir composé la chanson dont il est question ici. Cela eut lieu au plus tard en 846 ou 847, puisque Godeschalc nous y apprend que son exil durait depuis deux ans. L'on sait qu'il en passa trois en Frioul ou en Dalmatie, et que le synode de 848, qui condamna sa doctrine, se réunit seulement après son retour. La mélodie de ce chant est remarquable par son caractère mélancolique si bien en rapport avec le texte. Elle est écrite au-dessus des vers de la première strophe dont on trouvera le fac-similé PLANCHE II, n° 3.

[1] Le manuscrit porte *Te perpetrasse*, qui n'a aucun sens; nous avons adopté la version de M. E. du Méril.

VERSUS GODISCALCHI.

O! quid jubes, pusiole?
Quare mandas, filiole,
Carmen dulce me cantare,
Cum sim longe exul valde,
   Intra mare?
O! cur jubes canere?

Magis mihi, miserule,
Flere libet, puerule,
Plus plorare quam cantare;
Carmen tale jubes quare,
   Amor care?
O! cur jubes canere?

Mallem scias, pusillule,
Ut velles te, fratercule,
Pio corde cum dolore,
Mihi atque prona mente,
   Conlugere.
O! cur jubes canere?

Scis, durine tiruncule,
Scis, superne clientule,
Hic diu me exulare,
Multa, die sive nocte
   Tolerare.
O! cur jubes canere?

Scis, captivæ plebiculæ,
Israheli cum nomine,
Præceptum in Babilone
Decantare, extra longæ.
   Fines Judeæ.
O! cur jubes canere?

Non potuerunt utique,
Nec debuerunt itaque,
Carmen dulce coram gente
Aliena nostriterræ
   Resonare.
O! cur jubes canere?

Sed quia vis omnimode
O sodalis egregie!
Cano Patri Filioque
Simul atque Procedente
   Ex utroque.
O! cur jubes canere?

Benedictus es, domine,
Nate, Pater, Paraclite:
Deus trine, Deus une,
Deus summe, Deus pie,
   Deus juste!
Hoc cano spontanee.

Exul ego Diuscule
Hoc in mare sum, Domine,
Annos nempe duos fere
Nosti fore; sed jam jamque
   Miserere!
Hoc rogo humillime.

Huic cano ultronee:
Interim cum pusione
Psallam ore, psallam mente,
Psallam die, psallam nocte
   Carmen dulce
Tibi, rex piissime.

La musique qui accompagne ces chants est restée inédite. Un seul, celui sur la bataille de Fontanet, a été publié en entier, texte et musique, par M. Fétis, mais d'une manière peu précise. Les fac-similés que nous donnons dans la troisième partie sont tous d'une exactitude rigoureuse; nous les avons

CHAPITRE III.   95

nous-même calqués sur les manuscrits et reproduit sur la pierre lithographique.

Bien que l'écriture du Ms. 1154 ne paraisse pas être antérieure à la fin du xᵉ siècle ou au commencement du xiᵉ, il est certain que toutes les pièces que nous venons de mentionner sont du ixᵉ. La musique qui les accompagne remonte évidemment à la même époque, car ces pièces ayant été composées pour être chantées, la musique a dû être faite par les auteurs de la poésie ou par des musiciens contemporains. Ce sont ainsi les plus anciens monuments connus de musique profane du moyen âge. On comprendra le vif intérêt qu'ils présentent pour l'histoire de la musique, sous le rapport et de la mélodie et du rhythme.

Leur mélodie est en général simple et empreinte d'une certaine mélancolie; elle se compose de mouvements de voix peu étendus. La seconde, la tierce sont les intervalles les plus fréquemment employés; la quarte, la quinte et la sixte y sont rares. Les airs se renferment presque toujours dans les limites assez restreintes de trois, quatre ou cinq notes.

Nous avons déjà fait voir plus haut qu'il existait, à une époque reculée du moyen âge, une " musique vulgaire " qui différait du plain-chant par le rhythme et la mesure. Ce point n'était pas le seul qui la distinguât du chant ecclésiastique; elle en différait encore par sa tonalité. La tonalité de la " musique vulgaire " se rapprochait beaucoup de la tonalité de la musique moderne; elle en est, suivant nous, l'origine. C'est dans cette tonalité que sont écrites les mélodies des chants historiques du Ms. 1154. Tous les auteurs qui ont parlé de la musique au moyen âge ont pensé que les chants populaires et profanes du moyen âge étaient basés sur la tonalité du plain-chant. C'est une erreur que nous avons nous-même partagée, mais dont nous sommes revenu après un examen plus approfondi des mélodies de ce temps.

La différence essentielle entre la tonalité du plain-chant et celle de la musique moderne consiste, on le sait, en ce que, dans l'une, les deux demi-tons de la gamme occupent une place différente dans chaque ton ou mode, tandis que, dans l'autre, ces deux demi-tons occupent toujours une place invariable, quelle que soit la note par laquelle commence la gamme d'un ton. Il en résulte que la musique moderne n'a, à proprement parler, qu'un ton; car le ton majeur ne diffère du mineur que par la tierce qui est majeure dans l'un et mineure dans l'autre. Il en résulte encore que, par une sorte de loi attractive inhérente à la disposition des sons de cette gamme, l'oreille appelle le repos de la mélodie sur certaines notes. C'est ce caractère que l'on rencontre dans les chants historiques du Ms. 1154 et dans les autres airs profanes du moyen âge.

Cette opinion n'est pas conjecturale; elle repose sur des faits dont nous pouvons indiquer l'existence dans certains de nos monuments inédits. Nous citerons, comme renfermant ce caractère de la manière la plus manifeste :

1° Un air de danse du XIIIe siècle [1], en ré mineur, Planche XXVI, n° 3.

2° Une chanson de la fin du XIIIe siècle ou du commencement du XIVe, Planche XXXII, en sol majeur, où le fa dièse, marqué par le compositeur lui-même ou par le notateur, ne peut laisser de doute sur sa tonalité [2].

3° Une chanson du XIVe siècle, à deux voix, Planche XXXIV, n° 2, où la tonalité d'ut majeur est parfaitement déterminée.

4° Un triple ou déchant à trois voix, du XIVe siècle, Planche XXXV, en sol mineur, où l'on voit, dans la onzième mesure, le fa dièse marquant la tonalité principale et, dans la treizième, l'ut dièse indiquant la transition en ré.

Nous devons faire remarquer que nous considérons ici la tonalité, abstraction faite de l'harmonie; car, sous ce rapport, les compositeurs du moyen

---

(1) Ce curieux morceau est tiré du manuscrit d'Adam de la Bassée, de la bibliothèque de Lille. Cette rubrique : *Cantilena de chorea super illam quæ incipit; qui grieve ma cointise se jou lai ce me font amouretes cau cuer ai*, montre clairement que c'est un air de danse. C'était en même temps la mélodie d'une chanson de trouvère dont les premières paroles aideront à faire découvrir l'auteur. Cette mélodie a de la grâce, de l'originalité et surtout un certain élan propice à sa destination. Ce manuscrit, ainsi que nous l'avons déjà dit, contient plusieurs mélodies de la même époque, et entre autres un air à danser, différent de celui que nous donnons ici et qui a le plus grand rapport avec un air encore populaire de nos jours, celui connu sous le nom d'air de *la Boulangère*.

(2) Ce fac-similé forme une partie de feuillet servant de garde à un manuscrit de la bibliothèque de Cambrai, format in-folio. La musique y est écrite sur deux colonnes. Notre fragment représente la colonne gauche du verso. Le texte de la chanson que nous donnons ici semble appartenir à la fin du XIIIe siècle :

 Muin se leva sir Garins
 Li doms sa de clos son jardin;
  Vers le molin
  De los les hos

 Si vit la rosée
 D'un petit piet depassée
 Dit que femme est la passée.
 Si fuit les esclos;
 Au molin vient les galos
 Si la treuve e a briés mos
 La si accordée.
 Que par semblant essevrée,
  Canta par son los :
 « Qui mourra m'avaine
 Si molins est clos. »
 Lors li dist Garins : « Abrée
 Selons d'un acort ;
 Car cor n'est gent levée
 Et li vilain dort. »

La mélodie de cette chanson ne paraît pas remonter au delà de la fin du XIIIe siècle ou du commencement du XIVe. Vive, légère et facile, elle se distingue surtout par sa tonalité qui est évidemment différente de la tonalité du plain-chant. Cette mélodie et la précédente servent encore à démontrer la différence qui existait entre les mélodies à une voix et celles qui étaient accompagnées d'harmonie. Simples et naturelles d'un côté, elles devenaient torturées et souvent méconnaissables de l'autre. La science harmonique devait renfermer en elle des conditions d'avenir bien prononcées pour avoir pu poursuivre sa route au milieu des tâtonnements dont elle a été l'objet.

âge n'avaient pas le même sentiment de tonalité que nous. Ils étaient, aux xiie et xiiie siècles principalement, les interprètes ou plutôt les esclaves du système arbitraire d'harmonie qui prenait sa source dans la diaphonie basée sur la tonalité du plain-chant.

En examinant avec soin les mélodies populaires et profanes du moyen âge, celles des trouvères et des troubadours, on voit que presque toutes s'éloignent de la véritable tonalité du plaint-chant et se rapprochent de notre tonalité moderne.

Bien que les chants des ixe, xe et xie siècles ne portent pas des signes aussi matériellement indicatifs de la tonalité moderne que ceux que nous venons de signaler, leur contexture mélodique ne peut laisser de doute sur leur caractère tonal.

Il faut donc reconnaître ce fait important, que la tonalité, appelée par nous tonalité moderne, et qui ne s'est révélée dans la musique artistique et harmonique que vers la fin du xvie siècle, a une origine qui ne saurait être fixée chronologiquement, puisque nous en trouvons le caractère essentiel dans les mélodies les plus anciennes parvenues jusqu'à nous. Ne peut-on pas en conclure avec raison que les mélodies des chants antérieurs au ixe siècle étaient constituées d'après la même tonalité? c'est notre opinion. Il en résulte qu'il y a eu, dès l'époque la plus reculée du moyen âge, une " musique vulgaire ", qui se distinguait du plain-chant par deux points essentiels, le rhythme mesuré et la tonalité.

CHAPITRE IV.

Rhythme musical des chants historiques latins du ixe siècle. — Rhythme musical des anciens. — Rhythme musical des poésies latines du moyen âge.

Les mélodies des chants dont il est parlé dans le précédent chapitre étaient rhythmées et mesurées, cela est certain. Quel était leur rhythme musical? Leur versification ne peut, ce nous semble, laisser aucun doute sur ce point; c'était évidemment le rhythme musical des anciens.

Mais les auteurs modernes qui ont traité cette matière ne sont pas d'accord sur le véritable caractère du rhythme musical des anciens. Plusieurs, parmi lesquels s'est rangé le célèbre Boeckh [1], partent du principe suivant : si, en pas-

---

(1) *De metris Pindari*, liv. I, c. xviii.

sant d'un pied à un autre, les valeurs relatives des longues et des brèves peuvent varier selon la rhythmopée, il n'en est pas moins vrai que, dans un même pied, les brèves sont égales entre elles, et chaque longue invariablement double de chaque brève. Si ce système était vrai, le rhythme musical des anciens serait un non-sens.

Dans le système opposé, le rhythme musical des anciens aurait été ce que nous nommons la mesure, ce mot pris dans son acception générale. Ce système, qui embrasse les véritables principes, est adopté en Allemagne par MM. Apel et Feussner; il est soutenu en France avec une clarté, avec un savoir et une dialectique remarquables par M. Vincent, membre de l'Institut, dans ses « Notices sur trois manuscrits grecs relatifs à la musique [1] », et dans son « Analyse du traité de la métrique et de la rhythmique de saint Augustin [2] ». M. Vincent tire ses démonstrations et ses preuves des textes mêmes des écrivains grecs; il en résulte que « jamais le rapport métrique de la quantité des syllabes longues et brèves, c'est-à-dire le rapport conventionnel de 2 à 1, n'a été admis dans la rhythmique [3] ». Il cite entre autres ce passage d'un auteur grec, qui est péremptoire : « Le mètre, dit Longin, diffère du rhythme en ceci, que le mètre n'emploie que deux temps fixes, le temps long et le temps bref...., tandis que le rhythme donne aux temps l'extension qui lui plait, jusqu'à faire bien souvent d'un temps bref un temps long [4]. » Puis il résume et caractérise ainsi la différence entre la métrique et la rhythmique : « Le rôle de la métrique, dit-il, est exclusivement d'étudier la disposition des syllabes, en tant qu'elles sont longues ou brèves et dans le rapport supposé de 2 à 1. Quant à la rhythmique, lorsqu'on l'applique à un poëme ou à des paroles quelconques, elle reprend en sous-œuvre la matière préparée par la métrique; puis, au moyen de l'allongement ou du raccourcissement de certaines syllabes, s'aidant en outre de l'artifice des temps vides ou silences qu'elle introduit convenablement entre les syllabes ou qu'elle leur donne pour complément, elle parvient à former des suites de mesures égales et divisibles suivant les divers rapports qui constituent les diverses espèces du rhythme [5]. »

La doctrine de l'interposition du silence, généralement méconnue jusqu'ici, est démontrée par M. Vincent, d'après des passages de saint Augustin, qui sont

---

(1) *Notices et extraits des manuscrits de la bibliothèque du Roi et autres bibliothèques*, publiés par l'Institut, t. XVI, p. 158 et suiv., et p. 197 et suiv.

(2) *Journal général de l'instruction publique*, 28 février et 3 mars 1849.

(3) *Notices*, etc., p. 159.

(4) « Ἔτι τοίνυν διαφέρει ῥυθμοῦ τὸ μέτρον, ἢ τὸ μὲν μέτρον πεπηγότας ἔχει τοὺς χρόνους μακρούς τε καὶ βραχὺν,...... ὁ δὲ ῥυθμὸς ὡς βούλεται ἕλκει τοὺς χρόνους, πολλάκις γοῦν καὶ τὸν βραχὺν χρόνον ποιεῖ μακρόν. » Fragment III.

(5) *Analyse du traité de saint Augustin*, p. 10.

aussi clairs que précis[1]. Ainsi la rhythmique ne consistait pas à donner à chaque syllabe longue ou brève une durée fixe, de telle sorte que la brève avait toujours une valeur égale et que la longue représentait strictement deux brèves : c'était là la métrique ; le rhythme était au contraire un enchaînement de pieds métriques, qui présentaient de l'affinité entre eux, sans tenir compte, dans certaines circonstances, soit des longues ou des brèves, soit de leur valeur absolue.

Cette doctrine du rhythme musical était celle du moyen âge, au moins quant aux poésies latines composées suivant les principes de la versification antique. Dom Jumilhac a parfaitement démontré que c'est d'après ces principes qu'il fallait chanter les hymnes chrétiennes[2].

Ces principes ne sont pas moins nettement posés par le père Kircher dans le second volume de sa « Musurgia » ; ils se résument ainsi :

1° Dans la formation du rhythme musical, les dissyllabes n'avaient pas de quantités fixes ; elles étaient considérées comme des spondées, des pyrrhiques, des trochées ou des ïambes.

2° Dans les mots de trois syllabes, on ne tenait compte que de la médiaire seule pour déterminer le rhythme. Ainsi, dans le molosse, dans le bachique, dans l'antibachique, dans l'amphibraque, la médiaire est longue, les autres syllabes sont indifféremment prises pour des longues ou pour des brèves ; dans le dactyle, dans le trybraque et dans l'anapeste, où au contraire la médiaire est brève, les autres syllabes étaient aussi tantôt longues, tantôt brèves.

3° Dans les mots de plus de trois syllabes, on ne s'arrêtait qu'à la quantité de la pénultième ; toutes les autres, déterminées par l'accent, étaient tantôt longues, tantôt brèves, suivant l'exigence du rhythme.

Il n'en résultait pas pourtant que, dans le rhythme musical, on ne devait avoir aucun égard à la qualité des autres syllabes ; il fallait au contraire que, par l'arrangement des pieds rhythmiques, la quantité musicale s'en rapprochât le plus possible.

Le père Kircher donne un certain nombre de formules du rhythme musical applicables à chaque espèce de vers les plus usités[3]. Ces formules et celles que M. Vincent a données pour les odes d'Horace[4] sont d'un grand secours pour la traduction de la musique du moyen âge en notation moderne.

Appliquant ces principes aux chants historiques du chapitre précédent, on

---

(1) *Analyse du traité de saint Augustin*, p. 13.
(2) *Science et pratique du plain-chant*, édit. 1847, p. 137 et 166.
(3) *Musurgia*, tome II., page 41 et suivantes.
(4) *Notices*, p. 214.

trouve que : 1° La complainte sur la mort de Charlemagne se compose de quatre vers saphiques terminés par un refrain irrégulier. 2° La complainte sur la mort de l'abbé Hug est en strophes saphiques pures. 3° La complainte sur la mort d'Éric se divise en strophes de cinq vers également saphiques. 4° Le chant sur la bataille de Fontanet est en strophes de trois vers trochaïques. Quant au chant de Godeschalc, qui semble composé de vers ïambiques et trochaïques, il n'appartient pas au même genre de poésie.

Nous avons traduit ces mélodies selon les formules de M. Vincent. Nous avons seulement substitué la mesure $\frac{6}{4}$ à celle de 2 dans le deuxième chant et le troisième, parce que ce rhythme, qui du reste est aussi un rhythme binaire, nous a semblé mieux s'approprier à la mélodie.

CHAPITRE V.

Odes de Boèce. — Odes d'Horace. — Énéide de Virgile, avec notation musicale. — Mélodie des chansons de gestes. — Chant historique sur Otton III. — Chanson de table du xe siècle.

Les principes de tonalité et de rhythme des chants en langue latine du moyen âge étant bien déterminés, poursuivons notre examen des autres chants dont les mélodies sont conservées.

ODE DE BOÈCE.

Le Ms. 1154 de la bibliothèque nationale de Paris contient plusieurs odes de Boèce ; mais deux seulement sont accompagnées de notation musicale. Le texte de celle que nous donnons ici est tiré du premier livre de " la Consolation ". Le n° 1 de la Planche I représente le fac-similé des deux premières strophes notées.

VERSUS BOECII.

O stelliferi conditor orbis,
Qui perpetuo nixus solio,
Rapido cœlum turbine versas,
Legemque pati sidera cogis,

Ut nunc pleno lucida cornu,
Totis fratris obvia flammis,
Condat stellas luna minores ;
Nunc obscuro pallida cornu,

Phœbo propior, lumina perdat ;
Et qui primæ tempore noctis
Agit algentes Hesperus ortus,
Solitas iterum mutet habenas,

Phœbi pallens Lucifer ortu.
Tu frondifluæ frigore brumæ
Stringis lucem breviore mora ;
Tu, cùm fervida venerit æstas,

Agiles noctis dividis horas.
Tua vis varium temperat annum,
Ut, quas Boreæ spiritus aufert,
Revehat mitis Zephyrus frondes;

Quæque Arcturus semina vidit,
Sirius altas urat segetes.
Nihil, antiqua lege solutum,
Linquit propriæ stationis opus.

Omnia certo fine gubernans,
Hominum solos respuis actus
Merito rector cohibere modo.
Nam cur tantas lubrica versat,

Fortuna vices? Premit insontes
Debita sceleri noxia pœna ;
At perversi resident celso
Mores solio, sanctaque calcant

Injusta vice colla nocentes.
Latet obscuris condita virtus
Clara tenebris, justusque tulit
Crimen iniqui.

Nil perjuria, nil nocet ipsis
Fraus mendaci compta colore ;
Sed cum libuit viribus uti,
Quos innumeri metuunt populi,

Summos gaudent subdere reges.
O jam miseras respice terras,
Quisquis rerum fœdera nectis,
Operis tanti pars non vilis.

Homines quatimur fortunæ salo :
Rapidos, rector, comprime fluctus,
Et, quo cœlum regis immensum,
Firma stabiles fœdere terras.

AUTRE ODE DE BOÈCE.

Cette pièce, tirée du quatrième livre de " la Consolation ", a sa première strophe notée en neumes à points superposés, comme la précédente. On en trouvera le fac-similé PLANCHE I, n° 2. Un traité de musique du xᵉ siècle, attribué à Odon dans un manuscrit de saint Blaise et dans un autre de Leipsik à Bernon, présente cette ode notée par lettres avec une mélodie différente [1]. Cela prouve que ces sortes de pièces se chantaient habituellement.

ITEM ALIUS VERSUS BOECII.

Bella bis quinis operatus annis,
Ultor Atrides Phrygiæ ruinis
Fratris amissos thalamos piavit.

Ille dum Graiæ dare vela classi
Optat, et ventos redimit cruore
Exuit patrem, miserumque tristis

Fœderat natæ jugulum sacerdos.
Flevit amissos Ithacus sodales,
Quos ferus, vasto recubans in antro,

Mersit immani Polyphemus alvo;
Sed tamen cæco furibundus ore,
Gaudium mœstis lacrimis rependit.

Herculem duri celebrant labores :
Ille centauros domuit superbos,
Abstulit sævo spolium leoni,

Fixit et certis volucres sagittis ;
Poma cernenti rapuit draconi
Aureo læva gravior metallo.

(1) GERB., Script., t. I, p. 270.

102 MUSIQUE RHYTHMÉE ET MESURÉE.

Cerberum traxit triplici catena ;
Victor immitem posuisse fertur
Pabulum sævis dominum quadrigis.

Hydra combusto periit veneno ;
Fronte turbatus Achelous amnis
Ora demersit pudibunda ripis.

Stravit Antæum Libycis arenis ;
Cacus Evandri satiavit iras ;
Quosque pressurus foret altus orbis,

Sætiger spumis humeros notavit.
Ultimus cœlum labor inreflexo
Sustulit collo, pretiumque rursus

Ultimi cœlum meruit laboris.
Ite nunc fortes ubi celsa magni
Ducit exempli via. Cur inertes

Terga nudatis ? Superata tellus
Sidera donat.

M. Fétis, qui a examiné les mélodies de ces deux odes[1], s'est demandé si elles ne seraient pas celles que le ministre de Théodoric composa lui-même pendant sa captivité, et si l'on ne possède pas dans ces chants de précieuses reliques de la musique de l'Italie sous la domination des Goths. Il serait heureux qu'on pût trouver quelques preuves à l'appui de cette conjecture. Nous connaîtrions alors, ce qu'on n'a pas encore découvert jusqu'à présent, de la musique romaine. En attendant, plus d'un motif, peut-être, est de nature à élever du doute à cet égard ; ce qui peut même contribuer à l'augmenter, c'est que la musique des odes de Boèce n'est pas la même dans tous les manuscrits, ainsi que l'on vient de le voir, et que les odes de Boèce ne sont pas les seules pièces de poésie antique, avec notation musicale, qui soient venues jusqu'à nous. Il existe à la bibliothèque de l'école de médecine de Montpellier[2] un « Horace » du xe siècle, dont l'ode à Philis est notée en neumes ; un manuscrit du même auteur et de la même époque, de la bibliothèque de Franekere en Frise, contient l'ode à Albius Tibullus notée également en neumes[3], et M. Libri a eu en sa possession un Virgile du xe siècle dans lequel les discours directs de l'Énéide sont accompagnés de notations musicales[4]. Si donc on veut considérer comme ayant été composées par Boèce, ou par un artiste de son temps, les mélodies des odes dont il est question ici, il faut admettre également, ce nous semble, que les airs des autres manuscrits que nous venons de citer

---

(1) *Biographie universelle des musiciens*, p. CLXXV.

(2) Ce manuscrit y porte le n° 425.

(3) Un fac-similé de cette ode, extrait du manuscrit par M. le docteur Ottéma, précepteur au gymnase de Leuwarden, a été envoyé par M. le docteur Leemans, directeur du Musée d'antiquités à Leyde, à M. Vincent, membre de l'Institut, qui a eu l'obligeance de nous le communiquer.

(4) M. BARROIS, *Ogier l'Ardennois*, Paris, 1842, p. LI. — Ce manuscrit a dû passer en la possession de lord Ahsburnham avec les autres manuscrits de M. Libri. Nous avons fait tout notre possible pour nous procurer un fac-similé de ce précieux codex, mais nos efforts et nos démarches sont restés sans résultat.

sont les airs sur lesquels les Romains ont chanté les poésies de Virgile et d'Horace. Il faut supposer, en outre, comme le fait M. Libri, dans le " Journal des Savants ", de 1841, que ces airs ont été copiés sur des manuscrits plus anciens, ou qu'ils se sont transmis jusqu'alors par la tradition. Il n'y a aucune impossibilité dans un fait de cette nature, d'autant plus que la plupart des poésies antiques étaient chantées; mais on conviendra cependant que cette opinion n'est pas à l'abri d'objections. Quoi qu'il en soit, que cette musique ait été faite par Boèce ou par un auteur de son temps, ou bien qu'elle soit de quelque auteur du IXe siècle, elle n'est pas moins très intéressante pour nous au point de vue historique de l'art.

La mélodie de ces odes a le même caractère que celle des chants historiques dont nous avons parlé dans le chapitre III; la tonalité y est aussi la même; l'une est en majeur et l'autre en mineur. Le rhythme musical de la première est dactylique; celui de la seconde est saphique. On trouvera leur traduction en notation moderne à la suite des fac-similés de la troisième partie.

L'ode à Philis, dont nous reproduisons le fac-similé des trois premières strophes, PLANCHE X, est notée en neumes à points superposés [1]. La mélodie de cette ode est la même que celle de l'hymne « Ut queant laxis », indiquée par Gui d'Arezzo à son confrère Théobald comme exemple mnémonique des notes de la gamme. Cette mélodie a-t-elle été faite pour l'ode à Philis ou pour l'hymne de saint Jean? c'est ce qui n'est pas facile à déterminer. Ce qu'on peut dire seulement, c'est qu'elle a une contexture qui lui donne un caractère tel, qu'elle ne semble appartenir ni à la tonalité du plain-chant ni à la tonalité de la musique moderne. Quant à son rhythme musical, il doit suivre ici le rhythme poétique, suivant les principes que nous avons exposés dans le chapitre précédent, en conservant toutefois le cachet qui lui est propre [2]. D'après cela, la

---

(1) Longtemps avant la publication du *Catalogue des manuscrits des bibliothèques des départements*, nous étions en possession d'un fac-similé de cette ode, dû à l'obligeance de MM. Paulin Blanc et Laurens de Montpellier. Ce fac-similé, ainsi que celui du catalogue précité, nous ont servi à exécuter le fac-similé que nous donnons, et qui est aussi exact que possible. Les lignes, figurées en traits gris sur notre planche, sont marquées, dans le manuscrit, à la pointe sèche et sur le côté opposé à celui où est écrite l'ode à Philis. C'est sur le relief produit par ces lignes que les lettres et les notes sont tracées.

(2) Le rhythme trochaïque, disposé par monopodies ou par dipodies, est le rhythme musical pour lequel on semble avoir eu une prédilection marquée au moyen âge; c'est dans ce rhythme que sont composées les mélodies des plus anciennes hymnes de l'église, soit que celles-ci aient été des mélodies primitives et originales, composées pour ces pièces ecclésiastiques, soit qu'on les considère comme des restes de la mélopée antique. En supposant même, comme plusieurs le prétendent, que ces hymnes n'aient pas été soumises aux règles d'un rhythme musical aussi fixe, il est certain, du moins, que le peuple, en s'em-

musique de l'ode à Philis doit, selon nous, être traduite en mesure de $\frac{6}{4}$.

L'ode à Albius, dont nous donnons le fac-similé, PLANCHE XXXVIII, n° 2, est composée dans le même système.

L'Énéide de Virgile et les odes d'Horace notées sont des monuments qui certainement peuvent être rangés parmi les plus curieux que nous ait légués le moyen âge; car, en supposant que la musique qui accompagne le texte ne soit pas du temps d'Horace et de Virgile, qu'elle n'en soit même pas un reste plus ou moins altéré, elle dénote une chose très importante, c'est que la poésie de ces auteurs qui était chantée par les Romains, cela ne saurait être nié, a continué d'être chantée pendant le moyen âge, suivant la tradition qui existait encore à cette époque.

C'est ce qui explique même comment les trouvères et les troubadours, ayant voulu imiter les anciens, en cela comme en plusieurs autres choses, ont accompagné leurs poëmes historiques de musique. Il est, en effet, hors de doute que les chansons de gestes étaient chantées par les trouvères eux-mêmes ou par les jongleurs qui, à la mélodie, ajoutèrent souvent un accompagnement instrumental[1]. C'est dans cette vue que ces poëmes de longue haleine sont divisés en séquences ou strophes dans plusieurs manuscrits. Qu'on ne croie pas que cette musique n'ait été qu'une simple psalmodie, comme on l'a prétendu; elle a dû être, au contraire, pourvue d'un rhythme musical destiné à accroître la puissance de la poésie. Sans rhythme, sans mesure, la musique des trouvères, au lieu d'animer le récit et de lui donner de la force et de la

parant de ces mélodies, pour y adapter des chants populaires, leur donnait un rhythme bien déterminé. Un pareil rhythme était inhérent, comme nous l'avons déjà dit, aux chants de cette espèce. Le besoin de rhythme était si grand, que lorsqu'on mettait une chanson populaire sur une mélodie ecclésiastique qui n'avait pas de rhythme musical, on lui en donnait un. Nous signalerons, à l'appui de ce que nous venons de dire, deux chansons populaires de la Flandre, qui remontent à un temps très reculé. L'une est sur la mélodie de l'hymne *Conditor alme siderum*; l'autre, sur la mélodie du *Credo* des doubles mineurs. On trouvera la première strophe de chacun de ces chants sous les N°s 44 et 45 des pièces de musique en notation moderne.

(1) Quant les tables otées furent,
Cil jongléours en piés sesturent,
S'ont vièles et harpes prises

Cançons et sons, vers et reprises
Et de gestes canté nous ont.
(HUGUES DE MÉRY.)
Quant un chanterre vient entre gent honorée,
Et il a en droit soi sa vièle atempree.
Ja tant n'aura mantel, ne coste de ramée
Que sa première lais ne soit bien escoutée.

dit Huon de Villeneuve, et pour ne laisser aucun doute sur le sens qu'il donne à « Lais », il continue deux vers plus bas :

Je vos en dirai d'une;

et c'est le roman du renard qu'il rapporte.
Le passage suivant est aussi formel :

Fiz se tu les contes conter
Ou chançons de gestes chanter,
Te lesse par trop proier;
Car si tu fesoie dangier,
Li requérant te blameroient
E le plus tar or tôt feroient;
Mais quant il lor iert a talent
Di lor on chante bonement, etc.

(*Les enseignements Trebor, de vivre sagement.* — Bibl. nat, n° 273 *bis*, fonds de Notre-Dame.)

vivacité, de passionner en un mot les auditeurs, n'aurait causé que du vague et de l'ennui.

Les mélodies de certains chants historiques ou autres étaient devenues si populaires, que les poëtes y adaptèrent des textes nouveaux et que l'on se contenta souvent d'indiquer l'air par le nom du chant primitif.

La bibliothèque de Wolfenbuttel possède un manuscrit du Xe siècle, qui contient quatre chansons composées sur des airs populaires dont les noms sont inscrits à la tête de chacune. Voici le nom de ces airs : « 1° Modus Carelmanninc », air de Charlemagne. C'était sans doute l'air d'un chant sur la vie ou sur quelque acte d'éclat de ce grand monarque, qui avait eu une certaine vogue. Ce chant, comme l'indique son nom, a dû être en langue teutonique; 2° « Modus florum », air des fleurs. 3° « Modus liebinc », air de l'amour. Cette chanson originale était aussi en langue germanique. 4° «Modus Ottinc», air d'Otton. Ici, il ne peut y avoir de doute, car le texte même mis sur cette mélodie le dit en termes formels; c'est l'air d'un chant sur l'empereur Otton.

La première de ces chansons est à la louange de Dieu et de la Vierge; la seconde et la troisième sont de petits contes qui semblent être l'origine des fabliaux; la quatrième est un chant sur la victoire remportée, en 955, par Otton III sur les Hongrois.

CHANT SUR OTTON III.

Le texte de cette pièce a été publié pour la première fois par Ébert[1]. Il a été reproduit depuis par divers auteurs, et en dernier lieu par M. Éd. du Méril[2]. Ce texte n'est divisé dans le manuscrit ni en strophes ni en vers. Tous les essais qu'on a faits pour en rétablir le rhythme ou la versification n'ont pas réussi. M. Lachmann[3] en a fait une séquence mesurée d'après l'accent; rhythme propre, selon lui, aux " Leich " allemands. La division adoptée par M. Soltau[4] est déterminée aussi par l'accent; mais toutes ces divisions sont arbitraires et ne reposent que sur des suppositions qui ne s'accordent ni avec l'ancienne accentuation latine, ni avec l'irrégularité du texte.

Nous allons reproduire ici ce chant, d'après M. Édelestand du Méril, qui a adopté la division de M. Soltau, parce que, selon lui, elle conserve assez bien le rapport qui existe nécessairement entre les différentes parties de la même pièce.

(1) *Ueberlieferungen zur Geschicte, Literatur und Kunst*, t. I, p. 77.
(2) *Poésies populaires latines antérieures au douzième siècle*, Paris, 1843, p. 273 et 274.
(3) *Rheinische Museum*, t. III, p. 432.
(4) *Deutsche historische Volkslieder*, p. 22.

Notre motif déterminant est le retour de la mélodie après chaque strophe ainsi disposée.

MODUS OTTINC.

Magnus Cæsar Otto, quem hic modus refert in nomine
Ottinc dictus, quadam nocte membra sua dum collocat,
    Palatio (*l.* palitium) casu subito inflammatur.

Stant ministri, tremunt, timent dormientem attingere,
Et chordarum pulsu facto excitatum salvificant,
    Et domini nomen carmini imponebant.

Excitatus (excitatur?) spes suis, surrexit magnus timor
Adversariis mox venturus; nam tum fama volitat,
    Ungarios signa in eum extulisse.

Juxta litus sedebant (hostes) armati; urbes,
Agros, villas vastant late, matres plorant filios,
    Et filii patres undique exulari (exulares?).

Ecquis ego, dixerat Otto, videor Parthis? diu,
Diu milites dum tardos frustra ego moneo,
Demoror; crescit clades semper; ergo moras rumpite,
    Et Parthicis mecum hostibus obviate.

Dux intrepidus Cuonrat quo non alter fortior;
Miles, inquit, pereat quem hoc (ce) bellum terreat;
Arma induite, instant hostes; ipse ego signifer
    Effudero primus sanguinem inimicum.

His incensi bella fremunt, arma poscunt, hostes vocant,
Signa secuntur, tubis canunt; clamor passim oritur
    Et milibus centum Theutones immiscentur.

Pauci cedunt, plures cadunt; Francus instat, Parthus fugit;
Vulgus exangue undis obstat, Liquus rubens sanguine
    Danubio cladem Parthicam ostendebat,

Parva manu cæcis Parthis, ante et post sæpe victor,
Communem cunctis movens luctum, nomen, regnum, optimos
    Hæriditans mores filio, obdormivit.

Adolescens post hunc Otto imperabat, annis multis
Cæsar, justus, clemens, fortis : unum modo defuit,
    Nam inclytis raro præliis triumphabat.

Ejus autem clara proles, Otto, decus juventutis,
Ut fortis, ita felix erat; arma quos nunquam militum
    Domuerant, fama nominis satis vicit.

Bello fortis, pace potens, in utroque tamen mitis
Inter triumphos bella, pacem, semper suos pauperes
    Respexerat; inde pauperum pater fertur.

Finem modo demus, ne forte notemur ingenii
Culpa tantorum virtutes ultra (ultro?) quicquam deterere,
    Quos denique Maro inclytus vix æquaret.

C'est ici, pensons-nous, le cas de considérer ce texte comme la simple traduction en prose latine des chansons originales qui étaient en langue du Nord. En effet, tel qu'il est, ce texte ne peut s'adapter que difficilement à un rhythme musical. Ce n'est évidemment qu'une imitation libre du texte primitif. Il en ressort encore une remarque importante, c'est que le rhythme musical n'était pas ici le même que le rhythme des poésies latines, car le traducteur ou l'imitateur n'aurait pas manqué de s'y conformer pour donner à son œuvre un attrait de plus. S'il ne l'a pas fait, c'est que ces airs avaient un rhythme musical différent, basé sur l'accent poétique de la langue du Nord.

De ces quatre chants, un seul, celui sur l'air « Modus Ottinc », est noté. Nous sommes assez heureux de pouvoir en offrir un fac-similé[1] qu'on trouvera dans la troisième partie sous le n° 2 de la Planche VIII. Dans notre traduction en notation moderne, qui est la suite des fac-similés, nous avons cherché à donner à cette mélodie un rhythme régulier, sans que nous puissions assurer pourtant que ce soit son rhythme véritable.

Tous les chants originaux en langue latine sont loin d'avoir toujours un rhythme régulier. Dès cette époque, on commença à attacher une plus grande importance à la rime qu'à toute autre accentuation. La « Chanson de table », ou « Invitation à dîner », du Xe siècle, que nous donnons parmi nos monuments inédits, Planche VIII, n° 2, et Planche IX, n° 1, d'après deux manuscrits du même temps, l'un de la bibliothèque nationale de Paris, n° 1118, l'autre de la bibliothèque impériale de Vienne, présente ce caractère. Aussi,

---

[1] Nous en sommes redevable à M. Bethmann, le digne collaborateur des *Monumenta Germaniæ historica* de M. Pertz, qui, sur notre demande, a bien voulu en faire un calque sur le manuscrit. C'est par M. Dehn, l'un des conservateurs de la bibliothèque royale de Berlin, qu'il nous est parvenu. Nous témoignons ici à ces deux savants nos vifs remerciements.

dans notre traduction en notation moderne du fac-similé de Paris, avons-nous pu difficilement conserver un rhythme complétement uniforme. Nous avons dû nous conformer à l'exigence des vers qui varient de huit à dix syllabes et nous attacher à l'accent plutôt qu'à la quantité.

Les chansons mondaines de cette époque sont trop rares, et celle-ci est trop curieuse, pour que nos lecteurs ne nous sachent pas quelque gré de la leur donner en entier, avec les variantes des deux manuscrits.

CHANSON DE TABLE.

Bibl. nat. de Paris, Ms. 1118, f. lat [1].

Jam, dulcis amica, venito,
Quam sicut cor meum diligo ;
Intra in cubiculum meum,
Ornamentis cunctis ornatum.

Ibi sunt sedilia strata
Absque velis domus ornata,
Floresque in domo sparguntur
Herbæque flagrantes miscentur.

Est ibi mensa apposita
Universis cibis ornata ;
Ibi clarum vinum abundat
Et quidquid te, cara, delectat.

Ibi sonant dulces armoniæ,
Inflantur et altius tibiæ ;

Bibliot. imp. de Vienne [2].

Jam, dulcis amica, venito,
Quam sicut cor meum diligo,
Intra in cubiculum meum,
Ornamentis cunctis onustum.

Ibi sunt sedilia strata
Et domus velis ornata,
Floresque in domo sparguntur
Herbæque flagrantes miscentur.

Est ibi mensa apposita
Universis cibis onusta ;
Ibi clarum vinum abundat
Et quidquid te, cara, delectat.

Ibi sonant dulces symphoniæ,
Inflantur et altius tibiæ ;

(1) Ce manuscrit du xe siècle est un tropaire qui provient de l'abbaye de Saint-Martial de Limoges. Il se fait remarquer d'un côté par la beauté de sa notation musicale, en neumes à points superposés, et, d'un autre, par la présence de quelques instruments de musique. On y trouve aussi la célèbre litanie : « Christus vincit, Christus regnat, etc. », où l'on prie « pro Hugone a Deo coronato » ; ce qui prouve que le manuscrit appartient réellement au xe siècle, car Hugues Capet a été couronné en 987 ; et, comme on priait ordinairement dans cette litanie pour le prince régnant, il faut conclure que ce livre a été écrit pendant le règne de Hugues.

Les instruments de musique, quoique dessinés fort grossièrement, sont intéressants sous plus d'un rapport. Nous les avons décrits, la plupart, dans notre « Essai sur les instruments de musique au moyen âge », publié dans les *Annales archéologiques* de M. DIDRON.

La chanson dont il est question ici n'est pas de la même main que le reste du manuscrit, mais l'écriture est de la même époque. Les neumes sont moins nets et moins bien écrits que ceux du corps du volume.

(2) Le fac-similé tiré de ce manuscrit nous a été envoyé par l'obligeant bibliothécaire, M. Ferdinand Wolf, à qui nous en témoignons ici notre reconnaissance. M. ED. DU MÉRIL, *Poésies latines du moyen âge*, p. 196, a publié le texte de cette pièce d'après le même manuscrit.

CHAPITRE V.

Ibi puer et docta puella	Ibi puer doctus et puella
Cantant ibi cantica pulchra.	Pangunt tibi carmina bella.
Hic cum plectro cytharam tangit,	Hic cum plectro cytharam tangit,
Illa melos cum lyra pangit;	Illa melos cum lyra pangit;
Portantque ministri pateras	Portantque ministri pateras
Universis poculis plenas.	Pinguitatis poculis plenas.
	Non me juvat tantum convivium ¹
	Quantum post dulce colloquium,
	Nec rerum tantarum ubertas
	Ut dilecta familiaritas.
	Jam nunc veni, Soror electa,
	Et præ cunctis mihi dilecta,
	Lux meæ clara pupillæ,
	Parsque major animæ meæ.
Ego fui sola in sylva	Ego fui sola in sylva
Et dilexi loca secreta;	Et dilexi loca secreta;
Frequenter effugi tumultum	Frequenter effugi tumultum
Et vitavi populum multum.	Et vitavi populum multum.
Jam nix glaciesque liquescit;	Carissima, noli tardare;
Folium et herba virescit;	Studeamus nos nunc amare,
Philomena jam cantat in alto;	Sine te non potero vivere:
Ardet amor cordis in antro.	Jam decet amorem perficere.
	Quid juvat differre, electa,
	Quo sunt tamen post facienda?
	Fac cita quod eris factura,
	In me non est aliqua mora.

Cette chanson clôt la série, peu nombreuse, de chants populaires profanes qui nous sont parvenus accompagnés de leurs mélodies.

A partir de ce moment, la quantité prosodique des poésies latines est allée en s'affaiblissant de plus en plus. Le rhythme musical, secondé par la mélodie, à laquelle on donna toujours une importance de plus en plus grande, a pris un caractère plus libre, plus indépendant; il a fini par donner à la musique toute la prépondérance qu'avait primitivement le mètre poétique.

(1) Ni ces deux strophes, ni la dernière ne se trouvent dans le Ms. 1118.

CHAPITRE VI.

Chants religieux. — Chant de la Sibylle sur le jugement dernier. — Prose des morts de Saint-Martial de Limoges. — Prose des morts de Montpellier.

Les chants religieux (nous parlons ici de ceux qui ne faisaient pas partie de l'office divin) sont comparativement plus nombreux, dans les manuscrits, que les chants profanes. Ils sont généralement accompagnés de notation musicale, et leur mélodie avait un rhythme musical analogue à celui que nous avons fait connaître dans le chapitre IV.

Le Ms. 1154 de la bibliothèque nationale qui nous a fourni les chants profanes les plus intéressants contient, comme nous l'avons dit, onze pièces religieuses notées, dont l'intérêt n'est pas moins grand. Si nous n'avions eu qu'à consulter notre désir, nous les eussions toutes reproduites ici ; mais ayant dû nous borner, nous avons donné la préférence aux pièces profanes, parce qu'elles ont un rapport plus direct avec le sujet que nous traitons. Nous nous promettons bien, au reste, de publier ailleurs ceux qui n'auront pas place ici.

CHANT DE LA SIBYLLE SUR LE JUGEMENT DERNIER.

Le Chant de la Sibylle se rencontre dans plusieurs manuscrits ; mais nous n'en connaissons que quatre où il soit accompagné de notation musicale, et ils se trouvent tous quatre à la bibliothèque nationale de Paris. Ce sont les n°s 2832 et 1154 du IXe siècle ; le n° 1139 du XIe siècle ; et le n° 781 du XIIIe.

Dans le n° 2832[1], il est écrit sans division par strophes et sans répétition des mots " Judicii signum " qu'on trouve dans les autres manuscrits.

Il n'a de titre que dans le Ms. 1154. C'est celui qui accompagne le texte que nous reproduisons ici d'après les manuscrits que nous venons de citer.

VERSUS SIBILLE DE DIE JUDICII.

Judicii signum tellus sudore madescet.

E cœlo rex adveniet per secla futurus,
Scilicet in carne præsens ut judicet orbem.
Judicii signum.

---

[1] Ce volume in-4°, non paginé, écrit à longues lignes, contient des poésies morales et religieuses, des mystères, des prières, des hymnes. L'hymne " in natale sanctorum Johannis et Pauli " a sa première strophe notée avec des neumes sans lignes.

CHAPITRE VI.

Unde Deum cernent incredulus atque fidelis
Celsum cum sanctis cui jam termino in ipso.
      Judicii signum.

Sic animæ cum carne aderunt quas judicat ipse,
Cum jacet incultus densis in vepribus orbis.
      Judicii signum.

Rejicient simulacra viri cunctam quoque gazam;
Exurret terras ignis, pontumque polumque
      Judicii signum.

Inquirens tetri portas effringet Averni;
Sanctorum sed enim cuncta lux libera carni.
      Judicii signum.

Tradetur sontes æternaque flamma cremabit;
Occultos actus retegens tunc quisque loquetur.
      Judicii signum.

Secreta atque Deus reservabit pectora luci;
Tunc erit et luctus, stridebunt dentibus omnes.
      Judicii signum.

Eripitur solis jubar et chorus interit astris;
Volvetur cœlum, lunaris splendor obibit.
      Judicii signum.

Dejiciet colles, valles extollet ab imo :
Non erit in rebus hominum sublime vel altum.
      Judicii signum.

Jam æquantur campis montes et cerula ponti
Omnia cessabunt, tellus confracta peribit.
      Judicii signum.

Sic pariter fontes torrentur, fluminaque igni
Et tuba cum sonitum tristem demittet ab alto.
      Judicii signum.

Orbe, gemens facinus miserum, variosque labores,
Tartareumque chaos monstrabit terra dehiscens.
      Judicii signum.

Et coram hoc Domino reges sistentur ad unum :
Decidet e cœlo ignisque et sulphuris amnis.
   Judicii signum.

Le Chant de la Sibylle paraît avoir eu une certaine vogue au moyen âge, puisqu'il a été en usage durant quatre siècles avec sa mélodie originale. Il résulte seulement de la comparaison des quatre versions musicales, dont nous avons à dessein placé les traductions les unes sous les autres, qu'il s'y était introduit quelques changements dont le goût est loin d'être toujours pur. Ces variantes sont une nouvelle preuve de la corruption qui tendait sans cesse à se glisser dans les mélodies primitives.

Le caractère de cette pièce est moins sombre que celui des chants postérieurs sur le même sujet ; sa mélodie n'a pas non plus une couleur aussi lugubre que celle du fameux " Dies iræ " de la liturgie catholique. Elle est néanmoins d'une belle simplicité et d'un caractère en harmonie avec le sujet. Il est à regretter que ce morceau n'ait pas été conservé dans l'office religieux dont il semble avoir fait partie au xiiie siècle.

On trouvera, dans la troisième partie, des fac-similés de cette pièce, d'après les quatre manuscrits cités plus haut.

La PLANCHE IV, n° 2, et la PLANCHE V reproduisent le fac-similé du Ms. 1154. La mélodie y était primitivement notée comme les autres pièces du même volume ; mais depuis, soit que les neumes primitifs aient été effacés, soit qu'on ait voulu modifier la mélodie, une main plus lourde a tracé les notes avec moins de précision et de correction que ne semblent l'avoir été les premiers signes. Notre traduction en notation moderne est faite d'après la première strophe, modifiée néanmoins par d'autres qui nous ont paru plus correctes dans certaines parties.

La PLANCHE VI est le fac-similé du Ms. 2832. Le chant y est noté en neumes à hauteur respective.

Le n° 1 de la PLANCHE XXVI est le fac-similé des deux premières strophes du Chant de la Sibylle, d'après le Ms. 781 du xiiie siècle[1]. Les neumes

---

(1) Volume in-f° de 189 feuillets à deux colonnes. On lit sur le premier feuillet de garde ce qui suit : « Antiphonarii plenarii pars prima, continens a prima dominica adventus usque ad ultimam dominicam post Pentecostem, verosimiliter juxta usum ecclesiæ Lemonensis ; neque enim exaratum est ad usum monasterium cum in eo novem tantum sint lectiones in majoribus festis. »
« Fol. 183. Versus Sibyllæ cum cantu et explicatione in fine. » — « Hæc omnia xiii° seculo. »
Voici cette explication :
« Hæc de Christi nativitate, passione et resurrectione, atque secundo ejus adventu ita dicta

y sont écrits sans lignes, mais les distances sont bien observées. La ligne au stylet, que nous avons imitée par une ligne grise, quoiqu'elle ne paraisse plus que très faiblement dans le manuscrit, servait aussi de guide aux chanteurs. Ces neumes sont un exemple de la notation transitionnelle dont nous parlerons plus loin.

La première strophe du même chant se trouve aussi à la fin du mystère des " Prophètes du Christ ", du Ms. 1139, dont nous donnons le fac-similé dans la troisième partie ; elle fait partie du n° 1 de la Planche XXIII.

PROSE DES MORTS DE SAINT-MARTIAL DE LIMOGES.

La prose des morts du Ms. 1154 est écrite dans un style plus élevé, plus lyrique, si l'on peut s'exprimer ainsi. Là se trouvent peints à larges traits l'arrivée du Christ, l'appel de l'archange, le réveil des morts, le bouleversement de la terre, le désordre du firmament, l'apparition de l'enfer. Puis, dans la septième strophe, le poëte s'écrie : « Jour de colère que ce jour, jour d'obscurité, jour de ténèbres, jour de tonnerre et de glapissement, jour de deuil et de terreur, quand le poids des ténèbres tombera sur les pécheurs! »

On sent que l'auteur a dû être sous l'influence d'un événement prochain. C'est, suivant nous, la catastrophe prédite pour l'an mil; c'est la croyance de la fin du monde vers cette époque. La sixième strophe ne semble pas laisser de doute à cet égard.

Sous ce rapport, cette pièce a une affinité très grande avec la superbe prose des morts découverte, il y a peu d'années, par M. Paulin Blanc sur la garde d'un manuscrit de l'abbaye d'Aniane, aujourd'hui à la bibliothèque de Montpellier confiée à sa garde [1].

Une chose remarquable, qui n'aura pas échappé à l'attention de nos lecteurs, c'est la ressemblance du premier vers de la strophe que nous venons de citer avec le premier vers du « Dies iræ ». Mais là ne s'arrête pas cette ressemblance ; elle se trouve dans la pièce entière qui semble contenir l'idée

sunt, ut si quis in græco capita horum versuum discernere voluerit, inveniet. Jhesus his creitos, vios, theu, sother quod in latinum translatis eisdem versibus apparet. Præter quod græcarum litterarum non adeo potuit observari. Credo jam vos, inimici judei, tantis testibus ita obrutos confutatosque esse, ipsa veritate, ut nihil ultra repugnare nihil quærere debeatis. »

(1) M. Paulin Blanc a démontré toute la valeur de ce monument dans une savante dissertation sur cette pièce publiée dans le n° 15 des publications de la Société archéologique de Montpellier. A cette dissertation est joint le fac-similé de cette curieuse et importante ode liturgque.

fondamentale de la prose des morts usitée dans le rit catholique. On en trouvera le fac-similé Planche III et Planche IV, n° 1. En voici le texte :

VERSUS DE DIE JUDICII.

Quique de morte redempti estis,
Et per crucem liberati,
Precioso comparati
Sanguine filii Dei,
Sursum corda preparate
Et Hiesum desiderate.

Diem illum formidate,
Quando mundum judicare
Christus imperator cœli
Venerit, fulgens in virtute,
Et in magna claritate,
Regnum sanctis preparare.

Cum, aperta cœli arce,
Fulgorans ab oriente
Lucet vultus Jhesu Christi,
Apparebit mundus omnis ;
Obviam volabunt sancti
Ante pium redemptorem.

Cum aperta cœli astra
Usque ad terminos terræ
Cæperit tuba canere,
Sancti archangeli Dei
Voce magna proclamare
Et electos congregare.

Tunc ad vocem regis magni
Resurgent omnes defuncti ;
Recepturus unusquisque
Non solum de pravo facto,
Sed de verbo ocioso
Pro ut jessit (*sic*) in corpore.

Cum ab igne rota mundi
Tota cæperit ardere,
Sæva flamma concremare,

Cœlum ut liber plicare,
Sidera tota cadere,
Finis seculi venire.

Dies iræ, dies illa
Dies nebulæ et caliginis ;
Dies tubæ et clangoris ;
Dies luctus et tremoris ;
Quando pondus tenebrarum
Cadet super peccatores.

Qualis pavor tunc caderit !
Quando rex iratus venerit
Et infernus apparebit,
Qui impios absorbebit ;
Sulfur, flamma atque vermes
Cruciabunt peccatores.

Quid dicturi erunt pravi !
Quando ipsi trement sancti
Ante tantam majestatem
Jhesu Christi filii Dei ;
Et si justus vix evadet,
Impius ibi parebit.

Non est locus evadendi,
Nec inducias petendi ;
Sed est tempus discutiendi,
Amara districtione,
Ubi, mente accusante,
Torquebuntur puniendi.

Jhesu Christe, salus mundi,
Tunc succurre, pie, nobis
Qui, cum Patre nunc te unum
Atque cum Sancto Spiritu,
Adoramus verum Deum,
Salvatorem seculorum.
   Amen.

CHAPITRE VI.

Le véritable auteur du « Dies iræ » n'est pas connu. La plupart des ordres religieux se sont disputé l'honneur de l'avoir possédé dans leur sein. Ainsi, cette prose a été attribuée à Thomas de Celano, à saint Bonaventure ou Mathieu d'Aquis-Porta, de l'ordre des mineurs ; à Humbert et au cardinal Frangipani, "Latinus Frangipani de Ursinis", appelé aussi Malabranca, mort en 1294, de l'ordre des dominicains ; à saint Bernard et même à saint Grégoire. Mais l'opinion la plus généralement admise, et en faveur de laquelle se réunissent les raisons les plus plausibles, est celle de Wading[1], qui en fait honneur à Thomas Celano[2] ; c'est aussi à cette opinion que s'arrête l'abbé Gerbert[3].

Au milieu de ce conflit de prétentions rivales et en l'absence de preuves concluantes, il serait difficile de se prononcer pour tel ou tel nom. Mais ce qu'il importe de constater, c'est que le « Dies iræ » n'est vraisemblablement pas le fruit d'une inspiration de prime saut ; il n'est qu'une heureuse compilation de pièces, sur le même sujet, composées depuis le IXe siècle jusqu'au XIIIe. Car, indépendamment de la prose du Ms. 1154, il en a été découvert d'autres qui expriment les mêmes idées, et souvent aussi heureusement que les exprime celle attribuée à Thomas Celano. Nous avons cité la prose de la bibliothèque de Montpellier. Une autre, inspirée par le même sujet, a été signalée par M. Stephen Morelot, dans un manuscrit du Xe siècle, autrefois à l'abbaye de Moissac, aujourd'hui dans la bibliothèque du commandeur Rossi, à Rome[4]. Il est peu croyable que l'existence de plusieurs de ces

---

(1) *Bibliotheca script. ordinis min.* — Cette opinion tire une grande vraisemblance de la mention de Bartholomée Abizzi, de Pise, dans son *Liber conformitatum* écrit en 1385, et de la tablette de marbre qui se trouve à Mantoue dans l'église de Saint-François et sur laquelle est tracé le « Dies iræ. »

(2) Thomas de Celano, ainsi appelé parce qu'il était né à Celano, petite ville située dans les Abruzzes, fut un des premiers membres du nouvel ordre des mineurs, et vécut avec son fondateur dans une amitié qui n'a jamais souffert d'interruption. Thomas Celano fut envoyé en Allemagne, en 1221, pour veiller aux couvents de Mayence, de Worms et de Cologne, récemment fondés. Il fut de retour en Italie vers 1230 ; en 1249 il publia une biographie de saint François, mort pendant son séjour en Allemagne. Cette biographie a été appelée depuis *Legenda antiqua*, par opposition à celle de saint Bonaventure, intitulée : *Legenda major*. La date de la mort de Thomas de Celano est incertaine, mais elle ne paraît pas pouvoir être fixée antérieurement à 1255.

(3) « Sequentia *Dies iræ*, quæ hodieque cantatur de mortuis, sæc. XIII ineunte creditur composita a Thoma Celano ord. S. Franc. minorum. » — *De cantu et musica sacra*, t. II, p. 27.

(4) M. Morelot, dans un intéressant article sur la bibliothèque de ce grand seigneur romain, publié dans la *Revue de musique religieuse* de M. Danjou, t. IV, p. 81 et suiv., donne la description du précieux manuscrit de Moissac. Il y signale entre autres un chant historique sur Eudes, comte de Paris et fils de Robert le Fort, qui se fit couronner roi des Franks en 887, du vivant de Charles le Gros. M. Morelot donne le texte et la musique de cette pièce, composée vraisemblablement pour inaugurer le nouveau règne d'Eudes.

pièces, qui ont dû être chantées avec quelque succès au moment de leur apparition, ait été complétement ignorée par l'auteur du «Dies iræ».

PROSE DE MONTPELLIER.

«La prose de Montpellier» est une des plus belles odes liturgiques du moyen âge. Après avoir échappé, comme par miracle, à la destruction, elle est sortie de l'oubli auquel elle semblait condamnée, grâce à la découverte et aux soins de l'érudit et modeste bibliothécaire de Montpellier qui, par la mise au jour de ce chef-d'œuvre, a conquis des droits à la reconnaissance du monde chrétien et des archéologues. M. Paulin Blanc ne s'est pas contenté de publier simplement le texte de cette pièce; il l'a accompagné d'une traduction française et de savantes appréciations sur son âge, son origine et son caractère littéraire. Il y a joint, en outre, un fac-similé complet dont nous reproduisons les cinq premières strophes, PLANCHE VII, en marquant par des lignes grises les lignes tracées à la pointe sèche dans le manuscrit.

Audi tellus, audi magni maris limbus,
   Audi homo, audi omne quod vivit sub sole :
  Veniet, prope est dies iræ supremæ,
     Dies invisa, dies amara,
  Qua cœlum fugiet, sol erubescet,
  Luna mutabitur, dies nigrescet,
  Sidera supra terram cadent.

    Heu miseri! heu miseri! Quid, homo,
    Ineptam sequeris lætitiam?

Bene fundata hactenus mansit terra;
  Tunc vacillabit velut maris unda :
  Non erit civitas, non castella, non turres
  In quibus vana nunc spes exultat.
  Siccabuntur flumina; mare non erit;
  Kahos immane os denudabit;
  Tartarus horrens hiabit.

    Heu miseri! heu miseri! Quid, homo,
    Ineptam sequeris lætitiam?

Cunctæ gentes velut lignum arescent;
    Erit robur in illis.
  Undique terrores, undique formidines,
  Undique luctus, undique clades.
  Tunc dicent montibus : Operite nos;

Collibus : Et abscondite nos ocius,
  Talia cernere non possumus.

    Heu miseri! heu miseri! Quid, homo,
    Ineptam sequeris lætitiam?

Dies illa tam amara, tam tremenda,
  Dies illa dira nunciabit signa :
  Rugient maria sicut leo in silva,
  Littori nova mandabunt prælia
  Cum meatu navium ibunt in interitum;
  Non transmarinæ quærentur merces.
  Cis pontum et citra lues.

    Heu miseri! heu miseri! Quid, homo,
    Ineptam sequeris lætitiam?

Erunt signa in sole et luna et stellis,
    Gentium pressura in terris.
  Surget gens in gentem et regnum contra regnum,
  Et terræ motus magni per loca;
  Pestilentiæ et fames; de cœlo terrores,
  Bella et lites; vix ulla fides,
  Divident dulces scismata fratres.

    Heu miseri! heu miseri! Quid, homo,
    Ineptam sequeris lætitiam?

CHAPITRE VI.

Fraus, dolus et dira cupido
  Jam regnat in toto mundo.
Prævalet impius, laude dignus et pravus;
Probitas horret, sanctitas displicet,
Versutus est optimus, utilis est subdolus,
Hebes est innocens, sanctus injustus,
  Gradiens recte perversus.

  Heu miseri! heu miseri! Quid, homo,
  Ineptam sequeris lætitiam?

Gladius vindex et ira cœlestis
  His protinus imminet malis.
Solvetur Satanas, seducet omnes gentes,
Vestiens carnem homo videbitur,
Qui cum sit de semine natus,
Dicet se de virgine procreatum,
Præbens se tanquam sit Deus.

  Heu miseri! heu miseri! Quid, homo,
  Ineptam sequeris lætitiam?

Hic regem cœli se prædicabit,
  In templo Dei sedebit;
Pervertet populos arte mira nocendi;
Cupidos namque flectet muneribus;
Fortes in fide, constantes in opere
Terrebit signo, pulsabit pœnis,
Dissertor verbo eludet verbis.

  Heu miseri! heu miseri! Quid, homo,
  Ineptam sequeris lætitiam?

Ille nutu permissus superno
  Regnabit in toto mundo.
Gentibus, populis credere suadebit;
Faciet mira portenta magna;
Colliget discipulos versutos et callidos,
Lingua peritos, vita malignos,
Quos totum mittet in mundum.

  Heu miseri! heu miseri! Quid, homo,
  Ineptam sequeris lætitiam?

Karactere nominis sui nefandi
  Homines jubet insigniri.
Dividet proprios ut a cœtu sanctorum :
Hic arma sumet contra beatos;
Nerone sævior, Decio atrocior,
Flammis et ferro, bestiis terræ
Corpora tradet beatorum.

  Heu miseri! heu miseri! Quid, homo,
  Ineptam sequeris lætitiam!

Laurea sumunt martyres Christi
  Fidei armis præcincti.
Respuunt honores, contemnunt cruciatus,
Nec blandimentis pectora molliunt.
Terminum Ecclesiæ consecrabunt sanguine :
Ut velut principium sit finis quoque
  Simili radiant fulgore.

  O quam beati qui, nondum nati,
  Jam cives æternæ scripti estis patriæ!

Magnum præsidium sanctis suis
  Christus mittet a sedibus almis :
Heliam et Enoch, candelabra lucentia,
Magnos præcones, testes mirabiles.
Hic dabunt prodigia et signa portenta,
Confortabunt trepidos, convertent Judæos,
  Anti-Christo contradicent,

  O quam beati ad hoc præparati,
  A metu carnis penitus alieni!

Nulla in eos valet potestas,
  Donec ponant animas sanctas eorum.
Quæ linguæ claves cœli sunt factæ
Nubibus dicent ne pluant imbrem.
Ipsorum ab ore ignis exibit
Qui resistentes mox devorabit,
Debitum donec compleant cursum.

  O quam beati ad hoc præparati
  Tanto in turbine navem Christi gubernare!

Occidet eos tandem profanus
  Natu Dei permissus.
Eorum corpora jacebunt insepulta;
Tertia die ress[urgent] in Edomes.
Inimici videbunt et confundentur;
Illi resurgent, in cœlum conscendent,
  Triumphos gloriæ portantes.

  O quam beati ad hoc præparati
  Tanto in turbine navem Christi gubernare!

Post gloriosos horum triumphos
 Acuet hostis ira, iniquis
 Modico tempore ut pote regnaturus.
  Sæviet die, sæviet nocte;
 Vendere non poterunt, emere nequibunt,
 Nisi caractere notati fronte,
 Dextera gestantes hoc nomen.

  Heu miseri! heu miseri! Quid, homo,
  Ineptam sequeris lætitiam!

Quanti mundum premunt errores!
 Ille superbus respuet omnes.
 Pseudo-prophetæ hostes erunt immanes,
 Seducent gentes, populos subvertent,
 Erigent statuam illi prophano;
 Spiritum sumet bestiæ imago,
  Loquetur verba inaudita.

  Heu miseri! heu miseri! Quid, homo,
  Ineptam sequeris lætitiam?

Rumpet abyssus stellam de cœlo,
 Novos reprobos. Prævio signo,
  Erumpent locustæ
 Hactenus nunquam visæ,
 Similes equis bello paratis
 Galeatos vertice, loricatos corpore,
 Caudis ut scorpius acculeatæ;
  Facies illis humanæ.

  Heu miseri! heu miseri! Quid, homo,
  Ineptam sequeris lætitiam?

Stridor alarum ut sonus aquarum,
 Dentes earum dentes leonum :
 Volabunt celeres, rugient ut quadrigæ;
 Angelum ergo ferunt Abyssi
 Quem Hebræus Abaddon, Græcus Apollion,
 Exterminantem dicit Latinus,
 Tormentum malis mensibus quinis.

  Heu miseri! heu miseri! Quid, homo,
  Ineptam sequeris lætitiam?

Truces per mundum equites currunt;
 Tertiam partem hominis occidunt.
 Vicies millies millia erunt dena.
 Sicut leonum capita eorum,
 Caudæ eorum capita serpentium;
  Ignis et sulfur, pestifer fumus
  Prodiet ore ipsorum.

  Heu miseri! heu miseri! Quid, homo,
  Ineptam sequeris lætitiam?

Vesano redactæ gentes errore
 Congregabuntur Satana duce,
 Prælium facturæ contra regem supernum;
 Hebræus dicit locum Ermageddon.
 Castra sanctorum, civitatem dilectam
 Tunc circumdabunt, igne superno
  Omnes ibi peribunt.

  Heu miseri! heu miseri! Quid, homo,
  Ineptam sequeris lætitiam?

Xpists (Christus) ab alto rulans regno, crucis
 Descendet prævio signo; sanctorum
 Cum eo agmina angelorum,
 Omnes prophetæ et patriarchæ,
 . . . . . Apostoli, martyres purpurei,
 Confessores lucidi, virginum chori,
 Virtutum lampade præclari.
 Veni benigne, Rex pie,
 Subveni redemptis pretioso sanguine.

  Heu miseri! heu miseri! Quid, homo,
  Ineptam sequeris lætitiam!

Ydrus peribit ille superbus,
  Jesu apparente,
  Prostratus rapiet æternos
  Satanas cruciatus.
 Cœlum desursum, terra deorsum,
 Ignis in medio succendens,
 Cuncta tempestas ingens, contra damnandos
 Judice pugnabunt præsente.

  Heu miseri! heu miseri, spes quibus
  Januæ nulla est reseranda!

Zelo superni judicis cuncta
 Visitabuntur cordis occulta,
 Verborum opera. Ipsius cogitatus.
 Tunc rationem omnes reddebimus.
 Arguet interius qui videt exterius

CHAPITRE VI.

Antequam nuda et manifesta
Et non sunt cuncta secreta.

 Heu miseri! heu miseri! Quid, homo,
 Ineptam sequeris lætitiam?

A Ω   Jesu benigne,
Qui tenes claves mortis et vitæ,
Arbiter vivorum qui es et mortuorum,

Rex Christe, nostra posside corda,
Ut læti judicem te venientem,
Cum virtutum lampade,
 Mereamur videre,
 Tua certi de pietate.

Gloria Patri et tibi, Nate,
Sancto cum Spiritu, canimus sine fine.
      Amen.

Quant à la pièce de l'abbaye de Moissac, M. Morelot se borne à en citer le commencement, que nous reproduisons ici :

Quicque cupitis audire
 Ex ore meo carmina,
De summo Deo nunc audite
 Gloriosa fumina
Et de adventu Antichristi
 In extremo tempore.

Antechristus est venturus
 Permittente Domino,
In Babilonia nascetur
 Conceptus de Diabolo;
De tribu Dan erit ortus.
 Ex Ebreorum populo.

S'il s'agissait de comparer les mélodies des proses du Ms. 1154 et de la bibliothèque de Montpellier avec la mélodie du « Dies iræ », il ne faudrait pas hésiter à déclarer qu'elles lui sont inférieures. Il est en effet impossible, nous ne disons pas de surpasser, mais d'égaler cette mélodie sublime, si majestueusement adaptée au sujet. On reconnaîtra néanmoins que celle du Ms. 1154 est remarquable par sa simplicité, par sa gravité et par un ensemble en harmonie avec le caractère de la poésie. Comme la mélodie de la deuxième strophe diffère de celle de la première, nous avons pensé un instant qu'il fallait ainsi alterner la mélodie des autres strophes. Mais la manière dont la notation est disposée dans la quatrième et dans la sixième nous a fait abandonner cette pensée. La strophe qui commence par ces mots, "Dies iræ, dies illa", ne porte pas de notation sur la première ligne; cela est d'autant plus regrettable que la mélodie du second vers de la même strophe diffère de celle du second vers des autres strophes; il eût été curieux de connaître la mélodie du vers « Dies iræ, dies illa ». Voyez PLANCHE III et PLANCHE IV, n° 1.

Certains passages de cette pièce démontrent d'une manière évidente que les neumes sont ici de l'espèce nommée neumes à points superposés. Nous n'avons reproduit en fac-similé que les lignes qui portent des neumes sur le texte. Dans notre traduction en plain-chant, nous avons donné, aux lignes non surmontées de neumes, la mélodie des lignes de la première strophe qui y correspondent, en prenant pour type de la première ligne de chaque strophe sans neumes la mélodie de la première ligne de la quatrième strophe. La surabondance de syllabes dans la première ligne de la première strophe ne permet pas de la prendre pour guide.

La mélodie de la prose de Montpellier n'est pas inférieure en beauté à son texte. C'est le plus bel éloge, pensons-nous, qu'on puisse en faire. On y rencontre en effet l'élévation, la grandeur, le calme et jusqu'à la terreur même que les vers dépeignent si bien. On en trouvera la traduction en notation de plain-chant dans la troisième partie de cet ouvrage. M. Blanc a fixé l'âge de cette pièce à la fin du xe siècle ou au commencement du xie. Cette appréciation, basée sur des documents et des autorités solides, paraît à l'abri de contestation.

Il est à regretter que M. Stephen Morelot n'ait pas publié la mélodie de la prose du manuscrit de Moissac; il eût été intéressant de la comparer avec celles des proses du Ms. 1154 et de la bibliothèque de Montpellier.

Le chant liturgique qui a le plus de rapport avec le « Dies iræ » est le « Libera », de l'office des morts. On y trouve, outre le caractère général de cette pièce, le fameux vers « Dies iræ, dies illa », qui a donné son nom à la prose du rituel romain; mais il est interverti de cette manière : « Dies illa, dies iræ, etc. ». La mélodie y est aussi la même dans les livres modernes. Est-ce le « Libera » qui a emprunté ce vers à la prose des morts, ou est-ce celle-ci qui l'a pris au « Libera »? Cette question ne pourra se résoudre qu'avec des textes anciens et authentiques, qui ne sont pas connus jusqu'à présent. Car il est à remarquer que l'on commence seulement à explorer les documents et les monuments qui doivent porter la lumière dans les débats de cette nature. Il n'y a pas de doute que ces explorations amèneront des résultats certains.

On croit généralement que Maurice de Sully, évêque de Paris au xiie siècle, composa pour l'office des morts plusieurs répons, parmi lesquels se trouve le « Libera ». Si cela était, il serait pour le moins étonnant de ne pas voir figurer dans le rite de l'église de Paris ce répons qui aurait eu pour auteur un de ses plus illustres prélats; mais cette opinion est erronée. Trois monuments du xe et du xie siècles, que nous sommes assez heureux de pouvoir reproduire ici, viennent prouver que cette pièce liturgique était chantée, dans l'office romain, longtemps avant Maurice de Sully. Ces trois « Libera » sont les plus anciens connus. Nous en donnons les fac-similés PLANCHE XI, n°s 1 et 2, et PLANCHE XIII, n° 1. Le n° 1 de la PLANCHE XI est tiré du missel d'Aquilée, du xe siècle, qui appartient à la bibliothèque de Sainte-Croix-de-Jérusalem, à Rome.

Le n° 2 est extrait d'un bréviaire du xɪᵉ siècle des archives de Cividale. Le n° 1 de la Planche XIII provient du Ms. 81, du xɪᵉ siècle, de la bibliothèque Vallicellana, à Rome. Nous avons puisé ces trois pièces dans la collection de fac-similés que M. Danjou a recueillie dans les bibliothèques d'Italie, pendant son voyage de 1847, et qui est aujourd'hui en notre possession.

Le fac-similé de la Planche XIII est en neumes à points superposés et liés; les deux autres sont en neumes primitifs.

Ces trois « Libera » se signalent par des différences dans le texte. Le premier et le troisième ressemblent au « Libera » de l'office romain, tel qu'il est donné par Guidetti dans son « Directorum chori », excepté que, dans le premier, on répète ces mots : « In die illa tremenda », après le verset « Tremens factus sum, etc. », tandis que, dans le troisième, on revient au « Quando cœli, etc. », comme dans l'office romain. Celui des archives de Cividale contient l'addition du verset suivant :

> Quid ego, miserrimus,
> Quid dicam vel quid faciam,
> Cum nil boni perferam
> Ante talem judicem?

qui se chante immédiatement après « Tremens factus sum, etc. » Cette addition se trouve également dans le « Libera » d'un manuscrit du xɪvᵉ siècle de notre bibliothèque. Nous en reproduisons le fac-similé sous le n° 1 de la Planche XXXIV; il figure encore dans le processionnal à l'usage des frères prêcheurs, imprimé à Venise, en 1509, par Lucas Antoine de Giunta.

Quant à la mélodie, les trois manuscrits italiens sont à peu près dans les mêmes conditions que le texte. Le chant du missel d'Aquilée et celui du manuscrit de la bibliothèque Vallicellana se rapprochent en grande partie de la version du « Directorium » de Guidetti. La mélodie du bréviaire de Cividale paraît être celle qui a servi de source à notre manuscrit du xɪvᵉ siècle et à celle du processionnal des frères prêcheurs de 1509.

En comparant les mélodies de ces époques reculées avec celles des xɪvᵉ et xvɪᵉ siècles, et avec celles d'aujourd'hui, on remarque qu'elles diffèrent toutes d'une manière assez notable, et il serait difficile de décider celle qu'il serait préférable d'adopter. Nous abandonnons cette décision aux ecclésiastiques compétents, nous bornant à faire remarquer que le manuscrit du xɪvᵉ siècle et le processionnal du xvɪᵉ, qui contiennent le verset additionnel dont nous venons de parler, portent une mélodie presque identique.

CHAPITRE VII.

Du rhythme et de la valeur temporaire dans le plain-chant.

Une question intéressante est celle de savoir si les mélodies des proses des morts, dont il vient d'être parlé, avaient un rhythme musical. M. Fétis, sans avoir formulé son opinion à cet égard, semble néanmoins l'avoir résolue affirmativement, en traduisant en mesure musicale la mélodie de la prose de Montpellier [1].

Nous ne partageons pas cette opinion, et voici pourquoi : en principe, tous les chants liturgiques ont été composés dans le système grégorien, c'est-à-dire en plain-chant ou musique plane. Il n'y a d'exception qu'en faveur de certains chants métriques, moins encore parce que c'étaient des mélodies rhythmées que parce que les textes qui les ornaient avaient pour auteurs les hommes les plus éminents et les plus pieux de la chrétienté. Ce qui semble démontrer que le rhythme musical n'a été admis que comme accessoire, c'est qu'il n'a pas toujours été conservé, qu'on l'a souvent, au contraire, sacrifié pour donner à ces chants un caractère plus grave et plus majestueux. Mais cette exception ne s'est jamais étendue aux chants dont le rhythme ne constituait pas un des principaux éléments. La prose de Montpellier et celle du Ms. 1154 ne se trouvent pas dans cette condition. Leurs vers ne sont pas construits d'après les principes métriques; il n'y a donc pas lieu de leur assigner un rhythme musical. S'il y avait doute même, il faudrait encore trancher la question en faveur du plain-chant, par cette raison que les proses des morts ayant eu une destination non douteuse, celle d'être chantées dans la cérémonie chrétienne la plus triste, la plus lugubre de toutes, ont dû être composées dans le style le mieux en harmonie avec les sentiments dont elles devaient être les interprètes. Ce style musical était le plain-chant, le seul, suivant nous, qui leur ait pu convenir.

Le plain-chant était-il pour cela une musique tellement uniforme qu'il n'ait eu aucun rhythme et que toutes ses notes eussent la même durée? Personne ne pourrait le prétendre. Mais quel était son rhythme, quelle était la valeur temporaire de ses notes? Ces questions importantes sont loin d'être résolues.

Le rhythme du plain-chant n'avait, à notre avis, aucun rapport avec le rhythme musical; il n'était fondé ni sur la mesure, ni sur le retour d'un même mètre.

---

(1) M. Paulin Blanc a joint la traduction de M. Fétis à sa dissertation.

CHAPITRE VII.

Semblable au rhythme oratoire, ainsi que le dit fort bien l'abbé Baini, il était plus libre, plus varié, plus compliqué, plus multiplié que le rhythme musical ; il était en même temps très déterminé, très reconnaissable, très nécessaire. C'était, suivant l'heureuse expression du même auteur, l'âme du chant grégorien [1].

Si l'on se reporte aux plus anciens auteurs qui ont écrit sur le chant ecclésiastique, on voit, en effet, que le rhythme grégorien était, suivant l'acception générale de ce mot, la proportion que devaient avoir entre elles toutes les parties d'un même chant. Hucbald, Gui d'Arezzo, Aribon, Engelbert [2], et plusieurs autres écrivains recommandables du moyen âge, sans le définir d'une manière expresse, prescrivent avec soin les règles générales propres à maintenir la régularité rhythmique dans le plain-chant ; ils déterminent les nuances de vitesse ou de lenteur qu'il convient d'observer dans les diverses périodes d'un chant pour lui donner le caractère d'homogénéité et de variété propre à telle ou telle cérémonie. Quoiqu'il n'y soit question que de notes longues et brèves, il est facile de s'apercevoir qu'elles ne pouvaient pas avoir toujours la même durée. Car, indépendamment du rhythme spécial à telle ou telle période, qui pouvait influer sur la durée particulière de telle ou telle note, cette durée se trouvait encore subordonnée à certains ornements du chant.

Ce qui concerne la valeur temporaire des notes dans le chant grégorien pur paraît avoir été en grande partie abandonné, pendant le moyen âge, à l'enseignement pratique et traditionnel [3] ; car aucun des écrivains sur la musique antérieure au XIIIe siècle n'en parle d'une manière ni assez complète ni assez détaillée pour qu'il soit possible d'en avoir une idée bien nette, bien précise. Jérôme de Moravie est le premier, à notre connaissance, qui ait traité cette matière avec l'importance qu'elle comporte, dans le chapitre XXV de son traité de musique. On y trouve des renseignements abondants et détaillés sur la durée des notes simples, liées et détachées ; sur les groupes de notes

---

(1) « La esecuzione in conseguenza tanto pregiata del canto gregoriano antico erasi perduta affatto, e mai non si è più saputa retrovare. » (Pourquoi désespérer ?) « Non dirò solo gli ornamenti sopra menzionati, ma il numero stesso, cioè dire l'anima del canto fu mandata in totale obblio. E dissi avvedutamente numero, e non metro, o misura, o ritmo : perciocchè vestendosi per lo più dal canto gregoriano parole meramente prosaiche, non era egli un canto a battuta fissa inalterabilmente, e di ritorni eguali siccome il verso, ma di vero numero corrispondente al numero oratorio, cioè più libero, più vario, più complicato, più moltiplice, ed insieme finissimo, riconoscibile, necessario. » — *Memor. della vita e delle opere di G. P. da Palestrina*, t. II, p. 87.

(2) Apud GERB., *Script*, t. I et II.

(3) « Sed hæc et hujusmodi melius colloquendo quam describendo monstrantur. » — GUI D'AREZZO, apud GERB. *Script.*, t. II, p. 16.

liées et détachées tant en montant qu'en descendant, selon les positions qu'elles occupaient dans les périodes musicales; à la fin, au milieu ou au commencement d'une période complète ou incomplète. Ce qu'il y a de plus remarquable, c'est que toutes ces modifications n'y sont marquées par aucun signe séméiologique. Cette doctrine de la durée des notes est ensuite complétée par celle non moins importante des ornements usités dans le plain-chant au xiiie siècle. Ces ornements, qui ne sont non plus indiqués par aucun signe de notation, la plique exceptée, se composaient de la plique, de la réverbération et de ses diverses espèces, des fleurs longues, ouvertes et subites; du trille, appelé « nota procellaris ». Jérôme de Moravie explique avec le plus grand soin dans quelles circonstances et sur quelles notes se pratiquaient tous ces ornements.

Cet important chapitre est à lui seul un véritable traité sur le rhythme et l'ornementation du chant ecclésiastique au moyen âge. Il serait impossible d'en faire apprécier toute la valeur dans la faible et brève analyse que nous pourrions en donner. Aussi ne l'essaierons-nous pas, dans la crainte de déflorer ce sujet, qui demande un travail spécial et complet. Quand il sera connu dans toute son étendue et avec les explications dont il a besoin d'être accompagné, alors, seulement, on pourra avoir une idée des immenses ressources d'exécution dont le plain-chant disposait au moyen âge pour émouvoir ses auditeurs et faire pénétrer dans leur cœur les sentiments les plus nobles et les plus élevés. Quand on connaîtra la prodigieuse variété de rhythmes, les nombreux ornements dont le plain-chant était pourvu, alors aussi on se figurera ce qu'il a pu être pendant que ces traditions étaient en pleine vigueur et à leur apogée. Le traité de Jérôme de Moravie nous révèle en grande partie tous ces mystères. Quand on se transporte un instant par l'idée au temps où tout cela existait dans son éclat, l'imagination reste éblouie du degré de grandeur, de noblesse et de sublime auquel avait atteint cet art véritablement divin.

CHAPITRE VIII.

Art dramatique au moyen âge. — Drame liturgique. — Son caractère musical.

On a eu pendant fort longtemps des idées fausses et incomplètes sur l'art dramatique au moyen âge. Il y a vingt-cinq ans, on croyait encore généralement, avec Beauchamp[1] et les frères Parfait[2], que les essais dramatiques ne

---

(1) *Recherches sur les théâtres de France, depuis l'année 1161 jusqu'à présent.* Paris, 1735.
(2) *Histoire du théâtre français depuis son* origine *jusqu'à présent.* Amsterdam et Paris, M. D. CC. XXXV. — M. D. CC. XLIX, quinze volumes in-8°.

dataient pas d'une époque antérieure au xive siècle. Il semblait que l'art théâtral avait sommeillé pendant plusieurs siècles, lorsque cette partie de l'archéologie, comme plusieurs autres demeurées trop longtemps dans l'oubli, a attiré l'attention de nos savants. M. Magnin, de l'Institut, a le premier débrouillé cette matière; le premier, il a interrogé, il a scruté les véritables sources d'où sa science et son érudition ont fait jaillir la lumière jusque-là cachée à tous les yeux [1]. D'autres l'ont suivi dans cette voie par des recherches et des publications qui ont vivement contribué à éclaircir ce sujet. Parmi les travaux les plus remarquables, nous citerons ceux de MM. de Monmerqué et Francisque Michel [2], Jubinal [3], Edelestand du Méril [4], Félix Clément [5], de la Fons-Mélicocq [6], Didron [7] et Danjou [8].

M. Magnin compte trois sources d'où découle l'art dramatique du moyen âge : l'aristocratie, la religion et le peuple. Cette division peut, suivant nous, se réduire à deux, le drame profane ou mondain et le drame religieux ou liturgique; celui-ci était le véritable drame populaire.

Chacun de ces drames avait son sujet, son caractère, ses allures et son style particuliers. La musique, qui en formait une partie intégrante, était également différente dans l'un et dans l'autre.

Le drame liturgique, dont le rôle était le plus important, a son origine dans les cérémonies du christianisme. Que sont en effet l'office de la messe, les fêtes de Noël, de l'Épiphanie, des Rameaux, de la Passion, de Pâques, etc., sinon des drames et des scènes représentant le sacrifice du Rédempteur [9], la

---

(1) *Les origines du théâtre moderne ou histoire du génie dramatique depuis le premier siècle jusqu'au* xvie, précédées d'une introduction contenant des études sur les origines du théâtre antique. Paris, 1838, t. I. — Les trois autres volumes qui devaient compléter l'ouvrage n'ont pas été publiés jusqu'à présent. — *Le théâtre de Hrosvitha.* Paris, 1846 ; et plusieurs articles dans le *Journal des Savants*, année 1846.

(2) *Théâtre français au moyen âge.* Paris, 1839.

(3) *Mystères inédits du* xve *siècle.* Paris, 1837.

(4) *Origines latines du théâtre moderne.* Paris, 1849.

(5) *Drame liturgique,* dans les *Annales archéologiques* de M. Didron, t. VII, VIII et IX.

(6) *De l'art dramatique au moyen âge. — Les artistes dramatiques de Béthune, ibid.,* t. VIII.

(7) *Ibid. Passim* dans les dix volumes.

(8) *Le théâtre religieux et populaire au* xiiie *siècle ; Mystère de Daniel,* dans la *Revue de musique religieuse,* t. IV, p. 65.

(9) « Le célébrant s'approche du sanctuaire en priant à voix basse le Seigneur de le recevoir dans sa grâce ; il confesse humblement ses péchés, monte à l'autel et implore à haute voix les bénédictions de Dieu, qui vient de l'accueillir parmi ses serviteurs. Alors commence la lecture des enseignements de saint Paul, et le chant varié du graduel, auquel participent tous les fidèles, indique leur diversité et leur assentiment aux paroles de l'apôtre des Gentils. Ainsi préparés à recevoir la parole même de Dieu, ils se lèvent respectueusement pour entendre l'Évangile ; la prédication qui suit leur en prouve de nouveau la vérité, et ils témoignent de leurs convictions en chantant d'une voix unanime le symbole offi-

Nativité[1], l'Adoration des Mages, la Passion[2], l'office du Saint-Sépulcre, la Résurrection[3], etc.? Il a fallu peu d'efforts pour développer toutes ces histoires saintes et en former des drames véritables, propres à expliquer au peuple les principaux épisodes évangéliques et les mystères de la religion.

Les plus anciens drames religieux connus jusqu'ici sont ceux désignés pendant longtemps collectivement sous le nom de « Vierges sages et Vierges folles ». Ils se trouvent dans le Ms. 1139 de la bibliothèque nationale de Paris[4].

---

ciel de la foi chrétienne. Édifié sur les dispositions de l'assistance, le prêtre sacrificateur se prépare, par de nouvelles prières, à la célébration du sacrifice ; la consécration fait redescendre le Christ sur l'autel, et l'holocauste du mont Calvaire recommence pour le salut des spectateurs. Le drame n'existe pas moins dans la forme que dans le fond même de la pensée ; il est véritablement dialogué par des acteurs indépendants les uns des autres ; le célébrant, le diacre, le sous-diacre, les chantres, les simples prêtres et les enfants de chœur portent, chacun, un costume différent, et caractérisent profondément leur rôle par une mélopée et un accent qui leur sont propres. » — M. Ed. du Méril, *Origines latines du théâtre moderne*, p. 41.

(1) « Chaque fête est un anniversaire et se célèbre avec des rits, des chants et des ornements particuliers qui correspondent à son origine. Ainsi, par exemple, on ajoutait autrefois à l'office du jour de Noël le cantique que les anges avaient chanté le jour de la nativité, et, pour en rendre le souvenir plus saisissant, quelques églises se servaient des paroles grecques qu'elles croyaient sans doute plus rapprochées de l'original. » — *Ibid.*, p. 42.

(2) « Les principales circonstances de la Passion donnèrent même naissance à une série de petits drames qui se représentent encore pendant la semaine sainte dans toutes les églises catholiques. » — *Ibid.*, p. 42.

(3) « Le jeudi saint, tous les ministres du culte s'approchent de la sainte table, et représentent véritablement la cène ; puis le clergé porte au sépulcre le corps du Rédempteur, et, tant qu'il y demeure, le tabernacle reste ouvert et le sanctuaire vide. » — *Ibid.*, p. 43.

(4) Parmi les manuscrits anciens qui renferment des chants notés, il en est peu d'aussi intéressants que le n° 1139 de la bibliothèque nationale de Paris. Ce codex, qui a excité l'attention de plusieurs savants, à cause des poésies en langue romane et surtout à cause des mystères mélangés de latin et de roman qu'il contient, n'a pas été encore envisagé sous le point de vue musical ; c'est particulièrement sous ce rapport que nous l'examinerons ici. Il a appartenu autrefois à l'abbaye de Saint-Martial de Limoges où il portait le n° 100. Son format est petit in-4°. Il renferme 235 feuillets composés de plusieurs fascicules écrits à des époques et par des mains différentes.

Le premier fascicule, qui comprend les trente et un premiers feuillets, commence par deux proses en l'honneur de saint François. La première débute ainsi : *Lœtabundus Francisco*, etc. La deuxième, qui a été composée par Grégoire IX, a pour titre : *Alia prosa quam fecit domnus papa Gregorius nonus de beato Francisco*; elle commence ainsi : *Caput drachonie*, etc. Ces proses sont suivies d'une autre en l'honneur de saint Martial commençant (fol. 3, v°) par ces mots : *Marcialem chorus*, etc. L'écriture musicale de ces trois pièces appartient à la dernière moitié du XIII° siècle.

L'on sait que Grégoire IX, élu pape le 19 mars 1227, est mort le 20 août 1241. La mélodie de la première prose, qui est la même que celle de la troisième, est d'un beau caractère. Celle de la deuxième est belle aussi, mais moins riche et moins élevée.

Les feuillets 4 r° à 7 v° contiennent une autre

CHAPITRE VIII.

Ce précieux volume, qui a été signalé successivement par l'abbé Lebeuf,

prose de saint Martial, notée sur une seule ligne noire et en points carrés. L'écriture et la notation de cette pièce sont d'une autre main que la précédente ; sa mélodie lui est inférieure. Le recto du huitième feuillet est en blanc ; le verso contient un chant de sainte Valérie, noté comme le dernier. Le style mélodique en est médiocre. Il commence par ces mots : *Valeria martir beata*, etc.

Les feuillets 10 à 20 contiennent un certain nombre de chants également notés sur une seule ligne. Le premier seul a une ligne rouge, dans les autres la ligne est noire. Cette notation est remarquable par son caractère transitionnel des neumes à la notation carrée.

Les feuillets 20 à 28 renferment le relevé des revenus de l'église de Saint-Martial ; les feuillets 28 à 31 offrent l'inventaire des ornements de la trésorerie de l'abbaye, vers 1200, sous l'abbé Raymond. Ce document a été publié dans le *Bulletin archéologique du comité historique des arts et monuments*, t. IV, p. 100. L'écriture de cet inventaire est semblable à celle du catalogue des livres de l'abbaye qui se trouve à la fin du volume. Elle paraît être de Bernard Itier, archiviste du monastère au commencement du XIII° siècle.

Avec le feuillet 32 commence un autre fascicule d'un format un peu plus petit et d'une écriture plus ancienne. Quelques-uns ont pensé qu'elle est du X° siècle, mais les meilleurs juges en cette matière la considèrent comme appartenant au XI°. Depuis le feuillet 32 jusqu'au feuillet 83, l'écriture et la notation sont de la même main ; mais, à partir de ce dernier jusqu'au feuillet 116, l'écriture, quoique semblable à la première portion, est plus forte ; la notation aussi est plus grosse et n'a pas tout à fait la même netteté. L'écriture et la notation nous paraissent appartenir néanmoins à la même époque. Ce fascicule forme évidemment la partie la plus importante du manuscrit. Toutes les pièces y sont notées en neumes à points superposés, écrits sur une ligne tracée à la pointe sèche dans l'épaisseur du vélin. Indépendamment d'un grand nombre de proses et d'autres pièces liturgiques des plus intéressantes, on y voit des chants en langue romane d'oc, considérés comme les plus anciennes poésies en langue vulgaire notées qui soient connues. Mais ce qui s'y présente de plus curieux et de plus important, ce sont les mystères et fragments de mystères dont il est question dans ce chapitre.

Le fragment de mystère intitulé : « Lamentation de Rachel » se trouve au feuillet 32.

Le feuillet 35 contient une pièce de vers avec cette rubrique : CIRISA BERNART VERSUS.

Au f° 41 : *Jubilemus, exultemus*, etc.

Cette pièce offre, dans la notation, une particularité que nous devons signaler. Les neumes sont placés sur le texte en une double rangée séparée par un trait rouge. Cette double rangée de notes semble former une mélodie séparée et différente. La plus élevée est composée de notes, simples et liées, de diverses valeurs ; celle de dessous n'est composée que de notes simples et de même valeur. Le feuillet 78 r° contient une pièce commençant par ces mots : *Mira lege*, et notée à peu près de la même manière. Ce *Mira lege* est un déchant dont nous avons parlé page 42. En est-il de même du *Jubilemus ?* On peut en douter à cause de la trop grande disproportion dans le nombre de notes des deux rangées.

F° 44 r°, *Tu autem*, en roman d'oc.

Viennent ensuite les mystères connus sous le nom de *Vierges sages et vierges folles*.

Les pièces qui suivent sont des proses et des *Kyrie* paraphrasés, appelés *Kyrie farcis*.

Le dernier fascicule commence au feuillet 119. L'écriture et la musique sont du XIII° siècle. La notation des seize premiers feuillets est écrite sur quatre, cinq et même six lignes rouges. Tout le reste est noté sur une seule ligne tracée dans l'épaisseur du vélin. Les feuillets 119 à 143 contiennent des antiennes, des répons et des invitatoires de la Vierge ; les autres, jusqu'au 228, renferment des proses diverses.

Le feuillet 229 et les suivants, jusqu'à la fin, contiennent le catalogue des livres de Saint-Martial, écrit au XIII° siècle par Bernard Itier.

(1) *État des lettres en France*, p. 68.

par les auteurs de « l'Histoire littéraire de la France[1], » et plus récemment par MM. Fauriel[2] et Renouard[3], contient trois mystères distincts : 1° deux mystères complets, l'un tout en latin, l'autre en latin mêlé de langue romane d'oc ; 2° un fragment de mystère tout latin.

M. Magnin, le premier, a fait remarquer la séparation qui existait entre ces pièces. Ce savant croit en outre reconnaître, avec raison suivant nous, un autre fragment dramatique dans les vers qui se trouvent à la suite de cette rubrique : « Lamentatio Rachel ». Nous en donnons le fac-similé dans la troisième partie, PLANCHE XII. En voici le texte et la traduction.

LAMENTATIO RACHEL.

(RACHEL) :
O dulces filii quos nunc progenui,
Olim dicta mater, quod nomen tenui !
Olim per pignora vocor puerpera,
Modo sum misera natorum vidua !
Heu mihi miseræ ! cum possim vivere
Cum natos coram me video perdere,
Atque lacerare partim detruncare !
Herodes impius, furore repletus,
Nimium superbus perdit meos partus.

ANGELUS :
Noli, Rachel, deflere pignora ;
Contristaris et tundis pectora !
Noli flere ; sed gaude potius,
Cui nati vivunt felicius :
    Ergo gaude.
Summi Patris æterni filius,
Hic est ille quem quæret perdere,
Qui nos facit æterne vivere.
    Ergo gaude.

LAMENTATION DE RACHEL.

(RACHEL) :
O doux fils que je viens d'engendrer !
Mère depuis longtemps, j'en ai gardé le titre ! [nom,
Naguère encore, à cause de vous, on me donnait ce
Aujourd'hui je suis une malheureuse veuve de ses fils !
Hélas ! infortunée que je suis ! puisque je puis vivre
En voyant périr mes enfants sous mes yeux,
En les voyant déchirer et mettre en pièces !
L'impie Hérode, plein de fureur,
Dans son excès d'orgueil, détruit mes enfants.

L'ANGE.
Ne pleure pas tes enfants, Rachel ;
Tu t'affliges et te frappes la poitrine !
Ne pleure pas ; mais réjouis-toi plutôt, [grand :
Toi dont les fils jouissent d'un bonheur plus
    Réjouis-toi donc.
Le fils du Très-Haut Père éternel,
Voilà celui qu'il cherche à tuer,
Lui qui nous fait vivre éternellement.
    Réjouis-toi donc.

Ce fragment semble avoir appartenu à un mystère sur le Massacre des Innocents analogue à celui que M. E. du Méril a inséré dans ses « Origines latines du théâtre moderne », p. 175, d'après un manuscrit d'Orléans.

(1) T. VII, p. 127.
(2) *Histoire provençale*, t. 1, p. 255-257.
(3) *Choix des poésies originales des troubadours*, t. II, p. CXLV et 139-143.

CHAPITRE VIII.

LES TROIS-MARIES.

Le premier des trois mystères, formant l'ensemble connu sous le nom de «Vierges sages et vierges folles », porte pour titre : « (H)oc est de mulieribus ». — « Ceci est (l'office) des (saintes) femmes. »

C'est un fragment de l'office du Sépulcre ou des Trois-Maries, tel qu'on le célébrait à Narbonne, au Mont-Saint-Michel, à Rouen, à Paris[1] et dans beaucoup d'autres localités. Il se compose d'une seule scène ayant pour interlocuteurs l'Ange, gardien du sépulcre, et les trois Maries.

Voici le texte et la traduction de ce fragment; nous en avons reproduit le fac-similé, Planche XIII, n° 2.

HOC EST DE MULIERIBUS[2].

(VIRGO MATER DEI[3] :)
Ubi est Christus, meus Dominus et Filius Excelsus?

(TRES MARIÆ :)
Eamus videre sepulcrum.

(ANGELUS SEPULCRI CUSTOS :)
Quem quæritis in sepulcro, o christicolæ?

(TRES MARIÆ :)
(Jesum Nazarenum crucifixum, o cœlicola.)

(ANGELUS :)
Non est hic ; surrexit sicut prædixerat. Ite, nuntiate discipulis ejus quia præcedet vos in Galilæam.

(TRES MARIÆ :)
Vere surrexit Dominus de sepulcro cum gloria. Alleluia.

OFFICE DES SAINTES FEMMES.

(LA VIERGE, MÈRE DE DIEU :)
Où est le Christ, mon Seigneur et Fils Très-Haut?

(LES TROIS MARIES :)
Allons voir le sépulcre.

(L'ANGE GARDIEN DU SÉPULCRE :)
Qui cherchez-vous dans le sépulcre, ô chrétiens?

(LES TROIS MARIES :)
(Jésus de Nazareth, qui a été crucifié, ô habitant du ciel!)

(L'ANGE :)
Il n'est pas ici; il est ressuscité comme il l'avait prédit; allez, annoncez à ses disciples qu'il vous précédera en Galilée.

(LES TROIS MARIES :)
Le Seigneur a vraiment ressuscité du tombeau avec gloire. Amen.

---

(1) E. Du Méril, Origines latines du théâtre moderne, p. 91 à 116.—Ann. arch., V. XI, p. 181.

(2) MM. Francisque Michel et Monmerqué, M. Magnin et M. E. du Méril, ont cherché à remplir les lacunes qui existent évidemment dans ce fragment. Nous avons adopté le texte restitué par M. du Méril qui s'est guidé d'après « l'office du sépulcre », tel qu'il se trouve dans l'ancien ordinaire de Rouen, cité par M. Magnin dans le Journal des Savants, année 1846.

(3) Les mots placés entre parenthèses ne sont pas dans le manuscrit.

LES VIERGES SAGES ET LES VIERGES FOLLES.

Ce mystère, qui commence dans le manuscrit à la dernière ligne du feuillet 53 recto, n'y porte pour titre que : « Sponsus ». Mais comme il a pour sujet la parabole des Vierges sages et des Vierges folles (saint Mathieu, ch. 25), M. Renouard l'a intitulé : « Vierges sages et vierges folles ». Ce titre a été adopté par tous ceux qui, après lui, ont parlé de ce drame liturgique.

Le chœur chante d'abord une sorte de séquence dont la mélodie, qui se répète de deux vers en deux vers, est d'une simplicité grave et touchante. Puis l'archange Gabriel, dans cinq strophes en roman, dites sur la même mélodie, annonce la venue du Christ, et raconte ce que le Sauveur a souffert sur terre pour nos péchés. Chaque strophe est terminée par un refrain dont la dernière partie a le même chant que le premier vers de chacune des strophes. Les Vierges folles confessent leurs fautes, supplient leurs sœurs de prendre pitié de leur inexpérience et demandent secours. Ces trois strophes, en latin, ont une autre mélodie que les cinq précédentes. Elles sont terminées comme celles-ci par un refrain triste et plaintif dont les paroles sont en roman. Les Vierges sages refusent de l'huile et invitent leurs sœurs à s'en procurer chez les marchands, qui leur en refusent également et les éloignent. Toutes les strophes changent de mélodie à chaque changement de personnages.

Ce mystère se termine par l'intervention du Christ qui condamne les Vierges folles. Les paroles prononcées par Jésus ne sont accompagnées d'aucune mélodie, soit que le musicien n'ait pas trouvé de chant qui lui ait paru digne d'être placé dans la bouche du Seigneur, soit que cette absence ait été le fait intentionnel de l'auteur du mystère. On trouvera le fac-similé de ce drame liturgique en entier, PLANCHES XIII n° 3, XIV, XV, XVI, XVII et XVIII n° 1.

Nous en donnons ici le texte et la traduction d'après M. Magnin :

SPONSUS.	LA VENUE DE L'ÉPOUX.
(CHORUS [1] :)	(LE CHOEUR :)
Adest sponsus qui est Chris us : vigilate, virgines. Pro adventu ejus gaudent et gaudebunt homines. Venit enim liberare gentium origines, [mones. Quas per primam sibi matrem subjugarunt dæ-	L'époux, qui est le Christ, est près d'arriver ; veillez, vierges ! Les hommes se réjouissent et se réjouiront de sa venue ; car il vient délivrer du péché originel le genre humain que les démons se sont asservi en séduisant notre première mère.
Hic est Adam, qui secundus per prophetam dicitur. Hic pependit, ut cœlesti patriæ nos redderet,	C'est lui qui est appelé le second Adam par le prophète ; lui qui efface en nous la tache que le

(1) M. Magnin met cette espèce de prologue dans la bouche du célébrant « Sacerdos ». Nous croyons avec M. E. du Méril que ces vers étaient chantés par le chœur.

Per quem scelus primi Adæ nobis diluitur.
Ac de parte inimici liberos nos traheret.
Venit sponsus qui nostrorum scelerum piacula
Morte lavit, atque crucis sustulit patibula.

faute du premier Adam y avait mise. Il a été suspendu à la croix, pour nous rendre à la patrie céleste et nous arracher à l'ennemi des hommes. Il vient l'époux, qui a lavé et expié nos crimes par sa mort et souffert le supplice de la croix.

(Accedant) PRUDENTES (et dicat GABRIEL:)
    Oiet, virgines, aiso que vos dirum ;
    Aise(e)t que vos comandarum.
    Atendet un espos, Jhesu Salvaire a nom :
        Gaire no i dormet
    Aisel espos que vos hor' atendet.

LES VIERGES (sages s'avanceront et GABRIEL dira:)
    Ecoutez, vierges, ce que nous vous dirons ;
    Ayez présent ce que nous vous recommanderons.
    Attendez un époux qui s'appelle Jésus Sauveur :
        Guère n'y dormit [1]
    Cet époux que vous attendez aujourd'hui.

    Venit en terra per los vestres pechet :
    De la virgine en Betleem fo net ;
    En l' flum Jorda lavet et lutect :
        Gaire no i dormet
    Aisel espos que vos hor' atendet.

    Il est venu sur la terre à cause de vos péchés.
    Il est né de la Vierge à Bethléem ;
    Il a été lavé et baptisé dans le fleuve du Jourdain :
        Guère n'y dormit
    Cet époux que vous attendez aujourd'hui.

    Eu fo batut, gablet e lai deniet,
    Sus en la crot batut e clau figet :

    Deu monumen deso entrepauset :
        Gaire no i dormet
    Aisel espos que vos hor' atendet.

    Il a été battu de verges, moqué et renié ;
    [pieds traversés de clous ;
    Il a eu le côté percé sur la croix, et les mains et les
    Il a été déposé sous la pierre d'un sépulcre :
        Guère n'y dormit
    Cet époux que vous attendez aujourd'hui.

    E resors es, la scriptura o dii ;
    Gabriels soi, en trames aici :
    Atendet lo, que ja venra praici :
        Gaire no i dormet
    Aisel espos que vos hor' atendet.

    Il est sorti du tombeau, l'Écriture l'a dit.
    Je suis Gabriel, moi que vous voyez ici.
    Attendez-le, car il viendra bientôt ici.
        Guère n'y dormit
    Cet époux que vous attendez aujourd'hui.

FATUÆ :
    Nos virgines, quæ ad vos venimus,
    Negligenter oleum fudimus ;
    Ad vos orare, sorores, cupimus,
    Ut et (l. ad) illas quibus nos credimus :
    Dolentas ! Chaitivas ! trop i avem dormit.

LES VIERGES FOLLES :
    Nous, vierges qui venons vers vous,
    Nous avons usé négligemment notre huile ;
    Nous voulons vous prier, ô sœurs,
    Comme celles en qui nous avons confiance :
    Malheureuses ! chétives ! nous avons trop dormi.

    Nos comites hujus itineris
    Et sorores ejusdem generis,
    Quamvis male contigit miseris,
    Potestis nos reddere superis :
    Dolentas ! Chaitivas ! trop i avem dormit.

    Nous, vos compagnes dans ce pèlerinage
    Et vos sœurs nées d'une même race,
    Quoique nous ayons mal réussi, infortunées !
    Vous pouvez nous rendre au ciel :
    Malheureuses ! chétives ! nous avons trop dormi.

    Partimini lumen lampadibus ;
    Piæ sitis insipientibus,
    Pulsæ ne nos simus a foribus,

    Partagez avec nous la lumière de vos lampes ;
    Soyez compatissantes pour de pauvres insensées,
    Afin que nous ne soyons pas chassées dehors,

---

(1) Nous avons adopté la ponctuation de M. Renouard et le sens donné par lui à cette phrase.

Cum vos sponsus vocet¹ in sedibus: | Lorsque l'époux vous appellera dans sa demeure :
Dolentas ! Chaitivas ! trop i avem dormit. | Malheureuses ! chétives ! nous avons trop dormi.

PRUDENTES : | LES VIERGES SAGES :

Nos precari, precamur, amplius
Desinite, sorores, ocius ;
Vobis enim nil erit melius
Dare preces pro hoc ulterius :
Dolentas ! Chaitivas ! trop i avet dormit.

Cessez de grâce de nous prier
Plus longtemps, ô nos sœurs ;
Car il ne vous servirait de rien
De nous adresser, à ce sujet, de plus longues prières :
Malheureuses ! chétives ! vous avez trop dormi.

Ac ite nunc, ite celeriter
Ac vendentes rogate dulciter,
Ut oleum vestris lampadibus
Dent equidem vobis inertibus :
Dolentas ! Chaitivas ! trop i avet dormit.

Allez maintenant, allez vite,
Et priez humblement les marchands
De vous donner de l'huile pour vos lampes,
Puisque vous avez été négligentes :
Malheureuses ! chétives ! vous avez trop dormi.

(FATUÆ :) | (LES VIERGES FOLLES :)

Ah ! miseræ ! nos hic quid fecimus ?
Vigilare numquid potuimus ?
Hunc laborem quem nunc perferimus
Nobis nosmet contulimus :
Dolentas ! Chaitivas ! trop i avem dormit.

Ah ! malheureuses ! qu'avons-nous fait ?
Ne pouvions-nous veiller ?
Ce malheur que nous souffrons,
Nous nous le sommes nous-mêmes attiré :
Malheureuses ! chétives ! nous avons trop dormi.

Et de(t) nobis mercator ocius
Quam habeat merces, quas socius.
Oleum nunc quærere venimus,
Negligenter quod nosme(t) fudimus,
Dolentas ! Chaitivas ! trop i avem dormit.

Que ce marchand, que son associé nous donne
Promptement la marchandise qu'ils ont.
Il nous faut, à présent, chercher de l'huile,
Parce que nous avons négligemment perdu la nôtre :
Malheureuses ! chétives ! nous avons trop dormi.

(PRUDENTES :) | (LES VIERGES SAGES :)

De nostr' oli queret nos a doner ;
No'n auret pont ; alet en achatper
Deus marchaans que lai veet ester :
Dolentas ! Chaitivas ! trop i avet dormit.

Vous nous demandez de vous donner de l'huile :
Vous n'en aurez point : allez en acheter
Aux marchands que vous voyez là :
Malheureuses ! chétives ! vous avez trop dormi.

MERCATORES : | LES MARCHANDS :

Dommas gentils, no vos covent ester
Ni lojamen aici ademorer,
Cosel queret, no'n vos poem doner ;
Queret lo deu chi vos pot coseler.

Gentilles dames, il n'est pas convenable
Que vous demeuriez ici longtemps.
Ce que vous cherchez, nous ne pouvons vous le [donner ;
Cherchez qui pourra vous assister.

Alet arcir a vostras sajes soros,
E pre'at las per Deu lo glorios,
De oleo fasen socors a vos ;
Faites a tost, que ja venra l'espos.

Allez trouver vos sages sœurs,
Et priez-les, au nom de Dieu plein de gloire,
De vous faire l'aumône d'un peu d'huile ;
Faites vite, car l'époux viendra bientôt.

(FATUÆ :) | (LES VIERGES FOLLES :)

Ah ! miseræ nos ad quid venimus ?
Nil est enim illuc quod quærimus.
Fatatum est, et nos videbimus,

Ah ! malheureuses ! pourquoi sommes-nous venues ?
Il n'y a rien ici de ce que nous cherchons. [complir.
C'est un arrêt du destin, et nous allons le voir s'ac-

---

(1) M. Magnin fait observer que le subjonctif est mis ici pour le futur, et qu'on remarque de fréquents exemples de cette substitution dans les manuscrits du Xe siècle ; elle se rencontre plusieurs fois dans les mystères du Ms. 1139.

Ad nuptias nunquam intrabimus :	Jamais nous n'entrerons aux noces :
Dolentas ! Chaitivas ! trop i avem dormit.	Malheureuses ! chétives ! nous avons trop dormi.
Audi, sponse, voces plangentium ;	Entendez, époux, nos voix gémissantes;
Aperire fac nobis ostium	Faites-nous ouvrir la porte en même temps
Cum sociis ; præbe remedium.	Qu'à nos compagnes ; prêtez-nous votre secours.
— Modo veniat sponsus.	— Alors l'époux viendra.
CHRISTUS :	LE CHRIST :
Amen dico,	En vérité, je vous le dis,
Vos ignosco ;	Je ne vous connais pas;
Nam caretis lumine :	Car vous manquez de lumière.
Quod qui pergunt,	Que ceux qui viennent ainsi
Procul pergunt,	S'en aillent loin
Hujus aulæ limine.	Du seuil de cette cour.
Alet, chaitivas ! alet, malaureas !	Allez, chétives ! allez, malheureuses ! [toujours.
A tot jors mais vos so penas livreas :	Désormais les tourments vous sont infligés pour
En enfern ora seret mencias.	Vous serez sur-le-champ conduites en enfer.
— Modo accipiant eas demones, et	— Alors les démons les saisiront, et
Præcipitentur in infernum.	Les précipiteront dans l'enfer.

LES PROPHÈTES DU CHRIST[1].

Le mystère des prophètes du Christ est entièrement en latin et dénote un autre genre de composition que le précédent. Il commence par un chant d'allégresse en l'honneur de la naissance du Christ. Le manuscrit ne porte aucune indication de personnage, mais il est probable que ce chant était entonné soit par le chœur, soit par le préchantre. M. Edelestand du Méril le met dans la bouche du préchantre. Ce chant annonce aux Juifs et aux Gentils que la naissance du Christ se trouve prédite par les hommes de leur loi. Il interpelle Isaïe, Moïse, Jérémie, Daniel, David et jusqu'à Virgile, qui répondent par des fragments extraits de leurs écrits, considérés comme prophétisant la venue du Christ, et qui sont, suivant l'auteur du mystère, autant de témoignages en sa faveur. Parmi les personnages interpellés, se trouve la Sibylle qui chante la première strophe du « Judicii signum », dont nous avons parlé au chapitre VI.

Nous reproduisons ici en entier le texte et la traduction de ce mystère d'après MM. Magnin et Ed. du Méril. Les planches XVIII n° 2, XIX, XX, XXI, XXII et XXIII n° 1 en représentent le fac-similé exact.

---

(1) Ce mystère ne porte pas de titre, ce qui n'est pas rare dans les manuscrits de cette époque, ainsi que le fait observer M. Magnin. Ce savant l'a intitulé « Mystère de la nativité ». M. E. du Méril lui donne le titre que nous avons adopté. Ce titre nous a paru mieux en rapport avec l'ensemble de ce drame qui, d'ailleurs, a dû être représenté la veille ou le jour même de Noël.

(Præcentor :)
Omnes gentes
Congaudentes,
Dent cantum lætitiæ !
Deus homo fit,
De domo David,
Natus hodie.

(Ad Judæos :)
O Judæi !
Verbum Dei
Qui negatis, hominem
Vestræ legis,
Testem regis,
Audite per ordinem !

(Ad gentes :)
Et vos, gentes,
Non credentes
Peperisse virginem,
Vestræ gentis
Documentis
Pellite calliginem !

(Ad Israelem :)
Israel, vir lenis, inque !
De Christo quid nosti firme ?

ISRAEL :
Dux de Juda non tolletur,
Donec adsit qui tonetur
Salutare Dei verbum.
Expectabunt gentes mecum.

(Præcentor ad Moysem :)
Legislator, huc propinqua,
Et de Christo prome digna ?

MOYSES :
Dabit Deus vobis vatem ;
Huic ut mihi aurem date :
Qui non audit hunc audientem [1]
Expelletur sua gente,

(Le Préchantre :)
Que toutes les nations
Se réjouissent
Et fassent entendre un chœur d'allégresse !
Dieu s'est fait homme ;
Il est sorti de la maison de David,
Et il est né aujourd'hui.

(Aux Juifs :)
O Juifs !
Qui niez
Le verbe de Dieu,
Écoutez successivement
Les hommes de votre loi
Qui vont rendre témoignage au Roi céleste.

(Aux Gentils :)
Et vous, Gentils,
Qui ne croyez pas
Qu'une vierge ait enfanté,
Sortez de votre aveuglement
En présence des enseignements
Que votre nation vous donne.

(A Israël :)
Israël, homme de bien,
Dis ce que tu sais de certain sur le Christ ?

ISRAEL :
La souveraineté ne sera point enlevée à Juda,
Jusqu'à la venue de celui qui sera appelé
Le Sauveur, verbe de Dieu.
Les nations l'attendront avec moi.

(Le Préchantre à Moïse :)
Législateur, approche et dis-nous
Sur le Christ des choses dignes de lui ?

MOÏSE :
Dieu vous donnera un prophète ;
Prêtez-lui l'oreille ainsi qu'à moi.
Celui qui ne l'écoutera point quand il parlera
Sera chassé de son peuple.

(1) Ce mot est incertain dans le manuscrit, cependant on lit plutôt « audientem » que « dicentem ».

CHAPITRE VIII.

(PRÆCENTOR ad Isaiam :)
Isaias, verum qui scis,
Veritatem cur non dicis?
ISAIAS :
Est necesse
Virgam Jessæ
De radice provehi ;
Flos deinde
Surget inde,
Qui est spiritus Dei.
(PRÆCENTOR ad Jeremiam :)
Huc accede, Jeremias ;
Dic de Christo prophetias?
JEREMIAS :
Sic est :
Hic est
Deus noster,
Sine quo non erit alter.
(PRÆCENTOR ad Danielem :)
Daniel, indica
Voce prophetica
Facta dominica?
DANIEL :
Sanctus sanctorum veniet
Et unctio deficiet.
(PRÆCENTOR ad Abacuc :)
Abacuc, regis cœlestis
Nunc ostende quod sis testis?
(ABACUC :)
Et expectavi,
Mox expavi
Metu mirabilium,
Opus tuum
Inter duum
Corpus animalium.
(PRÆCENTOR ad David :)
Dic tu, David, de nepote
Causas quæ sunt tibi notæ?

(LE PRÉCHANTRE à Isaïe :)
Isaïe, toi qui sais ce qui est vrai,
Pourquoi ne dis-tu pas la vérité ?
ISAÏE :
Il faut
Que la tige de Jessé
Pousse par la racine.
De là s'élèvera
Ensuite une fleur
Qui est l'esprit de Dieu.
(LE PRÉCHANTRE à Jérémie :)
Approchez ici, Jérémie,
Et prophétisez sur le Christ ?
JÉRÉMIE :
Oui, certes,
Celui-ci est
Notre Dieu,
Sans lequel il n'y aura pas d'autre Dieu.
(LE PRÉCHANTRE à Daniel :)
Daniel, annonce,
De ta voix prophétique,
Les actions du Seigneur ?
DANIEL :
Le saint des saints viendra
Et l'onction des rois cessera.
(LE PRÉCHANTRE à Abacuc :)
Abacuc, montre-nous à présent
Quel témoin tu es du roi céleste ?
(ABACUC :)
Après avoir attendu,
Je fus frappé d'effroi
Des merveilles,
En voyant ton ouvrage
De deux jours,
Le corps des animaux.
(LE PRÉCHANTRE à David :)
Dis-moi, David, sur ton descendant
Les choses qui te sont connues ?

DAVID :
Universus
Grex conversus
Adorabit Dominum,
Cui futurum
Serviturum
Omne genus hominum.
Dixit Dominus Domino meo :
Sede a dextris meis.
(PRÆCENTOR ad Simeonem :)
Nunc Simeon adveniat,
Qui responsum acceperat,
Quod non haberet terminum
Donec videret Dominum?
SIMEON :
Nunc me demittas, Domine,
Finire vitam in pace,
Quia mei modo cernunt oculi
Quem misisti.
Hunc mundum pro salute populi.
(PRÆCENTOR ad Elisabeth :)
Illud, Elisabeth ; in medium
De Domino profer eloquium?
ELISABETH :
Quid est rei
Quod me mei
Mater heri visitat?
Nam ex eo
Ventre meo
Lætus in fures palpitat.
(PRÆCENTOR ad Johannem Baptistam :)
Dic, Baptista,
Ventris cista clautus,
Qua dedisti causa
Christo plausus?
Cui dedisti gaudium
Profer et testimonium?
JOHANNES BAPTISTA.
Venit talis

DAVID :
La troupe entière,
Tournée du même côté,
Adorait le Seigneur,
Que bientôt
Tout le genre humain
Devra servir.
Le Seigneur dit à mon Seigneur :
Asseyez-vous à ma droite.
(LE PRÉCHANTRE à Siméon :)
Que maintenant vienne Siméon
Qui avait reçu la promesse
De ne pas atteindre le terme de sa vie
Avant d'avoir vu le Seigneur ?
SIMÉON :
Maintenant permettez-moi, Seigneur,
De finir ma vie en paix,
Puisque mes yeux voient
Celui que vous avez envoyé
Dans ce monde pour le salut du peuple.
(LE PRÉCHANTRE à Élisabeth :)
Ici, Élisabeth, au milieu de tous,
Parlez-nous à haute voix du Seigneur ?
ÉLISABETH :
Comment ai-je mérité
Que la mère de mon Seigneur
Me visite?
Car, je le sens,
Mon enfant joyeux
Palpite dans mon sein.
(LE PRÉCHANTRE à saint Jean-Baptiste :)
Baptiste, dis-nous
Pourquoi, renfermé
Dans le sein de ta mère,
Tu as applaudi au Christ ?
Rends témoignage à celui
Auquel tu as montré de la joie?
JEAN-BAPTISTE :
Il nous est venu

CHAPITRE VIII.

Sutularis	Un soulier tel
Cujus non sum etiam	Que je ne suis pas
Tam benignus	Digne
Ut sim ausus	D'oser en délier
Solvere corrigiam.	Le cordon.
(PRÆCENTOR ad Virgilium :)	(LE PRÉCHANTRE à Virgile :)
Vates, Maro, gentilium,	Virgile, poëte des gentils,
Da Christo testimonium.	Rends témoignage au Christ.
VIRGILIUS :	VIRGILE :
Ecce polo demissa solo nova progenies est.	Envoyée du ciel en terre, une nouvelle race paraît.
(PRÆCENTOR ad Nabuchodonosor :)	(LE PRÉCHANTRE à Nabuchodonosor :)
Age, fare, os lagenæ,	Allons, dis, bouche adonnée à la bouteille,
Quæ de Christo nosti vere ?	Ce que tu sais vraiment du Christ.
Nabuchodonosor, prophetiza,	Nabuchodonosor, viens donner par ta prophétie
Auctorem omnium auctoriza.	De l'autorité à l'auteur de toutes choses.
NABUCHODONOSOR :	NABUCHODONOSOR :
Cum revisi	Lorsque je revis
Tres quos misi	Les trois jeunes hommes
Viros in incendium,	Que j'avais fait jeter dans la fournaise,
Vidi justis	Je vis le Fils de Dieu,
Incombustis	Au milieu de ces justes,
Mixtum Dei filium.	Que n'avaient pas touché les flammes.
Viros tres in ignem misi,	J'avais jeté dans le feu trois hommes ;
Quartum cerno prolem Dei.	Le quatrième, je le vois, est le Fils de Dieu.
(PRÆCENTOR ad Sibyllam :)	(LE PRÉCHANTRE à la Sibylle :)
Vere pande jam, Sibylla,	Expose-nous aujourd'hui clairement, ô Sibylle !
Quæ de Christo præscis signa.	Les signes que tu as lus dans l'avenir touchant le [Christ.
SIBYLLA :	LA SIBYLLE :
Judicii signum : tellus sudore madescet ;	Signe de jugement : la terre se mouillera de sueur ;
E cœlo rex adveniet per sæcla futurus,	Du ciel viendra le roi des siècles futurs.
Scilicet in carne præsens ut judicet orbem.	Il se fera chair pour juger le monde.
(PRÆCENTOR ad Judæos :)	(LE PRÉCHANTRE aux juifs :)
Judæa incredula,	O Judée incrédule ! [lité ?
Cur manes adhuc inverecunda ?	Pourquoi persistes-tu sans honte dans ton incrédu-

Ce mystère se termine par des « Benedicamus », en signe d'allégresse et de réjouissance de la nativité.

La partie la plus importante de ces mystères, au point de vue sous lequel nous les considérons ici, est la musique dont ils sont accompagnés. C'est en raison de cette importance que nous les avons, tous les trois, reproduits totalement en fac-similé parmi nos monuments inédits.

La notation de ces drames, les plus anciens connus du moyen âge, est en neumes à points superposés. Ces neumes sont généralement bien formés, nettement disposés. Ce qui en rend la lecture plus facile encore, c'est la ligne tracée à la pointe sèche dans le vélin, et qui sert de guide en indiquant aux notes une place déterminée.

M. Fétis et les nouveaux éditeurs de la « Science et pratique du plain-chant » de dom Jumilhac ont publié le fac-similé d'un fragment du «Mystère des Vierges sages et des Vierges folles », d'après celui qui a été donné par M. Bottée de Toulmon dans les « Instructions du Comité historique sur la musique » ; mais ce fac-similé est inexact dans quelques détails, et surtout en ce qu'il ne reproduit pas la ligne, qui est une chose importante. Nous donnons les nôtres comme très précis. Il ne sera pas sans intérêt de pouvoir examiner ces précieuses reliques dans leur état original, avec leur écriture et leur notation; car, sous tous les rapports, ce sont de véritables monuments.

Pour apprécier leur caractère musical, il faut examiner le caractère littéraire et moral des drames liturgiques. Qu'on se rappelle donc que leurs sujets sont puisés dans les principaux faits de l'Ancien et du Nouveau Testament, qu'ils étaient représentés dans les églises par des clercs ou des religieux. Remarquons-le, on n'y rencontre ni les passions, ni les intrigues, ni les mouvements scéniques qui jouent le principal rôle dans le drame profane; ce qui y domine, au contraire, c'est le calme et la simplicité des récits, l'élévation et la noblesse des pensées, la pureté des principes moraux. La musique, destinée à traduire de semblables sentiments et à y ajouter une expression plus puissante, devait nécessairement avoir le même caractère. Aussi n'y faut-il pas chercher une musique rhythmée et mesurée si propre à seconder les passions mondaines; mais une musique plane, établie d'après les règles de la tonalité du plain-chant, soumise toutefois à certaines lois de rhythme et d'accentuation qui, comme nous l'avons dit, n'ont rien de commun avec la division exacte des temps.

Ce qui démontre qu'il en était ainsi, c'est qu'à son origine le drame liturgique ne consistait que dans les offices de certaines fêtes qu'on exécutait et chantait d'une manière plus pompeuse qu'habituellement, en y ajoutant des personnages et des costumes, avec intercalation de séquences et d'autres chants composés expressément pour la cérémonie dramatique. Ces mélodies étaient du plain-chant semblable à celui des pièces liturgiques. Peu à peu ces accessoires prirent un développement de plus en plus considérable et se transformèrent en épisodes et en drames à part, mais ils conservèrent toujours leur caractère littéraire et musical originaire.

Il ne peut donc pas exister de doute sur la nature de la musique des mystères du Ms. 1139; c'est du plain-chant. C'est par conséquent en plain-chant, et non en musique mesurée que doivent être traduites les mélodies qui les accompagnent. C'est de la même manière qu'il faut traduire la notation des autres drames liturgiques ou religieux[1].

CHAPITRE IX.

Drame mixte ou transitionnel. — Drame profane. — Son caractère musical.

A côté du drame purement liturgique, il en existait un autre empreint du goût de la littérature païenne et formant en quelque sorte, comme les chants historiques en langue latine dont nous avons parlé au chapitre III, p. 83, le lien entre le drame antique et le drame moderne. Le théâtre de Hrosvhita porte ce cachet de transition. Les sujets qui y sont traités sont des sujets religieux, mais la forme en est païenne; on y sent un auteur familier avec les auteurs classiques. L'œuvre de Hrosvhita, publiée en 1847 par M. Magnin, se compose de six pièces : « Gallicanus, Dulcitius, Callimaque, Abraham, Paphnuce, Sapience ou Foi, Espérance et Charité. »

Ces drames avaient du reste une toute autre destination que le drame liturgique. Tandis que celui-ci était exécuté dans l'église, devant la foule qui puisait à cette nouvelle source la morale et les mystères de la foi, l'autre se jouait dans un monastère, devant des spectateurs choisis, appartenant à la classe lettrée de la société. Ce n'était là ni le drame populaire ni le drame antique; c'était un genre mixte qui ne pouvait avoir qu'une existence passagère, comme tout ce qui est transitionnel. Ce drame ne paraît pas avoir été chanté.

Le drame mondain et profane n'a pas cessé d'être cultivé au moyen âge. Quoiqu'on n'en ait conservé aucun fragment, de nombreux témoignages ne

---

(1) M. Danjou a publié, dans le tome IV de sa *Revue de musique religieuse*, un mystère de Daniel du XIIIᵉ siècle avec la musique dont la notation est on ne peut plus remarquable sous le rapport de son caractère transitionnel des neumes à la notation carrée. M. Danjou a trouvé ce drame dans un manuscrit qui appartenait autrefois au chapitre de la cathédrale de Beauvais et qui est aujourd'hui la propriété de M. Pacchiarotti de Padoue. La musique de cette pièce doit être traduite en plain-chant, mais en observant la valeur temporaire des notes telle qu'elle est marquée dans les manuscrits et suivant les règles de la même époque.

peuvent laisser de doute sur son existence. D'ailleurs, comme le fait remarquer M. Magnin, « les arts modernes ne doivent pas tous leurs progrès à une impulsion unique... Le théâtre en particulier a été alimenté durant le moyen âge par plusieurs sources qu'il importe de distinguer. Outre l'affluent ecclésiastique, qui a été ce qu'on peut appeler la maîtresse veine dramatique pendant les IXe, X^e, XIe et XIIe siècles, le théâtre n'a pas cessé de recevoir, à des degrés divers, le tribut de deux autres artères collatérales, à savoir la jonglerie seigneuriale, issue des bardes et des scaldes, et la jonglerie foraine et populaire, héritière de la planipédie antique, incessamment renouvelée par l'instinct mimique qui est un des attributs de notre nature [1]. »

Et, comme nous l'avons déjà dit, si ces sortes de drames ne sont pas parvenus jusqu'à nous, c'est que l'autorité ecclésiastique non-seulement les a dédaignés, mais a manifesté contre eux en toutes circonstances, et non sans raison, une vive désapprobation. « C'est, ainsi que le remarque fort bien M. Ed. du Méril, à l'aide de quelques mots écrits en passant, dans des intentions toutes différentes, qu'il faut deviner leur passé. Leurs archives consistent surtout dans les prohibitions de l'autorité ecclésiastique [2]. »

Il faut arriver au XIIIe siècle avant de rencontrer le drame profane moderne proprement dit. Les pièces de ce genre, composées par les trouvères et jouées par des laïques, sont généralement en vers. Ils ont eu un grand succès.

Les plus célèbres sont celles d'Adam de la Hale; elles sont intitulées : « Li Jus Adam, ou Jeu de La Feuillée », « Li Jus du Pélerin », « Le Geus de Robins et de Marion ». Adam de la Hale fut poëte, acteur et musicien, triple qualité que réunissaient aussi les créateurs du théâtre grec [3].

Ces trois pièces, publiées dans le « Théâtre français au moyen âge » par MM. de Monmerqué et Francisque Michel, sont entremêlées de musique. La première et la seconde y sont accompagnées de la notation musicale, mais la musique n'y forme qu'un très mince accessoire, puisque, dans l'une, elle se compose d'une chanson, et, dans l'autre, de deux. La musique de Robin et de Marion joue un rôle plus important ; mais elle n'a pas été publiée par les éditeurs du « Théâtre français au moyen âge ». Cela est d'autant plus regrettable, qu'elle y paraît liée à l'action du drame. M. Bottée de Toulmon en a donné deux fragments dans sa « Notice sur Adam de la Hale », considéré comme musicien, insérée dans le même ouvrage.

---

(1) *Journal des Savants*, 1846, p. 545.
(2) *Origines latines du théâtre moderne*, p. 28.
(3) M. Magnin, *Les origines du théâtre moderne*, ouvrage précité.

Ici la musique a un tout autre caractère que dans le drame religieux. Elle est rhythmée et mesurée ; elle est en outre conçue dans la tonalité moderne. Cela confirme ce que nous avons dit plus haut de la tonalité de la musique mondaine. Cette différence entre la musique de ces deux sortes de drames est importante à remarquer, car elle prouve de plus en plus que le rhythme a eu toujours son véritable siége dans la musique profane, et que c'est là qu'il s'est développé jusqu'à ce qu'il ait été régularisé par les didacticiens des XIe et XIIe siècles.

CHAPITRE X.

Sources et premiers vestiges de la musique mesurée des XIIe et XIIIe siècles.

Il résulte des faits qui précèdent :

1° Qu'il existait au moyen âge deux sortes de musique : la musique ecclésiastique ou plain-chant, et la musique mondaine ; toutes deux avaient leur tonalité et leur rhythme distincts.

2° Que le rhythme grégorien était un rhythme oratoire plutôt qu'un rhythme musical ; qu'il n'avait du moins aucun rapport avec le rhythme musical moderne.

3° Que le rhythme musical de la musique mondaine était de deux sortes : l'un, libre et indépendant de toute prosodie ; c'était celui des chants populaires du nord ; l'autre, originaire du rhythme musical des peuples anciens.

C'est sans doute de l'ensemble de ces deux rhythmes qu'est née la musique mesurée des XIIe et XIIIe siècles. Quoique le plus ancien document connu, relatif à la musique mesurée, ne remonte pas au delà du milieu du XIe siècle, et qu'il ne soit par conséquent pas possible d'établir, au moyen de documents authentiques, la filiation de la musique mesurée avec le rhythme musical antique, les rapports qui existent entre eux indiquent qu'ils dérivent l'un de l'autre. Dans les arts comme dans la littérature, il n'y a point de révolutions soudaines ; les innovations, les transformations, les perfectionnements qui s'y opèrent se trouvent toujours en germe dans une forme antérieure.

Il serait donc impossible de préciser l'époque où le système du rhythme musical, tel que nous le trouvons établi au XIIe siècle, s'est formé et a été érigé en corps de doctrine. On peut dire cependant que cela a dû avoir lieu au moins dès que, dans le déchant, on a donné aux notes d'une partie une durée inégale à celle de l'autre, car alors on a dû régler la valeur respective de ces notes, afin d'en proportionner les diverses quantités entre elles. Certaines règles sur cette matière existaient antérieurement au xɪᵉ siècle; la preuve en résulte de ce qui va suivre.

Au xɪɪᵉ siècle, le temps musical, "tempus armonicum", qui était regardé comme l'unité de durée, se divisait en trois parties égales appelées instants. "instantia". L'instant[1], représenté dans la notation par la semibrève, était considéré comme la parcelle de durée la plus faible qui pût être perçue par l'ouïe d'une manière claire et distincte, et était regardée, par conséquent, comme indivisible. Il en était autrement à une époque plus ancienne. Ce qui, au xɪɪᵉ siècle, s'appelait "instant", était connu auparavant sous le nom de "temps[2]". Jérôme de Moravie, qui nous donne ce précieux renseignement, ajoute que c'était là le système des anciens, c'est-à-dire de ses devanciers, mais que l'opinion des modernes, les musiciens de son temps, était préférable[3]; et, pour ne laisser aucun doute sur ce point, il dit ailleurs, en parlant de la "longue" et de la "brève", que la longue valait deux temps des modernes et six temps des anciens; que la brève valait un temps des modernes et trois temps des anciens.

Voilà donc qui est positif : il y avait, antérieurement au xɪɪᵉ siècle, une doctrine de musique mesurée.

Mais puisqu'il n'est plus question de cette doctrine dans les plus anciens traités, dont le premier en date est celui de la fin du xɪᵉ siècle que nous publions parmi nos documents inédits, sous le n° ɪɪɪ, qu'on y enseigne au contraire la doctrine désignée par Jérôme de Moravie, sous le nom de doctrine des modernes, n'en résulte-t-il pas nécessairement cette conclusion que le système, appelé par J. de Moravie système des anciens, doit remonter au moins à un siècle antérieur? Ne peut-on pas, par conséquent, le considérer, avec une grande apparence de raison, comme ayant précédé

---

(1) « Vers le xɪɪᵉ siècle, on a substitué au mot *atome* employé, dès le vɪɪɪᵉ siècle, pour désigner la 376ᵉ partie de l'*ostentum* qui répond à notre minute actuelle, le mot *instans* qu'on trouve dans le *Græcismus* d'Ébrard, dans la géométrie d'Hugues de Saint-Victor, restée manuscrite, et dans le passage suivant du Ms. 980 du fonds de la Sorbonne, de la bibliothèque nationale de Paris : « Instans pars temporis cujus nulla pars est. Momentum vero pars temporis est constans ex ᴅʟxɪɪɪ instantibus : minutum quoque est de ɪɪɪɪ momentis collectum ; punctum, vero, etc. » — M. Chasles, *Catalogue des manuscrits de la bibliothèque de Chartres*, 1840.

(2) « Musica mensurabilis est peritia modulationis sono cantuque consistens armonico tempore mensurata. Tempus autem (armonicum) prout hic sumitur, est distinctus sonus resolubilis in tres instancias. Instans vero hic sumptus est illud minimum et indivisibile, quod in sono auditus clare et distincte potest percipere. » — Jérôme de Moravie, chap. 25.

(3) « Quod etiam, apud veteres, dicebatur esse tempus; sed modernorum, ut videtur, melior est opinio, qui scilicet in tempore armonico motui subjecto successionem ponunt. » — *Ibid.*

Gui d'Arezzo et d'autres écrivains contemporains ou antérieurs qui n'en parlent pas? C'est notre sentiment.

Ce qui est au moins indubitable, c'est que, dès la fin du XIe siècle, pour le moins, il y avait une doctrine de musique mesurée, qui, bien que fort incomplète, comme on le verra plus loin, a servi néanmoins de base ou d'intermédiaire à celle du XIIe siècle. Le précieux traité de Jérôme de Moravie rend ce fait manifeste; ce vénérable religieux nous apprend aussi que cette doctrine s'appelait vulgaire, "vulgaris positio", parce qu'elle était généralement usitée chez toutes les nations, et aussi parce qu'elle était la plus ancienne [1]. Cette doctrine, extrêmement importante, comme l'on voit, pour l'histoire de la musique au moyen âge, forme notre troisième document inédit.

En résumé, le système de musique mesurée, tel qu'il était établi au XIIe siècle, est né de la combinaison du rhythme musical antique et du rhythme musical des peuples du Nord; ce système a eu une existence antérieure au XIe siècle. Les principales bases de la doctrine du XIIe siècle se trouvaient établies dès la fin du siècle précédent.

CHAPITRE XI.

Francon de Cologne considéré comme le plus ancien écrivain sur la musique mesurée. — Controverse sur l'époque où il a vécu. — Importance de cette question.

De tous les auteurs du moyen âge qui ont écrit sur le déchant et la musique mesurée, aucun n'a eu une réputation aussi universelle que Francon de Cologne. Durant au moins deux siècles, son traité est resté non-seulement le plus renommé, mais aussi celui qui a servi de base et de commentaire à tous les autres.

Pendant longtemps on a considéré Francon de Cologne comme le plus ancien écrivain sur la musique mesurée. Quelques historiens sont allés même jusqu'à le regarder comme son inventeur. Les auteurs de «l'Histoire littéraire de la France [2]», se fondant sur Trithème [3] et sur Sigebert [4], considèrent ce Francon comme étant le même que l'écolâtre de Liége, qui a vécu vers la fin du XIe siècle. Mais un examen plus approfondi de l'ouvrage de Francon et la comparaison de la doctrine qu'il renferme, avec l'état présumé de l'art à

---

(1) « Hæc est prima positio; qua quia quædam nationes utuntur communiter et quia antiquior est omnibus, vulgarem esse diximus. » — Cap. 26.

(2) Tome VIII, page 121 et suiv.
(3) *De scriptoribus ecclesiasticis*, an. 1110, n° 346.
(4) *De script. eccles.*, cap. 164.

cette époque, a soulevé des doutes sur cette identité, et a fait naître des objections graves contre la priorité attribuée à Francon.

M. Kiesewetter, le premier, a attaqué cette opinion[1]; M. de Winterfeld l'a suivi dans cette voie en apportant sa part d'objections au système de son compatriote viennois[2]. Les érudits allemands adoptent aujourd'hui presque tous l'avis de M. Kiesewetter, qui a trouvé de nombreux partisans en France.

M. Fétis[3] combat ce système, et soutient l'opinion de Forkel, Burney, Martini et plusieurs autres.

Il n'entre pas dans le plan de ce travail d'exposer ici toutes les raisons développées de part et d'autre. Nous dirons seulement que, à défaut de dates certaines et de preuves positives, les auteurs des deux systèmes prennent pour base de leur argumentation la comparaison de la doctrine de Francon avec la situation présumée de l'art aux xie, xiie et xiiie siècles.

Suivant M. Kiesewetter, rien ne prouve que Francon, l'écolâtre de Liége, soit auteur d'un ouvrage sur la musique. D'un autre côté, en présence de l'état de l'harmonie au temps de Gui d'Arezzo et du silence de cet écrivain sur la musique mesurée, il lui paraît incroyable que, dans le peu de temps qui s'est écoulé entre le moine de Pompose et l'écolâtre de Liége, l'harmonie et principalement la musique mesurée se soient élevées au degré de développement où on les trouve chez l'auteur de l'« Ars cantus mensurabilis », en considérant surtout que Francon n'est ni l'inventeur de la musique mesurée, ni le premier qui l'ait enseignée[4]. Il en conclut que Francon a dû vivre au moins cent trente ou cent cinquante ans plus tard que l'écolâtre de Liége.

M. Fétis soutient que la musique mesurée existait déjà longtemps avant Gui d'Arezzo, et il a raison sous ce rapport, nous venons de le voir; il prétend, en outre, que la doctrine de Francon, bien que marquant un temps de progrès et non de création, n'est pas incompatible avec l'état de l'art à l'époque où vécut l'écolâtre de Liége. M. Fétis se fonde principalement :

1° Sur ce que Sigebert de Gemblours considère Francon, l'écolâtre de Liége, comme natif de Cologne, et que Trithème l'appelle "Teutonicus".

2° Sur ce que Francon était regardé comme l'inventeur de la musique mesurée par plusieurs écrivains sur la musique du xiiie siècle.

3° Sur ce que la musique mesurée était déjà ancienne au commencement

---

(1) Geschicte der Europaeisch-abendlandische Musik. (*Histoire de la musique de l'Europe occidentale*), p. 26 et suiv.—Gazette musicale de Leipsick, 1828, n°s 48, 49 et 50, et 1838, n°s 24 et 25.

(2) *J Gabrieli et son époque*. Berlin, 1834.

(3) *Biographie universelle des musiciens*, t. I, p. CLXXVI, et t. III, article FRANCON.

(4) GERB., *Script.*, t. III, p. 2.

du XIIIe siècle, puisque Walter Odington[1], qui vécut alors, déclare qu'il existait plusieurs doctrines sur les modes.

Ces raisons ne nous paraissent pas concluantes. En effet, de ce que Sigebert et Trithème considèrent Francon, l'écolâtre de Liége, comme originaire de Cologne, ce qui, du reste, doit être admis, il ne s'ensuit pas que ce Francon soit l'auteur de l'« Ars cantus mensurabilis », et qu'il n'ait pas pu exister un écrivain du même nom, postérieur à l'écolâtre de Liége et également de Cologne, qui puisse être l'auteur de cet ouvrage. Nous pouvons d'autant plus supposer la négative qu'en effet il y a eu un écrivain de Cologne du nom de Francon qui a vécu à la fin du XIIe siècle. En second lieu, de ce que Francon a passé, aux yeux de quelques historiens, pour avoir été l'inventeur de la musique mesurée, qu'en conclure, sinon qu'ils se sont trompés comme d'autres se sont trompés à l'égard de Gui d'Arezzo, en lui attribuant l'invention de choses dont il n'est pas même question dans ses ouvrages ? Enfin de ce que le système de musique figurée était déjà ancien au temps de Walter Odington, il n'en résulte pas que l'« Ars cantus mensurabilis » ait été écrit au XIe siècle.

A cette induction nous pouvons d'ailleurs en opposer une autre dans le sens contraire, mais concluante, suivant nous, pour prouver que Francon n'a pas vécu antérieurement au XIIe siècle. C'est un passage de Pierre Picard, musicien mensuraliste du XIIe siècle. Ce passage est ainsi conçu : « Suivant Fran-

---

(1) Walter Odington, moine bénédictin d'Évesham, dans le comté de Worchester, vécut dans la première moitié du XIIIe siècle. Il est auteur d'un traité de musique intitulé *De speculatione musicæ*, dont le seul manuscrit connu existe, non dans la bibliothèque de l'église du Christ, ni sous le n° 15, comme le dit M. Fétis (art. ODINGTON, *Biographie universelle des musiciens*), mais dans celle du collége du « Corpus Christi » sous cette indication : c'. c'. c . c'. L'ouvrage d'Odington se compose de six parties. La 1re, *de inequalitate numerorum et eorum habitudine*, divisée en sept chapitres, traite de la division de l'échelle et des proportions arithmétiques des sons; la 2e, *de inequalitate sonorum sub portione numerali et ratione concordantiarum*, en dix-huit chapitres, est relative aux consonances et aux dissonances; la 3e, *de compositione instrumentorum musicorum*, etc., traite des proportions et de la division du monocorde, des tuyaux d'orgues et des cloches; la 4e, *de inequalitate temporum in pedibus, quibus metra et rhythmi decurrunt*, traite du rhythme dans la versification latine; la 5e, *de harmonia simplici, id est, de plano cantu*, est relative aux signes de notation en usage au XIIIe siècle. Ce chapitre est très intéressant pour l'explication et la signification de certains neumes; la 6e, *de harmonia multiplici, id est de organo et ejus speciebus; nec non de compositione et figuratione*, est consacrée à la musique mesurée suivant le système de Francon de Cologne, et au déchant avec ses diverses espèces en usage au XIIIe siècle. — Il existe au musée britannique un manuscrit coté Tiberius B. IX, n° 3, contenant un traité de la musique mesurée, à la fin duquel on trouve ces mots : *Hoc Odyngtonus*. M. Fétis, qui mentionne ce traité, n'a pu vérifier si c'est un extrait de l'ouvrage d'Odington qui se trouve à Cambridge. Il serait vivement à désirer qu'on eût à cet égard des renseignements plus certains, et que le traité du moine d'Évesham fût publié.

19

con, dit P. Picard, il y a cinq modes; mais suivant les anciens, il y en aurait un plus grand nombre[1] ».

Que faut-il entendre ici par anciens? Étaient-ce des auteurs qui avaient existé plusieurs siècles auparavant, ou seulement des écrivains dont la doctrine avait vieilli? C'est, pensons-nous, dans ce dernier sens qu'il faut prendre ce mot ici employé par Pierre Picard, puisque Jean de Garlande, le nommé Aristote et l'auteur de notre cinquième document inédit suivent encore la doctrine dans laquelle on admettait plus de cinq modes. Ces auteurs eux-mêmes sont peut-être de ceux que désigne P. Picard comme "anciens". Dans tous les cas, pour lui, Francon était un moderne, c'est-à-dire un auteur qui vivait à une époque à peu près contemporaine ou peu éloignée de celle où il écrivait lui-même. Si l'on ajoute à cette raison, qui nous paraît concluante, que le traité de Francon est évidemment postérieur à la doctrine de déchant "vulgaire", qui forme notre second document inédit, et qui ne remonte pas au delà de la fin du XIe siècle; si l'on fait attention à cet autre fait important que, sous tous les rapports, le traité de Francon marque un progrès, non-seulement sur ce traité vulgaire, mais encore sur celui de l'abbé de Chalis et sur ceux qui sont compris sous les quatrième et cinquième de nos documents inédits; que, pour s'effectuer, ce progrès a dû demander un certain temps, il est impossible de fixer raisonnablement l'époque où il a été écrit à une date antérieure à la fin du XIIe siècle.

Si nous insistons sur ce point controversé, c'est qu'il s'agit, non pas d'une simple question de priorité en faveur de tel ou tel auteur, mais bien de fixer un point historique important pour la traduction en notation moderne des pièces de musique des XIIe et XIIIe siècles.

La doctrine de Francon ayant été adoptée presque exclusivement par les didacticiens venus après lui, les compositeurs ont dû s'y conformer; c'est d'après elle que les traductions doivent s'opérer. Or, si Francon était du XIe siècle, toutes les pièces de musique, à partir de cette époque, devraient se traduire suivant sa méthode. Si, au contraire, Francon n'a écrit son traité qu'à la fin du XIIe, les morceaux de musique antérieurs, et plusieurs contemporains ou même un peu postérieurs à lui, doivent se guider de tous les systèmes alors

---

(1) « Modi, secundum magistrum Franconem, sunt quinque; sed, secundum antiquos, plures essent. » — Apud J. DE MORAVIA, cap. XXVI. — Pierre Picard, qui a reçu sans doute ce nom de ce qu'il était né en Picardie, est auteur d'un petit traité de musique mesurée d'après la doctrine de Francon de Cologne et de Jean de Bourgogne. Ce traité, que J. de Moravie a inséré dans son ouvrage, se compose de quatre chapitres dont le premier est relatif aux figures des notes simples, le deuxième aux notes liées, le troisième aux panses, et le quatrième aux modes.

en pratique. Considérée même sous ce point de vue, la question doit être résolue dans le sens que nous avons adopté, car il est certain que toutes les pièces de musique du XIIe siècle ne peuvent pas être traduites exclusivement d'après la doctrine de Francon de Cologne.

En résumé, Francon, se disant lui-même de Cologne dans son « Compendium de discantu [1] », et étant désigné ainsi par la plupart des auteurs du moyen âge qui ont parlé de lui, il n'y a aucun doute qu'il ne soit né dans cette ville, ou qu'il n'y ait vécu assez de temps pour être considéré comme un de ses habitants. Il s'agit donc de savoir si, à l'époque que nous assignons comme étant celle où aurait été écrit l'« Ars cantus mensurabilis [2] », c'est-à-dire vers la fin du XIIe siècle, il a existé à Cologne un écrivain de ce nom. Or, on trouve précisément à cette date, à Cologne, un nommé Francon qui était recteur du prieuré de Saint-Benoît. Hartzeim, qui le cite dans sa « Bibliothèque des écrivains de Cologne », dit qu'il florissait en 1190. Nous n'oserions affirmer que c'est là Francon le mensuraliste, mais cela paraît bien probable. Il est vivement à désirer que cette question, qui divise les savants les plus estimables, puisse recevoir une solution décisive par la découverte de quelque document à l'abri de toute contestation.

Un passage de Jérôme de Moravie, où il est question d'un auteur inconnu appelé Jean de Bourgogne, a fait penser à M. Bottée de Toulmon [3] que le traité de musique mesurée de Francon serait de ce Jean de Bourgogne. Voici ce passage : « Hanc (positionem Johannis de Garlandia) declarans subsequi« tur positio tertia Johannis videlicet de Burgundia, ut ex ore ipsius audivi« mus, vel, secundum vulgarem opinionem, Franconis de Colonia, quæ talis « est, etc. » Ces mots, « ut ex ore ipsius audivimus », signifient-ils que, sur le dire de Jean de Bourgogne, et malgré l'opinion contraire généralement reçue, Jérôme de Moravie lui aurait attribué ce traité? Cela nous paraît difficile à admettre. Si Jérôme avait cru que Jean de Bourgogne était l'auteur de ce traité, il n'aurait pas manqué d'énoncer ce fait et d'en donner des preuves; il ne se serait pas contenté, pour combattre une opinion contraire aussi accréditée, de produire d'une manière timide et vague le simple témoignage de Jean de Bourgogne lui-

---

(1) M. Fétis, *Biographie universelle des musiciens*, tome IV, p. 179.

(2) L'*Ars cantus mensurabilis* de Francon a été publié par Gerbert, *Scriptores*, tome III, d'après un manuscrit de la bibliothèque ambroisienne de Milan; mais cette leçon est remplie d'incorrections. Jérôme de Moravie en a donné une autre qui, sans être à l'abri de reproches, est meilleure que celle de Gerbert. On attribue encore à Francon un autre traité intitulé *Compendium de discantu tribus capitibus*, qui existe en manuscrit à Oxford.

(3) *Rapport sur une publication de musique ancienne.*—«Bulletin archéologique», t. II. p. 652.

même. En tout cas, l'affirmation de Jérôme ne nous paraîtrait pas assez concluante pour détruire le sentiment généralement adopté.

Faut-il d'ailleurs donner un sens aussi grammatical et aussi absolu à ce passage ? Nous ne le pensons pas. Jérôme de Moravie n'a-t-il pas voulu dire que la doctrine musicale qu'il a entendu enseigner par Jean de Bourgogne est celle qui était communément attribuée à Francon de Cologne ? Cela est probable.

Nous sommes d'autant plus disposé à admettre cette signification que Jean de Bourgogne était auteur d'un ouvrage estimé sur la musique mesurée et qui, bien que différent dans la forme de celui de Francon, semble avoir été néanmoins basé sur les mêmes principes et n'en était probablement qu'un résumé clair et précis. Cela paraît résulter des renseignements qui suivent. Pierre Picard, dans son traité de musique mesurée, rapporté par Jérôme de Moravie, déclare qu'il entend surtout s'appuyer sur la doctrine de Francon et sur "l'arbre," espèce de travail synoptique sans doute, de Jean de Bourgogne[1]. Dans un autre endroit il ajoute que les cinq différences des ligatures sont habilement expliquées dans l'arbre et dans le tableau de Jean de Bourgogne[2]. Enfin il termine son traité par ces mots : « Hæc omnia patent leviter « in arbore qui sequitur. » Mais l'arbre manque dans Jérôme de Moravie.

Quoi qu'il en soit, ce n'est pas sur la simple affirmation de Jérôme de Moravie qu'il convient, suivant nous, de dépouiller Francon de Cologne de la propriété qui lui est attribuée par des contemporains tels que Pierre Picard, Walter Odington et Marchetto de Padoue, aussi dignes de foi et aussi bien renseignés que Jérôme de Moravie, et par tous les didacticiens postérieurs.

---

[1] « Dictaque mea arte magistri Franconis de Colonia nec non et arbore magistri Johannis de Burgundia, quantumcunque potero, conformtabo. » Apud HIERONYM. DE MORAVIA, cap. XXVI.

[2] « Et hæ v differentiæ in arbore et scedula magna dicti Johannis subtiliter declaratur. » Ibid.

III

NOTATION.

CHAPITRE PREMIER.

Deux systèmes de notation. — Notation par signes alphabétiques. — Notation par signes spéciaux. — Notations grecque, romaine, boétienne, grégorienne, neumatique.

La musique, comme toutes les langues, a son alphabet; mais il y a cette différence, entre l'alphabet des sons de la parole et l'alphabet des sons de la musique, que les signes de l'alphabet musical, qu'on appelle notes et dont l'ensemble se nomme notation, représentent à la fois l'intonation et la durée, tandis que les signes de la parole n'expriment en général que les sons. La musique mesurée des XIIe et XIIIe siècles était principalement l'art de régler les rapports de durée des sons et de représenter les modifications de durée par des signes.

Une chose des plus remarquables, c'est que le déchant et la musique mesurée étaient, dès la fin du XIe siècle, et probablement déjà auparavant, en possession d'une notation appropriée à ses besoins. Les signes de cette notation, qui représentaient, nous venons de le dire, à la fois l'intonation et la durée, étaient tellement précis, si nettement dessinés, qu'ils ne semblent avoir rien de commun avec les neumes dont cependant ils dérivaient. Nous allons examiner comment s'est opérée cette transformation et par quelles transitions elle a eu lieu.

Deux systèmes, ayant un caractère bien distinct, se font remarquer dans les notations des diverses nations. Les sons de la musique sont figurés, dans l'un, par des signes pris dans les lettres alphabétiques; dans l'autre, par des signes spéciaux et particuliers qui n'ont aucun rapport avec l'alphabet des peuples chez lesquels ils sont en usage. Le premier système a été employé par la plupart des peuples anciens; les modernes ont adopté l'autre. Nous prouverons que la notation par signes spéciaux était plus apte que celle par lettres alphabétiques à seconder le développement de l'art.

S'il s'agissait de rechercher à quelle époque remonte l'idée de représenter les sons de la musique par des signes, on verrait que les peuples les plus anciens de l'Orient ont laissé des monuments qui constatent que la notation musicale était employée chez eux dès les temps les plus reculés de l'histoire. Mais, comme une pareille digression nous conduirait hors des limites de notre sujet, nous nous bornerons à faire remarquer que, de temps immémorial, les habitants de l'Inde et de la Chine ont écrit leurs chants avec des signes de notation pris dans l'alphabet ou dans les caractères radicaux de leur langue. Ces signes recevaient des dispositions ou des modifications suivant le nombre d'octaves qu'ils devaient représenter. D'autres signes accessoires étaient destinés à marquer la durée des sons[1].

Aucun monument écrit ou figuré n'a fait connaître jusqu'ici le système musical de l'antique Égypte et de la Judée. On ne sait rien par conséquent de la notation musicale des peuples de ces contrées.

Les Grecs ont employé les lettres de leur alphabet pour noter leur musique. Dans les premiers temps, leur système musical étant simple et peu étendu, les caractères alphabétiques, disposés naturellement et au-dessus des syllabes destinées à être chantées, suffisaient ; mais, peu à peu, ce système s'étant compliqué par l'addition de plusieurs modes, par l'introduction de nouveaux genres et par l'adoption d'une double notation pour le chant et pour les instruments, il a fallu augmenter aussi le nombre de signes, ce que l'on a fait en couchant les lettres, en les retournant, en les inclinant d'un côté et de l'autre, en les tronquant ou en y ajoutant. Alors, d'alphabétique qu'elle avait été, elle devint pour ainsi dire arbitraire[2]. Les Grecs avaient en outre des signes pour marquer le rhythme musical[3].

Les Romains qui, dans la musique, plus encore que dans les autres arts, n'ont été le plus souvent que les imitateurs des Grecs, ne paraissent pas avoir eu d'autre système musical que le leur. Ils passent pour avoir, comme les Grecs, employé les caractères de leur alphabet pour noter leur musique. Sui-

---

(1) M. Fétis, *Bulletin de la classe des beaux-arts*, de l'Académie royale de Bruxelles, année 1847, p. 118 et suiv. — J.-A. de la Fage, *Histoire générale de la musique et de la danse*, t. I, p. 136 et suiv., p. 455 et suiv.

(2) Perne, *Recherches sur la musique ancienne*, dans la *Revue musicale* de M. Fétis, t. III,
IV, V et VIII. — M. Vincent, *Notice sur divers manuscrits grecs relatifs à la musique*, p. 125 et suiv.

(3) M. Bellermann, Ανωνυμοι συγγραμμα περι μυσικης. (*Anonymi scriptio de musica*), Berlin, 1841, in-4°. — M. Vincent, *ibid.*, p. 48 et suivantes.

vant Boèce, cette notation aurait consisté dans les quinze premières lettres de l'alphabet romain. Il est à remarquer que ce célèbre philosophe ne parle pas des signes propres à représenter la durée des sons. Ce n'est pas une raison de croire pourtant que les Romains n'aient pas fait usage de signes semblables.

On pense généralement que la notation de Boèce, réduite aux sept premières lettres, a été adoptée par saint Grégoire pour noter les livres de chant ecclésiastique; mais on n'a pas de preuves de ce fait. Il a d'ailleurs été fort contesté dans ce dernier temps, et avec raison, comme on le verra. Ce qu'il y a seulement de certain, c'est que la notation dont parle Boèce et la notation attribuée à saint Grégoire ont été usitées au moyen âge. Nous citerons comme écrits en notation boétienne : 1° un manuscrit du xie siècle de l'abbaye de Jumièges, signalé par dom Jumilhac[1], qui en rapporte un fragment; 2° l'office de saint Thuriave, évêque de Dole en Bretagne, dans un manuscrit du xie siècle, signalé aussi par Jumilhac qui en donne un fragment; la notation boétienne y est surmontée de neumes[2]; 3° l'Antiphonaire de Montpellier, également écrit à la fois en neumes et en notation boétienne. Ce manuscrit, qui a été découvert par M. Danjou, est de la plus haute importance pour le chant ecclésiastique et pour l'étude des neumes[3]. M. Danjou en a donné un fac-similé avec une notice détaillée dans le tome III de sa « Revue de musique religieuse ». Il se proposait de publier le manuscrit en entier, lorsque les événements politiques sont venus mettre obstacle à l'exécution d'un aussi louable projet. Il serait à souhaiter que le gouvernement prît cette publication sous son patronage et en confiât la direction au savant qui en a fait l'heureuse découverte[4].

La notation dite grégorienne se trouve répandue dans une foule de manuscrits. La plupart des didacticiens du moyen âge ont noté leurs exemples de musique dans ce système; mais on ne connaît pas de livres liturgiques écrits en entier dans cette notation.

Toutes les bibliothèques de l'Europe occidentale renferment des manuscrits, et en grand nombre, des viiie, ixe, x^e, xie et xiie siècles, notés avec des signes qui n'ont de rapport avec les lettres d'aucun alphabet connu. Cette

---

(1) *La science et la pratique du plain-chant.* — Édit. 1847, p. 97.

(2) *Ibid.*, p. 98.

(3) M. Danjou a trouvé des exemples de cette notation dans un manuscrit du Vatican, fonds de la reine, n° 1616, et dans le traité *Musica antica et nova*, des archives du Mont-Cassin, n° 318. Le premier de ces manuscrits est du xiiie siècle, le second du xie. — *Revue de musique religieuse* t. III, p. 260.

(4) Nous venons d'apprendre que le gouvernement a chargé M. Th. Nisard de faire un calque exact de ce manuscrit pour être déposé à la bibliothèque nationale de Paris.

notation est composée de deux sortes de signes : les uns, en forme de virgules, de points, de petits traits couchés ou horizontaux, représentaient des sons isolés ; les autres, en forme de crochets, de traits diversement contournés et liés, exprimaient des groupes de sons composés d'intervalles divers.

De ces virgules, de ces points, de ces traits couchés et horizontaux sont nées la longue, la brève, et la semibrève de la notation carrée, usitées dans la musique mesurée du XIIe siècle et du XIIIe. Les crochets, les traits diversement contournés et liés ont produit les ligatures ou liaisons de notes de cette même notation, ainsi que nous le démontrerons plus loin.

Le célèbre Du Cange, le premier, a défini le nom qu'on donnait, au moyen âge, aux signes de cette notation, en disant que les notes musicales s'appelaient "neumes", et que "neumer" voulait dire noter[1].

Cette dénomination, adoptée par M. Kiesewetter[2], par M. Bottée de Toulmon[3] et par nous-même[4], a rencontré des objections.

M. Fétis, après avoir soutenu que le mot neume ne s'appliquait pas aux signes de notation[5], a admis plus tard[6] que les groupes de sons étaient désignés ainsi.

M. Théodore Nisard[7] définit le mot "neume" une réunion d'un certain nombre de signes placés tantôt sur une seule syllabe, tantôt sur plusieurs. Il se fonde principalement sur un passage de Gui d'Arezzo[8], pour prétendre que le neume n'était pas une ligature, parce qu'il pouvait fournir un chant à plusieurs syllabes, et que ce n'était pas une note unique, puisqu'une seule note ne peut point s'appliquer à plusieurs syllabes.

S'il n'existait que ce passage pour nous éclairer sur la signification du mot neume, l'explication de M. Th. Nisard pourrait paraître admissible jusqu'à un certain point, quoiqu'elle ne fût pas à l'abri d'objections ; mais en présence de plusieurs textes du même auteur et d'écrivains à peu près contemporains

---

(1) « Neumæ, præterea, in musica dicuntur notæ, quas musicales dicimus : unde neumare est notas verbis musice decantandis superaddere. » — *Glossarium ad scriptores mediæ et infimæ latinitatis*, v° Pneuma.

(2) *Geschichte der Europaeisch-abendlaendischen oder unsrer heutigen Musik* (*Histoire de la musique européenne occidentale*), p. 113.

(3) *Instructions du comité des arts et monuments.* — Musique, p. 6.

(4) *Mémoire sur Hucbald*, p. 145 et suiv.

(5) *Gazette musicale de Paris*, an. 1844, p. 215.

(6) *Bulletin de la classe des beaux-arts*, de l'Académie royale de Bruxelles, année 1847, p. 123.

(7) *Études sur les anciennes notations musicales de l'Europe.* — *Revue archéologique*, t. V, p. 709 et suiv. — Ce travail, bien qu'inachevé, est un des plus remarquables qui aient été publiés sur cette matière.

(8) « Aliquando una syllaba unam vel plures habeat neumas, aliquando una neuma plures dividatur in syllabas. » — *Microl.*, cap. XV ; Gerb., *Script.*, t. II, p. 16.

CHAPITRE I.

qui déterminent le sens du mot neume d'une manière non équivoque, il faut attribuer à celui qu'invoque M. Th. Nisard une signification moins restrictive. S'il en était autrement, Gui d'Arezzo serait en contradiction avec lui-même et avec tous les auteurs qui l'ont commenté. Que dit-il en effet dans le chapitre XVI de son Micrologue? « Tout neume, dit-il, est formé du double mouvement de l'arsis et de la thésis, excepté les neumes répercutés et les neumes simples[1]. » Et pour qu'il n'y ait pas de doute sur ce qu'on entendait par neume simple et par neume répercuté, Jean Cotton rapporte ce passage de Gui d'Arezzo, en ajoutant : « On appelle neume simple, la virgule et le point; et neume répercuté, celui que Bernon appelle distrophe et tristrophe[2]. »

Aribon, le premier commentateur de Gui d'Arezzo, n'est pas moins formel[3]. Jean de Muris explique aussi d'une manière précise ce que l'on entendait par "voces repercussæ" en les appelant "unissons[4]". Plusieurs autres passages de Jean de Muris, que nous nous bornons à citer en note, ne sont pas moins formels sur le sens du mot neume[5].

---

(1) « Igitur motus vocum, qui sex modis consonanter fieri dictus est, sit arsi et thesi, id est, elevatione et depositione : quorum gemino motu, id est, arsis et thesis, omnis neuma formatur, præter repercussas et simplices. » — Gerb., Script., t. II, p. 17. — On peut citer encore cet autre passage du Micrologue qui n'est pas moins formel : « Ac summopere caveatur talis neumarum distributio ut cum neumæ, tum ejusdem soni repercussione, tum duarum aut plurium connexione fiant, semper tamen, aut in numero vocum, aut in ratione tonorum, neumæ alterutrum conferantur atque respondeant. Nunc æquæ æquis, nunc duplæ vel triplæ simplicibus, atque alias collatione sesquialtera vel sesquitertia. » — Ibid., p. 15.

(2) « Quorum videlicet arsis et thesis omnis neuma præter simplices et repercussas gemella motione conformatur. Simplicem autem neumam dicimus virgulam vel punctum ; repercussam vero, quam Berno distropham vel tristropham vocat. » — Gerb., Script., t. II, p. 203. — Nous avons vainement recherché, dans ce que Gerbert donne de Bernon, pour trouver cette explication des neumes répercutés; on doit supposer que nous ne connaissons pas encore tous les écrits de cet auteur, ou que ses ouvrages connus renferment des lacunes. M. Danjou a remarqué dans un manuscrit de Jean Cotton du Vatican, sous le nº 1196, fonds de la reine, le mot distropha surmonté du signe appelé, dans le tableau de neumes de Saint-Blaise, pressus minor et tristropha, surmonté du signe appelé pressus major.

(3) « Neumæ nempe unius soni fiunt repercussione, id est, vel una virgula, vel una jacens, vel cum duplices aut triplices in ejusdem sunt soni repercussione, tum duorum aut plurium connexione fiant. Duorum aut plurium sonorum connexione fiunt omnes neumæ, exceptis præscriptis. » — Gerb., Script., t. II, p. 226.

(4) « Dicuntur autem repercussæ vel æquisonantes, quæ in eadem sunt linea vel in spatio eodem nisi mutentur litteræ vel tacti colores. » — Speculum musicæ, lib. VI, cap. 72. — « Diligenter igitur cantando sæpe et sæpius proferat quis tactas varias vocum simplicium et mixtarum secundum arsim et thesim modulationes, nec ignoret voces repercussas seu unisonantes suis in locis convenienter decantare, et primitus in manus juncturis in quibus pueri primo instruuntur. » — Ibid.

(5) « Dicit autem (Guido) de neumis illis, id est notulis, quod inventæ sunt causa breviandi, quia cantus illis notulis brevius notantur quam per litteras. » — Ibid. — « In hoc autem modo no-

Enfin un document du xive siècle, que nous pouvons qualifier de document capital pour tout ce qui est relatif à la notation musicale du moyen âge, et que nous sommes assez heureux de pouvoir offrir en entier à nos lecteurs sous le n° vii de nos documents inédits[1], est tellement explicite à ce sujet, que toute équivoque doit disparaître. « Les neumes, dit l'auteur, sont au nombre de huit; le neume simple est formé d'une seule note par mouvement direct, c'est-à-dire, ni par arsis ni par thésis. Le neume répercuté est formé de plusieurs notes, aussi par mouvement direct, c'est-à-dire, ni par arsis ni par thésis, mais à l'unisson. » Doc. VII, 61.

Mais, pour qu'on ne nous reproche pas de ne puiser nos preuves que dans des documents postérieurs à Gui d'Arezzo, nous nous empressons de faire remarquer que ce vers :

« Neumarum signis erras qui plura refingis »,

du tableau de neumes rapporté par l'abbé Gerbert[2], s'applique évidemment à tous les signes de ce tableau, par conséquent aux signes appelés "virgula, gnomo, franculus", qui n'étaient que des signes représentant des sons isolés, comme à tous les autres.

Les témoignages et les citations que nous venons de produire et que nous aurions pu multiplier au besoin sont tels, suivant nous, que tout doute doit disparaître. "Neume" était donc bien synonyme de note, et "neumer" voulait dire noter. Ce point doit être considéré comme irréfragablement résolu en faveur de Du Cange.

CHAPITRE II.

Origine des neumes.

Une question plus grave et plus importante, soulevée dans ces derniers temps, et traitée en sens divers, est celle qui est relative à l'origine des neumes.

Bien que les plus anciens livres de chants écrits en neumes ne remontent pas

tandi, secundum Guidonem, tres requiruntur litteræ monocordi affixæ linearum capitibus, ipsæ lineæ et tactæ figuræ quas neumas vocat, id est, notas. » — *Ibid.* — « Unde neumare, notare vel cantare est, licet neuma alias multas habeat significationes. » — *Ibid.*

(1) Ce document a pour auteur un moine carmélite anglais, nommé Hothby, l'un des plus savants musiciens du xive siècle, si l'on en juge par ses nombreux écrits sur la même matière, répandus dans les bibliothèques d'Italie. Il a été découvert par MM. Danjou et Morelot, qui nous l'ont très obligeamment communiqué en nous autorisant à en enrichir notre publication.

(2) *De cantu et musica sacra*, t. II, tab. X, n° 2.

CHAPITRE II.

au delà du VIIIe siècle, tous les auteurs sont d'accord pour assigner à leur usage une date plus reculée; mais le même accord est loin d'exister en ce qui touche leur origine. La plupart des auteurs qui se sont occupés des neumes ont traité cette question d'une manière au moins indirecte. M. Fétis et M. Th. Nisard seuls l'ont nettement abordée, et résolue chacun à leur point de vue; mais ni l'un ni l'autre n'en ont donné la véritable origine.

Nous croyons l'avoir trouvée, et nous espérons être assez heureux pour apporter à l'appui de notre opinion des raisons concluantes et même des preuves que nous croyons péremptoires.

Les opinions émises jusqu'à présent sont au nombre de trois. La première en date est celle de M. Kiesewetter qui, sans avoir traité la question d'origine des neumes dans son entier, la résout du moins quant à leur patrie. Suivant lui, les neumes ont été les notes romaines, " nota romana ", dont saint Grégoire se serait servi pour noter son Antiphonaire. Ce système est soutenu avec une grande force de logique et d'érudition.

La seconde opinion est celle de M. Fétis, à qui revient l'honneur d'avoir le premier abordé la question sous toutes ses faces. Sa solution est hardie et surtout vigoureusement discutée. Elle consiste à attribuer aux peuples du Nord l'introduction de ce genre de notation en Europe.

La troisième a pour auteur M. Th. Nisard, qui donne aux neumes la même origine qu'aux notes graphiques ordinaires, en usage chez les Romains. Ce système est, comme on le voit, le complément de celui de M. Kiesewetter.

Ceux qui adoptent l'opinion du savant viennois se fondent : 1° sur ce que le plus ancien livre de chant connu, «l'Antiphonaire de Saint-Gall », aurait été copié sur l'Antiphonaire même de saint Grégoire, ce qui nous paraît établi aujourd'hui par des documents incontestables; 2° sur un passage du moine d'Angoulême, où il est dit que «tous les chanteurs de France apprirent la notation romaine, "nota romana", qui alors (du temps de Charlemagne) était appelée francique [1] »; 3° sur un passage inédit de Gui d'Arezzo, qui se trouve dans quelques manuscrits et qui est ainsi conçu : « C'est de cette manière sans doute qu'est venu l'Antiphonaire au milieu de tous les Apuliens et des Calabrois leurs voisins, à qui saint Grégoire envoya de tels neumes par Paul [2]. »

---

[1] « Correcti sunt ergo antiphonarii Francorum, quos unusquisque pro suo arbitrio vitiaverat, addens vel minuens; et omnes Franciæ cantores didicerunt notam romanam, quam nunc vocant notam Franciscam." »

[2] « Ita sane procuratum sit antiphonarium per Apulienses cunctos et vicinos Calabros, quibus tales misit neumas per Paulum GREGORIUS. At nos, miseri canentes, frequentato tempore sacros libros meditari penitus omittimus, quibus Deus summus bonus loquitur hominibus. » — Manuscrit du XIIe siècle, de notre bibliothèque.

Si l'on objectait à cette opinion que Boèce, le seul auteur qui nous fasse connaître la doctrine musicale des Latins, ne parle pas d'autre notation que de celle par lettres, on répondrait que Boèce a conçu son ouvrage sous un point de vue beaucoup plus théorique que pratique ; l'on tomberait dans l'erreur si l'on croyait y trouver tout ce qui est relatif à la pratique, et si l'on jugeait par là que celle-ci était limitée aux seuls points indiqués par ce célèbre philosophe. Il fait bien connaître les noms des notes musicales, mais il ne dit nulle part qu'elles aient été exclusivement figurées par des lettres ; il est donc permis d'en douter. On peut croire même, sans s'écarter des conjectures les plus vraisemblables, qu'il existait déjà de son temps une notation usuelle qui, bien que peu digne peut-être de l'attention spéculative d'un philosophe, obtint néanmoins peu à peu la préférence sur la notation par lettres. Le système de M. Kiesewetter, quoique incomplet, ne nous paraît pas avoir été victorieusement réfuté. Il n'a pas été démontré surtout que l'Antiphonaire de saint Grégoire ait été écrit dans une autre notation que la notation neumatique.

Le système de M. Fétis se base sur l'analogie des neumes avec la notation éthiopienne des églises d'Abyssinie, celle des chrétiens d'Arménie et les accents des juifs orientaux. M. Fétis en conclut que les neumes auraient passé de l'Orient dans les contrées septentrionales, d'où ils auraient été introduits dans l'Europe occidentale. Poussant plus loin son opinion, M. Fétis assigne une origine spéciale aux deux formes de cette notation qui lui ont paru les plus caractérisées. Ainsi, à l'une il a donné le nom de notation saxonne, à l'autre celui de notation lombarde, parce que, suivant lui, les formes des signes de chacune de ces notations se rapprochent le plus de l'écriture de ces peuples.

Quand on examine soigneusement les notations orientales dont parle M. Fétis, on ne voit aucune analogie entre celle des Éthiopiens et les neumes. Il n'en existe pas davantage entre les neumes et les accents des juifs. Les notes musicales des Arméniens ont, au contraire, une véritable analogie avec les neumes; mais leur origine est loin d'être aussi ancienne que le prétend M. Fétis. Ceux qui les font remonter le plus haut ne leur assignent pas une date antérieure à la dernière moitié du IVe siècle, et il y a lieu de croire qu'il faut la reporter encore à une époque plus rapprochée de nous. Rien ne prouve donc que la notation musicale arménienne soit assez ancienne pour que les peuples du Nord aient pu en avoir eu connaissance par la voie qu'indique M. Fétis. Tout porte à croire, au contraire, que les Arméniens ont emprunté leur notation des Occidentaux.

D'un autre côté, pour attribuer aux neumes une origine barbare, il faudrait qu'il fût démontré que les peuples du Nord ont possédé une écriture musicale. Or, non-seulement cela n'est pas établi, mais encore il est fort douteux que les peuples du Nord aient eu une écriture quelconque. Si l'on s'en rapporte à Otfried, moine de Weisembourg au IXe siècle, plus à même que d'autres de se prononcer sur cette question, ses compatriotes ne faisaient pas usage de l'écriture dans leur propre langue [1]. Dans sa lettre à Liutbert, archevêque de Mayence, il signale les difficultés qu'il a eues de formuler en lettres latines correspondantes certaines inflexions vocales de ses compatriotes. Il fait connaître que l'écriture latine ne possédait pas toutes les lettres nécessaires à rendre exactement divers sons [2]. D'autres témoignages confirment ce fait [3].

Un des principaux arguments du système de M. Fétis est tiré du rapport qui existe entre certains neumes et certaines écritures employées par les barbares après l'invasion. Mais cet argument n'aurait de la force que s'il était prouvé que ces peuples ont introduit une écriture nationale en Europe. Or les auteurs du « Nouveau traité de diplomatique » ont démontré que les caractères d'écriture en usage en Europe, postérieurement à l'invasion, descendent de l'écriture romaine comme d'une source commune, et que ce n'est qu'en s'éloignant des premiers temps de l'invasion que des différences et des variétés se sont manifestées. Rien n'est donc moins constant que la substitution d'écritures septentrionales à l'écriture romaine. Il s'ensuit qu'on ne saurait attribuer une origine lombarde ou saxonne à la notation qui aurait même des rapports plus ou moins apparents avec le genre d'écriture de ces peuples aux IXe et Xe siècles.

M. Th. Nisard, comme M. Kiesewetter, donne aux neumes une origine occidentale et romaine, mais il la porte à une date plus reculée que le savant allemand; il leur attribue en outre la même origine graphique qu'aux notes ordinaires. Selon lui, toute manière d'abréger l'écriture étant appelée "note", la nature abréviative des neumes aurait valu à chaque signe de l'écriture musicale le nom de note, et les notes musicales, comme les notes tachygraphiques, inventées par Ennius et perfectionnées par Tiro, auraient pour base le point.

---

[1] « Res mira, tam magnos viros, prudentia deditos, cautela præcipuos, agilitate suffultos, sapientia latos, sanctitate præclaros, cuncta hæc in alienæ linguæ gloriam transferre, et usum scripturæ in propria lingua non habere.
[2] SCHILTER, Thesaurus antiquitatum teutonicarum, t. I, p. 10.
[3] Dès la fin du IVe siècle, Ulphilas fit transcrire en grec sa version évangélique traduite en langue gothique et restée orale jusque-là. — Ce n'étaient pas seulement les chants historiques qui, jusqu'à Charlemagne, furent conservés par la simple tradition, les lois elles-mêmes semblent avoir été mises par écrit pour la première fois par l'ordre de ce grand monarque. « Qui jura, quæ scripta non erant, describere ac litteris mandare fecit. » EGINHARD, Vita Caroli Magni.

M. Th. Nisard invoque, comme preuve à l'appui de cette théorie, le passage suivant de Prudence, poëte du IVe siècle :

> Præfuerat studiis puerilibus et grege multo
> Septus, magister litterarum sederat,
> Verba notis brevibus comprehendere multa peritus
> Raptimque punctis dicta præpetibus sequi.

Ce passage, qui se rapporte aux notes sténographiques et nullement aux notes musicales, ne saurait être considéré comme suffisant pour servir de preuve d'un fait aussi important que celui que M. Th. Nisard a en vue de démontrer. Armé néanmoins de ce texte, M. Th. Nisard marche en avant et, d'induction en induction, il arrive à conclure que les neumes avaient pour base le point. Ce musicologue a été frappé, comme par une sorte d'instinct, de l'idée que les neumes ont leur origine dans l'écriture, mais il n'en a pas découvert le véritable principe. Serons-nous plus heureux ? Nous le croyons.

Les neumes, suivant nous, ont leur origine dans les accents. L'accent aigu ou l'arsis, l'accent grave ou la thésis, et l'accent circonflexe, formé de la combinaison de l'arsis et de la thésis, sont les signes fondamentaux de tous les neumes.

L'accent est la modification de la voix dans le ton et la durée. Le mot latin "accentus", qui n'est que la traduction véritable de προσῳδία, signifie, à vrai dire, accompagnement de chant[1] ; car l'émission simple du son matériel, appelée prononciation syllabique, est accompagnée dans le langage de tous les hommes d'une espèce de modulation qu'on a comparée au chant. On observe dans la prononciation syllabique, comme dans le chant proprement dit, d'une part, l'élévation et l'abaissement de la voix, et, d'une autre, la durée des sons. Bien qu'on ait donné par la suite le nom de quantité à la durée des syllabes et le nom d'accent à l'élévation et à l'abaissement de la voix, le mot accent avait primitivement un sens plus général, il comprenait à la fois ces deux modifications de la voix[2].

Pris dans son sens restreint et tel qu'on l'entend habituellement, l'accent consiste donc dans l'élévation et l'abaissement de la voix. L'élévation était marquée par le signe appelé accent aigu ; l'abaissement, par le signe appelé accent grave ; lorsque l'élévation et l'abaissement avaient lieu sur une même syllabe, on marquait cette modification par le signe appelé accent circonflexe.

---

(1) Chez les Grecs et même chez les Romains la grammaire formait une partie de la musique.
(2) Malgré cela l'accent a toujours conservé son caractère prépondérant, à tel point que très souvent il l'emporte sur la quantité syllabique à laquelle il se substitue.

CHAPITRE II.   159

Ces signes tendant, dans l'application, au même but que les signes de notation musicale, y a-t-il eu rien de plus naturel que de s'en servir pour marquer les inflexions du chant? Y a-t-il eu rien de plus simple, de plus logique même que d'étendre à toutes les syllabes les signes qui, dans le langage ordinaire, s'appliquaient à quelques-unes seulement, et de les combiner entre eux de façon à exprimer les diverses modulations musicales, plus nombreuses évidemment que les modulations vocales[1]? Les fonctions que les accents remplissent, la place qu'ils occupent, le but qu'ils poursuivent, tout démontre d'une manière irrésistible qu'ils sont l'origine des neumes avec lesquels ils ont une analogie parfaite sous tous les rapports. Cela nous paraît tellement manifeste, que de plus amples considérations seraient superflues.

Si l'on a donné aux signes musicaux le nom de neume au lieu de leur avoir conservé celui d'accent, cela vient, suivant nous, de ce que l'accent musical remplissait un rôle plus complet que l'accent vocal; de ce que, pouvant être considéré, abstraction faite de toute parole, contrairement à l'accent vocal qui n'en était qu'un accessoire, on a cru convenable de lui donner un nom qui exprimât mieux l'idée de ce son abstrait. Le mot neume tiré du grec πνεῦμα, qui signifie souffle ou son, nous paraît avoir été bien choisi à cet effet.

Maintenant les faits sont-ils conformes à la théorie que nous venons d'émettre? Nous n'hésitons pas à dire qu'ils en sont la confirmation la plus entière. En effet, les neumes se composent, comme nous l'avons dit plus haut, de signes représentant les sons isolés, et de signes représentant les groupes de sons. Les premiers étaient les neumes simples; les autres, les neumes composés. Les neumes simples, fondamentaux, sont: la virgule, marquant l'élévation de la voix; le point, déterminant l'abaissement. Le neume composé, fondamental, était le signe appelé "clivus" ou "clinis", représentant à la fois l'élévation et l'abaissement de la voix.

Pour répondre à une objection qui pourrait être présentée, faisons remarquer de suite que le point n'était pas primitivement appelé ainsi. Ce n'est que plus tard, lorsque la forme de ce signe s'est rapprochée du point, qu'il en a pris le nom. Il suffit de jeter les yeux: 1° sur le tableau des neumes, rapporté par l'abbé Gerbert, où ce signe semble être repris sous le nom de "gnomo"; 2° sur le tableau du XIIIe siècle et sur celui du XIVe, formant les n°s 4 et 5 de la PLANCHE XXXVIII,

---

(1) Qui dit même que l'idée de convertir les accents en signes de notation musicale n'est pas venue de ce que, dans le débit oratoire, ils servaient à indiquer les diverses inflexions que devait prendre la voix de l'orateur, et que c'est pour cela que celui-ci était assisté d'un instrumentiste pour le soutenir dans le ton indiqué par l'accentuation?

où il est appelé "punctus", pour voir que ce signe y a bien plus la forme de l'accent grave que du point. C'est seulement après que certaines notes avaient pris la figure d'un point rond ou carré, que le nom de "punctus" a été donné à un des neumes.

Comme l'accent circonflexe pouvait être grave ou aigu, suivant que le premier son était plus élevé ou plus bas que le second, il y avait deux sortes d'accents circonflexes. Il s'appelait "clivus" lorsque le premier son était plus élevé que le second, et "podatus" lorsque le second était plus élevé que le premier.

En résumé donc : la virgule représentait l'accent aigu ; le point, l'accent grave ; le clivus et le podatus, l'accent circonflexe. De ces trois signes combinés les uns avec les autres sont nés tous les autres neumes, ainsi que nous le ferons voir.

Nous pensons que notre démonstration est aussi complète que possible, et que l'origine des neumes se trouve désormais fixée ; mais ce qui doit achever de porter la conviction la plus entière dans les esprits les plus difficiles, c'est la constatation de ce fait dans un monument du XIe siècle, que nous reproduisons en fac-similé, dans la troisième partie, Planche XXXVII, n° 1, et que nous devons à l'inépuisable obligeance de MM. Danjou et Morelot. Ce monument, qui forme un fragment du chapitre LXXXV du traité « De musica antica et nova » (Archives du Mont-Cassin, n° 318), vient corroborer notre système de la manière la plus complète. D'abord le chapitre porte pour titre : « Accents ou noms des notes »; puis trois neumes y figurent sous le nom d'accent. Le premier y est appelé accent aigu " prima (nota), accentus acutus facta est sic "; le second, accent grave ; et le sixième, accent circonflexe. Ces trois neumes y ont la forme des neumes désignés dans les tableaux sus-rappelés sous le nom de "virgula, punctus et clivus".

Voilà donc l'origine des neumes bien déterminée, bien constatée.

Sans vouloir attacher à notre découverte plus d'importance qu'il ne convient de lui en attribuer, nous pensons qu'elle a une certaine valeur sous le point de vue paléographique et par rapport aux conséquences historiques qui en découlent.

CHAPITRE III.

Les neumes antérieurement au VIIIe siècle. — Neumes primitifs. — Neumes à hauteur respective. — Neumes à points superposés. — Neumes guidoniens. — Lignes. — Clefs. — Neumes réguliers et irréguliers.

Il serait difficile de déterminer, d'une manière même approximative, l'époque où l'on a commencé à se servir des accents comme signes particuliers destinés à marquer la modulation du chant. Cela n'a pu avoir lieu cependant que postérieurement à Isocrate ; car c'est ce célèbre orateur athénien qui passe pour avoir inventé les accents, dans le but de rétablir la prosodie ou l'accentuation des mots de la langue grecque, qui commençait déjà à se corrompre de son temps. Bien que, suivant toute probabilité, l'idée d'employer les accents comme notes musicales n'ait pas tardé longtemps à recevoir son application, il y a lieu de croire qu'il s'est passé un laps de temps assez considérable avant qu'ils ne fussent parvenus à un degré de développement propre à en former un système de notation proprement dit. Fixer l'époque de cette situation serait impossible en l'absence de monuments ou d'indications écrites. Si nous avions pourtant une opinion à émettre, opinion qui ne pourrait être que conjecturale, nous dirions que, suivant toute probabilité, ce n'est pas aux Romains, mais aux Grecs, que nous devons ce genre de notation, et que son usage date d'une époque voisine de l'ère chrétienne.

Il en a été toutefois des neumes comme de l'harmonie ; les Grecs et les Romains, qui les ont connus, n'ont pas entrevu leurs ressources, encore moins l'avenir qui leur était réservé. La constitution de l'harmonie, qui a fait de la musique un art nouveau, une science nouvelle ; l'application et le perfectionnement des neumes, devenus pour la musique la langue universelle ; ces deux résultats, d'une portée immense, sont dus au moyen âge et principalement au moyen âge chrétien.

A la fin du VIIIe siècle, date de « l'Antiphonaire de Saint-Gall », le plus ancien livre de chant noté connu, les neumes s'y montrent dans leur complet développement, par rapport du moins aux signes dont ils se composaient. Le manuscrit de Saint-Gall, le tableau de neumes du IXe siècle, rapporté par l'abbé Gerbert, et quelques autres monuments de cette époque, en sont la preuve. C'est donc pendant les premiers siècles du christianisme que la notation neumatique s'est constituée et développée ; c'est dans les premiers monuments de tradition chrétienne qu'elle apparaît pour la première fois comme un fait déjà en pleine vigueur. Il serait difficile de préciser avec certitude les diverses phases qu'elle a parcourues pendant cette période, mais il est impossible de contester que ce soit au sein du christianisme que s'est perfectionné ce remarquable instrument de propagation mélodique. Sans nier la part qu'ont pu y avoir prise les papes, qui sont réputés avoir donné une attention particulière au chant ecclésiastique, on peut avancer, sans craindre de se tromper, que les neumes ont dû recevoir leur principal degré de perfectionnement dans l'école de saint Grégoire. On sait, en effet, que cet illustre pontife, pour assurer l'exécution parfaite des mélodies chrétiennes, avait institué une école de chantres qui, au temps de Jean Diacre, existait encore à Rome. Nul doute que la notation neumatique, comme mode de conservation et de propagation des chants recueillis avec tant de zèle, y a été enseignée avec soin ; nul doute qu'elle y a reçu des développements et des améliorations; nul doute encore que c'est de là qu'elle a été répandue dans toute l'Europe par les missionnaires chrétiens, munis de livres copiés dans l'école et sous les yeux mêmes, pour ainsi dire, de saint Grégoire.

Depuis le VIIIe siècle jusqu'à la fin du XIIe, c'est-à-dire pendant quatre des plus beaux siècles de la liturgie musicale, les neumes ont été la notation exclusivement adoptée dans toute l'Europe, tant pour les chants ecclésiastiques que pour la musique profane. Dès la fin du XIe siècle, on la trouve établie en France, en Italie, en Allemagne, en Angleterre et en Espagne. Sauf quelques modifications de détail, résultat du génie calligraphique de tel ou tel peuple, il est facile de reconnaître qu'ils procèdent tous d'une seule et même source.

Pendant ces quatre siècles il s'est opéré dans les neumes de nombreuses modifications, d'importantes transformations, qui les ont toujours conduits de plus en plus près de la notation carrée. Sous le point de vue historique, on peut les diviser en neumes primitifs, en neumes à hauteur respective, en neumes à points superposés et en neumes guidoniens. Ces divisions correspondent à trois périodes où les principales transformations ont eu lieu; mais il est à remarquer que l'amélioration qui caractérise les neumes des trois dernières classes n'a pas été assez absolue pour faire disparaître les systèmes antérieurs. Ainsi, au Xe siècle, aux XIe et XIIe, on trouve des livres de chant écrits en neumes primitifs, et après Gui d'Arezzo on voit continuer, presque avec un égal succès, l'usage des neumes à hauteur respective et des neumes à points superposés.

CHAPITRE III.

Les neumes primitifs sont écrits au-dessus du texte, sans lignes et sans clefs. La position d'élévation ou d'abaissement ne paraît pas y avoir été le caractère déterminatif absolu de l'intonation ; la hauteur respective des signes n'en était pas du moins le principe général. Quelques signes, tels que le "scandicus," le "climacus" et plusieurs autres, ont dû toujours être régis par la hauteur respective des points ; et c'est probablement ce qui a donné lieu à l'idée de donner à tous les neumes une position relative d'élévation et d'abaissement.

Les neumes primitifs ont été seuls en usage jusqu'à la fin du IXe siècle[1]. Vers cette époque, on voit dans certains manuscrits une tendance à donner à presque tous les neumes une position de hauteur déterminée[2]. Au commencement du Xe siècle, ce principe, étendu à tous les signes, est complétement adopté ; il en surgit même un système où les signes sont superposés et en même temps simplifiés par la suppression d'un grand nombre de ligatures. C'est ce genre de neumes pour lesquels nous adoptons le nom de "neumes à points superposés[3]".

L'introduction du principe de la hauteur respective des neumes a été un progrès considérable ; il a exercé la plus grande influence sur la notation musicale. Par leur position d'élévation et d'abaissement, les neumes parlaient aux yeux en même temps qu'à l'intelligence ; l'esprit était astreint à un effort bien moins grand qu'auparavant. Mais l'application de ce principe, tant dans les neumes à points superposés que dans les autres, lorsqu'il s'agissait de mélodies un peu compliquées, n'était pas toujours exempte d'erreurs, surtout chez les copistes peu intelligents. Il en résultait des hésitations, des incertitudes chez les chanteurs. Pour obvier à ces inconvénients, on imagina de tracer au-dessus du texte une ligne parallèle qu'on marqua d'abord à la pointe sèche, puis à la plume avec de l'encre rouge ou noire. Cette ligne, à laquelle on assigna la place d'une note fixe, servait aux notateurs de point de ralliement pour maintenir les signes dans une position de hauteur exacte, et elle aidait les chantres dans la lecture, en leur montrant une note invariable et leur fournissant les moyens de reconnaître avec plus de facilité et de certitude la signification des signes placés au-dessus et au-dessous de cette ligne.

---

(1) Parmi les fac-similés de la troisième partie, nous citerons comme exemples de neumes primitifs le n° 1 de la Planche VIII, le n° 2 de la Planche IX, les n°s 1 et 2 de la Planche XI.

(2) On remarque cette tendance dans les fac-similés des Planches I, II, III, IV, V, VI et VII, n° 2.

(3) On peut voir des spécimens de neumes à points superposés, Planches IX, n° 2, XII, XIII, n° 2, et XIV à XXIII.

Dans les commencements, la ligne ne portait aucun signe indicatif de tonalité; bientôt elle fut marquée, soit par une lettre placée en tête de la ligne, soit par une couleur.

Ces modifications, dont l'auteur n'est pas connu, se sont propagées avec une grande rapidité dans toute l'Europe, car on trouve des manuscrits ainsi notés dans les principales bibliothèques. Quant aux neumes à points superposés, dont l'usage a prévalu dans le midi de la France, ils n'ont trouvé que peu d'accueil en Italie; mais on y rencontre une autre espèce de neumes superposés, dont le n° 1 de la Planche XIII offre un spécimen.

Les neumes guidoniens marquent une nouvelle période d'amélioration et de progrès. Gui d'Arezzo, avec la perspicacité qu'il a mise dans tout ce qui concerne la pratique, donna au système de lignes une nouvelle impulsion qui compléta la portée musicale. A la ligne, proposée et adoptée par ses devanciers, il ajouta une nouvelle ligne parallèle qui fut placée au-dessus de la première. Celle-ci, tracée en encre rouge, portait en tête la lettre F, qui était la clef de fa; la seconde, marquée en encre jaune, avait en tête la lettre C, qui était la clef d'ut[1].

Une amélioration aussi importante, qui mettait les deux lignes, rouge et jaune, tantôt à une quinte, tantôt à une quarte de distance l'une de l'autre, contribua beaucoup à rendre la lecture de la musique plus facile, et fit disparaître presque toutes les incertitudes qui existaient auparavant. Cependant la position de trois notes intermédiaires n'était pas encore fixée pour qu'il n'y eût pas d'erreur possible. Gui ajouta deux autres lignes, qui furent marquées à la pointe sèche dans l'épaisseur du vélin, quelquefois à la plume. Elles furent placées, l'une entre les deux lignes rouge et jaune, l'autre tantôt au-dessous de la ligne rouge, tantôt au-dessus de la ligne jaune.

Lorsqu'on se contenta des deux lignes principales, rouge et jaune, système qui prévalut pendant fort longtemps, surtout en Italie, la ligne jaune était toujours au-dessus de la ligne rouge. Mais, dans le système avec lignes intermédiaires tracées dans le vélin, la ligne rouge était tantôt au-dessus, tantôt au-dessous de l'ut; dans le premier cas, la place de l'ut tombait dans le deuxième espace inférieur; c'était alors l'espace qui portait la couleur ou la lettre[2]. Cette expli-

---

(1) « Quia, in toto antiphonario et in omni cantu, quantæcunque lineæ vel spatia unam camdemque habent litteram vel cumdem colorem, ita per omnia simili modo sonant. » — Guido, *Prologus in prosa*. Manuscrit du XIIe siècle de notre bibliothèque. — « Sive in lineis, sive inter lineas ipsi ducuntur colores. » — *Ibid.*

(2) « Ubicunque igitur videris crocum, ipsa est littera tertia; ubicunque videris minium, ipsa est littera sexta. » — Gerb., *Script.*, t. II.

CHAPITRE III.

cation de Gui d'Arezzo prouve clairement que son système se composait de la portée complète.

Les lignes de couleur n'étaient pas d'une rigueur absolue; on marquait les quatre lignes tantôt dans l'épaisseur du vélin, tantôt en encre rouge ou noire. Alors il fallait nécessairement placer au commencement d'une ligne ou de deux des lettres indiquant la place des notes principales[1], ou au moins à la tête d'une des lignes un point qui marquât le fa[2].

Les lettres ainsi placées à la tête des lignes principales sont l'origine des clefs de la notation moderne. Nous avons fait voir ailleurs[3] que c'est l'altération et la transformation des lettres F, C et G, qui ont produit nos clef de fa, d'ut et de sol.

Ainsi plus de doute sur la tonalité; son point de départ était déterminé par des lettres ou par des lignes colorées qui servaient de clefs; plus d'incertitude sur les intervalles, ils étaient fixés par les lignes; plus d'erreur possible, par conséquent, dans l'exécution des chants notés. Arrivés à ce point, les neumes étaient devenus faciles à lire pour tout le monde. Peu de temps suffisait pour s'y instruire et lire à livre ouvert[4]. Dès ce moment une profonde démarcation s'est établie entre les neumes primitifs et les neumes guidoniens. Jean Cotton appelle ceux-ci "neumes réguliers ou musicaux", par opposition aux neumes primitifs auxquels il donne le nom de "neumes irréguliers[5]". Ces dénomi-

---

(1) « Idcirco has duas, litteram scilicet et c vel etiam colores quibus notantur, tantopere observari præcipimus, quoniam per eas aliæ notæ reguntur, eisque de loco motis cæteræ pariter moventur. » — JOAN. COTTON, apud GERB., Script., t. II, p. 260.

(2) « Quidam tamen si color desit, pro minio punctum in principio lineæ ponunt. » — JOAN. COTTON. Musica, apud GERB., Script., t. II, p. 260.

(3) Mémoire sur Hucbald, p. 156 et suiv.

(4) « Taliter etenim, Deo auxiliante, hoc antiphonarium notare disposui, ut per cum leviter aliquis sensatus et studiosus cantum ignotum discat; et, postquam partem ejus bene per magistrum cognoverit, reliqua per se sine magistro indubitanter agnoscat. De quo si quis me mentiri putat, veniat, experiatur et videat, quia tales apud nos hoc pueruli faciunt, qui pro psalmorum vulgarium litterarum ignorantia sæva adhuc suscipiunt flagella, qui sæpe et ipsius antiphonæ quam per se sine magistro recte possunt cantare, verba et syllabas nesciunt pronuntiare. Quod cum Dei adjutorio leviter aliquis sensatus et studiosus poterit facere, si, cum quanto studio neumæ disponuntur, curet agnoscere. » — GUIDO, Prol. en prose. Ms. du XIIe siècle, de notre bibliothèque.

(5) « Hoc autem de musicis et regularibus neumis breviter intimare possumus, quod musica tam vero tamque levi tramite ducat cantorem, ut, etiam si velit, errare non possit : et postquam quivis, seu magnus, seu pusillus, quatuor historias, vel totidem officia per eas a præcentore didicerit, antiphonarium totum et graduale absque magistro addiscere poterit. Irregulares vero, ut ostentum est, dubietatem gignunt et errores, nec tantulam utilitatem cantori conferre valeat, ut postquam per eas totum graduale usque ad unum officium, et, ut amplius dicam, usque ad unam communionem a magistro didicerit, illam unam communionem, quæ restat, canere per se sciat. Liquet ergo, quod qui istas

nations sont, au surplus, basées sur le caractère même de ces deux sortes de neumes. Au fur et à mesure que des améliorations se sont produites, les neumes primitifs et irréguliers ont dû perdre et ont perdu effectivement de leur vogue, mais ils ont continué, nous l'avons fait observer, à être employés par les routiniers, et, comme le dit encore Jean Cotton, par les clercs ignorants et rustiques[1]. Aussi, en signalant leurs nombreux défauts, le doute, l'incertitude, l'erreur qu'ils occasionnaient, la corruption qui en résultait dans le chant ecclésiastique, engage-t-il vivement les musiciens à les rejeter et à adopter le système de neumes réguliers[2].

CHAPITRE IV.

Traduction des neumes. — Importance de cette question. — Tentatives faites pour la résoudre.

La traduction des neumes qui, depuis quelques années, préoccupe si vivement les musicologues, n'est pas une simple question de curiosité archéologique ; c'est une question de la plus haute importance pour le plain-chant, et à laquelle est attaché l'avenir entier de sa restauration. Pour s'en convaincre, il suffit de rappeler que les véritables traditions du plain-chant ont commencé à se corrompre dès avant le XIIIe siècle, et que tous les livres de chant anté-

amplectitur, amator est erroris ac falsitatis, qui autem musicis adhæret neumis, tenere vult semitam certitudinis et veritatis. » — J. Cotton, apud Gerb., Script., t. II, p. 259. — Le passage suivant fait voir qu'il ne saurait y avoir de doute sur ce que J. Cotton entend par *neumes irréguliers* : « Qualiter autem, » dit-il, « *irregulares neumæ* potius errorem quam scientiam generent, in virgulis et in clinibus, atque podatis considerari perfacile est : quoniam quidem et æqualiter omnes disponuntur, et nullus elevationis vel depositionis modus per eas exprimitur. » — *Ibid.* p. 258. Une faute de copiste ou de typographie, qui a transformé *irregularibus* en *in legalibus*, dans une autre phrase du même chapitre, a fait croire à M. Nisard (*Etudes sur les anciennes notations*) que J. Cotton avait donné le nom de *légaux* aux neumes primitifs. C'est une erreur qu'il suffit de signaler pour la rendre évidente.

(1) « Sunt autem hujusmodi antiphonæ a rusticanis et incultis clericis per indiscretam vulgarium neumarum considerationem depravatæ. » — Gerb., Script., t. II, p. 263.

(2) « Libet modo quorum cantuum recordari, qui per *irregulares neumas* jam dudum sunt depravati, utque parvus usus et in his et in aliis omnibus corruptus huc usque servatus abjiciatur, magnopere hortari. Cum enim Dominus una fide, uno baptismate, et omnino morum unitate delectetur, quis non credat quod idem ex multiplici cantorum discordia, quam non inviti, neque ignorantes, sed voluntarie construunt, offendatur? Nos ergo, qui rectam canendi viam nutu Dei novimus, errorem non decuit pati, nec multum curandum fecit, si quidam insulsi cantores in vitiis pertinaces locum non dent veritati, dum id efficere possimus, ut aliquæ sanæ mentis errorem deserunt, ultro emendati. Tanta autem in corrigendis cantibus mediocritate usi sumus, ut et pro paucitate sui tædium lectoribus non ingerant, et in emendatione non multum ab usitato tramite discedant. » — Gerb., Script., t. II, p. 260.

rieurs à cette époque sont écrits en neumes, la plupart regardés comme indéchiffrables ou restés, du moins, indéchiffrés. Il en résulte que les seules sources qui puissent être consultées avec fruit pour arriver au rétablissement des chants primitifs dans leur pureté sont précisément celles qui n'ont pu l'être à cause de l'impuissance où l'on est de lire les manuscrits qui les renferment. De là cette conséquence, c'est que les travaux entrepris jusqu'à présent ne peuvent avoir que peu de valeur.

Mais ce n'est pas seulement pour la restauration des chants connus qu'il est nécessaire de savoir lire les manuscrits ; cela est encore très important pour faire revivre une multitude de mélodies qui, par des circonstances quelconques, sont restées dans l'oubli, quoique méritant, à tous égards, un sort meilleur. La traduction des neumes est donc la question qui doit prédominer toutes les autres dans les travaux de restauration des mélodies liturgiques.

Convaincu depuis longtemps de cette idée, nous nous sommes livré à toutes les recherches qui pourraient nous conduire à la solution de cette question. Après de longues et minutieuses investigations, après un travail opiniâtre, nous croyons être assez heureux d'avoir atteint le but tant désiré. Nous n'entendons pas toutefois donner ici à notre système tout le développement qu'il comporte ; le sujet est trop vaste pour trouver sa place entière dans ce livre, consacré spécialement à tout ce qui se rattache à l'harmonie. Cette matière sera traitée avec toute l'étendue et les détails qu'elle exige dans un ouvrage spécial qui sera accompagné de nombreux et précieux monuments et de toutes les sources que nous avons recueillies nous-même ou que des mains bienveillantes ont bien voulu mettre à notre disposition. Pour que l'on n'augure pas néanmoins, de ce que nous avançons ici, ce que l'on a souvent auguré avec raison de déclarations semblables, nous nous hâtons de dire que nous allons exposer notre système, au moins sommairement, de façon à faire voir que notre promesse est sérieuse. Examinons d'abord rapidement ce qui a été fait jusqu'ici.

Parmi les auteurs modernes, Michel Prætorius est le premier qui ait parlé de la notation neumatique. Il a reproduit, dans son « Syntagma musicum », quelques exemples tirés d'un manuscrit de Wolfenbuttel, mais en déclarant qu'il est impossible de les traduire.

Dom Jumilhac, dans son ouvrage sur « la science et la pratique du plainchant », s'est borné à donner quelques extraits intéressants de manuscrits, sans chercher à les expliquer ou à les traduire.

Le premier qui ait essayé de traduire les neumes est Jean-André Jussow, dans sa dissertation « De cantoribus ecclesiæ veteris et novi Testamenti ». Mais sa traduction et ses explications n'ont aucune valeur. Il en est de même de l'essai donné par Nicolas Staporst, dans le troisième volume de son « Histoire de Hambourg ».

Une tentative plus sérieuse fut entreprise par Jean-Ludolph Walther, dans son « Lexicon diplomaticum ». Ce savant paléographe, jugeant sans doute que les traductions partielles ne pouvaient conduire à un résultat certain, décomposa les neumes et les disposa en un tableau où il les rangea par siècles. Ce tableau est inexact et incomplet, puisqu'il ne comprend qu'une partie des signes en usage aux XIe, XIIe, XIIIe et XIVe siècles; cependant il n'est pas sans intérêt et sans utilité.

Le père Martini, dont le vaste savoir embrassait toute la musique des anciens et du moyen âge, a donné la traduction de plusieurs fragments de neumes dans son « Histoire de la musique ». Cette traduction, qui ne comprend, pour ainsi dire, que des fragments avec une ou deux lignes, est généralement satisfaisante, mais elle n'est accompagnée d'aucune explication sur la signification des signes.

Un autre savant religieux, Gerbert, prince-abbé de Saint-Gall, à qui l'on doit les « Scriptores », souvent cités dans cet ouvrage, et une « Histoire du chant sacré », avait, paraît-il, rassemblé beaucoup de matériaux propres à jeter une vive lumière sur l'étude des notations du moyen âge, lorsque l'incendie de son abbaye est venu dévorer le fruit de ses longues et pénibles recherches. Quelques fragments seulement ont été sauvés et font partie des planches de son « Histoire du chant sacré ». Le plus curieux et le plus intéressant est un tableau de quarante neumes, avec le nom de chaque signe. Gerbert ne donne ni la traduction ni l'explication des fragments qu'il a recueillis; il se borne à dire que son travail préparé sur cette matière a été la proie des flammes.

Le tableau de Walther, quelques traductions partielles et des reproductions d'extraits de manuscrits, voilà donc à quoi se réduisent les travaux antérieurs au XIXe siècle.

La question sommeillait et semblait pour ainsi dire oubliée, lorsque M. Fétis, dont les nombreux et importants travaux ont tant contribué à élucider les points les plus ardus de l'histoire musicale, a eu le premier l'idée d'établir la traduction des neumes sur une base méthodique. M. Fétis part de ce principe, que les neumes simples avaient une signification propre à chacun des degrés de l'échelle diatonique. Il admet pourtant que, dans la notation qu'il appelle lombarde, la signification tonale des neumes est plutôt déterminée à raison de leurs positions respectives. Cette théorie se trouve résumée dans deux tableaux où les signes sont classés par siècles et accompagnés de leur traduction en notation moderne. La base du système de M. Fétis est, suivant nous, erronée. Ce qui démontre d'ailleurs qu'elle est peu solide, c'est qu'elle ne saurait trouver son application dans la traduction d'aucune mélodie de ces temps reculés.

Un autre écrivain, qui a rendu d'éminents services aux études historiques de la musique, M. Danjou, a envisagé la question sous un autre point de vue. Considérant tous les neumes comme sortis de la même source, il les divise en signes générateurs, composés, de durée et d'ornement. Il les classe dans un tableau où il explique leur signification; puis, prenant pour exemple un fragment de chant noté en neumes primitifs, il en décompose les signes d'après les principes précédemment établis par lui. A part quelques inexactitudes, dont les rectifications trouveront leur place plus loin, ce système, tout incomplet qu'il soit, a pour fondement une base que nous regardons comme la base véritable.

Un travail établi sur une autre méthode vient d'être publié par le Père Lambillotte; ce travail est plein d'intérêt pour la question dont nous nous occupons en ce moment. Animé depuis longtemps du désir de restaurer les mélodies grégoriennes dans leurs formes primitives, persuadé que leur source la plus pure se trouve dans l'Antiphonaire de Saint-Gall, le Père Lambillotte s'est mis à visiter les principales bibliothèques de l'Europe et à rassembler les matériaux nécessaires pour arriver à la constatation de ce fait. La confrontation des manuscrits de tous les pays et de tous les âges lui a paru le moyen le plus efficace d'atteindre le but. Par ce procédé, il est parvenu à trouver une phrase notée en neumes guidoniens, offrant une identité presque complète avec la même phrase notée en neumes primitifs. La signification de chaque signe de la notation connue lui a donné ainsi le sens de chaque signe correspondant de la notation inconnue. Cette méthode, pratiquée avec soin et avec intelligence, peut servir de contrôle ou de preuve en quelque sorte mathématique. Il faut le reconnaître néanmoins, excellente pour arriver au rétablissement de la mélodie grégorienne, elle n'est pas aussi utile pour la traduction des autres chants, et principalement des chants originaux, restés inconnus. Mais les recherches de ce savant religieux ne doivent pas s'arrêter là. Sa « Clef du chant grégorien » n'est que le prélude de travaux plus importants, notamment de la publication du manuscrit de Saint-Gall, reproduit en entier en fac-similé, avec l'explication des lettres du chantre Romanus. La « Clef du chant grégorien » est accompagnée de trois tableaux de neumes, dont un, celui du XIIe siècle, extrait d'un manuscrit autrefois au monastère d'Ottenbourg, est la reproduction, pour ainsi dire complète, de tous les signes de plain-chant donnés par Walter Odington en notation du XIIIe siècle. Nous n'hésitons pas à dire que le travail du Père Lambillotte est un des plus grands services rendus à la science des notations musicales du moyen âge.

M. Théodore Nisard, dans ses intéressantes « Études sur les anciennes notations musicales de l'Europe », a émis quelques idées générales sur la traduction des neumes, en annonçant qu'il possédait la clef de toutes leurs difficultés ; cette publication étant restée inachevée, et son système n'ayant pas été produit au jour, nous ne pouvons rien en dire.

Quelques autres auteurs encore ont parlé des neumes; mais, en dehors des travaux de MM. Fétis, Danjou, Lambillotte et Nisard, tout se réduit à des reproductions de fragments de manuscrits, à des considérations ou des manifestations d'opinions sans résultat positif pour la science.

CHAPITRE V.

Classement méthodique des neumes. — Leur signification. — Leur succession et leur enchaînement.

Il ressort des travaux que nous venons de résumer que leurs auteurs semblent s'être préoccupés exclusivement, pour ainsi dire, de la valeur des signes pris isolément ; ils ont pensé que là était toute la difficulté. A ne considérer que les neumes à hauteur respective, cela peut être vrai ; mais pour la traduction des neumes primitifs cela est insuffisant. Il faut quelque chose de plus que la connaissance de la valeur de chaque signe isolé ; il faut savoir de quelle manière les signes se succédaient et s'enchaînaient ; quelle était la loi, quel était le principe d'après lesquels cet enchaînement et cette succession avaient lieu. La traduction des neumes primitifs est donc subordonnée à une double condition : la signification de chaque signe et la connaissance de leur enchaînement les uns aux autres.

Occupons-nous d'abord de la signification des signes. A cet égard notre méthode sera simple et facile ; elle découle du principe originaire même que nous avons attribué aux neumes. Les neumes, avons-nous dit, dérivent des accents. Ceux qui en sont la représentation directe ont servi à former tous les autres ; ils ont engendré les nombreux signes que l'on trouve dans les manuscrits de tous les âges et de tous les pays. Nous divisons donc les neumes en neumes générateurs et en neumes dérivés.

CHAPITRE V.

Les neumes générateurs sont au nombre de quatre. Deux simples : "la virgule" et le "point"; et deux composés : le "clivus" ou "flexus" et le "podatus" ou "pes".

Les neumes dérivés, qui sont tous des signes composés, se divisent en neumes liés et en neumes conjoints.

Le nombre des neumes dérivés a varié suivant les époques et les pays; il serait, à cause de cela, assez difficile de le déterminer. D'ailleurs notre intention, ainsi que nous l'avons déjà dit, n'étant pas de donner l'explication complète de tous les neumes, nous nous attacherons principalement aux plus usités et à ceux surtout qui ont le plus d'analogie avec les ligatures de la notation carrée du xiie siècle. Parlons d'abord des neumes générateurs.

La virgule, qu'on appelait aussi tantôt "strophe", tantôt "virga", exprimait généralement l'élévation de la voix. La forme de ce neume, qui était primitivement celle de l'accent aigu, a subi peu de modifications. Nous avons donné, dans le tableau I, annexé à la page 184, les formes les plus usitées. Quand la virgule était la dernière note d'un neume dérivé lié, elle était toujours, conformément à son principe originaire, plus élevée que la note qui la précédait; mais elle n'était pas toujours plus haute que les autres notes du même neume. Quand, au contraire, la virgule faisait partie d'un neume dérivé conjoint, le son qu'elle représentait était toujours plus élevé que ceux des notes antécédentes ou subséquentes qui l'accompagnaient.

Le point exprimait toujours l'abaissement de la voix lorsqu'il était en rapport avec la virgule. Ce neume, qui avait primitivement la forme de l'accent grave, a subi des transformations successives qui en ont fait le signe d'où il a pris son nom. On trouvera ses principales formes dans le même tableau.

Pour former l'accent circonflexe, qui exprime à la fois l'élévation et l'abaissement de la voix, on a simplement juxtaposé l'accent aigu à l'accent grave, en les unissant en forme d'angle aigu, suivant leur position naturelle. Le même signe a servi dans la notation musicale pour désigner la réunion d'un son aigu suivi d'un son grave, et on lui a donné le nom de "clivus" ou "clinis"; d'autres l'ont appelé "nota flexa" ou "circonflexa". Peu à peu on a rendu l'angle plus obtus, en donnant au jambage de droite (l'accent aigu) une position à peu près horizontale, et à l'autre (l'accent grave) une position perpendiculaire. Notre tableau I de la page 184 représente ces transformations.

Lorsque, pour le besoin de la modulation, on a voulu exprimer la succession tonale inverse, c'est-à-dire l'union d'un son grave suivi d'un son aigu, on l'a encore représentée par l'assemblage de l'accent aigu et de l'accent grave liés en sens contraire, c'est-à-dire de façon que le son inférieur fût le premier, et on lui a donné le nom de "podatus" ou "pes". D'autres formes, suivant le temps et les lieux, se sont jointes successivement à celle-là. Nous faisons encore connaître les principales dans le même tableau.

Le clivus et le podatus exprimaient tantôt une seconde ou une tierce, tantôt, mais plus rarement, une quarte ou une quinte. La signification de ces intervalles résultait généralement de l'extension plus ou moins grande donnée à la partie perpendiculaire du neume. Suivant Hothby, Doc. VII, 46, la première note du clivus n'était pas une simple carrée, elle portait une queue à gauche en descendant; la dernière du podatus était toujours une longue ou une plique.

Voilà les signes générateurs; ceux qui, suivant nous, ont servi de fondement à la formation des autres. Ces éléments, simples et clairs, basés sur un principe que nous croyons incontestable, rendent facile l'explication de tous les autres neumes, quelle que soit leur forme; c'est ce que nous allons démontrer.

Au lieu de classer les neumes dérivés d'après les noms qui leur sont donnés dans la table du manuscrit de Saint-Blaise et des autres dont nous parlerons plus loin, nous allons les diviser en neumes de trois et de quatre sons, en indiquant le nom attribué à chaque signe. Nous avons préféré cette méthode à la première : d'une part, parce qu'elle nous semble plus rationnelle, et, de l'autre, parce que les auteurs des tableaux de neumes ne sont pas toujours d'accord sur les noms attribués aux mêmes signes.

Les neumes de trois sons étaient de deux sortes :

Dans les uns, la voix descendait d'un son aigu vers un son grave et remontait sur un son aigu. Ces neumes étaient formés d'un clivus et d'une virgule, ou plutôt, suivant Hothby, Doc. VII, 54, d'un clivus réuni à un podatus par mouvement apposé, c'est-à-dire par la jonction de la deuxième note du clivus à la première du podatus, de sorte que ces deux notes se confondaient et n'en formaient qu'une seule. La dernière note représentait tantôt une longue, tantôt une brève, quelquefois une note pliquée.

Dans les autres, la voix montait d'un son grave vers un son aigu et descendait sur un son grave. Ces neumes étaient formés du podatus réuni au clivus également par mouvement apposé. La dernière note était tantôt longue, tantôt brève, tantôt pliquée. Ce neume s'appelait "torculus".

Le troisième son de ces deux neumes était ordinairement placé à la distance d'une seconde ou d'une tierce, quelquefois à la distance d'une quarte ou d'une quinte du son antécédent. La note intermédiaire avait la valeur d'une brève, la première et la dernière suivaient la condition du clivus et du podatus.

Le neume de quatre sons, le plus usité, se composait du " torculus ", augmenté d'une virgule ayant la même forme et la même valeur que la dernière note du podatus. La première note de ce neume suivait la condition de la première note du torculus; les deux notes intermédiaires étaient brèves.

Les autres neumes de quatre sons et ceux composés d'un plus grand nombre sont formés des neumes dont nous venons de parler; leur forme démontre facilement quels sont leurs éléments générateurs.

Nous appelons " neumes dérivés conjoints " ceux qui sont précédés ou suivis de deux ou de plusieurs points destinés à être chantés sur la même syllabe.

Le neume composé d'une virgule précédée de deux points se nommait " scandicus " ou " virga præbipunctis "; le neume formé d'une virgule suivie de deux points était désigné sous le nom de " climacus " ou " virga conbipunctis "; les neumes composés d'une virgule précédée de trois, quatre ou cinq points, étaient connus sous les dénominations de " virga prætripunctis, virga prædiatesseris, virga prædiapentis "; les neumes qui étaient composés d'une virgule suivie de trois, quatre ou cinq points, avaient le nom de " virga subtripunctis, virga subdiatesseris, virga subdiapentis ". Lorsque la virgule était à la fois précédée et suivie de deux ou plusieurs points, les neumes s'appelaient " contripunctis, condiatesseris, condiapentis "[1].

Les autres neumes conjoints sont formés de même, avec cette restriction que le clivus était toujours précédé de points, " præpunctis ", et le podatus suivi de points, " subpunctis ".

Ces explications sont loin d'être complètes; pour qu'elles pussent l'être, il faudrait entrer dans beaucoup de détails qui dépasseraient les limites de ce livre; ils trouveront leur place dans notre ouvrage spécial sur cette matière.

Les principes que nous avons établis pour déterminer la signification de chaque neume en particulier sont d'une application facile à tous les neumes guidoniens, et même à ceux qui ont pour base la hauteur respective des signes. Leur forme et leur position indiquent généralement les intervalles dont ils se composent. Ces intervalles se reconnaissent d'autant plus facilement qu'ils se composent le plus fréquemment de secondes et de tierces; rarement ils embrassent la quarte ou la quinte; et, dans ce cas, ces intervalles se distinguent des autres par le prolongement du signe destiné à le marquer.

(1) *Voyez* le tableau de neumes d'Ottenbourg, rapporté en fac-similé par le Père LAMBILLOTTE, dans sa *Clef du chant grégorien*.

Il n'en était pas de même dans les neumes primitifs; les intervalles, plus étendus que ceux de seconde et de tierce, étaient rarement indiqués d'une manière certaine; la tierce elle-même ne se distinguait pas toujours complétement de la seconde. Lorsqu'on lit avec attention les passages de Hucbald [1] et de J. Cotton [2], où ces auteurs se plaignent de l'incertitude des neumes, on voit que leurs critiques portent principalement sur ce point. Ces témoignages importants nous ont fait dire [3] et nous maintenons, jusqu'à preuve contraire, que l'on aura toujours de la peine à traduire les neumes primitifs d'une manière complétement satisfaisante. Nous ne voulons pas dire par là que la lecture et l'intelligence de ces signes soient insurmontables ; nous croyons seulement que les règles, quelles qu'elles soient, ne rendront pas toujours clair ce qui était incertain pour des maîtres comme Hucbald, Gui d'Arezzo et Jean Cotton, qui vivaient à une époque où ces neumes étaient encore en pleine vigueur. A part cette restriction, qui n'est pas de notre part un cri de désespoir, mais une simple réserve tirée de l'opinion de contemporains dont le savoir et l'expérience ne sauraient être récusés, nous sommes loin de nier que les neumes primitifs aient été basés sur des principes déterminés; nous allons même indiquer quels étaient, suivant nous, ces principes.

A défaut de la hauteur respective, qui a été plus tard le principe indicatif de l'intonation, il y avait, parmi les neumes primitifs d'une part, quelques signes particuliers destinés à marquer l'intonation; de l'autre, certaines règles d'après lesquelles les neumes s'enchaînaient et se succédaient. Les signes d'intonation étaient la "virgule", le "point" et le "pressus", appelé par Hothby "exprimitore". Doc. VII, 42.

Les neumes composés répondent à certains mouvements de la voix; ils étaient classés en un certain nombre de mouvements dont les intervalles, la position et l'enchaînement étaient déterminés. Gui d'Arezzo, dont les ouvrages sont si précieux pour tout ce qui est relatif à la pratique du chant, fournit la preuve de ce fait en indiquant les bases de cette théorie. « Tous les neumes,

---

(1) « Primam enim notulam cum aspexeris, quæ esse videtur elatior, proferre eam quocunque vocis casu facile poteris. Secundam vero, quam pressiorem attendis, cum primæ copulare quæsieris, quonam modo id facias, utrum videlicet uno vel duobus aut certe tribus ab ea elongari debeat punctis, nisi auditu ab alio percipias, nullatenus sic a compositore statutam esse pernoscere potes. Idem et de cæteris constat. » — Gerbert, *Scriptores*, tome I, p 117.

(2) « Unde fit ut unusquisque tales neumas pro libitu suo exaltet, aut deprimat, et ubi tu semiditonum vel diatessaron sonas, alius ibidem ditonum vel diapente faciat; et si adhuc tertius adsit, ab utrisque disconveniat. » — *Ibid.*, t. II, p. 258.

(3) *Mémoire sur Hucbald*, p. 159.

CHAPITRE V.

dit-il, sont formés du double mouvement de l'arsis et de la thésis [1] »; et, après avoir dit en peu de mots quels étaient les principaux mouvements de la voix, et leur signification, il ajoute : « Les neumes aussi, et quelquefois les distinctions, pouvaient être variés suivant les mêmes mouvements de l'arsis et de la thésis [2]. »

Cette théorie, que Gui d'Arezzo n'a fait qu'effleurer, parce que sa nouvelle méthode pour la position des neumes devait remplacer l'ancienne, compliquée et vicieuse selon lui, était la base des neumes primitifs. On en trouve du reste la preuve dans le chapitre LXXXVI du traité manuscrit du Mont-Cassin, intitulé « De musica antica et nova ». Ce chapitre, qui porte pour rubrique : "De conjunctione arsi et thesi omnis neumæ", explique brièvement, d'après Gui d'Arezzo, les mouvements de la voix, et termine par des exemples en neumes qui représentent quelques-uns de ces mouvements [3].

La preuve que cette théorie s'appliquait aux neumes résulte, d'une manière encore plus formelle et plus manifeste, du commentaire qui accompagne le Micrologue de Gui d'Arezzo dans un manuscrit du XIIe siècle, de la bibliothèque de Milan. Arrivé au paragraphe du chapitre XVI du Micrologue relatif aux mouvements de la voix, le commentateur dit positivement qu'il s'agit là de la distance et de la position des neumes entre eux ; il ajoute aux préceptes du moine de Pompose des exemples en neumes qui représentent ces mouvements. Nous donnons ici ce paragraphe, qui est un fragment de ce commentaire ; nous en devons la communication à MM. Danjou et Morelot.

---

(1) *Micrologus*, cap. XVI, apud GERB., *Script.* p. 17 ; et p. 176 de cet ouvrage.
(2) *Ibid.* ; et page 177 de cet ouvrage.
(3) CAP. LXXXVI. — De conjunctione arsi et thesi omnis neumæ.

« Igitur arsi et thesi omnis neuma formatur præter simplices. Hæc autem conjunctio, id est, qua arsis jungitur thesi, et thesis arsi, tum fit ex similibus, ut diatessaron et diapente, tum ex dissimilibus, ut tonus, semitonius, ditonus, semiditonus. Dissimilitudo autem erit altera si, ex prædictis motibus, alius ab altero plures paucioresve habeat voces, verbi gratia : sit quilibet diatessaron qui (sic) continuetur per voces quartæ, ut a D in G, inter quas sonet etiam E et F, cui alter respondeat diatessaron qui simplex fiat, id est, quæ nullas voces intermittit, sed omnes per ordines recipiunt ; vel magis disjunctæ sunt, id est, quæ intermittit medias voces, et eas nunquam per ordinem recipit. Motus motui tum erit præpositus, id est, quando unus tonus vel quilibet alius motus est sursum positus ; cui inferius alius motus respondeat, est suppositus præposito. Quibus ex causis præponendo sunt exempla : »

NOTATION.

MICROLOGUS GUIDONIS.
Cap. XVI.
GERB., *Script.*, t. II, p. 17.

COMMENTAIRE
qui se trouve en marge
du Ms. 17 de la bibliothèque Ambrosienne.

Igitur *motus vocum* . . . . qui sex modis consonanter fieri dictus est, fit arsi et thesi, id est, elevatione et depositione : quorum gemino motu, id est, arsi et thesi, omnis neuma formatur, præter *repercussas*. .

Quia dicendum est quibus modis distent neumæ ab invicem.

Mox ut vocem.   Dum com - - plerentur.

et *simplices*. . . . .

Factus est re-pen-te.   Con - fir - ma hoc.

Deinde arsis et thesis tum sibimet junguntur ut *arsis arsi* . . . .

A - do-ra-te De - - - um.   Qua-si - modo ge - ni-ti.

thesis thesi .

O bo - - na crux.   Justus ut Pol.

tum *altera alteri* . . . .

Ve - ni ad do-cen--dum nos.   Quo-mo-do.

ut arsis thesi, et thesis arsi conjungitur, ipsaque conjunctio tum fit ex *similibus*. . . . .

Jus -- - tus   ger - mi - na - - - - bit.

tum ex *dissimilibus* . . .

Pon-ti - -fi - - - ces.

Dissimilitudo autem erit si ex prædictis motibus, id est tonis, semitoniis, ditonis et cæteris alius alio plures paucioresve habeat voces, aut magis *conjunctas*. .

Dum   ve - - - - - ro.

vel *disjunctas* . . . .

Quem   vi - dis - tis.

Dissimiliter deinde vel similiter facta conjunctione motus motui tum erit *præpositus* . . . .

Le - - vi - - - - ta.

id est, in superioribus positus, tum *suppositus* . . . .

Pa - - trem.   Par - - - - - - - - - - - ce.

tum *appositus* . . .

id est, cum in eadem voce unius motus finis erit, alteriusque principium : tum *interpositus*. .

Ad-ju-va nos Deus.   Li-be - - ra nos.

id est, quando unus motus infra alium

Mag - - - ne   pa - ter.

CHAPITRE V. 177

positus et minus est gravis et minus acutus; tum commixtus, id est, partim interpositus partimque suppositus, aut præpositus; aut oppositus, rursusque hæ positiones dirimi possunt secundum laxationis et acuminis, augmenti et detrimenti, modorum quoque variasqualitates. Neumæ quoque per eosdem modos arsis et thesis poterunt variari, et distinctiones aliquando.

Jacens. Nectens. Evalescens. Gula. Gradus. Gurgulum. Vertens. Tórquens. Percutiens. Inclinans. Retorquens. Tremens. Tremulum. Cantus, aliter currus. Virga. Claudicans.

Les successeurs les plus immédiats de Gui d'Arezzo, la plupart ses commentateurs, ne nous apprennent rien de plus. Jean Cotton se contente de copier le paragraphe du Micrologue. Bernon, Guillaume d'Hirschau et Hermann Contract n'en parlent pas. Aribon est le seul qui donne quelques éclaircissements sur ce passage de Gui d'Arezzo, sans grand profit pour les neumes. Il est à regretter que ces auteurs n'aient pas eu égard à la corrélation des neumes primitifs avec les mouvements de la voix, tels qu'ils sont définis par le moine de Pompose.

Le célèbre Jean de Muris, dont la science musicale éclate dans tous ses ouvrages, et principalement dans son « Speculum musicæ », n'a garde de passer sous silence ce point important; il consacre un chapitre entier de son traité au développement de la théorie de Gui d'Arezzo; il entre dans les explications les plus détaillées sur chaque mouvement de la voix, sur leur enchaînement, leur ressemblance, leur dissemblance, la variété qu'engendre leur réunion, etc. Il accompagne le tout d'exemples puisés dans les chants liturgiques; mais il ne parle pas non plus du rapport des mouvements de la voix avec les neumes. Tel qu'il est, pourtant, son commentaire est plein d'intérêt et d'une utilité incontestable pour la question qui nous occupe.

Le seul auteur, à notre connaissance, qui ait traité cette question au point de vue des neumes, est le moine anglais Hothby, dans sa « Calliopée », qui forme notre septième document inédit. Hothby divise les mouvements de la voix en cinq mouvements principaux, de la combinaison desquels dérivent tous les autres. Il explique ces mouvements en indiquant les neumes qui les représentent; tout ce qu'il dit à ce sujet est si clair, si net, si précis, que nous ne saurions mieux faire que d'y renvoyer le lecteur. Doc. VII, 33 à 72.

On y voit de la manière la moins équivoque la corrélation qui existe entre la théorie des mouvements de la voix, enseignée par Gui d'Arezzo, et la position des neumes qui les représentent. C'est là qu'il faut étudier les principes de l'enchaînement et de la succession des neumes primitifs.

CHAPITRE VI.

De la durée des sons et des ornements mélodiques dans les neumes. — Tableaux de neumes de Saint-Blaise, d'Ottenbourg, de Murbach, de Toulouse, du Mont-Cassin, du Vatican, de Saint-Marc à Venise et de Douai.

Deux questions, qui se rattachent d'une manière intime à la séméiologie neumatique, sont celles de savoir : 1° si les neumes marquaient la longueur et la brièveté de durée des sons; 2° si les neumes représentaient des ornements mélodiques : elles doivent, suivant nous, être résolues affirmativement. Examinons-les très rapidement.

Il est incontestable d'abord que le chant ecclésiastique au moyen âge a été soumis à certains principes d'accentuation basés sur la longueur et la brièveté de durée des sons; les principaux auteurs de traités de plain-chant ne laissent pas de doute sur ce point[1]. Hucbald et Gui d'Arezzo déclarent même, de la manière la plus formelle, que les notes du plain-chant avaient une durée temporaire inégale, et que certains neumes expriment les modifications de durée[2]. Ces témoignages historiques se trouvent confirmés par des faits. Nous citerons :

1° Le chapitre XLI du traité du XIe siècle « De musica antica et nova », où la longue et la brève sont désignées parmi les neumes[3];

2° Le tableau de neumes de la Planche XXXVII, extrait du chapitre LXXXV du même traité, où figurent deux signes de durée, l'un sous le nom de " percussionalis brevis ", l'autre sous celui de " percussionalis longa ";

3° Un passage d'Hothby, où il est dit que la longue, la brève et la semibrève de la musique mesurée s'appelaient dans le plain-chant " strophe, carrée " et " losange ou helmaym ". Doc. VII, 101.

---

(1) « Quid est numerose canere? Ut attendatur, ubi productioribus, ubi brevioribus morulis utendum sit. Quatenus uti quæ syllabæ breves, quæ sunt longæ, attenditur : itaque soni producti quique correpti esse debeant, ut ea, quæ diu, ad ea, quæ non diu, legitime concurrant, et veluti metricis pedibus cantilena plaudatur. » — Hucbald, apud Gerb., Script., t. I, p. 182. — « Sic itaque numerose est canere, longis brevibusque sonis ratas morulas metiri, nec per loca protrahere vel contrahere magis quam oportet, sed infra scandendi legem vocem continere ut possit melum ea finiri, qua cœpit. » — Hucbald, apud Gerb., Script., t. 1, p. 183.

(2) *Voyez* les notes 1 et 2 de la page suivante.

(3) « Vos, cantores, qui vultis scire vias neumarum et vultis inquirere artem musicorum, videatis quomodo dividantur neumarum chorda, et quomodo pergunt per æqualitatem; quoniam omnes neumæ æqualiter pergunt; sed tamen melodia cantorum qualiter brevi * qualiter longa *, etc. » — (Les astérisques indiquent ici la place qu'occupent les neumes dans le manuscrit. Les signes de la brève et de la longue sont les mêmes que ceux de la brève et de la longue de la Planche XXXVII, n° 1.)

CHAPITRE VI. 179

Enfin nous signalerons les manuscrits des xiiie et xive siècles, copiés sur les manuscrits notés en neumes et donnant les signes de durée évidemment d'après les neumes. Voyez comme exemple le n° 2 de la Planche ix et le n° 4 de la Planche xxx.

L'objection tirée de ce que le chantre Romanus a indiqué par certaines lettres, dans le manuscrit de Saint-Gall, que les neumes devaient être exécutés tantôt plus ou moins vite, tantôt plus ou moins lentement, ne prouve pas que les neumes n'exprimaient pas la durée des sons. En effet, ces lettres pouvaient très bien marquer la nuance de vitesse ou de lenteur qu'il convenait de donner en telle ou telle circonstance à des neumes dont les notes n'avaient pas toutes une durée uniforme. Les signes généraux de Romanus et les signes particuliers de durée applicables à chaque note, loin de s'exclure, s'allient parfaitement et étaient éminemment propres à concourir à une exécution parfaite. L'existence de la durée des sons dans les neumes ne saurait donc être contestée.

Les signes de durée étaient au nombre de trois : la longue, la brève et la semibrève. La longue était généralement représentée par une virgule ou par un trait horizontal légèrement incliné; la brève, par un point isolé; et la semibrève, par un point accompagné d'un ou de plusieurs autres.

L'existence des ornements mélodiques est un fait non moins positif et incontestable. Divers passages de Hucbald [1], de Gui d'Arezzo [2], du moine d'Angoulême [3], d'Ekkard le jeune [4], et la lettre de Notker à Lambert sur les lettres

---

(1) « Hæ autem consuetudinariæ notæ non omnino habentur non necessariæ; quippe et tarditatem cantilenæ, et ubi tremulam sonus contineat vocem vel qualiter ipsi soni jungantur in unum, vel distinguantur ab invicem, ubi quoque claudantur inferius vel superius pro ratione quarumdam litterarum, quorum nihil omnino hæ artificiales notæ valent ostendere, admodum censentur proficuæ. » — Gerb., Script, t. I, p. 118.

(2) « Quomodo autem liquescant voces, et an adhærentes vel discrete sonent, Quæve sint morosæ et tremulæ et subitaneæ, vel quomodo cantilena distinctionibus dividatur, et an vox sequens ad præcedentem gravior, vel acutior, vel æquisona sit, facile colloquio in ipsa neumarum figura monstratur, si, ut debent, ex industria componantur. » *Ibid*, t. II, p. 37.

(3) « Excepto quod tremulas, vel vinnulas sive collisibiles voces in cantu non poterant perfecte exprimere Franci, naturali voce barbarica frangentes in gutture voces quam potius exprimentes? »—Vita Caroli M., apud Duchesne, *Hist. Franc.*, t. II, p. 75.

(4) « Erat Romæ ministerium quoddam et theca ad antiphonarii authentici publicam omnibus adventantibus inspectionem repositorii, quod a cantu nominabant *cantarium*. Tale quidem ipse apud nos, ad instar illius circa aram Apostolorum, cum authentico locari fecit, quem ipse attulit, exemplato antiphonario : in quo usque hodie, si quid dissentitur, quasi in speculo, error ejusmodi universus corrigitur. *In ipso quoque primus ille litteras alphabeti significativas* notulis quidem visum est aut sursum aut jusum (*sic*), aut ante aut retro *excogitavit*: quas postea cuidam amico quæ-

indicatives de Romanus[1], en sont des preuves incontestables. La question ne peut s'agiter que sur la nature de ces ornements et sur la manière dont ils étaient représentés et employés.

Il y avait, suivant nous, deux sortes d'ornements : les uns traditionnels ou non écrits, les autres marqués par des signes séméiologiques.

Par ornements traditionnels, nous entendons ceux ou un grand nombre de ceux que Romanus a enseignés aux moines de Saint-Gall pendant son séjour dans cette abbaye[2]. La plupart de ces ornements se sont perdus; cependant ils n'étaient pas encore totalement oubliés au XIIIe siècle, puisque Jérôme de Moravie révèle l'existence de plusieurs et en explique la signification.

Les ornements séméiologiques, dont quelques-uns sont passés dans la notation de la musique mesurée, sont peu nombreux : on les trouve désignés sous les noms de "oriscus ou ariscus, gnomo, porrectus, franculus, gutturalis et quilisma". Les quatre premiers représentaient la plique sous ses diverses formes. "Oriscus" était la plique longue descendante, "gnomo" la plique longue ascendante; "porrectus" était la plique brève descendante, et "franculus" la plique brève ascendante. Le "gutturalis" était un ornement qui s'exécutait par un mouvement du gosier, comme l'indique son nom; mais on n'en connaît pas le véritable effet. Le "quilisma" représentait le trille; cela ressort à l'évidence de l'explication qu'en donnent Bernon[3], Aribon[4] et Engelbert[5]; mais il résulte en même temps du passage d'Aribon que le quilisma était un neume dont la forme différait suivant la durée des notes dont il se composait. D'après le tableau de neumes d'Ottenbourg[6], il y avait plusieurs "quilisma" qui prenaient des noms différents, suivant les signes dont ils étaient

---

renti Notker Balbulus dilucidavit. » — EKKEARDI JUNIORIS, cœnobitæ S.-Galli, *Liber de casibus monasterii S.-Galli in Allemania.* Apud MELCH. GOLDAST, *Rerum alamanicarum scriptores*, t. I, p. 60.

(1) GERB., *Script.*, t. I, p. 95.

(2) M. T. NISARD, *Etudes sur les anciennes notations musicales de l'Europe,* a cherché à élucider, et quelquefois avec bonheur, le sens des explications de Notker sur les lettres de Romanus.

(3) « Hæ antiphonæ, licet a finali incipiant, tamen quia per *quilismata*, quæ nos *gradatas neumas* dicimus, magis *gutturis* quam chordarum vel alicujus instrumenti officio modulantur, potius hujus differentiæ sono, quam principali ipsius authentici promantur modo. » — GERB., *Script.*, t. II, p. 80.

(4) « *Tremula* est neuma quam *gradatum* vel *quilisma* dicimus, quæ longitudinem de qua dicit (Guido) *duplo longiorem* cum subjecta virgula denotat, sine qua brevitatem quæ intimatur per hoc quod dicit, vel *duplo breviorem* insinuat. » — *Ibid.*, p. 215.

(5) « Unisonus non est aliqua conjunctio vocum, quia non habet arsim et thesim nec per consequens intervallum vel distantiam, sed est vox tremula, sicut est sonus flatus tubæ vel cornu et designatur in libris per neumam, quæ vocatur *quilisma*. » — *Ibid.*, p. 319.

(6) Le P. LAMBILLOTTE, *Clef du chant grégorien.*

composés. Le "gradatus", ou l'"agradatus" (tableau de neumes de Saint-Blaise), était un de ces quilisma.

Les faits et les explications que nous venons de produire rendent, pensons-nous, incontestables l'existence de la valeur temporaire et des ornements mélodiques dans la musique du moyen âge et leur représentation par des neumes.

Parmi les monuments les plus utiles à l'étude de la notation neumatique, il faut ranger les tableaux didactiques contenant les signes et les noms des neumes.

L'abbé Gerbert a publié, d'après un manuscrit de Saint-Blaise, un tableau de quarante neumes figurés dans un ordre non méthodique, mais suivant l'exigence des noms plus ou moins bizarres dont on a essayé de faire des vers, afin sans doute de les fixer plus facilement dans la mémoire. Ce tableau présente de l'intérêt pour l'étude des neumes. Il est douteux pourtant que tous les signes y soient bien exacts. Quoique l'auteur termine sa nomenclature par ce vers :

« Neumarum signis erras qui plura refingis, »

on peut dire avec certitude que ce n'étaient pas là tous les neumes usités au ixe siècle; d'ailleurs, ainsi que le fait très bien remarquer M. Danjou[1], les neumes pouvaient varier suivant la manière de grouper les sons et de lier les signes. Il est à remarquer néanmoins que les notateurs ont, la plupart, adopté les mêmes formules pour les groupes de sons les plus usités.

Les recherches faites dans ces derniers temps ont amené la découverte de plusieurs autres tableaux de neumes qui offrent de l'intérêt. Le Père Lambillotte en a reproduit trois dans sa « Clef du chant grégorien ».

Le premier et le plus important est tiré d'un manuscrit du xiie siècle, autrefois au monastère d'Ottenbourg, aujourd'hui en la possession de M. Lasperg, à Marisbourg, en Bavière. Ce tableau se compose de cinquante-cinq signes, dont presque tous les noms correspondent à ceux que Walter Odington donne en regard de notes et groupes de notes carrées du xiiie siècle. Les désignations de W. Odington ne sont pas toujours bien exactes, et sa nomenclature n'est pas aussi complète que le tableau d'Ottenbourg; elles sont néanmoins très utiles pour l'intelligence de certains signes. Le tableau d'Ottenbourg présente un grand intérêt pour l'explication des neumes.

Les deux autres tableaux que l'on doit aux investigations du Père Lambillotte proviennent, l'un d'un manuscrit de Murbach, l'autre d'un manuscrit en

---

(1) *Revue de musique religieuse*, t. III, p. 261.

la possession de M. l'abbé Berger, grand vicaire du diocèse, à Toulouse. Ces deux tableaux, qui semblent appartenir au même temps, ne sont que des diminutifs de celui de Saint-Blaise; on n'y compte que dix-sept signes. Les noms y sont à peu près les mêmes, mais les figures y diffèrent sous plusieurs rapports; ils ne s'accordent ni dans l'un ni dans l'autre avec les neumes de même nom du tableau de Saint-Blaise.

A ces tableaux nous venons en ajouter trois autres, que nous avons extraits de la collection de fac-similés de M. Danjou, aujourd'hui en notre possession. Le premier provient d'un manuscrit du XIe siècle, du Mont-Cassin; le second, d'un manuscrit du XIIIe siècle, du Vatican; le troisième, d'un manuscrit du XVe siècle, de la bibliothèque de Saint-Marc à Venise. Ces trois tableaux sont reproduits en fac-similés, PLANCHE XXXVII, n° 2, et PLANCHE XXXVIII, n°s 3 et 5.

Le tableau du Vatican, dont M. Danjou a fait usage dans l'article qu'il a consacré, dans sa «Revue de musique religieuse», à la notation neumatique, porte pour titre : « Notarum nomina ». Il contient le même nombre de signes que les tableaux de Murbach et de Toulouse; les noms des neumes y sont aussi les mêmes; mais les figures offrent des dissemblances avec les figures de ces tableaux. Ces dissemblances sont néanmoins plus grandes en apparence qu'en réalité. Nous les expliquerons dans notre travail spécial sur les neumes.

Le tableau de Venise a aussi son intérêt pour la comparaison des neumes de cette époque avec ceux des temps antérieurs. Il sert à l'intelligence de quelques signes; il indique surtout le rapport des neumes anciens avec les neumes allemands en usage aux XVe et XVIe siècles.

De tous les tableaux de neumes que nous venons de mentionner, le plus remarquable et le plus singulier est celui du Mont-Cassin. Il contient trente-six neumes dont la signification ne présente pas de grandes difficultés, mais dont les noms bizarres n'ont de rapport avec aucun des noms des tableaux précédents ni même avec les mots d'aucune langue connue. Le célèbre M. Hase, de l'Institut, qui a bien voulu examiner notre fac-similé, n'y a reconnu dans les mots étrangers au latin aucune relation avec les nombreuses langues occidentales, anciennes ou modernes.

Abandonné aux conjectures, nous nous sommes arrêté à celle-ci. L'on sait que les scolastiques, au moyen âge, avaient l'habitude de donner à certains raisonnements ou à certaines formules des noms particuliers, composés de fragments de mots ou de certaines syllabes, pour les fixer plus facilement dans la mémoire ou pour faciliter la discussion. Nous sommes tenté de croire que les noms des neumes de ce tableau sont le résultat de com-

CHAPITRE VI.

binaisons semblables. Quoi qu'il en soit, l'intelligence de ces noms est pour nous un mystère. Comme l'écriture du fac-similé est d'une lecture peu facile, nous allons en reproduire ici le texte : « Octava volubilis facta est sic : — Sire-« nimpha in subtus facta est sic.—Sirenimpha in supra facta est sic.—Acuasta. « Acupusta. Corpui. Celis. Acupuvolt. Spil. Crodula. Acutra. Acutrapite. « Gradata. Aicusta. Ampide. Ampiriph. Brevis. Percussionalis. Acuteprolon. « Beancupuvolt. Bearpipro. Bece (?). Anpropi. Ancuancavolt. Apesacua. Acu-« pui. Anelpii. Anelurbe. Acuammipro. Anacubepuis. Acuampi. Acuanpro. « Atelui. Acupanpro. Acutece. »

Il est vraisemblable que ces sortes de nomenclatures étaient d'un usage particulier à tel ou tel monastère dont elles sortaient rarement. Ce qui peut donner à le croire, c'est qu'il s'en rencontre d'autres ailleurs. Le commentaire marginal de Gui d'Arezzo, du manuscrit de la bibliothèque ambrosienne, dont nous avons donné un fragment, pages 176 et 177, se termine par une nomenclature de neumes dont les noms, puisés dans la langue latine, semblent, par leur signification, avoir dû être en harmonie avec les signes qu'ils représentaient.

On trouve sur le feuillet 136, recto, du Ms. 838 de la bibliothèque de Douai, une sorte de tableau de neumes accompagnés du nom des intervalles qui leur sont attribués. Nous en reproduisons le fac-similé PLANCHE XXXVIII, n° 4, d'après le calque que nous devons à l'obligeance de M. Estabel, secrétaire de la commission de cette bibliothèque. C'est un monument qu'il pourra être utile de consulter.

CHAPITRE VII.

Transformation des neumes en notation carrée et mesurée. — Premiers vestiges de notation mesurée.

Il en a été de la portée musicale comme des améliorations précédentes, elle ne fut pas adoptée immédiatement partout ; la routine persista dans ses vieux errements. Le système des lignes prit néanmoins peu à peu le dessus et finit par faire disparaître entièrement les neumes primitifs. Au fur et à mesure que les lignes prévalurent, les neumes reçurent une forme plus nette et plus précise. Les soins que les notateurs avaient été obligés de donner jusqu'alors à la position des signes se portèrent dorénavant sur ces signes eux-mêmes. Les lignes et les espaces étant devenus les points fixes qui devaient attirer l'attention du lecteur, on donna plus de relief aux parties des neumes qui tombaient sur ces points de repère. Ce qui d'abord n'était qu'un simple angle aigu, un trait courbé ou contourné, prit peu à peu la forme d'un point rond ou carré; le reste finit par ne plus être qu'un simple délié servant de trait d'union entre les points qui désignaient l'intonation. Cette modification, commencée dès la fin du XIe siècle, s'est accomplie principalement pendant le XIIe. Toutes les bibliothèques importantes contiennent des livres de chant où cette transformation se manifeste d'une manière plus ou moins prononcée. Un des plus caractéristiques, sous ce rapport, est un manuscrit des archives du chapitre de Padoue, dont nous donnons un fragment, PLANCHE XXXVIII, n° 1. Il serait difficile de trouver un exemple où la transition des neumes à la notation carrée fût mieux marquée. Ce manuscrit, ceux dont le Père Martini a rapporté quelques fragments [1], ceux de Cambrai dont nous avons reproduit des fac-similés [2] et plusieurs autres qui se trouvent disséminés dans les principales bibliothèques de l'Europe, montrent, de la manière la plus évidente, la transformation des neumes en notation carrée.

Pour rendre cette transition plus palpable en quelque sorte, nous avons dressé un tableau ci-annexé, sous le n° 1, dans lequel nous avons fait figurer les principaux neumes des principales époques avec leurs modifications successives; nous y avons ajouté leur signification en notes carrées du XIIe siècle. Ce tableau ayant surtout pour objet de montrer la transformation des neumes en notation carrée et leur corrélation avec les ligatures de la notation proportionnelle, on n'y trouvera pas tous les neumes, encore moins toutes leurs variétés; nous n'y avons fait entrer que les plus saillants de chaque siècle, ayant eu soin de les choisir parmi les types qui ont été le plus en vigueur.

On y remarquera surtout combien le manuscrit de Saint-Gall vient corroborer notre système par la manière nette et précise dont se trouvent marqués les signes générateurs : l'accent aigu, l'accent grave et l'accent circonflexe, désignés sous le nom de virgule, point, clivus et podatus.

Nous ne devons pas passer sous silence les neumes à points superposés, car leur rôle n'a pas été sans influence sur la transformation des neumes en notation carrée. Les signes y ont généralement une position bien déterminée, même lorsqu'ils n'ont pas de ligne pour guide. Ceux qui représentent des groupes de sons s'y trouvent en moindre abondance et mieux marqués que dans les autres neumes. Nous les avons décomposés et analysés dans le tableau n° 2, que nous donnons à la suite du précédent, et à l'aide duquel il sera facile de traduire ceux de nos monuments de la troisième partie, qui sont écrits en cette notation.

---

(1) *Storia della musica*, t. I, p. 184 et 398; tab. v. — (2) Mémoire sur Hucbald, PL. VII et XI.

Ce dernier tableau montre également la corrélation qui existe entre les neumes à points superposés et la notation carrée; elle y est évidemment moindre que dans les autres neumes avec les notes carrées. Ce qu'il importe principalement de remarquer, c'est que les uns, comme les autres, contenaient les signes qui ont servi de base aux principes de la notation proportionnelle. Les neumes à points superposés, comme les neumes primitifs, sont traduits dans les manuscrits à notes carrées avec ces signes distinctifs. Le n° 2 de la Planche xxx contient un spécimen qui est la traduction fidèle, d'après un manuscrit du xive siècle, du même fragment dont le fac-similé est reproduit sous le n° 2 de la Planche ix.

La notation carrée a puisé ses principaux signes de durée dans les neumes; cela est évident. Il suffit en effet de jeter un coup d'œil sur nos deux tableaux pour voir, d'une part, que les neumes transitionnels ne sont que la reproduction plus nette et plus précise des neumes antérieurs, et, de l'autre, que les neumes composés contiennent le principe même de ligatures de la notation proportionnelle avec leurs combinaisons de durée : ce qui est une preuve, pour ainsi dire matérielle, de l'existence des signes de durée dans les neumes primitifs. Si ces neumes n'avaient pas eu cette signification, pourquoi les aurait-on reproduits dans la notation carrée; pourquoi tous les manuscrits de l'époque même, où les neumes étaient encore en usage, auraient-ils été notés avec des signes qui n'auraient eu aucune valeur? Comment, dans ce cas, tous les notateurs auraient-ils donné la même valeur aux mêmes signes; pourquoi enfin, dans la notation carrée, auraient-ils tous donné aux mêmes neumes les mêmes figures? Cela ne s'explique qu'en admettant que ces signes avaient une destination et une signification, la valeur temporaire. Faut-il en conclure que dans les neumes la durée des sons était déterminée d'après des principes analogues à ceux de la notation proportionnelle? Nullement. Nous avons fait voir, dans le chapitre vii de la musique rhythmée et mesurée, que la valeur temporaire des notes du plain-chant était établie sur d'autres principes. Ce qu'il s'agit de constater ici, et ce qui ressort de tous les documents comme de l'inspection de tous les manuscrits notés, c'est que les neumes de tous les temps étaient pourvus de signes qui, après de légères transformations, sont passés dans la notation proportionnelle. Il serait difficile de préciser l'époque où a eu lieu cette nouvelle et importante modification. Toutefois, on peut dire que la nécessité d'avoir un système coordonné a dû se faire sentir dès que, dans le déchant, on a commencé à faire entendre, dans une même unité de durée, deux ou un plus grand nombre de notes contre une; alors il a fallu déterminer la durée respective de chaque note, afin d'en proportionner les quantités entre elles. Ce qui vient à l'appui de ce que nous soutenons, c'est que, longtemps après que la notation proportionnelle était en pleine vigueur, les noms des neumes étaient restés en usage dans certaines contrées pour désigner les principaux groupes de sons qui en étaient la représentation directe. La "Calliopée" d'Hothby est, sous ce rapport, un document des plus précieux. Doc. VII, 40 à 58.

Les notes et les groupes de notes y sont désignés sous les noms de "strophicus, ariscus, podatus, clivus, cephalicus, salicus, scandicus, climacus et torculus". Les renseignements qu'il donne sur la formation de ces notes sont aussi importants, sous le rapport de la constitution des neumes eux-mêmes, que pour la notation mesurée. La valeur de certaines notes, dans telle ou telle ligature, est la preuve la plus complète que la manière dont les manuscrits de plain-chant des XIIIe et XIVe siècles sont notés n'est pas le résultat de l'arbitraire ou du caprice des notateurs, mais celui de règles fixes auxquelles ils avaient soin de se soumettre. Nous recommandons vivement toute cette partie du traité d'Hothby à l'attention de nos lecteurs. On y trouve les notions les plus curieuses et les plus importantes qui se soient révélées jusqu'à présent. La constitution des neumes, leur signification, leur transformation y apparaissent sous un jour tout nouveau et tel qu'aucun autre ouvrage antérieur ou postérieur n'en donne l'idée.

Quoi qu'il en soit d'ailleurs, ce que personne ne contestera, c'est que la notation proportionnelle a trouvé les bases de son système dans les neumes. S'il a pu y avoir quelques doutes à cet égard, ils doivent être complétement dissipés devant les preuves que nous venons de produire.

Les premiers vestiges de règles sur la proportionnalité de durée des sons se trouvent dans le traité de déchant vulgaire qui forme notre troisième document inédit. Ces règles ne sont relatives qu'aux ligatures des notes. Le vague qui y règne, l'arbitraire qui y est laissé aux chanteurs, démontrent à l'évidence que l'art n'est là qu'à son état d'enfance. C'est en même temps une preuve que nous y possédons probablement ses plus anciens éléments. On n'y trouve rien sur la proportionnalité des notes simples; on s'y tait sur la valeur des longues, des brèves et des semibrèves mises en rapport avec elles-mêmes ou les unes avec les autres. Toutefois quelques passages de ce document ne laissent pas douter qu'il y ait eu certaines règles à cet égard; car on y voit que le temps était considéré comme l'unité de mesure et que la longue, suivie d'une autre longue, valait trois temps. Doc. III, 5.

Mais il est à croire que cette partie de la théorie n'était pas plus avancée que celle des ligatures dont les règles sont encore informes. Il est à remarquer d'abord qu'il n'y est question ni de ligatures ascendantes ou descendantes, ni de notes avec ou sans propriété, deux choses qui ont été plus tard la base de la proportionnalité des notes liées. On y donne seulement la valeur des notes dans les ligatures de deux, trois, quatre ou d'un plus grand nombre de notes, sans égard aux positions dont nous venons de parler.

Voici ces règles : 1° dans les ligatures de deux notes, la première était brève, la seconde longue. Lorsque la première était plus fortement marquée que la seconde, elle était longue. Doc. III, 7. 2° Dans les ligatures de trois notes, lorsque la ligature était précédée d'un repos, la première note était longue, la seconde brève et la troisième longue. Doc. III, 8. Lorsque la ligature était précédée d'une longue, la première et la seconde étaient brèves, la troisième était longue. Doc. III, 9. Lorsque la ligature était suivie d'une longue, la troisième note avait la valeur d'une double longue. Doc. III, 10. 3° Dans les ligatures de quatre notes, toutes étaient brèves. Doc. III, 11. 4° Dans les ligatures de plus de quatre notes, il n'y avait plus de règle ; les notes avaient une valeur arbitraire ; il n'y avait pas même d'exception pour l'organum ou le conduit. Doc. III, 12.

Entre cette doctrine défectueuse, comme l'appelle avec raison Jérôme de Moravie, et celle de nos documents V et VI, il y avait, sous le rapport de la situation de cette partie de l'art, une distance si considérable qu'il a dû se passer nécessairement un assez grand intervalle de temps entre les époques où ces traités ont été écrits, intervalle que l'on peut, sans exagération, évaluer à un demi-siècle.

CHAPITRE VIII.

Règles de la notation mesurée aux XIIe et XIIIe siècles. — Notes simples. — Leurs rapports de durée. — Pliques.

La proportionnalité des sons et la disposition des signes qui servaient à représenter les modifications de durée étaient le principal objet de la musique mesurée. Dès le milieu du XIIe siècle les règles sur cette matière se trouvaient coordonnées ; leur ensemble formait une doctrine qui est exposée en grande partie dans nos cinquième et sixième documents inédits, et que nous compléterons par les renseignements contenus dans les traités de Francon, du nommé Aristote et de Jean de Garlande.

NOTATION.

La musique mesurée n'est définie dans aucun de nos documents inédits. Voici comment elle l'est par Francon : « La musique mesurable, dit-il, est un chant mesuré par des longues et des brèves [1] ». Suivant Jean de Muris, « le chant mesurable est un assemblage convenable de sons distincts, égaux ou inégaux, émis simultanément et suivant une certaine proportion de durée [2] ». Il ajoute ensuite : « Le chant est comme le genre par rapport à la musique plane et mesurée, qui sont des espèces. Le chant mesurable a quelque chose de plus que le plain-chant. Les sons distincts y sont émis simultanément et suivant une certaine proportion de durée, ce qui n'est pas dans le plain-chant. Trois conditions sont donc nécessaires pour constituer un chant mesuré : un assemblage convenable de sons distincts, leur émission simultanée et leur durée proportionnelle. Comme les sons simultanés dans le chant mesuré ont pour but de produire une mélodie, il est nécessaire qu'il y règne de l'unité dans la durée des sons entre eux [3]. »

Pour ne pas augmenter le nombre de signes destinés à représenter les sons, on a imaginé de combiner les signes de durée avec les signes d'intonation, en modifiant un peu leur forme. Ces signes, que nous nommons notes, s'appelaient figures au XIIe siècle; Doc. VI, 1; de là le nom de musique figurée que donnent quelques auteurs à la musique mesurée [4].

On comptait trois sortes de notes : les notes simples, les notes liées ou ligatures, et les notes pliquées ou pliques. Doc. VI, 2, 15.

Les notes simples étaient :

La longue, formée d'un point carré avec une queue à droite; exemple : ▜;
La brève, représentée par un point carré; exemple : ■ ;

---

[1] « Mensurabilis musica est cantus longis brevibusque mensuratus. »—Texte de J. de Moravie.

[2] « Cantus mensurabilis est vocum distinctarum æqualium vel inæqualium sub aliqua temporis mensura simul prolatarum conveniens conjunctio. » — *Speculum musicæ*, lib. VII, cap. II. — Voici les définitions de Jérôme de Moravie : « Musica mensurabilis est quæ mensuram notarum omnium probabili ratione cognoscit; vel sic : musica mensurabilis est peritia modulationis sono cantuque consistens armonico tempore mensurata. » — Cap. XXV.

[3] « Est enim cantus quasi genus ad planum et mensuratum. Sed mensurabilis cantus aliquid addit super planum, scilicet quod voces ejus distincte simul proferantur et quod sub aliqua temporis mensura quæ non requiruntur in cantu plano. Tria igitur inter alia concurrunt ad cantum mensuratum : distinctarum vocum conveniens conjunctio, illarum simul prolatio et circa illas quædam temporis mensuratio. Cum enim in hoc cantu voces simul ad hoc proferantur, ut ex illis aliqua nascatur melodia, requiritur ut inter illas observetur temporis unitas ut quantum una tenetur, teneatur et altera. » — *Speculum musicæ*, lib. VII, cap. II.

[4] « Figura est repræsentatio vocis in aliquo modorum ordinatæ. » — Franco, apud Gerb., *Script.*, t. III, p. 3. — « Figura est representatio soni secundum suum modum et secundum æquipollentiam sui æquipollentis. » — Aristoteles, Ms. 1136.

CHAPITRE VIII. 489

La sémibrève, ayant la forme d'un losange; exemple : ♦.

L'unité de durée était le temps; le temps était représenté par la brève [1].

Il y avait trois sortes de longues : la longue parfaite valant trois temps, la longue imparfaite valant deux temps, et la longue double valant six temps [2]. Doc. VI, 4.

Les figures de la longue parfaite et de la longue imparfaite étaient semblables; celle de la longue double se composait de deux points carrés unis ensemble avec une queue à droite; exemple : ▬|.

Une longue était parfaite lorsqu'elle se trouvait placée devant une autre longue; Doc. V, 23; Doc. VI, 5; ou lorsqu'elle était devant deux ou trois brèves suivies immédiatement d'une longue. Doc. VI, 6.

La longue était imparfaite lorsqu'elle était précédée ou suivie d'une brève ou de sa valeur. Doc. V, 26, 27 [3].

La brève était simple ou double. La brève simple, " brevis recta [4] ", valait un temps; la brève double, " brevis altera [5] ", valait deux temps. Doc. V, 29.

---

(1) « Quoniam fieri possit quæstio quid sit tempus, ad quod respondendum quod tempus est quædam proportio justa in qua recta brevis habet figuram in tali videlicet proportione, quod possit dividi in duas partes non æquales et indivisibiles, ita quod vox non alterius in tempore discretionem habere possit. » — ARISTOTELES, Ms. 1136. — Ce passage est un de ceux rapportés par J. DE MURIS, Speculum musicæ, lib. VII, c. II.

(2) Jean de Garlande les distingue autrement : « Longarum triplex est modus, quia quædam recta longa, quædam duplex longa, quædam plica longa. » — « Recta longa appellatur illa quæ continet duas rectas breves tantum. » — Apud J. DE MORAVIA, cap. XXV.

(3) A moins, dans ce cas, dit Francon, qu'il ne se trouve entre la longue et la brève un petit trait appelé signe de perfection. « Nisi inter illas duas scilicet longam et brevem ponatur quidam tractulus qui signum perfectionis dicitur, qui etiam alio nomine, divisio modi, appellatur. » — Texte de J. DE MORAVIE. Ce signe de perfection n'est autre que le point qui, dans la musique moderne, augmente la note à la suite de laquelle il est posé de la moitié de sa valeur. Il n'est question du point de perfection dans aucun de nos documents inédits. C'est, suivant nous, une nouvelle preuve de leur antériorité au traité de Francon.

(4) « Duarum autem brevium prima recta, secunda vero altera brevis appellatur. Recta brevis est quæ unum solum tempus continet. » — FRANCON, texte de J. DE MORAVIE. — « Recta brevis est quæ unum solum continet tempus. Propter hoc posset fieri quomodo quid appellatur unum solum tempus. Dicendum quod unum solum tempus prout hic sumitur est illud in quo recta brevis vult fieri. Unde recta brevis vult in tempore tali quod sit indivisibile. » — JEAN DE GARLANDE, manuscrit du Vatican. — « Tertia (figura) dicitur recta brevis eo quod unum rectum et integrum continet in se tempus. » — ARISTOTE, MS. 1136.

(5) « Altera brevis similis est longæ imperfectæ in valore, differens tamen in figuratione; nam utraque sub diversa figuratione duabus temporibus mensurantur. » FRANCON, ibid. — La qualification altera vient de ce que la brève, qui valait alors deux temps, se trouvait toujours précédée d'une autre brève par rapport à laquelle elle était la seconde. — « Quarta (figura) altera brevis appellatur, eo quod duas rectas breves tenet, atque semper alterum occupat locum. » — ARISTOTE, Ms. 1136.

Lorsqu'une seule brève précédait ou suivait une longue, elle valait un temps. Doc. V, 29.

Lorsque deux brèves étaient entre deux longues, la première valait un temps et la seconde en valait deux. Doc. V, 29.

Dans ce cas les deux longues étaient parfaites, à moins qu'elles ne fussent précédées ou suivies d'une seule brève. Doc. V, 31.

Deux brèves placées entre deux longues et séparées par un petit trait, appelé "division du mode", valaient chacune un temps. Doc. V, 32.

Trois brèves entre deux longues avaient une valeur égale, c'est-à-dire qu'elles valaient chacune un temps. Doc. V, 33.

A moins que la première ne fût suivie du signe de division du mode, ce qui donnait à celle-ci et à la seconde la valeur d'un temps, et à la troisième la valeur de deux temps. Doc. V, 34.

Lorsqu'il y avait plus de trois brèves entre deux longues, il fallait les diviser par groupes de trois ayant une valeur égale; s'il en restait deux, la première de ces deux valait un temps et la seconde en valait deux. S'il n'en restait qu'une, elle valait un temps et se groupait avec la longue suivante qui alors était imparfaite. Doc. V, 35 [1].

Lorsque deux semibrèves se trouvaient entre deux longues ou entre une longue et une brève, ou entre une brève et une longue, la première valait un tiers de temps et s'appelait semibrève mineure; la seconde valait deux tiers et était nommée semibrève majeure. Doc. V, 36.

Suivant le nommé Aristote, la semibrève majeure pouvait se trouver avant la mineure; et lorsqu'elles remplaçaient une brève "altérée", elles comptaient pour deux temps[2].

Trois semibrèves dans les mêmes conditions valaient chacune un tiers de temps. Doc. V, 37.

Lorsqu'elles étaient au nombre de quatre, elles se groupaient par deux; la première de chaque groupe valait un tiers de temps, la seconde en valait deux. Doc. V, 38.

Lorsqu'il y avait plus de quatre semibrèves entre deux longues ou entre une longue et une brève, ou entre une brève et une longue, on donnait la même

---

(1) Telle est la règle enseignée par Francon : « Si duæ tantum in fine remaneant, tunc ultima earum altera brevis dicitur. Si vero sola, erit recta et ultima longam imperfectam reddit. » — Texte de J. DE MORAVIE.

(2) « Prima autem minor semibrevis dicitur, secunda major, vel e converso, quia ambo nisi solo tempore mensurantur; quod si aliquando per altera brevi ponantur, tunc enim duo tempora compleantur. » — ARISTOTE, Ms. 1136.

valeur à toutes celles qui pouvaient se diviser par groupes de trois ; et si, après cette division, il en restait deux, la première valait un tiers de temps et la seconde deux tiers. Doc. V, 39. Il en était de même lorsqu'elles étaient séparées par le signe de division de mode. Doc. V, 40.

Quelques mots maintenant sur les pliques. La plique était un ornement ainsi appelé de ce que, dans la notation neumatique où elle a été d'abord en usage, la note pliquée avait une queue en forme de pli [1]. Ce pli, qui fut conservé dans la notation carrée, s'est transformé bientôt en une deuxième queue semblable à celle de la longue, mais plus courte.

D'après Francon, les notes pliquées étaient rangées parmi les figures ou notes simples [2], bien qu'elle fût une sorte de double note, puisque, suivant les didacticiens des XIIe et XIIIe siècles, la plique était une note qui se divisait en deux sons dont l'un était inférieur ou supérieur à l'autre [3].

La plique était une sorte d'appogiature, le plus souvent à la seconde inférieure ou supérieure de la note principale, quelquefois à la tierce, à la quarte ou à la quinte [4].

La longue, la brève et la semibrève même pouvaient être pliquées [5]. Doc. V, 19, 20, 21. On les appelait alors plique longue, plique brève, plique semibrève.

La plique était ascendante ou descendante.

La plique longue ascendante était figurée par une note carrée ayant une queue à droite et tournée en haut. Exemple : ♩[6], et plus régulièrement par

---

(1) « Plica dicitur a plicando. » — JEAN DE MURIS, *Summa musica*. Apud GERB., *Script.*, t. III, p. 202 ; et note 1 de la page suivante.

(2) Præterea sunt aliæ quædam figuræ simplices illud idem quod prædictæ significantes eisdem etiam nominibus cum additione hujus quod plica est, nominatæ. » — Texte de JÉRÔME DE MORAVIE.

(3) « Plica est nota divisionis ejusdem soni in gravem et acutum. » — FRANCON, apud GERB., *Script.*, t. III, p. 6. — « Continet duas notas, unam superiorem et aliam inferiorem. » — JEAN DE MURIS, *ibid*, p. 202.

(4) « Plica nihil aliud est quam signum dividens sonum in sono diverso per diversas vocum distantias, tam ascendendo quam descendendo, videlicet per semitonium et ditonum et per diatessaron et diapente. » — ARISTOTE. — Jean de Muris, qui rapporte ce passage dans le livre VII,

ch. XXII, de son *Speculum musicæ*, le donne ainsi : « Est autem plica signum divisionis soni importantis per ipsam notulam in gravem et acutum, ut ait Aristoteles, per semitonium, per tonum, per semiditonum, per ditonum, diatessaron vel diapente. »

(5) « Plicarum alia longa, alia brevis, alia semibrevis ; sed de semibrevibus nihil ad præsens intendimus cum non in simplicibus figuris possit plica semibrevis inveniri. In ligaturis autem et ordinationibus semibrevium plica est possibilis accipi. » — FRANCON, apud GERB., *Script.*, t. III, p. 6.

(6) « Plica ascendens quædam quadrangularis figuratio solum tractum gerens a parte dextra ascendente. » — FRANCON, texte de J. DE MORAVIE. — « Ascendendo unum solum retinet tractum. » — ARISTOTE, Ms. 1136. — On trouve un exemple de plique ainsi marquée, sur le mot *per*, de

une note carrée ayant deux queues en haut dont celle de droite était plus longue que celle de gauche [1]. Exemple : ⌐

La plique longue descendante avait les deux queues tournées en bas [2]. Exemple : ⌐

La plique brève ascendante était figurée par une note carrée dont les queues étaient disposées en sens contraire de la plique longue ascendante [3]. Exemple : ⌐

La plique brève descendante avait les queues tournées en bas [4]. Exemple : ⌐ Doc. VI, 16.

Lorsque trois semibrèves se suivaient par degrés conjoints, la dernière pouvait être pliquée. Doc. VI, 17.

Les notes pliquées étaient, quant à leur valeur, soumises aux mêmes règles que les notes simples, c'est-à-dire qu'elles étaient parfaites ou imparfaites suivant leur position, abstraction faite de la plique [5].

Dans les notes liées, la dernière pouvait être pliquée, mais le signe de la plique n'y était pas le même que dans les notes pliquées non liées. Une queue en haut ou en bas, attachée à la dernière note carrée d'une ligature, désignait la plique longue, ascendante ou descendante. Doc. V, 56. — Doc. VI, 34.

La plique brève ascendante ou descendante se reconnaissait à la queue, en haut ou en bas, attachée à la dernière note d'une ligature oblique ascendante ou descendante. Doc. V, 5⌐. — Doc. VI, 35.

Dans la plique longue parfaite, l'appogiature prenait le tiers de la valeur de la note, et dans la plique longue imparfaite, la moitié [6]. Les auteurs n'expli-

l'*Agnus fili Virginis*, PLANCHE XXVI, n° 2. Le bémol placé un peu à gauche de la note ne laisse même aucun doute sur l'intervalle que représente ici le pli. D'autres exemples de pliques indiquées par un seul trait en haut se rencontrent dans l'*Ascendit*, PLANCHE XXVIII, n° 1, de nos documents inédits.

(1) « Magis proprie duos quorum dexter longior est sinistro; propter illos duos tractulus nomen plica habere meretur. » — FRANCON, texte de J. DE MORAVIE.

(2) « Longa vero descendens similiter duos habet tractus, sed descendentes, dextrum, ut prius, longiorem sinistro. » — FRANCON, ibid.

(3) « Plica brevis ascendens est quæ habet duos tractus ascendentes, sinistrum tamen longiorem dextero. » — FRANCON, ibid.

(4) « Descendens vero brevis duos tractus habet descendentes sinistrum longiorem. » — FRANCON, ibid.

(5) « Et nota istas plicas similem habere potestatem et similiter in valore regulari quemadmodum simplices supradictæ. » — FRANCON, texte de J. DE MORAVIE.

(6) « Habet autem omnem potestatem, regulam et naturam quam habet perfecta longa, nisi quod in corpore duo tempora tenet et unum in membris.... Est plica imperfecta in forma perfectæ similis, sed regulam imperfectæ tenet et naturam, et continet unum tempus in corpore, reliquum in membris. » — ARISTOTE, Ms. 1136.
— Voici comment ce passage est rapporté par J. de Muris : « Et dicit Aristoteles quod si sit plica longa perfecta, duo tempora tenet in corpore,

quent pas d'une manière précise la valeur de la plique dans la brève, mais il semblerait résulter d'un passage de Marchetto de Padoue qu'elle était dans la même proportion que dans la longue [1].

Ce qui distinguait la note pliquée de deux notes liées de même valeur, c'est la manière dont elle s'exécutait [2]. Suivant l'auteur de notre cinquième document inédit [3], et suivant Aristote [4], elle se formait par un mouvement de l'épiglotte, subtilement exécuté avec répercussion du gosier. Marchetto dit qu'elle se faisait avec la voix de fausset ou de tête, qui ne ressemble pas à la voix pleine ou de poitrine [5].

CHAPITRE IX.

Notes liées, appelées ligatures. — Doctrine des documents inédits. — Doctrine de Francon, de Jean de Garlande et du nommé Aristote. — Pauses ou silences. — Signe de division du mode. — Clôture syllabique. — Soupir.

Au moyen âge les notes musicales ne se liaient pas, comme les notes musicales modernes, par un simple trait qui embrasse les notes qu'on veut unir ensemble. On liait les notes carrées en les juxta-posant, quand il ne s'agissait que d'intervalles de secondes, et en les attachant ensemble par des queues ou des traits obliques, dans les autres intervalles. Les notes ainsi liées s'appelaient ligatures. Les ligatures jouaient un rôle important, dans la musique mesurée, par les diverses proportionnalités qui résultaient de la disposition des groupes de notes. On y considérait deux notes principales, la première et la dernière. La première était avec propriété, sans propriété ou avec propriété opposée ; la dernière était parfaite ou imparfaite.

aliud in membris, id est in plica vel inflexione ; si vero fuerit longa imperfecta, unum tempus tenet in corpore, aliud in membris. » *Speculum musicæ*. lib. VII, cap. XXII.

(1) « Si autem plica fuerit brevis et in deorsum, dicimus quod, si de tempore perfecto cantabitur, tertia pars ipsius brevis plicabitur in deorsum usque ad sequentem distantiam. » — MARCHETTO, apud GERB., *Script.*, t. III, p. 181. — « Si autem plica fuerit in tempore imperfecto, tunc quarta pars ipsius plicabitur modo prædicto, si fuerit brevis ; si longa, sui ultimi tempo. is quarta pars. » — *Ibid.*

(2) « Ubi sciendum quod plica fuit inventa in cantu, ut per ipsam aliqua similia dulcius proferantur, quod fuerit ad constituendam perfectiorem scilicet harmoniam. » — MARCHETTO, t. III, p. 181.

(3) « Debet formari in gutture cum epiglotto. » — Doc. VI, 15.

(4) « Fit autem plica in voce per compositionem epiglotti cum repercussione gutturis subtiliter inclusa. » — Ms. 1136.

(5) « Plicare autem notam est prædictam quantitatem temporis protrahere in sursum vel in deo sum cum voce ficta, dissimili a voce integre prolata. » — GERB., *Script.*, t. III, p. 181. — La plique aurait-elle eu du rapport avec le *Jodeln* ou *Jodler* des Tyroliens? On serait tenté de le croire, d'après l'explication de Marchetto.

Une ligature était dite avec propriété : 1° lorsque la première note, avec queue à gauche en descendant, était plus élevée que la seconde, Doc. V, 42 — Doc. VI, 24 ; 2° lorsque la première note, sans queue, était plus basse que la seconde. Doc. V, 41 — Doc. VI, 22. Dans ces deux cas, la première avait la valeur d'une brève.

Une ligature était dite sans propriété : 1° lorsque la première note était plus basse que la seconde et qu'elle avait une queue à droite [1] en descendant. Doc. V, 44 — ou bien à droite ou à gauche, Doc. VI, 24 ; 2° lorsque la première sans queue était plus élevée que la seconde. Doc. V, 45 — Doc. VI, 26. Dans ces deux cas la première note avait la valeur d'une longue.

Une ligature était dite avec propriété opposée, lorsque la première note avait une queue en haut et à gauche, soit que la seconde fût plus basse, soit qu'elle fût plus haute que la première. Doc. V, 47 ; — Doc. VI, 27. Dans cette ligature la première note et la seconde étaient semibrèves.

Une ligature était dite parfaite : 1° lorsque la dernière note était posée directement au-dessus de la pénultième, Doc. V, 49 — Doc. VI, 32 ; 2° lorsque la dernière note carrée était plus basse que la pénultième. Doc. V, 50 — Doc. VI, 32. Dans ces deux cas la dernière note était parfaite.

Une ligature était dite imparfaite : 1° lorsque la dernière note carrée était plus élevée que la pénultième, Doc. V, 52 — Doc. VI, 33 ; 2° lorsque la dernière note d'une ligature oblique était plus basse que la pénultième. Doc. V, 53 — Doc. VI, 33. La dernière note d'une ligature imparfaite valait une brève.

La dernière note de chaque ligature pouvait être pliquée. La plique longue se marquait par une queue à droite, en haut ou en bas, attachée à la dernière note carrée. Doc. V, 56 — Doc. VI, 34.

La plique était brève : 1° lorsque la dernière note avait une queue à gauche, tournée en haut ou en bas ; 2° lorsque la dernière note faisait partie d'une ligature oblique. Doc. V, 57 — Doc. VI, 35.

Les notes du milieu ou médiaires, dans les ligatures de trois ou d'un plus grand nombre de notes, étaient brèves. Doc. V, 55 — Doc. VI, 31.

Ce qui précède ne concerne que la valeur de chaque note considérée isolément ; leur valeur relative de perfection ou d'imperfection était réglée d'après les mêmes principes que ceux auxquels étaient soumises les notes simples [2].

---

(1) Ou à gauche, suivant J. de Garlande : « Sed sine proprietate dicitur si habet tractum ut hic : ♩. » — A gauche ou à droite, d'après Francon de Cologne : « Si vero tractum habeat a parte sinistra primi puncti descendentem ; vel dextra, quod magis proprium est. » — Texte de JÉRÔME DE MORAVIE.

(2) « Intelligendum est etiam in ligaturis lon-

CHAPITRE IX.

La doctrine des ligatures de nos documents inédits est conforme à la doctrine de Francon et de Jean de Garlande, à peu de différences près, que nous signalerons dans le tableau synoptique de la page suivante.

Les ligatures sont traitées par Aristote d'après une tout autre méthode que celle qu'ont adoptée ces derniers auteurs. D'abord il les divise en ligatures parfaites et imparfaites en montant, et en ligatures parfaites et imparfaites en descendant. Une ligature montante était parfaite lorsque la troisième note était plus élevée que les deux premières; elle était imparfaite lorsque la troisième note était plus basse que la seconde. Réciproquement : une ligature descendante était parfaite lorsque la troisième note était plus basse que les deux premières; elle était imparfaite quand la troisième note était plus élevée que la seconde[1]. Ensuite, au lieu de les classer par groupes ascendants et descendants, par notes avec et sans propriété, parfaites ou imparfaites, il les range en trois catégories. Les deux premières embrassent les ligatures de deux et de trois notes, dont la valeur est réglée suivant la position de la ligature. Sous ce rapport, il n'y a pas de différence essentielle entre les valeurs attribuées aux notes par Aristote et par les autres didacticiens. Il y a seulement cela d'important, que les explications fournies par Aristote sont plus détaillées et très utiles pour élucider divers points douteux ou difficiles. La troisième catégorie, qui embrasse les ligatures de plus de trois notes, traite non-seulement des notes liées, mais aussi des notes conjointes, dont ne parle aucun des écrivains qui l'ont précédé ou suivi.

Les ligatures constituant une des parties les plus ardues de la notation proportionnelle, nous avons dressé deux tableaux synoptiques qui résument toutes les ligatures avec leur signification. Le premier contient les ligatures des documents V et VI avec les différences entre ceux-ci et les traités de Francon et de Jean de Garlande. Le second comprend les ligatures du traité d'Aristote. Il résume en quelque sorte toutes les difficultés et les complications des ligatures usitées aux XIIe et XIIIe siècles.

---

gas perfici et imperfici eo modo, quo in simplicibus fuit dictum etiam breves quoque rectas fieri, et alterari. » — FRANCON, texte de J. DE MORAVIE.

(1) « Notandum est quod ascensus duplex est similiter et descensus; nam quidam perfectus dicitur et quidam imperfectus. Perfectus autem ascensus dicitur, cum in ternaria ligatura secundus punctus altior est primo, et tertius secundo. Imperfectus, quando secundus punctus altior est primo, et tertius secundo inferior, reciprocando vel æqualis. Perfectus autem descensus, quando secundus punctus inferior est primo, et tertius secundo. Imperfectus, quando secundus punctus inferior est primo, tertius autem secundo superior, reciprocando vel æqualis. » — ARISTOTE, Ms. 1136.

NOTATION.

TABLEAU SYNOPTIQUE DES LIGATURES

D'après les documents V et VI.

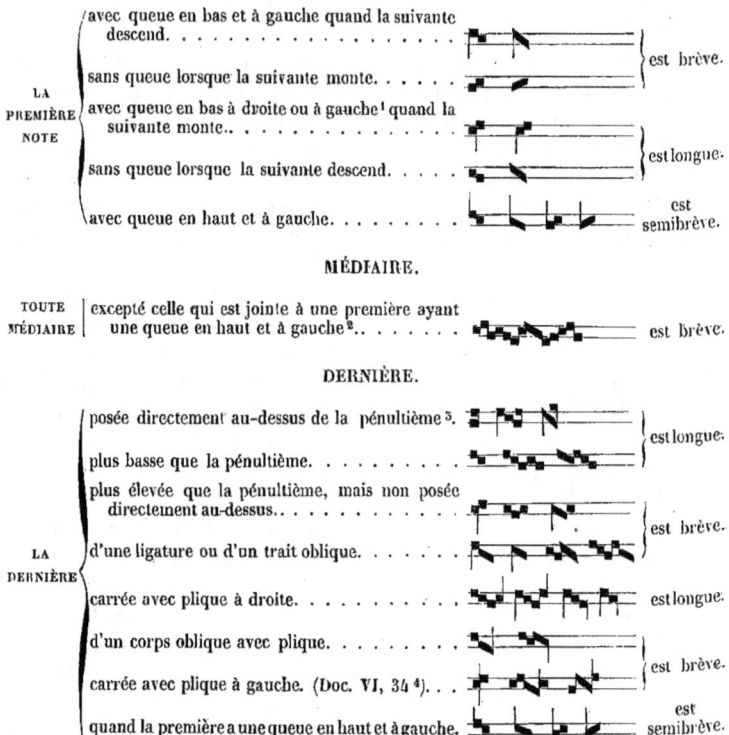

(1) Ou à gauche. FRANCON, GERB., *Script.*, tome III, p. 7. — JEAN DE GARLANDE, texte de JÉROME DE MORAVIE.

(2) FRANCON, *ibid.*, blâme ceux qui, comme Aristote, donnent à la médiaire d'une ligature de trois notes la valeur d'une longue.

(3) L'exemple de Francon, tel qu'il est donné par Gerbert, rend la règle incompréhensible.

GERB., *Script.*, tome III, p. 7. Cet exemple est exact dans la version de Jérôme de Moravie.

(4) Ni Francon ni Jean de Garlande ne parlent de cette distinction; mais, suivant Jean de Garlande, la dernière note d'une ligature de deux semibrèves pouvait être pliquée. Exemple :

CHAPITRE IX.
TABLEAU SYNOPTIQUE DES LIGATURES
DU TRAITÉ D'ARISTOTE.
PREMIÈRE NOTE.

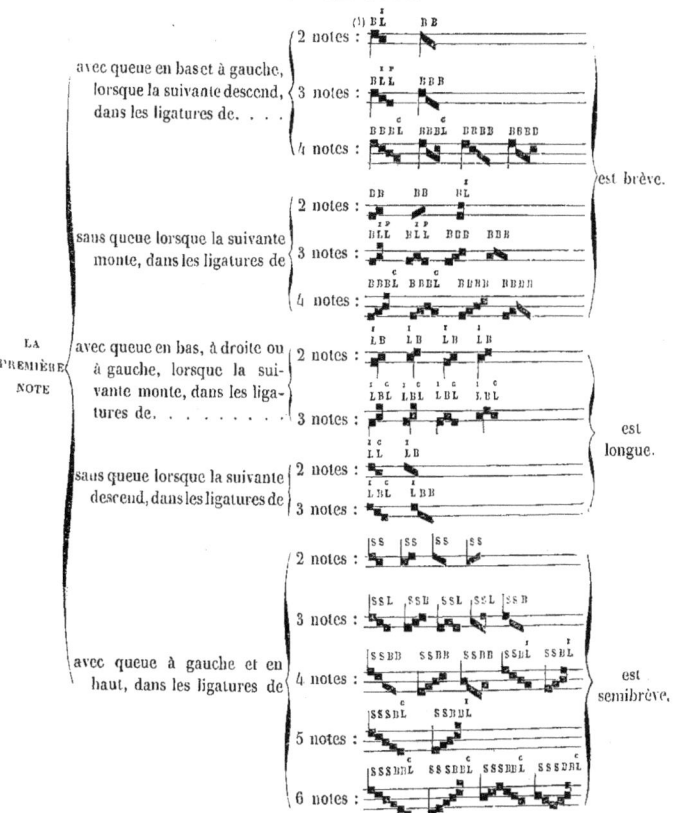

(1) Ces lettres, ajoutées par nous, sont des signes d'abréviation qui indiquent la valeur attribuée à chaque note par Aristote. En voici l'explication : L signifie *longue;* L̄, *longue imparfaite;* L̇, *longue parfaite;* L̂, *longue conditionnelle,* c'est-à-dire imparfaite devant une brève, et parfaite devant une longue; B, *brève;* B̂, *brève conditionnelle,* c'est-à-dire valant un temps devant une brève, et deux temps devant une longue; S, *semibrève.*

198 NOTATION.

MÉDIAIRE.

TOUTE MÉDIAIRE. . . . . (Voyez les exemples qui précèdent et qui suivent) est brève.

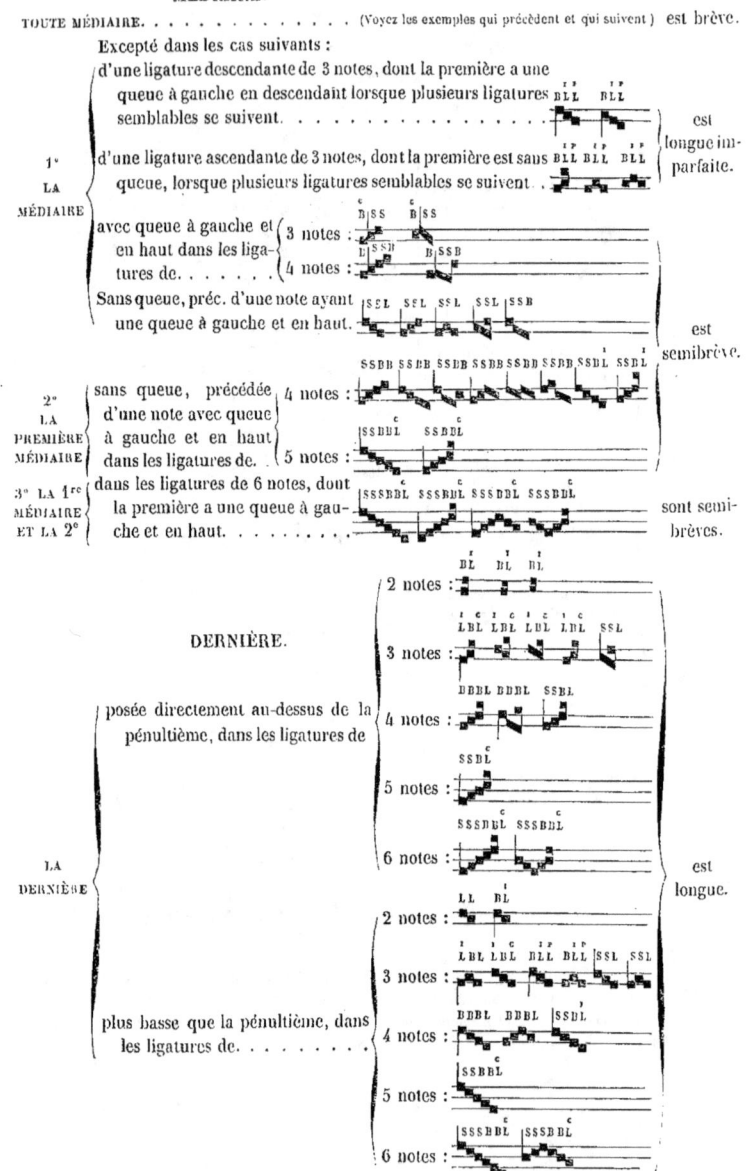

Excepté dans les cas suivants :

1° LA MÉDIAIRE
- d'une ligature descendante de 3 notes, dont la première a une queue à gauche en descendant lorsque plusieurs ligatures semblables se suivent. . . . . est longue imparfaite.
- d'une ligature ascendante de 3 notes, dont la première est sans queue, lorsque plusieurs ligatures semblables se suivent .

2° LA PREMIÈRE MÉDIAIRE
- avec queue à gauche et en haut dans les ligatures de . . . . . . { 3 notes : / 4 notes :
- Sans queue, préc. d'une note ayant une queue à gauche et en haut.
- sans queue, précédée d'une note avec queue à gauche et en haut dans les ligatures de. { 4 notes : / 5 notes :

est semibrève.

3° LA 1re MÉDIAIRE ET LA 2°
- dans les ligatures de 6 notes, dont la première a une queue à gauche et en haut. . . . . sont semibrèves.

LA DERNIÈRE
- posée directement au-dessus de la pénultième, dans les ligatures de
  - 2 notes :
  - 3 notes :
  - 4 notes :
  - 5 notes :
  - 6 notes :
- plus basse que la pénultième, dans les ligatures de. . . . .
  - 2 notes :
  - 3 notes :
  - 4 notes :
  - 5 notes :
  - 6 notes :

est longue.

CHAPITRE IX.

Suite des ligatures de la dernière note :

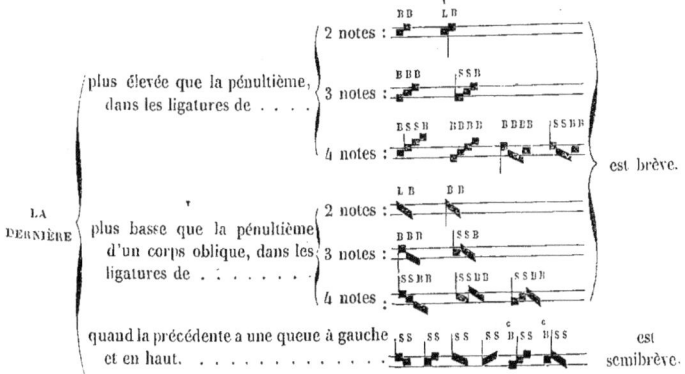

LA DERNIÈRE
- plus élevée que la pénultième, dans les ligatures de .... { 2 notes : / 3 notes : / 4 notes : } est brève.
- plus basse que la pénultième d'un corps oblique, dans les ligatures de .... { 2 notes : / 3 notes : / 4 notes : }
- quand la précédente a une queue à gauche et en haut. .... est semibrève.

VALEUR DES SEMIBRÈVES CONJOINTES.

LA PREMIÈRE SEMIBRÈVE ET LA DEUXIÈME
- suivies d'une troisième. ....
- précédées d'une longue ou d'une brève. ....
- lorsque la première a une queue en bas. ....

sont semibrèves.

LA TROISIÈME
- d'un groupe de trois. ....
- d'un groupe de trois précédé d'une longue . .
- d'un groupe de quatre dont la première a une queue à gauche. ....

est semibrève.

- d'un groupe de trois précédé d'une longue avec queue à droite accolée à la première semibrève

est longue imparfaite.

- d'un groupe de trois précédé d'une longue avec queue à droite accolée à la prem. semibrève
- lorsque la première a une queue à gauche . .

est brève.

LA QUATRIÈME
- lorsque la première a une queue à gauche . .

est brève.

Les ligatures avaient en outre une certaine corrélation avec les modes dont nous parlerons au chapitre suivant. Francon[1], Jean de Garlande[2] et Aristote[3] indiquent la sorte de ligatures qu'on employait dans tel ou tel mode. Ces règles semblent même avoir été, dans les premiers temps, un moyen de distinguer les modes les uns des autres. Elles paraissent avoir été observées dans la plupart des plus anciens chants. Nous citerons comme exemples plusieurs des déchants des Mss. 813 et 1136 de la bibliothèque nationale de Paris et du beau manuscrit de la bibliothèque de Montpellier, coté n° 196.

Le système de notation proportionnelle se complétait par un certain nombre de signes destinés à représenter les silences; ces signes s'appelaient pauses.

On comptait six espèces de pauses : la première valait trois temps ou une longue parfaite; la seconde, deux temps ou une longue imparfaite; la troisième, un temps ou une brève; la quatrième, deux tiers de temps ou une semibrève majeure; la cinquième, un tiers de temps ou une semibrève mineure. Il en existait une sixième qui n'avait aucune valeur de durée et dont nous ferons connaître la destination plus loin. Doc. V, 58 — Doc. VI, 48, 49.

La première pause était représentée par un trait embrassant trois espaces de la portée ou deux espaces entiers et deux demi-espaces; la seconde, par un trait embrassant deux espaces entiers ou un entier et deux demi-espaces; la troisième, par un trait embrassant un espace entier ou deux demi-espaces; la quatrième, par un trait qui prenait les deux tiers d'un espace; la cinquième, par un trait qui ne prenait que le tiers d'un espace. Doc. V, 59 à 63. D'après d'autres, la pause de semibrève était majeure ou mineure, suivant la position qu'elle occupait. Quand elle était au commencement, elle représentait la semibrève mineure; placée après la note, elle était majeure. Doc. VI, 50.

La sixième pause, appelée pause non mesurable, embrassait toute la portée. Doc. VI, 49. On lui donnait aussi le nom de pause finale. Doc. V, 64. Cette barre indiquait la fin d'une pièce de musique.

Un fait important, qui n'a pas encore été remarqué jusqu'à présent, c'est que les pauses jouaient une double fonction dans la notation proportionnelle

---

(1) « Primus (modus), qui procedit ex longa et brevi, primo ligat tres sine proprietate et cum perfectione; deinde duas cum proprietate et perfectione et duas quantum placuerit, ita quod super tales duas terminatur. » — Chap. xi, texte de Jérôme de Moravie.

(2) Jean de Garlande, qui divise les modes en six modes parfaits et six modes imparfaits, dont nous verrons la nature au chapitre suivant, donne des règles et des exemples sur la manière d'écrire chacun de ces modes parfaits et imparfaits par des ligatures. — Texte de Jérôme de Moravie et manuscrit du Vatican.

(3) Après l'explication de chaque mode, Aristote enseigne la manière d'en représenter les notes par des ligatures. — Ms. 1136.

du XIIe siècle. D'une part, elles indiquaient les silences dans les proportions que nous venons de dire; de l'autre, elles servaient à marquer les changements de modes dans le cours d'une mélodie ou d'un déchant. Dans ce dernier cas, il n'y avait pas d'interruption dans l'émission des sons. Francon de Cologne, si renommé pour tout ce qui concerne la notation mesurée, parle de cette sorte de pause, mais non en termes assez explicites pour que cela ait attiré l'attention des historiens de la musique [1]. Ce qu'il peut y avoir de douteux ou d'incertain dans cet auteur se trouve clairement expliqué dans un chapitre de Jean de Garlande; le double rôle des pauses y est bien déterminé. Jean de Garlande appelle pause parfaite celle dont la présence n'indiquait pas de changement de mode; c'est la pause qui représentait les silences. Il donne le nom de pause imparfaite à celle dont la présence marquait un changement de mode [2]. Ce signe fictif suivait la condition des modes. Suivant J. de Garlande, si le mode qui précédait la pause était parfait, la pause était parfaite; si le mode qui précédait la pause était imparfait, la pause était imparfaite [3]. On verra, dans le chapitre suivant, ce que l'on entendait, du temps de cet écrivain, par mode parfait et imparfait, et de quelle manière avaient lieu les changements de modes à l'aide des pauses. Ce qu'il importe de remarquer ici, c'est que les petites barres qui, dans certains déchants, séparent souvent les groupes de notes liées avaient une signification qui était restée inconnue jusqu'à présent. Les n°s 1, 2 et 3 de la Planche XXVII sont notés ainsi.

Quand on examine les manuscrits des XIIe et XIIIe siècles, on voit que les plus anciens seulement, et même pas tous, paraissent notés d'après ces principes. Le mélange des modes, qui primitivement était exceptionnel, était devenu

---

(1) « Nota pausationes mirabilem habere potestatem; nam, per ipsas, modi ad invicem transmutantur. » — GERB., *Script.*, t. III, p. 9.

(2) « Nunc videndum est quid sit pausatio. Pausatio est omissio soni facta in debita quantitate. Pausationum quædam simplex sive singularis; quædam composita sive duplex. Pausatio simplex dicitur quando pausatur secundum quantitatem unius alicujus modi sive materici. Simplicium quædam dicitur perfecta, quædam imperfecta. Perfecta dicitur illa quando non transmutat modum propter sui adventum, sed æqualem præcedenti, quando advenit, repræsentat; vel quando reddit talem modum postea sicut et ante. Imperfecta dicitur illa quæ transmutat modum propter sui adventum, vel quando reddit alium modum postea sicut et ante. » — Manuscrit du Vatican.

(3) « Omnis pausatio simplex debet esse æqualis penultimæ notulæ positæ juxta pausationem. Si autem fuerit ante pausationem perfectus modus, et pausatio dicitur perfecta. Si non sit perfectus, nec et pausatio. Omnis pausatio sumitur per oppositum secundum perfectum modum sui modi præcedentis vel et secundum numerum, quia puncti perfecti modi sunt impares et pausatio est par; et hoc est a parte principii vel finis; sed secundum modum imperfectum a parte finis tantum et non principii. Si pausatio sit perfecta, et modus præcedens erit perfectus; si imperfecta, et modus erit imperfectus. » — Texte de J. DE MORAVIE et manuscrit du Vatican.

la manière la plus habituelle d'écrire; ces indications sont tombées en désuétude.

Quelques auteurs rangent encore parmi les pauses quelques autres signes dont le rôle était tout autre que celui de marquer un silence quelconque. Ces signes s'appelaient : signe de division du mode, division ou clôture syllabique et soupir. Doc. VI, 51. Suivant Jean de Garlande, le signe de division du mode était un signe ayant la forme d'un petit trait posé à la partie inférieure d'un espace de la portée, et plus petit que la pause représentant la brève [1]; d'autres lui donnent la figure d'un point. Ce signe se plaçait entre deux brèves ou entre deux semibrèves, pour marquer entre elles une séparation et pour indiquer que l'une de ces deux notes devait s'unir à celle qui la précédait, et l'autre à celle qui la suivait. On en a vu l'application au chapitre VIII, page 190. La clôture ou division syllabique était la même chose, mais se posait à la partie supérieure d'un espace [2]. Le soupir, suivant J. de Garlande, était une pause plus apparente que réelle; il pouvait exister avec ou sans trait, et il valait moins qu'une brève [3].

CHAPITRE X.

Modes. — Notation rouge et noire.

Les rhythmes qui résultaient de la disposition et de la combinaison des longues, des brèves et des semibrèves, s'appelaient modes [4]. Le mode était

---

(1) « Divisio modorum est tractus obliquo modo positus et hoc inferior parte et minor apparet recta brevi. » — J. DE GARLANDE, texte de J. DE MORAVIE.

(2) « Divisio syllabarum dicitur idem, sed accipitur in superiori parte. » — *Ibid.*

(3) « Suspiratio dicitur esse apparens pausatio et non existens. Et hoc est supponendo, quia suspiratio potest fieri cum tractu et sine tractu, et est minor recta brevi. » — *Ibid.*

(4) Voici les définitions qu'en donnent Francon, Jean de Garlande et Aristote. « Modus est cognitio soni, longis brevibusque temporibus mensurati. » — FRANCON, apud GERB., *Script.*, t. III, p. 3. — « Modus est cognitio soni in acuitate et gravitate secundum longitudinem temporis et brevitatem. » — J. DE GARLANDE, texte de J. DE MORAVIE. — « Maneries appellatur quidquid mensuratione temporis videlicet per longas vel breves concurrit. » — *Id.* Ms. du Vatican. —

« Modus autem seu maneries, ut hic sumitur, est quidquid per debitam mensuram temporaliter longarum breviumque figurarum et semibrevium transcurrit. » — ARISTOTE, Ms. 1136. — Le mode se trouve si clairement défini et expliqué par Jean de Muris, que nous n'hésitons pas à donner le chapitre où il en parle : « Modus, secundum Franchonem, est cognitio soni longis brevibusque temporibus mensurati. Hic per sonum intelligit totum aliquem cantum ex longis brevibusque ac semibrevibus mensuratum et compositum; sicque distinguuntur modi ex alia et alia dispositione longarum, brevium et semibrevium. Ideo vult Aristoteles quod modus consistit in modulatione et dispositione vocum. « Est « enim, ut ait, modus seu maneries, ut hic su- « mitur, quidquid per debitam mensuram tempo- « ralem longarum breviumque figurarum ac se- « mibrevium decantatur. » Quidquid autem intelligat per temporalem mensuram, expositum

par conséquent ce que nous nommons mesure. On comptait jusqu'à neuf modes[1]. Mais la plupart des didacticiens n'en admettaient que cinq[2] ou six[3]. Francon, dont la doctrine a été adoptée depuis, les fixe à cinq[4].

Jean de Garlande et le nommé Aristote les distinguent en modes parfaits et imparfaits[5]. Mais ce qu'ils entendent par modes parfaits et imparfaits est tout autre chose que ce que l'on entendait par là un siècle plus tard. Suivant ces auteurs, le mode était parfait quand il finissait dans le mode où il avait commencé, ou par une note de même valeur que celle par où il avait commencé[6]. Le mode était imparfait quand il finissait dans un autre mode que celui où il avait commencé, ou par une note d'une autre valeur que celle du commencement[7]. Le traité de Jean de Garlande, dans le manuscrit du Vatican, contient des exemples de ces six modes parfaits et imparfaits. Francon ne semble pas admettre cette distinction ; on n'en aperçoit pas de trace non plus dans nos documents inédits du XIIe siècle.

est supra. Aliter modus describitur : modus est ordinatio figurarum varias affectiones animi demonstrans ; forte quia aliquis plus ad unum modum quam ad alium. Item aliter modus est cantandi maneries quæ ex longis vel ex longarum perfectionibus per equipollentiam colligitur, et secundum hanc descriptionem, modus non videtur respicere cantus ex imperfectis compositos, cum tamen datum sit ab uno doctore moderno qui utitur imperfectis. Quid igitur est modus in mensurabili musica, nisi conveniens ordo, dispositio vel conjunctio figurarum vel notarum musicalium, scilicet longarum, brevium et semibrevium ad invicem. Unde fit ut, secundum variam dispositionem tactarum notularum inter se, modi varientur sicut, in plana musica, modi seu toni in cantibus variantur ex varia vocum dispositione in principio, in medio et fine ; sed non est hoc et ibi omnino simile. » — *Speculum musicæ*, lib. VII, cap. XVIII.

(1) « Posuerunt autem quidam in musica mensurabili novem modos, alii septem, alii sex, alii quinque ut magister Franco, quia sicut dicit ad quinque cæteri reducuntur. » — J. DE MURIS, *Speculum musicæ*, lib. VII, cap. XIX.

(2) Notre cinquième document inédit admet cinq modes. — Doc. V, 65.

(3) L'auteur de notre sixième document inédit adopte le système des six modes. — Doc. VI, 41 à 47. — Jean de Garlande en distingue également six.

(4) « Quidam enim ponunt sex, alii septem. Nos autem quinque tantum ponimus, quod ad hos quinque alii reducuntur. — Texte de J. DE MORAVIE. — Pierre Picard suit la même doctrine.

(5) « Modorum alius perfectus, alius imperfectus. » — J. DE GARLANDIA, apud J. DE MORAVIA. — « Quorum etiam quilibet perfectus dicitur, aut imperfectus. » — ARISTOTE, Ms. 1136.

(6) « Modus perfectus dicitur esse quandocunque ita est quod aliquis modus desinit per talem quantitatem vel per talem modum sicuti per illam qua incipit. Dicitur modus perfectus ut dicatur prima longa, altera brevis, et altera longa, et sic de singulis modis vel maneriebus. » — J. DE GARLANDE, manuscrit du Vatican. — « Perfectus vero est ille qui habet figuram fieri et finire recto moderamine per talem quantitatem, numerum et mensuram sicut per qualem incipit. » — ARISTOTE, Ms. 1136.

(7) « Omnis modus dicitur imperfectus quandocunque ita est quod aliquis modus desinit per aliam quantitatem quam per illam qua incipit. Ut cum dicatur prima longa, altera brevi, altera longa, altera brevi. » — J. DE GARLANDE, manuscrit du Vatican. — « Imperfectus vero est ille qui in diversis locis variatur. » — ARISTOTE, Ms. 1136.

204   NOTATION.

La différence entre le système des auteurs qui admettent six modes et celui de Francon, qui les réduit à cinq, consiste en ce que ce dernier supprimait le cinquième mode du système opposé, pour le confondre avec le premier.

Dans le système de Francon, suivi par l'auteur de notre cinquième document inédit, le premier mode se composait entièrement de longues, ou de groupes de sons formés d'une longue suivie d'une brève. Doc. V, 66 — Doc. VI, 41.

Le deuxième mode procédait par groupes de sons composés d'une brève suivie d'une longue. Doc. V, 67 — Doc. VI, 42.

Le troisième se composait de groupes de trois sons, formés d'une longue suivie de deux brèves. Doc. V, 68 — Doc. VI, 43.

Le quatrième était l'inverse du troisième. Doc. V, 69 — Doc. VI, 44.

Le cinquième se composait de toutes brèves et semibrèves. Doc. V, 70.

Lorsqu'on voulait représenter les modes par des ligatures, ce qui était même prescrit par quelques auteurs[1], il fallait se conformer à certaines règles dont on trouve les formules dans Francon[2], Jean de Garlande[3] et le nommé Aristote[4]; mais cela ne changeait en rien le caractère des modes.

Les modes n'étaient pas employés isolément; une mélodie n'était presque jamais exclusivement composée dans un seul mode; tous les modes mêmes pouvaient se rencontrer dans un déchant[5]. Francon et Jean de Garlande enseignent la manière dont on les variait; on passait d'un mode à un autre au moyen des pauses imparfaites dont nous avons parlé plus haut. Francon donne des exemples de ces transformations. Jean de Garlande en pose les règles d'une façon encore plus précise et les accompagne d'exemples. Mais qu'on ne l'oublie pas, quand il est question, dans les auteurs de cette époque, de mode parfait et de mode imparfait, il ne s'agit nullement de mesure trinaire et binaire. Jean de Garlande et le nommé Aristote, on l'a vu plus haut, sont formels à cet égard.

Au premier abord on serait tenté de croire que ces divers modes, qui paraissent correspondre aux principaux mètres poétiques des anciens, étaient desti-

---

(1) « Alia regula, quod nunquam ponatur simplex vel non ligata, ubi potest poni ligata vel composita. » — J. DE GARLANDE, Ms. du Vatican.

(2) GERB., Script., t. III, p. 10.

(3) Texte de J. DE MORAVIE et Ms. du Vatican.

(4) Bibl. nat. de Paris, Ms. 1136, sup. lat.

(5) « Et nota quod in uno solo discantu omnes modi occurrere possunt, eo quod per perfectiones omnes modi ad unum reducuntur. » — FRANCON, GERB., Script., t. III, p. 9. — « Est autem notandum quod cantores non utuntur sic pure tactis modis ut totus unus cantus semper sit secundum unum modum, sed quandoque variatur modus unus in alium; non utuntur et moderni sic omnibus tactis modis sicut antiqui. » — J. DE MURIS, Speculum musicæ, lib. VII, cap. XIX.

nés à former des rhythmes musicaux analogues. Il ne paraît pas pourtant qu'il en ait été ainsi. Au XIIe siècle et au commencement du XIIIe, les modes n'avaient pas cette destination. Si, en effet, tel avait été leur rôle, les deux premiers devraient être traduits en mesure ternaire et les deux suivants en mesure binaire. Mais cela n'était pas ; tous les modes se réduisaient en mesure ternaire. Comme il s'agit ici d'un des faits les plus singuliers de la musique du moyen âge, comme sa révélation est entièrement en opposition avec les opinions reçues, nous appelons l'attention de nos lecteurs sur les documents que nous allons produire; ils nous paraissent tellement formels, qu'il est impossible de les interpréter dans un autre sens. Les auteurs les plus recommandables, le nommé Aristote et J. de Muris, sont on ne peut plus positifs sur ce point.

Rappelons d'abord que Francon, qui ne parle pas de mesure binaire, réserve toute son estime pour la mesure ternaire. «La longue parfaite, dit-il, est appelée première et principale, car en elle sont comprises toutes les autres. On la nomme parfaite, parce qu'elle est mesurée par trois temps. Le nombre trois est le plus parfait, parce qu'il tire son nom de la trinité qui est la pure et vraie perfection. La figure de la longue est quadrangulaire avec une queue descendante à droite, qui représente sa longueur. La longue imparfaite a la même forme, mais elle ne vaut que deux temps; elle est appelée imparfaite parce qu'on ne la rencontre jamais sans être accompagnée d'une brève qui la suit ou la précède[1].» On peut déjà induire, de ce passage, que la mesure binaire n'était pas admise, puisque la longue imparfaite ne pouvait être employée seule. Mais ce qu'il pourrait y avoir d'ambigu dans les paroles de Francon est élucidé par Aristote. «Si quelqu'un demande, dit-il, si l'on peut composer un mode ou un chant de toutes notes imparfaites, comme de toutes notes parfaites, on répondra avec raison que cela ne se peut[2].» Après en avoir déduit les raisons, dont la principale est puisée dans l'analogie entre la trinité et les choses naturelles, il ajoute que tout chant mesuré, conformément à la nature divine, est ternaire[3]. Et,

---

(1) « Longa perfecta prima dicitur et principalis; nam in ea omnes aliæ includuntur. Perfecta dicitur eo quod tribus temporibus mensuratur. Est enim ternarius numerus inter numeros perfectissimus pro eo quod a summa trinitate, quæ vera est et pura perfectio, nomen assumpsit. Cujus figuratio quadrangularis est caudam habens in parte dextra descendente per quam representat longitudinem. Longa vero imperfecta sub figuratione perfectæ est, duo tantum tempora significat. Imperfecta quidem pro tanto dicitur quia sine adjutorio brevis præcedentis vel sequentis nullatenus invenitur. » — Texte de J. DE MORAVIE.

(2) « Unde si quærat aliquis utrum possit fieri modus sive cantus naturalis omnibus imperfectis, sicut fit omnibus perfectis, responsio cum probatione quod non. » — Ms. 1136.

(3) « In vocibus et sonis trina tamen existat consonantia, sic omnis cantus mensurabilis ad similitudinem divinæ naturæ ex tribus constare invenitur. » — Ibid.

pour qu'on ne puisse se méprendre sur le sens et la portée d'une proposition aussi générale, il prend pour exemple un fragment du quatrième mode suivant lui, du troisième suivant Francon, et il dit que, lorsque deux brèves se trouvent entre deux longues, la première vaut un temps et la seconde deux; que quant aux deux longues, elles sont parfaites[1]. Ce mode, qui aurait dû représenter le mètre dactylique, doit donc être traduit en mesure ternaire.

Voici maintenant le témoignage de Jean de Muris qui vient confirmer cette théorie de la manière la plus complète. « Les anciens, dit-il (les anciens pour lui, ainsi qu'il le déclare lui-même, sont Francon, Aristote et autres contemporains), dans tous les modes et dans tous leurs chants, n'emploient que des modes parfaits et la mesure parfaite. Il n'en est pas de même des chanteurs modernes; ils ont un double mode, le mode parfait et le mode imparfait; ils ont une double mesure, c'est-à-dire la mesure parfaite et la mesure imparfaite[2]. » Et afin qu'il ne puisse exister le moindre doute, Jean de Muris a soin de dire ce qu'il entend par mode parfait et mode imparfait[3]. Il ajoute que les anciens ne se servaient ni de notes, ni de mesure, ni de temps imparfaits, et qu'ils détestaient les chants composés de notes imparfaites seulement[4].

Quelque singulière que puisse paraître l'idée de l'absence du rhythme

---

(1) « Quandocunque inter duas longas duæ breves omni proprietate carentes evenerint affinitatem in forma tenentes, prima profert unum tempus, quæ recta brevis dicitur; secunda, duo, quæ altera brevis appellatur. » — Ms. 1136.

(2) « Item antiqui in omnibus modis et cantibus suis sicut utuntur perfectis sic et perfecta mensura. Non sic moderni cantores; sed habent nunc modos duplices, perfectum et imperfectum, similiter et mensuram. Sicque secundum modernos est modus perfectus perfectæ mensuræ qui ex longis trium perfectorum temporum colligitur. » — *Speculum musicæ*, lib. VII, cap. xix. — « Sed ubi ponitur perfectio, inconfuse perfectioni succedit, simulque perfectiones in notulis incipiunt simulque terminantur. Non sic autem est de cæteris longis imperfectis; in illis enim non perfectio distincte et inconfuse perfectioni succedit, ternarius ternario, sed potius imperfectio imperfectioni, binarius binario. Sicque fit ut perfectiones nec simul incipiunt in notulis, nec simul terminentur. Hæc nunquam fecerunt antiqui; quin potius tantum tales detestabantur cantus, scilicet ex imperfectis compositos. » — *Ibid.*, cap. xxviii.

(3) « Sicque secundum modernos, modus perfectus perfectæ mensuræ qui ex longis trium perfectorum temporum colligitur. Possunt autem sub eodem modo longæ in breves et semibreves subdividi, dum tamen per æquipollentiam debitam ad longas reducantur perfectas tanquam ad proprium fundamentum. Est et modus perfectus perfectæ mensuræ qui ex longis duorum conficitur perfectorum temporum duas breves rectas et equales ponendo pro tali longa vel semibreves secundum æquipollentiam. Quod si cum tali longa imperfecta semper jungeretur brevis vel semibreves, illi brevi æquipollentes, ut faciebant antiqui, esset talis modus perfectus perfectæ mensuræ. Item, secundum modernos est modus imperfectus ejusdem mensuræ, id est, imperfectæ, qui longis utitur imperfectis duorum imperfectorum temporum. Talibus imperfectionibus in notulis, in temporibus et mensuris antiqui non sunt usi. » — *Speculum musicæ*, lib. VII, cap. xix.

(4) Voyez la fin des deux notes précédentes.

binaire dans la musique de cette époque, nous pensons qu'en présence des documents que nous venons de citer on ne saurait contester cette opinion qui en découle forcément. Ce fait est d'une haute importance pour la traduction en notation moderne des monuments des XIIe et XIIIe siècles.

Il serait difficile de préciser le temps où le rhythme binaire s'est introduit dans la musique mesurée; cela a dû se faire très vite, car ce n'est qu'avec hésitation et en présence de faits aussi patents que ceux signalés plus haut que l'on peut croire à l'exclusion momentanée du rhythme le plus naturel, celui de la marche.

Marchetto de Padoue paraît être le premier didacticien qui ait parlé de la mesure binaire et de la manière de modifier les notes pour les adapter à cette mesure. Ce qu'il dit à ce sujet est même de nature à corroborer l'opinion que nous venons d'émettre sur la mesure en usage au XIIe siècle et au commencement du XIIIe. Comme Jean de Garlande et le nommé Aristote, Marchetto divise les modes en modes parfaits et en modes imparfaits; mais chez lui cette dénomination a une toute autre signification que celle qui est donnée par ses devanciers. Du temps de Marchetto, les modes parfaits étaient les mesures trinaires, et les modes imparfaits, les mesures binaires [1]. Les modes parfaits ou trinaires étaient les cinq modes de Francon tels que nous venons de les faire connaître [2]. Les modes imparfaits ou binaires se formaient de longues imparfaites, de brèves et de semibrèves égales. Le premier mode imparfait, qui correspondait au premier mode parfait, consistait en toutes longues imparfaites [3]. Le second mode imparfait, qui correspondait au troisième mode parfait, se formait de groupes composés d'une longue imparfaite suivie de deux brèves égales [4]. Le troisième mode imparfait, qui correspondait au quatrième mode parfait, se formait de groupes semblables, mais disposés en sens inverse [5]. Le quatrième mode imparfait se composait de brèves et de semibrèves divisées en groupes binaires [6]. Marchetto fait ensuite cette remarque importante, à savoir que les modes imparfaits pouvaient se composer de temps parfaits aussi bien que de

(1) « Modus autem primaria distinctione distinguit, scilicet perfectum et imperfectum : nam ubicumque datur perfectio, per subtractionem etiam imperfectio designatur. » — GERB., Script., t. III, p. 184.

(2) Ibid., p. 185.

(3) « Primus imperfectus consistit in subtractione a perfecto, nam sicut ille constat ex omnibus longis perfectis, ita iste ex omnibus longis imperfectis. » — Ibid., p. 186.

(4) « Secundus constat ex longa imperfecta et duabus brevibus æqualibus. » — Ibid.

(5) « Tertius e converso. » — Ibid.

(6) « Quartus ex omnibus brevibus solum et semibrevibus binariam proportionem mensurantibus. » — Ibid.

temps imparfaits[1]. Il ajoute qu'un chant pouvait être mixte, c'est-à-dire dans le mode parfait et imparfait. Pour savoir dans quel cas le mode devenait imparfait, on marquait la première longue d'une queue à gauche et en haut, ou d'un autre signe[2].

Marchetto est aussi le plus ancien auteur qui ait parlé de signes ou couleurs pour distinguer les notes imparfaites des notes parfaites. Un passage du dernier chapitre de son « Pomerium musicæ mensuratæ » ne laisse à cet égard aucun doute. Après avoir indiqué les signes qu'il propose d'appliquer aux notes pour marquer leur perfection ou leur imperfection, il ajoute : « Mais si le chant est mixte, c'est-à-dire dans le mode parfait et imparfait, il faut marquer chaque note du mode imparfait du signe sus-désigné, ce qui vaut mieux que de le figurer par des couleurs diverses[3]. Il résulte de ce passage que, du temps de Marchetto, c'est-à-dire à la fin du XIIIe siècle, les notes colorées étaient en usage, puisque cet écrivain conseille de substituer certains signes aux couleurs.

Un fait incontestable, c'est que, au XIVe siècle, les notes colorées en rouge ont dû être d'un usage plus général qu'on ne l'a cru jusqu'à présent; car il existe des manuscrits de musique ainsi notée dans un grand nombre de bibliothèques de l'Europe[4].

L'un des plus savants musiciens du XIVe siècle, Jean de Muris, parle de l'usage des notes rouges et noires dans son traité de la théorie de la musique dont on trouve un extrait dans « la Science et la pratique du plain-chant » de dom Jumilhac, nouvelle édition, page 147. Ce passage est assez curieux pour être rapporté ici en entier. « Pourquoi, dit Jean de Muris, place-t-on les notes rouges dans les motets? Pour que nous ne paraissions pas ignorer cette chose-là

---

(1) « Et nota quod modi imperfecti possunt cantari tam de tempore perfecto, quam etiam de imperfecto. » — Gerb., Script., p. 186.

(2) « Ut autem sciatur quis modus cantari debeat de modo imperfecto, dicimus, quod in principio ipsius cantus modi imperfecti, si ibi sit nota longa, vel ubicunque in ipso principio occurrat ipsa nota longa, debeat addi cauda in sursum a latere sinistro; et potest sic demonstrari : cauda sicut superius est dictum de proprietatibus, in sursum a latere sinistro dicit imperfectionem; addatur ergo ipsi notæ longæ nota, non poterit dicere imperfectionem temporis, quia nota longa est : innuet ergo imperfectionem modi; et hoc dicimus ultimo, accipe + pro signo ultimi et proprium ad cognoscendum cantus de modo scilicet imperfecto. » — Ibid.

(3) « Si autem cantus sit mixtus, puta de modo perfecto et imperfecto, cuilibet notæ longæ de modo imperfecto dicimus debere addi signum superius nominatum : et hoc est proprius, quod tales cantus diversis coloribus figurantur. » — Ibid.

(4) La bibliothèque de Cambrai contient, sous les nos 6 et 11, deux volumes in-f° du XIVe siècle, écrits en notation rouge et noire, semblable à celle du fac-similé, Planche XXXV. — On trouve quelques manuscrits ainsi notés à la bibliothèque nationale de Paris; et M. Bottée de Toulmon a acquis en 1834, à la vente Reina, un volume du XIVe siècle avec des pièces de divers auteurs italiens, écrites en notation rouge et noire.

seulement, nous dirons que c'est pour deux motifs : en premier lieu, pour indiquer 1° qu'elles doivent être mesurées ou chantées suivant une autre prolation, comme dans le motet « Thoma tibi obsequia », où les notes noires du ténor sont chantées suivant le temps imparfait et le mode parfait, et les notes rouges suivant le temps parfait et le mode imparfait ; 2° qu'elles sont ramenées à un autre mode, comme dans le motet « In arboris epyro », où les notes noires du ténor sont imparfaites dans le temps imparfait, et les notes rouges parfaites dans le temps parfait ; 3° qu'on doit les compter avec d'autres perfections, lorsqu'elles se trouvent répandues çà et là dans les élégies ou les rondeaux. En second lieu, elles indiquent 1° qu'on doit les chanter à l'octave comme dans le motet « Lampadis os manuum », où toutes les notes rouges du ténor sont exécutées à l'octave ; 2° qu'une longue placée devant une longue ne vaut pas trois temps, ou que la seconde de deux brèves placées entre deux longues n'est pas "altera" comme dans le ténor de « In nova fert animus[1]. »

Un motet qui précède le Kyrie de la « Messe de Guillaume de Machault », bibliothèque nationale de Paris, n° 25, fonds Lavallière, contient, au ténor et au contre-ténor, cette mention : « Nigræ sunt perfectæ, rubeæ sunt imperfectæ. » De toutes les modifications qu'exprimaient les notes rouges, celle indiquée par Guillaume de Machault paraît avoir été la plus usitée ; c'est même la seule dont l'usage se soit maintenu.

La chanson à trois parties, du XIVe siècle, dont nous donnons le fac-similé, PLANCHE XXXV, est un exemple de l'emploi indiqué par G. de Machault. Nous avons trouvé cette pièce dans la bibliothèque de Cambrai, sur une feuille de garde d'un manuscrit. En voici le texte :

> Ne cele amour
> Ne peut être menour,
> Ma douce amour,

---

[1] « Qua de causa rubeæ notulæ ponuntur in motetis ? Ne id solum videamur ignorasse, quia principaliter duabus de causis ponuntur, vel quia rubeæ de alia prolatione mensurantur vel canuntur, ut in *Thoma tibi obsequia*, apparet, quia in tenore illius moteti nigræ ex tempore imperfecto et modo perfecto cantantur, rubeæ vero e contra : vel rubeæ ponuntur, quia reducuntur sub alio modo ; ut in moteto *In arboris epeyro*. Nam in tenore illius moteti nigræ notulæ sunt imperfectæ de tempore imperfecto, et rubeæ perfectæ de tempore perfecto. Vel rubeæ aliquando ponuntur in eligiis et rondellis huc et illuc ut ad invicem possint cum aliis perfectionibus computari. Secundo modo rubeæ ponuntur, ut pronuntiantur in diapason, ut in moteto *Lampadis os manuum*. In hujus moteti tenoribus omnes notulæ rubeæ dicuntur in diapason, aliquoties vero ponuntur, ut longa ante longam non valeat tria tempora ; vel ut secunda duarum brevium inter longas posita non alteretur ut in tenore *In nova fert animus*. »

Pour parole que nul die;
Dont c'est folie
De penser tour;
Car votre suy du tout, sans deshonnour,
Tres douce flour,
M'amour,
Ma dame jolie,
Sans départie
Faire nul jour.
Car vo douce plaisant manière,
Vo boine chière
Me donnent plaisance plénière,
Dont par dépit mettent my traitour,
Mon pris en nient, en vieulte, ni à valour.

Rien ne leur vaut, leur parler, leur labour;
Nulle fréour
N'ayés pour leur genglerie;
Car, pour envie,
Douce en atour,
Ne vous layrai. Ce serait grant folour
Et grant tristour
D'entrer en mérancolie.
Si vous supplie
Qu'en grant bandour
Vous tenez, douce dame chière;
C'est ma prière
Que je vous fair aière,
Et en ne vous en soit se dient li plusour.
Mon pris, etc.

Il est évident que l'obligation d'employer deux sortes d'encre a dû être aussi incommode pour le compositeur que pour le notateur. Aussi n'a-t-on pas tardé de donner la faculté de faire vides ou blanches les notes imparfaites. Égidius de Murino le dit en termes formels [1].

Deux fragments incomplets de musique du XIVᵉ siècle, servant de garde à un

---

(1) « Possunt autem poni aliquando rubeæ figuræ diversimodo figuratæ. Et quando homo non haberet cum quo scribere figuras rubeas, tunc est licitum ipsas evacuare; sed hoc tantum de tempore imperfecto majoris prolationis super tempus perfectum minoris prolationis et e converso. » — Bibliothèque du Vatican, Ms. 5321, et fonds Palatin, Ms. 1377.

manuscrit de la bibliothèque de Douai, sont écrits en notation noire et rouge. On y remarque que les notes marquées en rouge étaient d'abord vides, et l'observation qui accompagne la partie de contraténor attribue aux notes vides la même propriété qu'aux notes longues.

Lorsque, plus tard, la notation noire a été remplacée par la notation blanche, les notes imparfaites ont été marquées en noir.

CHAPITRE XI.

Bibliographie du déchant et de la musique mesurée des XIIe, XIIIe et XIVe siècles.

Nous terminerons cette première partie par quelques notes bibliographiques sur l'harmonie et la musique mesurée au moyen âge. En donnant cette nomenclature, nous n'avons d'autre prétention que de procurer ici réunis les titres et les noms d'auteurs des principaux ouvrages sur la matière qui forme le sujet de ce livre, afin que ceux de nos lecteurs qui voudront connaître plus à fond les opinions des écrivains que nous n'avons pu souvent que citer trouvent ainsi sous la main les indications pour lesquelles, sans cela, il faudrait recourir aux bibliographies spéciales ou se livrer à beaucoup de recherches fastidieuses. Notre nomenclature comprendra, d'une part, les ouvrages des théoriciens, la plupart encore manuscrits, et, de l'autre, les ouvrages historiques sur cette matière, composés par les auteurs modernes. Nous les avons classés en manuscrits et imprimés, et nous avons subdivisé ces derniers en ouvrages latins, français ou en langues étrangères.

MANUSCRITS.

Anonyme. « Ad organum faciendum. » Bibliothèque ambrosienne, à Milan, n° 17; fin du XIe siècle ou commencement du XIIe.

Anonyme. « Libellus in Gallico de arte discantandi. » Bibliothèque nationale de Paris, n° 813, fonds Saint-Victor; XIIIe siècle.

Anonyme. « Discantus vulgaris positio. » Ibid., n° 1817, fonds Sorbonne; XIIIe siècle.

Gui de Chalis. « De arte musica. » Bibliothèque Sainte-Geneviève, n° 1611; XIIIe siècle.

NOTATION.

ANONYME. « De arte discantandi. » Bibliothèque nationale de Paris, n° 813, fonds Saint-Victor ; xiiie siècle.

ANONYME. « Quædam de arte discantandi. » Bibliothèque nationale de Paris, n° 812, fonds Saint-Victor ; xiiie siècle.

Ces six traités forment nos six premiers documents publiés dans la deuxième partie ; ils y sont disposés dans l'ordre qu'ils occupent ici. Chacun de ces ouvrages est précédé d'une notice bibliographique à laquelle nous renvoyons le lecteur.

FRANCON DE COLOGNE. « Ars cantus mensurabilis », traité de la fin du xiie siècle. Indépendamment de l'édition donnée par Gerbert, « Scriptores », t. III, pages 1 à 16, il en existe plusieurs manuscrits dans la bibliothèque nationale de Paris et dans quelques bibliothèques d'Italie ; voir M. Fétis, « Biographie universelle des musiciens », t. IV, p. 179 et suiv. Une des meilleures versions, et la plus inconnue jusqu'à présent, est celle donnée par Jérôme de Moravie dans son traité que nous mentionnons plus loin. Nous en avons produit des citations dans cet ouvrage toutes les fois que le texte nous a paru meilleur que celui de Gerbert.

FRANCON DE COLOGNE. « Compendium de discantu tribus capitibus. » Bibliothèque bodléienne, à Oxford, n° 2575, 60, 4. M. Fétis, dans l'article qu'il consacre à Francon, dans sa « Biographie universelle des musiciens », dit qu'il existe un manuscrit de ce traité à la bibliothèque nationale de Paris, mais il n'en cite pas le numéro.

JEAN DE GARLANDE. « Tractatus musicæ mensurabilis. » Ce document est reproduit dans le traité de Jérôme de Moravie. M. Danjou a rapporté d'Italie la copie d'un traité de musique mesurée anonyme, qui existe à la bibliothèque du Vatican, sous le n° 5315. La comparaison que nous en avons faite avec le traité de J. de Garlande, conservé par Jérôme de Moravie, nous a démontré qu'ils sont tous deux du même auteur. Le commencement de ce traité, « Habito de ipsa plana musica quæ immensurabilis dicitur nunc et præsens « intentio de musica mensurabili quæ organum dicitur, etc. », démontre que J. de Garlande est en même temps auteur d'un traité de plain-chant. Le texte du manuscrit du Vatican offre d'assez nombreuses variantes avec celui de Jérôme de Moravie. Nous les rapporterons exactement dans l'édition que nous donnerons de cet écrivain.

Aristote. « Musica quadrata seu mensurata. » Bibliothèque nationale de Paris, n° 1136 du supplément latin, et œuvres complètes de Bède le Vénérable, Cologne, 1612, à qui ce traité y est attribué. Voyez, sur son véritable auteur, ce que nous avons dit plus haut pages 46 et 47.

Pierre Picard. Traité de musique mesurée en cinq chapitres, dans l'ouvrage de Jérôme de Moravie. Voyez plus haut page 146, note 1.

Jean de Bourgogne, écrivain mensuraliste du xiiie siècle, auteur d'un traité de musique mesurée, ou du moins d'un résumé de la doctrine de Francon. Voyez plus haut, page 147.

Jérôme de Moravie. « Tractatus de musica, compilatus a fratre Jeronimo « Moravo, ordinis fratrum prædicatorum. » Bibliothèque nationale de Paris, n° 1817, fonds Sorbonne; xiiie siècle.

Ce traité, l'un des plus importants qu'on possède pour l'histoire de la musique au moyen âge, est particulièrement intéressant pour l'étude de l'harmonie et de la musique mesurée, à cause des traités de Francon, de Jean de Garlande et de Pierre Picard qu'il renferme. L'intitulé des chapitres que nous allons reproduire donnera une idée des matières exposées par le savant dominicain.

Dicto 1. Quid sit musica. — 2. Unde dicatur. — 3. A quibus sit inventa. — 4. Quot sint partes ipsius secundum sanctum Isidorum ethimologiarum (sic). — 5. De divisione musicæ secundum Alpharabium. — 6. De divisione ejusdem secundum Boetium. — 7. De subdivisionibus musicæ secundum Richardum. — 8. De effectibus sive de excellentia musicæ. — 9. De subjecto ejusdem. — 10. Dicendum erit de harmonicis clavibus simul et vocibus. — 11. De locis dictarum clavium et vocum, et de earumdem geminationibus. — 12. De ipsarum vocum mutationibus. — 13. De tribus vocum divisionibus. — 14. De sonorum qualitatibus et de eorumdem proportionibus. — 15. De ipsis modorum consonantiis. — 16. De quibusdam arithmeticis musicis necessariis subtilitatibus. — 17. De ipsorum sonorum ad arithmeticam reductionibus. — 18. De campanarum in horologiis musicum sonum debite exprimentium formationibus. — 19. De monocordi dimensionibus et de ejusdem utilitatibus. — 20. De sedibus tonorum duplicibus. — 21. De eorumdem tonorum tam parium quam imparium regularibus intensionibus et remissionibus. — 22. De tonis ecclesiasticis in speciali et de eorumdem differentiis, antiphonarum inchoationibus et psalmorum intonationibus. — 23. De diversorum canticum B durali et B molli mutuis commutationibus. — 24. De modo cantandi et formandi notas et pausas ecclesiastici cantus. — 25. De modo faciendi novos ecclesiasticos et omnes alios firmos sive planos cantus. — 26. De modo diverso secundum diversos faciendi novos regulariter, simul et cantandi omnes species ipsius discantus. — 27. De quibusdam græcorum vocabulorum, litterarumque ad musicam pertinentium interpretationibus, et per tria genera, et quinque tetrachorda secundum Boetium de regularibus monochordi dimensionibus. — 28. Et ultimo. In tetrachordis et pentachordis musicis instrumentis puta in viellis et similibus per consonantias chordis distantibus mediis vocum inventionibus.

Odington (Walter). « De speculatione musicæ. » Bibliothèque du collége du "Corpus Christi", à Cambridge, Ms. c′ c′ c′ c′. Voyez page 145, note 1.

Philippe de Vitry. « Ars contrapuncti magistri Philippi de Vitriaco. » Bibliothèque Vallicellana, dans le couvent des Pères de l'Oratoire, à Rome. Ms. B. 89; XIVe siècle. Voyez page 65.

Philippe de Vitry. « Ars nova magistri Philippi de Vitry. » Bibliothèque barbarine, à Rome, n° 841, et bibliothèque du Vatican, n° 5321. Mss. du XIVe siècle.

M. Danjou, qui a découvert ces traités de contre-point et de musique mesurée, dit que Philippe de Vitry parle dans ce dernier non-seulement des minimes, mais encore des semi-minimes; « Revue de musique religieuse », t. III, page 199. — Le Ms. 7378 A, fonds Colbert, de la bibliothèque nationale de Paris, contient plusieurs ouvrages sur la musique, parmi lesquels se trouvent les ouvrages de Philippe de Vitry. Au verso du feuillet 41 commence un traité anonyme par ces mots : « Quoniam musica, etc. ». Il finit au verso du feuillet 45 par ceux-ci : « Explicit secundus liber musicæ ». Ce traité, d'une écriture fort serrée et difficile à lire, nous a paru être relatif à la théorie spéculative de l'art. Au verso du feuillet 55 commence un autre ouvrage ayant pour titre : « Incipit tractatus armonicus », et finissant au recto du feuillet 57 par ces mots : « Explicit tractatus magistri Leonis Hebrei de armonicis numeris ». Cet ouvrage, composé de trente petits chapitres, traite de la division mathématique des sons; l'écriture est de la même main que le précédent. Nous le citons surtout à cause d'une particularité qui nous a paru remarquable : c'est que l'auteur, Léon Hébreux, y déclare avoir composé cet ouvrage à la demande de Philippe de Vitry : « Jesu Christi incarnationis anno 1303, « nostro opere mathematico completo, fui requisitus a quodam eximio magis- « trorum Philippo de Vitriaco, de regno Francorum ut, etc. » Au recto du feuillet 58, commence un troisième traité de musique, débutant ainsi : « Om- « nes homines naturam scire desiderant, etc. » Il est écrit à deux colonnes, d'une manière tellement serrée et abréviée, que c'est à peine si l'on peut en déchiffrer quelques parties. La deuxième colonne du même feuillet verso porte : « Explicit primus liber de tribus ordinibus ». Suit le livre sur la musique mesurée, qui prend à peu près deux colonnes; il finit au verso du feuillet 59 par ces mots : « Explicit musica mensurabilis ». On lit dans la première colonne du feuillet 60 recto : « Finis primi libri, sequitur secundus »; et, à la seconde colonne du verso : « Completum est hoc opus, anno Domini 1319, « explicit ». Suit, immédiatement après, un autre ouvrage commençant par ces mots : « In arte nostra hæc inclusa sunt aliqua, etc. », avec cette mention au verso du feuillet 61 : « Explicit ars novæ musicæ ». Vient ensuite un autre traité commençant ainsi : « Sex sunt species principales scilicet (?) concordan- « tiæ, etc. »; et, à la fin de la deuxième colonne du feuillet 64, on lit : « Explicit « ars compositionis de motetis compilata a Philippo de Vitry, magistro in « musica. » Tous les traités, à partir du feuillet 58, font partie du même ouvrage; il est probable qu'ils sont tous de Philippe de Vitry. Il serait vivement à désirer qu'il en fût fait une copie lisible; car l'écriture du manuscrit est aujourd'hui dans un tel état que, par sa pâleur et par les abréviations dont elle est surchargée, elle est de nature à rebuter la patience des plus rudes paléographes.

Marchetto de Padoue. « Lucidarium musicæ planæ », et « Pomerium mu- « sicæ mensuratæ ». Bibliothèque ambrosienne, à Milan, et bibliothèque du Vatican. Cet ouvrage a été publié par Gerbert, " Scriptores ", t. III, 65 à 188.

Robert de Handlo. « Regulæ cum maximis magistri Franconis, cum addi- « tionibus aliorum musicorum compilatæ a Roberto de Handlo. » Musée britannique, n° 4909; xive siècle.

Hothby (Jean). « La Caliopea leghale reducta in brevita per maestro Giovanni Anglico Octobi, Carmelitta. » Bibliothèque Magliabecchiana, à Florence, et bibliothèque de Saint-Marc, à Venise. Ce traité, l'un des plus importants pour l'histoire de la notation au moyen âge, forme notre septième document inédit. Voyez la notice qui le précède.

Jean de Muris. « Speculum musicæ. » Bibliothèque nationale de Paris, n°s 7207 et 7207 A; écriture du xve siècle. Le premier de ces manuscrits, le seul qui soit complet, forme un magnifique volume in-fol. de plus de 600 pages sur vélin. Cet ouvrage, le plus considérable de tous ceux qu'a écrits le même auteur, est une sorte d'encyclopédie de la science musicale au moyen âge. Il est divisé en sept livres : le premier traite de la musique en général, en 76 chapitres; le second, des intervalles, en 123 chapitres; le troisième, des proportions et des rapports numériques des intervalles, en 56 chapitres; le quatrième, des consonnances et des dissonances, en 54 chapitres; le cinquième, des tétracordes.

de la division du monocorde et de la doctrine de Boèce, en 52 chapitres; le sixième, des hexacordes, des tons, des mouvements de la voix, des notes musicales, des intonations, en 113 chapitres; le septième, de la musique figurée, en 47 chapitres. Ce dernier est remarquable par la précision et la clarté avec laquelle la doctrine de l'harmonie et de la musique mesurée des XIIe et XIIIe siècles s'y trouve exposée. La comparaison, que Jean de Muris établit entre la musique de son temps et celle des XIIe et XIIIe siècles, est loin d'être toujours à l'avantage de la première. Le meilleur moyen de donner une idée exacte du " Speculum musicæ " serait de reproduire toute la table des matières ; mais cela dépasserait les limites de ce travail. Nous nous bornerons à donner ici le sommaire des chapitres du septième livre plus particulièrement relatif au sujet que nous traitons.

1. Prohemium in libro septimo speculi musicæ. — 2. Quid sit cantus mensurabilis. — 3. Quid dicitur discantus. — 4. Quid sit discantus. — 5. Quibus consonantiis sit utendum in discantu. — 6. Utrum diatessaron ante diapente sit consonantia. — 7. Quod diatessaron ante diapente sit consonantia. — 8. Quare diatessaron voces melius concordat super diapente quam sub. — 9. De ineptis cantoribus. — 10. Discantuum distinctio. — 11. Quid sit tempus ut ad mensurabilem pertineat musicam. — 12. Qualiter a modernis impugnatur prius posita temporis descriptio. — 13. Quod repugnat tempori perfecto esse divisibile in duas partes equales. — 14. Conformatio dictorum. — 15. Quod semibrevi repugnat divisio in partes integrales. — 16. Ad rationes in oppositum responsio. — 17. Antiquorum excusatio et dictorum suorum expositio ut hoc tangit propositum. — 18. Quid sit modus. — 19. Quot sunt modi. — 20. Quid sit notula vel figura musicæ mensurabilis secundum antiquos. — 21. Figurarum vel notularum musiaclium distinctio secundum antiquos. — 22. De figuris simplicibus quæ plicæ dicuntur. — 23. Distinctio longarum notularum in nominibus et significationibus secundum modernos. — 24. Distinctio notularum secundum modernos in figuras et gradibus aliquibus. — 25. Quod longa duplex non est legabilis. — 26. Quod longa duplex non valet novatempora. — 27. Quod irrationabiliter ponitur duplex longa quæ larga vocatur. — 28. Quod longæ simplices imperfectæ temporum imperfectorum huic repugnant arti scilicet et cantus ex talibus imperfectis compositi. — 29. Quod cantus ex perfectis confecti convenienter in summam referuntur trinitatem. — 30. Quod non est necessarium longam simplicem esse æquilateram. — 31. Quod brevis imperfecta non est huic arti necessaria. — 32. Parvus prologus tangens intentionem nec non ordinem dicendorum. — 33. Quod irrationabiliter moderni semibreves caudant. — 34. Quod si semibrevis sola caudetur, minus inconvenienter hoc fieri debet in angulis obtusis quam in acutis. — 35. Quod semibrevis non est ponenda solitaria sine alia semibrevi sibi juncta vel aliis. — 36. Quid dicunt moderni de notarum musicalium imperfectionibus. — 37. Quæ requirantur adhuc ut notulæ aliquæ alias possint imperficere vel ab aliis imperfici. — 38. Quod una notula aliam non imperficiat. — 39. Responsio ad aliquas conclusiones quæ vadunt contradictæ. — 40. Ad instantiam quæ fieri possit responsio. — 41. Responsio ad secundam conclusionem, quintam, sextam, septimam et octavam. — 42. Amplior responsio ad ea quæ

CHAPITRE XI.

tangunt quartam conclusionem, septimam et octavam cum responsione ad nonam. — 43. Comparatio artis antiquæ musicæ mensurabilis ad novam quoad perfectionem et imperfectionem. — 44. Collatio veteris artis musicæ mensurabilis ad modernam secundum subtilitatem et ruditatem. — 45. Collatio veteris musicæ mensurabilis ad novam quantum ad libertatem et servitutem. — 46. Comparatio veteris artis musicæ mensurabilis ad modernam quantum ad stabilitatem, et antiqui modi cantandi ad modernum. — 47. Finalis totius hujus operis conclusio, et gratiarum actio.

Jean de Muris. « Ars discantus et argumenta musicæ. » Bibliothèque de Gand, n° 171. — Jean de Muris, dans son « Speculum musicæ », ne parle de la musique de son temps que pour en montrer les défauts et faire voir que sous divers points elle est inférieure à la musique des siècles précédents. Dans son « Art du déchant » au contraire, il traite de la musique de son époque, de la musique harmonique et mesurée, telle qu'elle était alors en usage. C'est, sous ce rapport, une des œuvres les plus intéressantes du xive siècle. Ce traité, tel qu'il se trouve dans le manuscrit de Gand, renferme évidemment plus d'un ouvrage; et l'on serait tenté de croire, d'après sa disposition et d'après quelques passages de la fin, que c'est plutôt un résumé de sa doctrine que sa propre composition. Nous allons en analyser le contenu et l'accompagner de quelques observations. Le traité commence par des règles de déchant ou contre-point, dont nous avons donné le résumé plus haut, pages 67 et 68. Ces règles sont rapportées par l'abbé Gerbert, « Scriptores », t. III, p. 306, avec quelques variantes que nous avons indiquées. Le manuscrit de Gand contient, en outre, des exemples notés qui sont précieux.

Viennent ensuite des explications et des règles sur les intervalles harmoniques, leurs redoublements, leur emploi dans le contre-point et dans les diverses marches harmoniques de secondes, tierces, quartes et quintes, tant en montant qu'en descendant. Là finit ce qui est relatif à l'harmonie; ce qui suit concerne la mesure. Cette partie est divisée en rubriques qui font suffisamment connaître leur objet. Les voici :

> De signis sive modis notularum et ligaturis. — De prolatione. — De imperfecta prolatione. — De alteratione ejus. — De prolatione perfecti minoris. — De alteratione ejus. — De puncto. — De imperfecta prolatione minoris. — De numero et de prolatione ternaria. — De modo perfecto et imperfecto. — De puncto. — De compositione carminum (motettorum).

Puis, sous ces trois autres rubriques: « Proportionis diffinitio, — de proportione « dupla, — de proportione tripla », se trouve reproduit, avec d'assez nombreuses variantes, le traité des proportions publié par Gerbert, « Scriptores », t. III,

p. 286. Et à la suite de ces trois chapitres : « de octo tonis, — cognitio intonationum, — de modo intonandi », dont la place paraît singulière, se trouve : « De « diffinitionibus accidentium musicæ », dont le contenu a été publié par Gerbert, « Scriptores », tome III, p. 301, sous le titre de : « Quæstiones super partes « musicæ », d'après un manuscrit de la bibliothèque nationale de Paris, et un autre de Saint-Blaise. Vient après, un petit traité ayant pour titre : « Sequuntur « quædam notabilia et utilia », et finissant ainsi : « Expliciunt argumenta mu- « sicæ magistri Johannis de Muris ». On y trouve mentionné un auteur dont le nom apparaît ici pour la première fois : « Nos invenimus in arte Franconis « et in arte magistri Philippi, scilicet de Vitriaco, et in arte Joh. de La Belle et « aliorum magistrorum longam imperfici per brevem et brevem per semibre- « vem et semibrevem per minimam ». Enfin l'ouvrage est terminé par des explications sur les difficultés touchant la perfection ou l'imperfection de certaines notes : « Sequuntur aliquæ conclusiones per magistrum Johannem de Muris de « perfectione et imperfectione figurarum ». Ces conclusions ont été également publiées par Gerbert, « Scriptores », tome III, p. 296.

TUNSTED (SIMON). « De musica continua et discreta cum diagrammatibus. » Bibliothèque Bodléienne, à Oxford, n° 515. Simon Tunsted passe pour avoir écrit cet ouvrage en 1351. On l'attribue aussi à trois autres écrivains anglais : Jean de Tewkesbury, Jean de Torksey et Jean Hamboys.

ÆGIDIUS DE MURINO. « Tractatus cantus mensurabilis secundum magistrum « Ægidium de Murino. » Bibliothèque du Vatican, n° 5321, et même bibliothèque, fonds palatin, n° 1387, où il ne porte pas de nom d'auteur. — Ce traité commence par un prologue et se divise ensuite en quatre chapitres, dont voici le sommaire :

Cap. 1. De diminutione figurarum et augmentatione simplicium ac compositarum. — Cap. 2. De augmentatione figurarum. — Cap. 3. De tempore perfecto majoris prolationis. — Cap. 4. De modo componendi tenores motettorum.

Nous avons reproduit un fragment de ce dernier chapitre, p. 29, note 2. M. Danjou, qui a découvert ce traité, en a trouvé encore plusieurs autres dans les nombreuses bibliothèques d'Italie, qu'il a explorées avec tant de zèle et de soin. Nous citerons les suivants, dont les auteurs sont restés inconnus, et qui sont de nature à jeter un nouveau jour sur l'étude de l'harmonie et de la musique mesurée au moyen âge.

ANONYME. « De musica. » Bibliothèque Vaticane, fonds palatin, n° 1346, XIIIe siècle. — Traité important sur la notation.

Anonyme. « Liber dechiarationis musicæ disciplinæ. » Bibliothèque du Vatican, n° 5324. — Ce manuscrit contient un des traités les plus intéressants sur le contre-point au xive siècle.

Nicolas de Capoue. « Compendium musicale. » Bibliothèque Barberine, à Rome, B. 83, fin du xive siècle. — Ce traité est relatif au contre-point, suivant la doctrine italienne.

Vetulus de Anagnia. « Liber de musica. » Bibliothèque Barberine, à Rome, n° 841. Fin du xive siècle. — Traité de musique mesurée, où l'auteur aborde toutes les difficultés de la notation proportionnelle.

Anonyme. « De musica mensurabili. » Bibliothèque Barberine, n° 841. — Traité particulièrement important en ce qu'on y cite des écrivains sur la musique dont le nom et les ouvrages sont complétement inconnus. On y mentionne entre autres : Jean d'Ypres et Petrus de Civitate (Pierre De Ville), dont il serait à désirer qu'on retrouvât les écrits.

Theodonus de Capua. « Regulæ contrapuncti. » Bibliothèque Barberine, n° 841. — Cet ouvrage, relatif au contre-point et à la musique mesurée de la fin du xive siècle, porte la date du 13 juillet 1431 ; il contient d'utiles renseignements sur la situation de l'art italien à cette époque.

Pierre Talhandier. « Lectura per Petrum Talhandierii tam super cantu immensurabili quam super immensurabili (sic). » Bibliothèque du Vatican, n° 5129. — Cette compilation de divers traités anciens avait déjà été signalée par M. Fétis. Le manuscrit est du xve siècle.

Dans un article bibliographique inséré dans la « Gazette musicale » de Paris, janvier 1848, M. Danjou signale encore quelques auteurs inconnus dont il a trouvé les ouvrages dans les bibliothèques d'Italie. Ce sont : Henri Helena, Imbert de France, Jean Boen et Jean Ciconia.

OUVRAGES IMPRIMÉS.

OUVRAGES LATINS.

Gerbert (l'abbé). « De cantu et musica sacra. » — Saint-Blaise, 1774, 2 vol. in-4°. — T. II, liv. III, chap. ii, p. 121 et suivantes.

Gerbert (l'abbé). « Scriptores ecclesiastici de musica sacra potissimum. » —

220   NOTATION.

Saint-Blaise, 1784, 3 vol. in-4°. — On y trouve : sur l'organum et la diaphonie, les traités de Hucbald[1], de Gui d'Arezzo[2], de Jean Cotton[3] et d'Élie Salomon; sur le déchant et la musique mesurée, ceux de Francon de Cologne, de Marchetto de Padoue, de Jean de Muris et d'Adam de Fulde.

OUVRAGES FRANÇAIS.

Lebeuf. « Traité historique et pratique sur le chant ecclésiastique. » Paris, 1741, in-8°. — P. 73 et suivantes.

Choron et Fayolle. « Dictionnaire historique des musiciens. » 2 vol. in-8°. Paris, 1810. — T. I, p. xxii-xxvii.

Fétis. « Découverte de plusieurs manuscrits intéressants pour l'histoire de la musique. » — « Revue musicale », 1827, t. I, p. 3 et suivantes.

Fétis. « Polémique sur la traduction de la notation musicale des xiiie et xive siècles. » — « Revue musicale », 1828, t. III, p. 457 et suivantes.

Fétis. « Mémoire sur les musiciens néerlandais au moyen âge. » Amsterdam, 1829, in-4°. — P. 6 et suivantes.

Perne. « Ancienne musique des chansons du châtelain de Coucy. » Paris, 1834.

Fétis. « Biographie universelle des musiciens. » — T. I, p. clxxii et suivantes, et passim dans les autres volumes.

Bottée de Toulmon. « De la chanson musicale en France au moyen âge. » Paris, 1836, in-18.

---

(1) Voyez la note 1 de la p. 21 de cet ouvrage.

(2) L'édition de l'abbé Gerbert, indépendamment qu'elle n'est pas complète, renferme un grand nombre d'incorrections. Les manuscrits qui comprennent les travaux de Gui d'Arezzo sont assez nombreux. Le plus beau et le plus complet est celui du xiie siècle qui était autrefois à Saint-Evroult, aujourd'hui à la bibliothèque nationale de Paris, sous le n° 1017 du suppl. latin. M. Bottée de Toulmon en a donné une notice dans le tome XIII des Mémoires de la société des antiquaires de France. Trois manuscrits, dont l'existence était restée ignorée à tous les bibliographes, ont été découverts par M. Danjou; savoir : deux à la bibliothèque Vaticane, sous les n°s 1146 et 1616, fonds de la reine; l'autre à la bibliothèque Barberine, coté B. 81. Nous mentionnerons aussi celui de la fin du xiie siècle, de notre bibliothèque, que nous avons cité dans le cours de cet ouvrage. Ce manuscrit est surtout remarquable en ce qu'il contient des exemples notés en neumes de divers systèmes.

(3) M. Danjou a trouvé à la bibliothèque du Vatican, sous le n° 1196, un manuscrit de cet auteur, qui contient des variantes considérables avec l'édition de l'abbé Gerbert.

CHAPITRE XI.

Fétis. « Esquisse de l'histoire de l'harmonie considérée comme art et comme science systématique. » Paris, 1840, in-8°, p. 1 à 13.

Bottée de Toulmon. « Rapport fait au comité historique des arts et monuments. » — « Bulletin archéologique du comité historique ». T. II, p. 651 et suivantes.

Fétis. « Époques caractéristiques de la musique d'église. » — « Revue de musique religieuse », de M. Danjou, t. III, p. 176 et suivantes.

Jumilhac. « La science et la pratique du plain-chant. » Paris, 1847, 2ᵉ édition par MM. Th. Nisard et Al. Leclerc. — Pag. 147 et suivantes.

Th. Nisard. « De la notation proportionnelle du moyen âge. » Paris, 1847.

Danjou. « De l'accompagnement du plain-chant. » — « Revue de la musique religieuse. » T. III, p. 5 et suivantes.

Danjou. « Le théâtre religieux et populaire au xiiiᵉ siècle. » — « Revue de la musique religieuse. » T. III, p. 65 et suivantes.

OUVRAGES EN LANGUES ÉTRANGÈRES.

Burney. « A general history of musick. » (Histoire générale de la musique). Londres, 1776-1789, 3 vol. in-4°. — T. II, chap. ii et iii.

Forkel. « Allgemeine Geschichte der Musik » (Histoire générale de la musique). Leipzig, t. I, 1788, t. II, 1801, in-4. — De la musique mesurée, t. II, p. 385 et suiv. — De l'harmonie, ibid., p. 448 et suivantes.

Baini. « Memorie storico-critiche della vita e delle opere di G.-P. da Palestrina. » Rome, 1828, 2 vol. in-4°. — T. II, p. 392 et suivantes.

Kiesewetter. « Die Verdienste der Niederlaender in die Tonkunst. » (Le mérite des Néerlandais dans la musique), mémoire couronné par l'Institut des Pays-Bas. Amsterdam, 1829, in-4°. — P. 5 et suivantes.

Winterfeld (C. Von). « Johannis Gabrieli und sein Zeitalter. » (Jean Gabriel et son époque.) Berlin, 1834, in-4°. — P. 124 et suivantes.

Kiesewetter. « Geschichte der Europaeisch-abendlandische Musik. » (Histoire de la musique européenne occidentale.) Leipzig, 1834, in-4°; 2ᵉ édition, ibid., 1846. — P. 26 et suivantes.

Kiesewetter. « Ueber die Lebens Periode Franco's. » (Sur l'époque où vécut Franco). — Gazette musicale de Leipzig, 1828.

KIESEWETTER. « Ueber Franco van Coeln und die ältesten Mensuralisten. » (Sur Francon de Cologne et les plus anciens auteurs de musique mesurée.) — Gazette musicale de Leipzig, 1838.

SCHILLING (Gustave). « Geschichte der heutigen oder modernen Musik, etc. » (Histoire de la musique moderne dans ses rapports avec l'histoire des peuples.) Carlsruhe, 1841, in-8°. — Chap. II et III.

KIESEWETTER. « Schicksale und Beschaffenheit des weltlichen Gesanges, etc. » (Destinée et situation du chant mondain depuis les premiers temps du moyen âge jusqu'à l'invention du style dramatique.) Leipzig, 1841, in-4°. — P. 9 et suivantes.

SCHILLING. « Universal Lexicon der Tonkunst. » (Lexique universel de la musique), 7 vol. in-8. Stuttgart, 1835-1842. — Articles «Mensural musik, Franco, Marchetto », etc.

KIESEWETTER. « Ein zeugniss aus den XIIIe Jahrhundert, etc. » (Document du XIIIe siècle, concernant l'auteur du traité de musique mesurée attribué généralement à Francon de Cologne.) — Cecilia, t. XXIV, p. 28 et suivantes.

DEUXIÈME PARTIE

DOCUMENTS

DEUXIÈME PARTIE

DOCUMENTS

I

TRAITÉ D'ORGANUM.

Ce traité, l'un des plus intéressants pour l'étude de l'harmonie diaphonique, a été trouvé par MM. Danjou et Morelot dans la bibliothèque ambrosienne de Milan, à la suite du Ms. 17, de la fin du xie siècle ou du commencement du xiie, contenant les ouvrages de Gui d'Arezzo. On voit dans le prologue que l'auteur a vécu peu de temps après le moine de Pompose; car il ne parle d'aucun autre didacticien. Il donne comme sienne et comme nouvelle la doctrine harmonique qu'il professe dans son ouvrage. Il résulte en effet de son examen qu'elle diffère assez notablement de celle de Gui d'Arezzo et que là se trouve véritablement le système harmonique intermédiaire entre celui du célèbre camaldule et le déchant tel qu'il est enseigné dans les deux documents suivants. Ce traité ouvre donc parfaitement la série de nos documents sur l'histoire de l'harmonie. Il est précédé de trois pièces d'organum, qui ne semblent pas faire corps avec l'ouvrage, mais dont la contexture indique qu'elles sont du même auteur. La première est un fragment de "kyrie" paraphrasé, appelé trope par quelques auteurs [1] et dont la mélodie est celle du kyrie de la messe double, tel qu'on le chante encore aujourd'hui. Bien que la mélodie de la seconde pièce soit surmontée de trois parties organales, il ne faudrait pas en conclure que c'est une pièce à quatre voix; ces trois parties forment trois organum différents, destinés à être exécutés chacun séparément. Ces deux pièces et celle qui vient après résument en quelque sorte toute la

---

(1) Dom Guéranger, *Institutions liturgiques*, t. I, p. 260 et 278.

226   DOCUMENTS.

doctrine de l'auteur. En terminant cette note, nous sentons le besoin d'invoquer l'indulgence de nos lecteurs en faveur de la traduction de ce document ; on verra d'ailleurs que son latin, qui est loin d'être du latin de Virgile, ne brille pas par la clarté. Il a fallu en plus d'un endroit consulter plutôt l'esprit que la lettre ; et nous n'avons pas la prétention d'avoir toujours réussi à rendre la pensée souvent obscure de l'auteur. Nous ajouterons seulement que, telle qu'elle est, nous la donnons comme le résultat d'un travail patient et consciencieux. En parlant de ce traité, à la page 32, nous avons dit que nous en devions la communication à MM. Danjou et Morelot. Nous leur renouvelons ici nos remercîments.

TRAITÉ D'ORGANUM.

♮G	c		c	d		d	a	c	d	a
E	G	F	E		F	D		D	a	G	a	a

e - - - - - leyson Am-borum sacrum

c	e	g		♮	d	e	g		a
									a
c		♮G	♮	a	c		c	a

spi - ra-men nexus a - mor - que

| e | ♮ | e | d | c | e | | c | a |
| a | ♮ | a | G | F | E | | G | a |

e - - - - - - - - - - - - ley - son

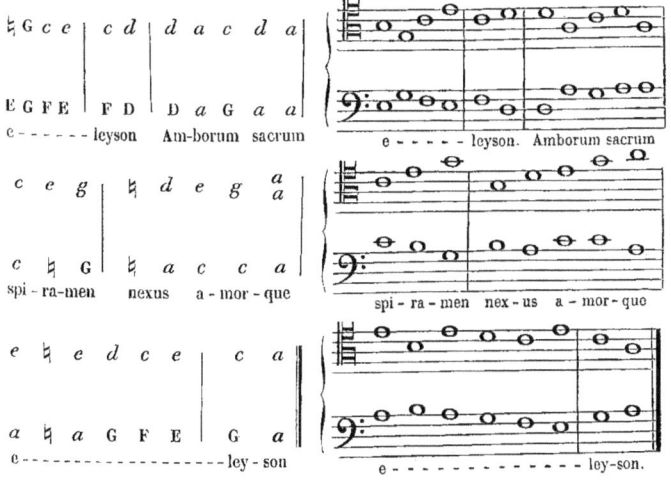

e - - - - - leyson. Amborum sacrum

spi - ra - men nex - us a - mor - quo

e - - - - - - - - - - - ley-son.

| |

			D	a	G	c
D	E	F	D	d	a	G	C
D	a	F	D	a	G	a	c
D	A	C	D	D	D	D	C

Be - - - - - - - ne - - di - - ca - - mus

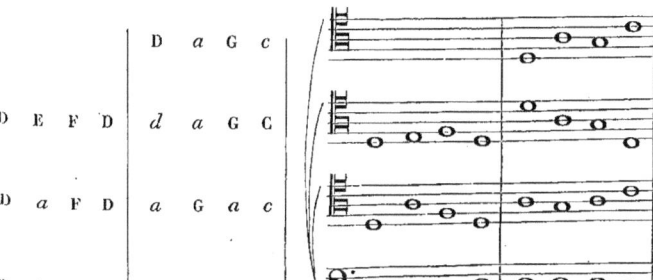

Be - - ne - - - - di - ca - mus

228 DOCUMENTS.

d	c	a	F	D	c	d	G
a	F	a	F	D	c	g	d
a	c	d	f	d	F	C	D
D	F	D	C	D	F	C	D

Do - - - - - - - - - - - - - - - Do - - - - - - - - - - - - - - -

a	c		a	c	d
a	G		a	c	d
A	C		A	C	D
E	C		D	F	D

F	D	C	D	C	E	G	a
c	a	c	d	F	a	G	a
F	a	G	D	F	E	C	A

TRAITÉ D'ORGANUM. 229

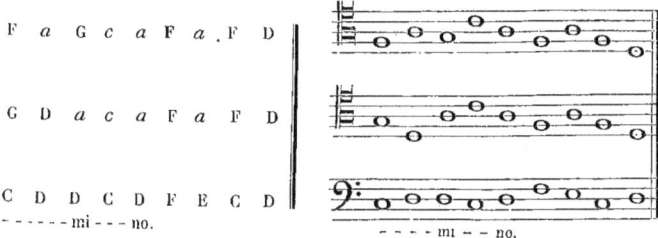

```
F  a  G  c  a  F  a .F  D
G  D  a  c  a  F  a    F  D
C  D  D  C  D  F  E  C  D
- - - - - mi - - - no.
```

[1]

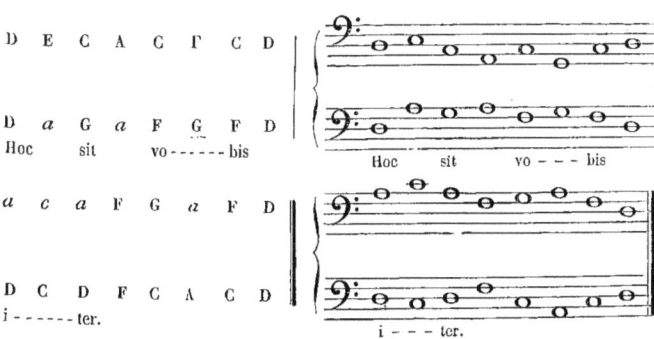

```
D  E  C  A  Γ  C  D
D  a  G  a  F  G  F  D
Hoc   sit      vo - - - - - - bis
a  c  a  F  G  a  F  D
D  C  D  F  C  A  C  D
i - - - - - - ter.
```

| AD ORGANUM FACIENDUM. | TRAITÉ D'ORGANUM. |

PROLOGUS.

1. Cum obscuritas diaphoniæ multis et perplurimum tardis ingenio difficultatem præstet; et ea quæ dicta sunt a Pythagora et subsequente Boetio maxime sunt plicata, unde plus invisa; tum quia quæ dicta sunt a Guidone exemplis dijudicantur vilia, quapropter parum sunt diligenda, et ideo difficilius memoriæ tradenda; nos, intuentes

PROLOGUE.

1. Comme la science obscure de la diaphonie présente des difficultés à beaucoup d'intelligences, surtout à celles qui sont tardives; comme aussi les traités de Pythagore et de son successeur Boèce sur cette matière sont fort embrouillés, conséquemment peu lus; que, d'un autre côté, les exemples donnés par Gui sont regardés comme choses trop communes pour être at-

ipsam naturam, quinque addimus modos organizandi. Et ita duos statuimus in prima voce, tertium a mediis, quartum non tantum a prima vel a media, sed ab utraque, quintum discretione ultimarum vocum, videlicet augendo vel auferendo. Cum autem plura sint organa in uno cantu qui sex habebit voces, non quinque sunt superflua.

trayantes et facilement livrées à la mémoire ; nous, guidés par la nature même, ajoutons cinq manières d'organiser. Nous en établissons deux sur la première note ; la troisième concerne les notes du milieu ; la quatrième ne dépend pas seulement de la première note ou des notes médiaires, mais de ces deux espèces de notes en même temps ; la cinquième est relative aux notes finales, dont le nombre peut, à volonté, être augmenté ou diminué. Comme il y a plusieurs organum dans un seul chant de six notes, ces cinq modes ne sont pas superflus [1].

QUID SIT ORGANUM VEL QUALITER DEBEAT FIERI.

DE L'ORGANUM OU DE LA MANIÈRE DE LE PRATIQUER.

2. Organum est vox sequens præcedentem sub celeritate diapente et diatesaron ; quarum videlicet præcedentis et subsequentis fit copula aliqua decenti consonantia.

2. L'organum est une voix qui accompagne rapidement, à la quinte et à la quarte, une autre voix qui la précède [2], de manière que l'assemblage de l'une et de l'autre produise une consonnance convenable.

(1) Dans le système de l'auteur, la première note organale et la dernière ont un intervalle harmonique déterminé ; l'avant-dernière n'était pas subordonnée à la quinte ou à la quarte ; les notes intermédiaires seules étaient astreintes aux intervalles d'octaves, quintes et quartes. Quand une phrase mélodique n'était composée que de quatre notes, la seconde seule était considérée comme note organale ; elle ne pouvait être qu'à la quinte ou à la quarte, quelquefois à l'octave, lorsque la première était à la quinte ou à la quarte. Mais lorsqu'il y avait deux ou un plus grand nombre de notes intermédiaires, au lieu d'être toutes à la quinte ou à la quarte, l'auteur enseigne plus loin qu'on pouvait y entremêler l'octave et l'unisson : c'est pourquoi il dit ici que les cinq modes dont il va donner les règles ne sont pas superflus.

(2) Par voix précédente il faut entendre le chant ou la mélodie, *cantus prius factus*, et par voix subséquente la partie organale ou d'accompagnement harmonique. Cet *erme vox præcedens* est venu peut-être de ce que, lors de l'exécution de cette harmonie, la note du chant devait être entonnée, non simultanément avec la note organale, mais avant elle. Ce n'est que lorsque la note du chant était bien posée par la voix du directeur ou d'un chanteur sûr, que l'on entonnait la note organale. Il existe à ce sujet un curieux passage dans le traité d'Élie Salomon, GERB., *Script.*, t. III, p. 57. On y trouve l'indication des soins minutieux que l'on prenait pour arriver à une bonne exécution de l'organum. Ce pas-

3. Diaphonia vocum disjunctio sonat quam nos organum vocamus, cum disjunctæ ab invicem voces concorditer dissonant et dissonanter concordant. Qua organisatores ita utuntur quatenus diapente vel diatessaron discurrunt : ut A ad D. Ubi, si organum per acutum *a* duplices resonabit, A ad D diatessaron, ad acutum *a* diapason ; D ad utrumque A et *a* diatessaron et diapente ; *a* ad graviores diapente et diapason.

4. Sciendum est enim organales voces affinitatem habere cum præcedentibus ; et quia hæ tres species affinitatem habentes tanta se ad organi societatem suavitate permiscent, quemadmodum superius vocum similitudines fecisse monstratæ sunt, symphoniæ aptæ vocum copulationes dicuntur, cum symphonia et de omni cantu dicatur [1].

5. Cum autem affinitas vocum jam satis patefacta sit, per diatessaron et

3. Diaphonie signifie disjonction des sons ; on l'appelle organum lorsque, disjointes entre elles, les voix sonnent différemment en s'accordant ou s'accordent en sonnant différemment. Les organisateurs s'en servent quand ils accompagnent une mélodie par la quinte ou la quarte : comme LA avec RÉ[2]. Que si l'organum se double à l'octave supérieure par *la*, LA sonnera la quarte avec RÉ et l'octave avec *la* ; RÉ, par rapport à l'un et à l'autre LA *la*, fera la quarte et la quinte ; et *la*, par rapport aux deux notes inférieures, fera la quinte et l'octave.

4. Or, il faut savoir que les voix organales ont de l'affinité avec le chant ; et, parce que ces trois consonnances s'associent avec une si grande douceur dans l'organum qu'elles produisent des sons semblables, ainsi qu'on l'a vu plus haut, cet heureux assemblage de sons se nomme symphonie, quoique ce mot s'applique à tout autre chant.

5. Maintenant que l'affinité des sons résultant de la quinte, de la quarte et de

---

sage a plus d'un rapport avec la doctrine harmonique de ce document ; et quand on remarquera que le traité d'Élie Salomon provient, comme celui-ci, de la bibliothèque ambrosienne, il y a peut-être lieu de penser que c'est là le mode d'exécution du chant organique en usage dans l'église de Milan aux XIe et XIIe siècles.

(1) Ces paragraphes 3 et 4, sauf quelques variantes, sont empruntés au chapitre XVIII du Micrologue de Gui d'Arezzo. — GERB., *Script.*, t. II, p. 21.

(2) Pour l'intelligence de ce document, il faut remarquer que l'auteur, qui adopte l'échelle tonale de Gui d'Arezzo, désigne les notes tantôt par les noms de *la, si, ut, ré, mi, fa, sol,* tantôt par première, seconde, troisième, quatrième, cinquième, sixième, septième, huitième, neuvième, dixième, onzième, douzième, etc. Quant à nous, nous avons conservé dans notre traduction les dénominations en usage, en mettant en petites capitales les notes de l'octave inférieure et en italiques les notes de l'octave qui vient après.

per diapente et per diapason, natura eorum persequenda est.

6. Prima vox organi aut manebit conjuncta cum præcedenti per diapason vel in eadem, aut disjuncta (per) diapente et diatessaron; mediæ vero voces diapente et diatessaron discurrunt.

7. Cum autem cantus præstolatur organum, copulatio fit quolibet modo; et ita, cum quatuor voces tantum subsequentes sint, una organalis dicitur; nam prima quandoque jungitur, secunda semper disjungitur; tertia intuens præstolantem, ut habilem copulam tribuat quartæ voci cum qualibet consonantia.

8. Cum tres vero voces perspiciuntur, ibi est tantum inceptio et copulatio; duabus autem, sola conjunctio. Nam differentia primæ et mediæ et ultimæ vocis ideo præponitur ut, cum ad tractatum perveniremus, ad dandas consonantias earum non conturbet nos ignorantia earum. Sed ut cuncta facilius colliquescant, paulo altius ordinandum est, videlicet a primo modo, et a secundo et a cæteris.

9. Primus modus organizandi est quando prima vox copulatur cum præcedenti.

l'octave est assez expliquée, nous allons continuer d'en exposer la nature.

6. La première note de l'organum ou restera conjointe avec le chant par l'octave ou l'unisson, ou bien elle en sera disjointe par la quinte et la quarte; les notes intermédiaires courent sur la quinte et la quarte.

7. Comme le chant appelle l'organum, la jonction s'effectue d'une manière quelconque; ainsi, lorsque quatre notes se suivent, une seule est dite organale; car la première est quelquefois à l'unisson ou à l'octave, la seconde est toujours à la quinte ou à la quarte; la troisième considère le chant, pour amener, avec une consonnance quelconque, un repos convenable sur la quatrième note.

8. Lorsqu'il y a trois notes, on ne doit considérer que la première et la dernière; lorsqu'il n'y en a que deux, une seule appelle la conjonction. La distinction de première, de médiaire et de dernière note est établie ici afin que, arrivé à notre traité, nous ne soyons pas arrêté par notre ignorance, dans l'emploi de leurs consonnances. Mais, afin que tout soit plus facilement compris, il faut reprendre d'un peu plus haut et parler du premier mode, du second et des autres.

9. Le premier mode d'organum a lieu lorsque la première note est conjointe avec le chant[1].

---

(1) C'est à-dire lorsque l'organum est à l'unisson ou à l'octave du chant.

10. Secundus fit per disjunctionem ipsius vocis; nam differentia est conjunctio respectu disjunctionis.

11. Tertius modus sumitur a mediis vocibus quæ mutantur per diatessaron, si sunt in diapente et e converso.

12. Quartus fit a diverso principio, vel a diverso medio, non tantum ab uno, sed ab utroque.

13. Quintus per multiplicationem oppositarum vocum, augendo vel auferendo.

Quod autem dictum est verbis, ostendemus exemplis :

10. Le deuxième se pratique par la disjonction de ces deux notes[1]; car la différence entre ces deux modes réside dans la conjonction et la disjonction.

11. Le troisième mode règle les notes intermédiaires qui font tantôt la quinte, tantôt la quarte.

12. Le quatrième consiste à donner au commencement et au milieu des intervalles différents dans l'un et dans l'autre à la fois.

13. Le cinquième résulte de l'augmentation ou de la diminution des dernières notes.

Voici des exemples à l'appui de nos paroles :

EX. IV.

c a b G F e c d c a b G

C D F D F E F G F E F G
Alle - - - - - - lu - - - - - - - ia

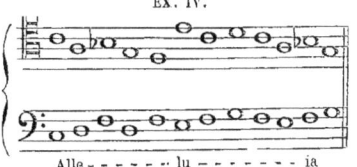

EX. IV.

Alle - - - - - - lu - - - - - - ia

Quando prima vox copulatur cum præcedenti per disjunctionem ipsius vocis, ut :

Quand la première note s'unit au chant par disjonction, comme :

EX. V.

F a c G F a F C D E C C
Alle - - - - - lu - - - - - ia

EX. V.

Alle - - - - - lu - - - - - - - ia

EX. VI.

F d c G b a c d c a b G
Alle - - - - lu - - - ia - -

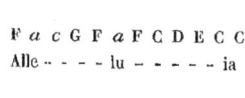

EX. VI.

Alle - - - - - - lu - - - - - - - ia

---

(1) C'est-à-dire lorsqu'elles sont à la quinte ou à l'octave.

254   DOCUMENTS.

EX. VII.

c a c d b a c d c G F D C D E¹
Alle - - - - lu - - - - - - ia

EX. VIII.

a c d a c d F c G a c |
Jus - - - tus

c G E C D E C A |
ut - - - pal - - - ma - - - -

c a G a c G E G F a c d |
flo - - - - re - - - - - - - - - bit

a c G a c a b a c d e | ♮ c
et   - - - si cut ce - - - - - - - - - -

a G D E G a F a c ♮ a c d |
- - - - - - - - - - - - - - - - - -

d e c d a c G E G a c a c d.
- - - - - - - - - - - - - - - - drus.

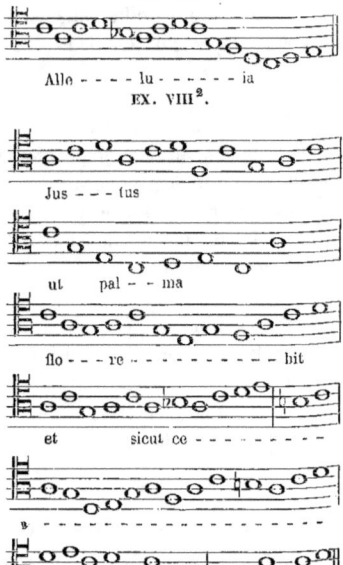

EX. VII.

Alle - - - - lu - - - - - - ia

EX. VIII².

Jus - - - tus

ut   pal - - ma

flo - - - re - - - - - - - - - bit

et   sicut ce - - - - - - - -

- - - - - - - - - - - - - - - - - drus.

14. Significatum organi aliud naturale, aliud remotum a natura. Naturale est illud cui vicissim duo immediata contingit eidem esse et non esse sub organo, videlicet diapente et diatessaron : veluti homini cui vicissim contingit eidem esse et non esse duo immediata sub animali : videlicet sanum et ægrum. Remotum a natura est cui nullum alterum contingit esse, utpote instar veri animalis et mortuus homo, quibus non contingit esse sa-

(1) Ces trois derniers exemples sont la partie organale du chant ou du thème du premier exemple.

14. L'effet d'un organum est ou naturel ou éloigné de la nature. L'organum naturel est celui qui subit tour à tour et immédiatement deux intervalles différents, savoir la quinte et la quarte, de même que l'homme qui éprouve, comme animal, tour à tour et immédiatement la santé et la maladie. L'organum éloigné de la nature est celui auquel il n'arrive aucun changement, comme un véritable animal ou un homme mort, dont l'ani-

(2) On ne sait pas bien à quelle règle s'applique cet exemple, qui n'a pas de partie organale.

num neque ægrum sub animali. Quapropter tale organum non est organum; oppositio autem est in adjecto. Nam quotiescunque aliquid non supponitur alicui duorum immediatorum, nec illi supponitur cui sunt immediata. Sed tale organum nulli supponitur; ergo non est organum nisi per simile, quemadmodum instar veri animalis est homo pictura et cadavere [1].

15. Cum autem diapente et diatessaron organizamus,
Succincte et egregie curramus,
Donec cum dulcedine ad copulam perveniamus;
Et eorum diligentiam confestim videamus.
Præstolatim colloquendo amicas duas jungamus;
Nam tantæ affinitatis sunt, tantæque amicitiæ!
Prima conducit alteram causa benevolentiæ;
Dat ei diatessaron et vicissim diapente,
Unaque in diapason vel eadem sunt repente.
16. Primus modus et secundus currit quarta vocula;

malité n'éprouve ni la santé, ni la maladie. Par conséquent un tel organum n'est pas un organum; c'est une addition superflue. Car chaque fois qu'une chose n'est pas subordonnée à une autre, disposée à recevoir un changement immédiat et alternatif, elle ne l'est pas à ce qui en forme l'origine. Or un tel organum ne se trouve pas dans ces conditions; donc ce n'est pas un organum, si ce n'est par similitude, comme un vrai animal ressemble à un homme peint ou mort.

15. Lors donc que nous organisons à la quinte et à la quarte,
Courons sur la mélodie de façon succincte et délicate,
Tant que nous la rejoignons avec douceur;
Et voyons d'un coup d'œil leur emploi.
Faisons parler ensemble deux amies qui s'attendent et s'unissent,
Tant il y a entre elles d'affinité et d'amitié!
La première conduit l'autre par bienveillance,
Elle lui donne tour à tour la quarte et la quinte,
Jusqu'à ce qu'elles se trouvent à l'octave ou à l'unisson.
16. Le premier mode [2] et le second circulent sur RÉ,

(1) Ce que l'auteur appelle organum naturel est l'organum qu'il enseigne et que nous avons désigné plus haut sous le nom d'organum à mouvements et intervalles mélangés. L'organum opposé à la nature est l'organum à intervalles et à mouvements semblables. Sa comparaison fort peu claire se réduit donc à démontrer que ce dernier organum, qui n'est que la répétition du chant à un autre intervalle, n'est pas naturel.

(2) Il s'agit ici du premier ton du plain-chant.

Quapropter sunt organales octava et septima.	Les notes organales sont *la* et SOL.
Quod si cantus elevatur primi toni vocula,	Que si le chant s'élève au-dessus de la note du premier ton,
Erit copula deorsum prima voce vel gamma.	L'organum descendra au LA ou au SOL (sous-grave).
Inde prima sequens quartam affinis indicium,	Ainsi LA accompagne RÉ en signe d'affinité,
Et secunda vocat quintam. Ipsum semitonium	Et SI appelle MI. L'intervalle qui se
Quod super eas moratur illud breve spatium.	Trouve immédiatement au-dessus de ces deux notes est le demi-ton.
« Tertia conducat sextam neque mutat calculum [1]. »	Qu'UT accompagne FA sans changer la série.
Sub illis duabus manet ipsum semitonium.	Sous ces deux notes se trouve le même demi-ton.
« Causa septimæ a gamma fac unius medium, »	A cause de la distance du SOL au SOL (sous-grave), prenez le son médiaire RÉ,
Sumit quartam deponendo, sic ostendit organum;	En descendant d'une quarte, et l'organum sera formé;
« Nam a prima sic octava locum tenet proprium. »	Car *la* occupe une place particulière.
Organalis erit quarta et quinta per circulum;	Les notes organales, la quarte et la quinte, prises dans le cercle,
Inter primam et octavam resonant per organum.	Résonnent en organum entre LA et *la*.
« Namque omnis cantilena, quæ his non efficitur, »	Car toute harmonie qui n'est pas disposée de la sorte
Tunc sine ductore nusquam, ut cæcus, progreditur.	Ressemble à un aveugle sans guide qui n'avance nulle part.
17. « Flagito te, prudens cantor, has perfecte discere; »	17. Je vous en prie, chantre prudent, étudiez bien ces règles,
Omnis quia fere cantus ibi possit psallere,	Car elles servent à exécuter presque tous les chants;

(1) Ce vers guillemeté, et les suivants munis du même signe, sont tirés presque textuellement du *Prologue en vers* de Gui d'Arezzo.—GERBERT, *Script.*, t. II, p. 25 et suiv.

Organum vocesque suas perfecte dinoscere.	Efforcez-vous de connaître l'organum et les notes qui le composent.
Quarum labor cum sit gravis, honos est dulcissimus.	Si le travail est rude, l'honneur est doux à recueillir.
18. « Ut proprietas sonorum dinoscetur clarius,	18. Pour que la propriété des sons soit plus clairement distinguée,
« Quasdam lineas signamus variis coloribus,	Nous marquons certaines lignes de différentes couleurs,
« Ut quo loco quis sit tonus, mox discernat oculus.	Afin que l'œil discerne tout de suite la place de chaque ton.
« Ordine tertiæ vocis splendens crocus radiat;	Qu'un jaune éclatant fasse luire UT;
« Sexta F ejus rubea colluceat. »	Que FA brille par sa couleur rouge.
19. Et sic prima dat octavæ organum per mediam;	19. Ainsi la première donne un organum à l'octave par la note du milieu;
« Et secunda dat secundam, tertiaque tertiam,	La seconde donne une seconde, la troisième une troisième,
« Quarta quartam, quinta quintam, quæque suam alteram.	La quatrième une quatrième, la cinquième une cinquième, enfin chacune son octave.
« Gravium acutum signat per camdem litteram.	Les sons aigus se marquent par les mêmes lettres que les sons graves.
« Vocis primæ ad octavam teneat hanc concordiam;	De la première à l'octave suivez cet arrangement;
« Namque aliæ septenæ quæ sequuntur postea,	Car les sept autres sons, qui viennent après,
« Non sunt aliæ, sed una replicantur regula.	Ne sont pas autres, mais le redoublement des premiers;
« Quia vocum ut dierum æque fit hebdomada. »	Il y a une semaine de sons comme une semaine de jours.
20. Tunc ponuntur organales : quarta, vero et quinta,	20. Sont données comme organales la quinte et la quarte,
Excepta secunda nona quæ videtur altera,	Excepté le $si\,\natural$, qui paraît différer des autres,
Sub qua deest una tantum, nisi mutetur prima.	Et au-dessous duquel manque une note organale, à moins que le $si\,\natural$ ne soit changé en $si\,\flat$.
« Nam sunt quidam qui adjungunt nonam alteram; »	Car il en est qui ajoutent cette seconde note;

« Sed Gregorio patri non placet hæc lascivia;	Mais notre père saint Grégoire n'aime pas cette licence;
« Et moderni sapientes hanc neque commemorant,	Les modernes savants ne l'admettent pas non plus.
« Quamvis ergo apud quosdam ipsa fiat vocula,	Si donc il en est qui emploient cette note,
« Apud multos tamen jure dicitur superflua.	D'autres avec raison la disent superflue.
« Altera vero secunda semper est authentica. »	Quant au si ♮, il est toujours authentique.
Organalis erit sua tantum quinta, non sexta;	Sa note organale sera seulement MI et non FA;
Sed cum erit altera, tum sextum sonat organum.	Mais si vous prenez le si ♭, l'organum prendra FA.
Quapropter nullum illorum videtur superfluum.	Alors ni l'un ni l'autre ne sont superflus [1].
21. O deridenda inertium cantorum scurrilitas!	21. O ridicule bouffonnerie de chantres ineptes,
Cum de symphoniarum discretione nil sentias,	Qui n'apportent aucun discernement dans les symphonies,
Organum et consonantias insimul destruas!	Qui bouleversent à la fois l'organum et les consonnances!
Conjungis quod deest, ut castrimargiæ servias [2].	Dans votre avidité vous unissez ce qui s'y refuse.
Quapropter obnixe flagito tuam bonitatem,	J'implore donc instamment votre courage,
Ut a tuo corde repellas omnem dubietatem.	Afin que vous chassiez de votre esprit toute hésitation.
Plane tibi ostendam voces et veritatem.	Je vous montrerai pleinement les consonnances et leur vérité.
Nam nihil prodest scientia sine Dei clementia;	Car la science ne sert pas sans le secours de Dieu;
Illa quæ sunt errantia, videntur titubantia;	Tout ce qui erre ne fait que chanceler;

(1) Cette règle importante vient à l'appui de ce que nous avons dit plus haut, p. 21, sur la manière de traduire les exemples de diaphonie de Hucbald; SI et *si* étaient ♮ ou ♭, suivant qu'ils avaient pour accompagnement harmonique MI ou mi, FA ou *fa*.

(2) Cf. Odon, *de Musica*; Gerb., *Script.*, t. I, p. 263.

Sunt sine amicitia, unde nihil valentia.	Où l'amitié n'est pas, la force manque aussi.
22. Quotiescunque sursum copulare desideras,	22. Chaque fois que vous voulez faire un repos en montant,
Quolibet modo dulciter voces veras ascendas;	Il faut d'une manière quelconque élever avec douceur les notes du chant;
Si autem hæc elevatio cantui fuerit,	Si vous donnez au chant cette élévation,
Non habilis depositio organo deerit.	Une descente habile ne manquera pas à l'organum.
23. Est quædam consonantia de qua parum reliquimus:	23. Il y a un intervalle dont il nous reste à parler:
De A ad C, de D ad F, hoc est semiditonus.	C'est celui de LA à UT et de RÉ à FA, composé d'un ton et demi.
Causa cujus depravatur organum superius;	Il est cause que l'organum supérieur ne suit pas sa marche habituelle;
Namque saliendo vadit ut ornetur melius.	Car il procède en sautant pour produire un meilleur effet.
Stricte sonat inter mixta ascendendo organum;	Il sonne durement en montant par les sons mixtes[1];
Quapropter non tenet legem, nisi sit in circulum.	Aussi n'observe-t-il la règle que dans le cercle.
24. De prædictis rebus nostris ostendamus gratiam.	24. De ce qui précède montrons l'application.
Vocem tertiam et quartam, quintam, sextam et septimam.	Prenons UT, RÉ, MI, FA, SOL, la, si,
Primum vero per octavam, secundum per alteram,	L'octave de LA, celle de SI,
Unaquæque aliarum datque suam aliam.	Et chacune des autres donne son octave.
Si cantus tenebit D, organum erit in a.	Si le chant commence par RÉ, l'organum fera la;
Si ascendat ad F, ibi fiat copula.	Si le chant monte à FA, il y aura conjonction.

(1) Ces sons mixtes sont *si* et *mi*. L'auteur les appelle ainsi parce que, contrairement aux autres sons de la gamme, *si* et *mi* ne peuvent servir de notes organales qu'à une seule autre note, savoir, *si* ♮ à la quinte inférieure ou à la quarte supérieure, c'est-à-dire *mi*; et *si* ♭ à la quarte inférieure ou à la quinte supérieure, c'est-à-dire *fa*.

240 DOCUMENTS.

Postea sonando C descendendo primam *a* (*l.* A),	Puis, le chant faisant UT pour descendre à LA,
G vero sequendo C, *a* conjungit sic una.	L'organum accompagnera UT par SOL et montera à *la*.
Cantus confestim ascendens, in D fiat copula.	Le chant remontant, la conjonction a lieu sur RÉ.
C et E erunt spectantes quasi dulcis fistula;	UT et MI se tiendront à côté, sonnant comme une douce flûte;
Et D quarta reddat sonum dulci amicitia,	Et RÉ rendra un son de douce amitié,
Quia prope debent esse illa quæ dant oscula.	Car ce qui s'embrasse doit être voisin.

EX. IX.

a F G *a* E D

D F C A C D
Hoc est exemplum.

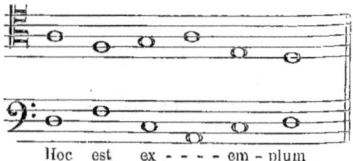

Hoc est ex - - - - em - plum.

25. Nam si cantus sonat sextam gradatim ad tertiam, | 25. Si le chant commence par FA et descend graduellement à UT,
Organum quasi per gradus ascendit ad decimam; | L'organum montera aussi par degrés à UT;
Quia si cantus descendit, sursum confert copulam. | Parce que, quand le chant descend, il demande une conjonction en haut.
Saltu vero de *a* ad *c* non tenendo regulam. | Mais l'organum fera un saut de *la* à *ut*, sans observer la gradation.
Iterum cantus ascendit quartam vocem et sextam, | Le chant montant ensuite à RÉ et FA,
Organum G præoccupat, sextæ confert copulam. | L'organum prend SOL avant de faire conjonction avec FA.
Quæ est sequens solum unam organalis rotundam. | Le *fa* suivant n'a pour accompagnement organal que *si* ♭.
Tunc cantus sedet in D, organum sonat in *a*. | Alors le chant se repose sur RÉ et l'organum fait entendre *la*.
F et ♭ erunt spectantes, rotundam non alteram. | FA et *si* ♭ se tiendront à côté, *si* ♭ bien entendu et non *si* ♮.

TRAITÉ D'ORGANUM.

Competenter ambæ duæ junguntur cum septima.

EX. X.

F G a c G F a b G

F E D C D F D F G
Dictæ re - i ex-em-plum.

26. Et si cantus quartam tenet, organum undecimam,
Ascenditque ad F cantus, postea ad octavam,
Organum tunc deponendo vertitur ad copulam.
Tunc versatur cantus in F, prima nona organum.
Cantus vero in D quartam, organum in septimam.
Tunc cantus venit in quintam, organum in octavam *a*.
Cantus vero transit G, organum ad tertium.
Ad octavum statim tendit expectando ad sextum.
Organum sonando D ad F reddit osculum.
Cantus sonans quintum, sextum, quartumque per ultimum;
Unde sonat octava, decima per organum;
Rursum in d copulantur, quia est undecimum.

EX. XI.

d c a b G a C D F a c d

D F a F D E G a F E F D
Ex--em--plum rei dic-tæ.

Les deux voix se réuniront convenablement sur SOL.

EX. X.

Dic-tæ   rei   ex--em--plum

26. Si le chant commence par RÉ et l'organum par *ré*,
Le chant montant ensuite à FA, puis à *la*,
L'organum descendra pour se joindre à lui.
Alors le chant tombe sur FA et l'organum prend *si* ♭;
Puis le chant allant sur RÉ, l'organum va à SOL;
De là le chant va sur MI et l'organum sur *la*.
Le chant passe ensuite à SOL, et l'organum descend à UT.
Le chant fait aussitôt *la* avant de tomber sur FA;
L'organum prend RÉ pour aller embrasser FA.
Puis le chant sonnant MI, FA, RÉ,

L'organum sonnera *la, ut,*

Et fera conjonction sur *ré*.

EX. XI.

Ex--em--plum rei   dic-tæ

27. Iterum cantus in primam (*l.* quintam) præoccupans septimam, Organum est in eadem deponens ad decimam.

Tunc cantus sonat octavam sextamque et septimam,

Organum undecimam, octavam *a* et septimam.

Sic sunt ambæ in eodem duplicando voculam.

Rursus cantus sextam sonat septimamque et quintam,

Organum ens in decima resonat undecimam,

Super illam alteram copulantem ad quintam.

Cum cantus ascendit G, organum erit in C;

Copula tunc fit in *a* quæ videtur altera.

27. Si le chant reprend ensuite MI avant de faire SOL,

L'organum commence à l'octave supérieure et descend sur *ut.*

Alors le chant faisant entendre *la*, FA, SOL,

L'organum répond par *ré, la,* SOL.

Les deux voix retombent ainsi sur la même note en la redoublant.

Le chant fait entendre de nouveau FA, SOL, MI,

Et l'organum occupant *ut* monte à *ré,*

Pour faire ensuite une conjonction sur MI.

Et comme le chant monte à sol, l'organum fera *ut;*

Alors le repos s'effectuera sur *la.*

EX. XII.

e c d a G c d e c a

E G a F G F G E G a
Ex-em-plum   dictæ rei.

EX. XII.

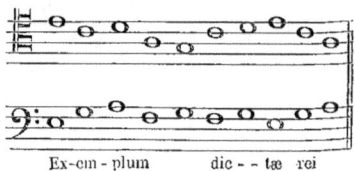

Ex-em-plum   dic - - tæ rei

28. Iterum cantus in F organum superius,

In eadem tenet locum; quod videtur melius.

Cantus vero ens octavum, organum undecimum;

Ambæ præoccupant locum videlicet decimum.

Tunc cantus ascendit *d*, salit semiditonum,

28. Si le chant commence par FA, l'organum

Fera l'unisson; ce qui paraît meilleur.

Le chant faisant ensuite *la,* l'organum prend *ré;*

Les deux voix se préparent ainsi à occuper la même note, *ut.*

Alors le chant montant à *ré,* puis franchissant un ton et demi,

TRAITÉ D'ORGANUM. 243

a littera sonando G, sextæ reddit organum.

Tunc cantus venit in *d*, in *a* sonat organum;

Copulantur in *c* ambæ, scilicet per medium.

EX. XIII.

F *d c* G F *a c*

F *a c d f d c*
Dictæ rei exemplum.

29. Organum acquirit totum sursum et inferius.

Currit valde delectando, ut miles fortissimus.

Frangit voces velut princeps, senior et dominus.

Qua de causa applicando sonat multum dulcius.

Cantus manet ut subjectus, præcedenti gratia;

Quia quod præcedit tantum minus quam sequentia,

Ut Boetius prædixit sic in dialectica.

Ergo organum excedit majori potentia.

L'organum passe par sol pour faire entendre *fa*.

Ensuite le chant revenant à *ré*, l'organum fait *la;*

Tous deux se reposent sur la note du milieu, c'est-à-dire *ut*.

EX. XIII.

Dic-tæ re - - i ex - - em - plum.

29. L'organum s'attribue tous les sons graves et aigus.

Il les parcourt d'un air joyeux comme un valeureux combattant.

Ainsi qu'un puissant souverain, il subjugue les voix en maître.

C'est pourquoi son emploi leur donne plus de suavité.

Le chant demeure comme sujet, parce qu'il le précède;

Car ce qui marche avant est moins digne que ce qui suit,

Ainsi que Boèce l'a enseigné dans sa dialectique.

Donc l'organum le surpasse en puissance.

II

TRAITÉ DE DÉCHANT

EN LANGUE ROMANE.

Ce traité se trouve écrit sur les marges de deux feuillets du Ms. 813, fonds Saint-Victor, de la bibliothèque nationale de Paris. Il commence à la marge inférieure du feuillet 269 r° et finit à la marge inférieure du feuillet 270 r°. L'écriture de ce traité n'est pas de la même main que celle du corps du manuscrit, mais elle est du même temps; elle appartient au xiiie siècle. Nous avons donné plus haut, page 34, les raisons qui nous font considérer cette doctrine de déchant comme devant remonter à la fin du xie siècle ou au commencement du xiie; nous y renvoyons le lecteur. Le relieur, en rognant la marge inférieure du volume, a coupé aux trois quarts la ligne inférieure de l'écriture; ce qui rend quelques mots illisibles et d'autres fort difficiles à déchiffrer. Nous sommes parvenu néanmoins à restituer le tout, à l'exception d'une phrase où il reste une lacune de quelques mots.

De tous les traités d'harmonie du moyen âge, celui-ci est le seul en langue romane que nous ayons rencontré. Cette particularité ajoute encore à l'intérêt qu'il peut avoir pour l'art. L'abbé Lebeuf, en l'indiquant dans son « Traité historique et pratique du chant ecclésiastique », page 85, est le premier qui l'ait signalé à l'attention des érudits. Malgré cette indication, l'abbé Gerbert ne l'a pas compris dans sa « Collection des écrivains sur la musique ». M. Fétis en a donné quelques extraits dans son « Esquisse de l'histoire de l'harmonie, Gazette musicale de Paris », année 1840, et « Revue de musique religieuse de M. Danjou », t. III, pages 178 et 179. Nous le donnons ici en entier, accompagné d'une traduction française pour les personnes peu familiarisées avec certaines expressions de notre vieux langage.

LIBELLUS IN GALLICO
DE ARTE DISCANTANDI.

1. Quiconques[1] veut deschanter, il doit premiers savoir qu'est quins et doubles; quins est la quinte note et doubles est la witisme; et doit regarder se li chans monte ou avale.

2. Se il monte, nous devons prendre le double note; se il avale, nous devons prendre la quinte note.

3. Se li chans monte d'une note, si come ut, re, on doit prendre le deschant du double deseure et descendre deux notes, si comme il appert[2].

4. Se li chant monte deux notes, si come ut, mi, sol, nous devons prendre le descant en hutisme note et descendre une note[3]... li deschans; si demourra li deschans ou quint comme il appert.

5. Se li chans monte trois notes : ut, fa, nous devons prendre la witisme note et nous tenir ou point; si demourra li descans ou quint, si come il apert.

6. Se li chans monte quatre notes : ut, sol, nous devons prendre ou dou-

TRAITÉ DE DÉCHANT
EN LANGUE ROMANE.

1. Quiconque veut déchanter doit d'abord savoir ce que c'est que la quinte et l'octave; la quinte est la cinquième note, et l'octave la huitième; il doit examiner si le chant monte ou descend.

2. S'il monte, il faut prendre l'octave; s'il descend, il faut prendre la quinte.

3. Si le chant monte d'une note, comme d'ut à ré, on doit prendre le déchant à l'octave supérieure et descendre de deux notes, comme dans l'exemple 1[2].

4. Si le chant monte de deux notes, comme d'ut à mi ou de mi à sol, on doit prendre le déchant à l'octave et descendre d'une note[3]..... le déchant; le déchant restera à la quinte comme dans l'exemple 2.

5. Si le chant monte de trois notes, d'ut à fa, on doit prendre l'octave et rester sur la note; le déchant demeurera ainsi à la quinte, comme à l'exemple 3.

6. Si le chant monte de quatre notes, d'ut à sol, on doit prendre l'oc-

---

(1) L'abbé Lebeuf, *Traité historique sur le chant ecclésiastique*, p. 85, et d'autres qui l'ont copié ont mis *quisquis*. C'est une erreur; il faut lire *quiconque*. L'abréviation de ce mot dans le manuscrit a évidemment cette signification d'après tous les paléographes.

(2) Le manuscrit ne contient pas les exemples annoncés par l'auteur; c'est un oubli du copiste que nous avons réparé en les donnant plus loin avec la Planche A annexée à la page 252, à l'indication Doc. II.

(3) Les mots qui forment cette petite lacune ont été enlevés par le tranchant du relieur du manuscrit.

ble et monter une note, si sera li descans ou quint.

7. Et si devons savoir que de toutes les montées qui sont, nous devons mettre le premiere note ou double et toutes les autres ou quint et monter ensi come li cans.

8. Se li chans descent, si come fa, mi, ou en quele mennière que ce soit, nous devons prendre ou quint.

9. Se li chans descent une note, nous devons prendre ou quint; se li chant descent une note, nous devons monter deux notes, si sera li deschans ou double [1].

10. Se li chans descent trois notes, si come fa, ut, nous devons prendre ou quint et nous tenir ou point; si demourra la première ou quint et l'autre ou double.

11. Se li chans descent quatre notes, si come sol, ut, nous devons prendre ou quint, et descendre une note; si sera la première ou quint et l'autre ou double.

12. Et si devons savoir que de toutes les avalées nous devons prendre le quint et chanter tout ensi que le plainchant, et mettre la daaraine ou double.

tave et monter d'une note; le déchant sera ainsi à la quinte. Exemple 4.

7. Toutes les fois que le déchant monte, on doit mettre la première note du déchant à l'octave et les autres à la quinte, et monter avec le chant.

8. Si le chant descend, comme de fa à mi ou de quelque manière que ce soit, on doit prendre la quinte.

9. Si le déchant descend d'une note, on doit prendre la quinte et monter de deux notes; le déchant sera alors à l'octave. Exemple 5 [1].

10. Si le chant descend de trois notes, comme de fa à ut, on doit prendre la quinte et rester sur cette note; la première note sera ainsi à la quinte et la deuxième à l'octave. Exemple 7.

11. Si le chant descend de quatre notes, comme de sol à ut, on doit prendre la quinte et descendre d'une note; la première sera ainsi à la quinte et la seconde à l'octave. Exemple 8.

12. Toutes les fois que le chant descend, il faut prendre la quinte et suivre ainsi le plain-chant en mettant la dernière note du déchant à l'octave.

(1) Il y a ici une lacune dans le texte, car on n'y donne pas la règle pour le cas où le chant descend de deux notes; mais il est facile de la rétablir d'après ce qui précède et ce qui suit. Elle a dû être conçue à peu près ainsi : « Si le chant descend de deux notes, comme de *fa* à *ré*, on doit prendre la quinte et monter d'une note. » Exemple 6.

III

DOCTRINE DU DÉCHANT VULGAIRE.

Le document que nous donnons sous ce titre se trouve rapporté par Jérôme de Moravie dans le vingt-sixième chapitre de son Traité de musique, où il est désigné sous le nom de «Discantus vulgaris positio.» Ce déchant, ainsi appelé, suivant le savant dominicain, parce qu'il était le plus usuel et le plus ancien, n'a, à vrai dire, pas été connu jusqu'à présent; le fragment du Ms. 813 que nous venons de rapporter ne peut en donner qu'une idée imparfaite. Le traité où cette doctrine est exposée dans son état le plus complet est même resté en quelque sorte inaperçu. Les érudits qui ont eu connaissance de l'ouvrage de Jérôme de Moravie ne semblent pas avoir donné à ce déchant l'attention qu'il mérite. Cette doctrine, ainsi que nous l'avons déjà dit, comble une lacune importante dans l'histoire de l'harmonie. Par l'abandon complet et absolu de la quarte, par l'emploi de notes intermédiaires ou de passages, elle forme en effet un point de démarcation entre les principes qui y sont consignés et ceux de Hucbald, de Gui d'Arezzo et de leurs imitateurs. L'on doit donc savoir gré à Jérôme de Moravie de nous avoir conservé un document aussi intéressant pour l'histoire de l'harmonie. Bien que nous ayons le projet de publier tout l'ouvrage de ce vénérable religieux, nous avons pensé que la place naturelle et logique du traité du déchant vulgaire était ici, et nous n'avons pas hésité à en enrichir ce volume.

DISCANTUS VULGARIS POSITIO.	DOCTRINE DU DÉCHANT VULGAIRE.
1. Nunc vero de cantu ecclesiastico, secundum scilicet quod discantus subjicitur, est dicendum, necnon de omnibus speciebus ipsius discantus, de quo quidem sunt quinque positiones	1. Nous allons parler maintenant du chant ecclésiastique considéré dans ses rapports avec le déchant, et de toutes les espèces de ce déchant dont les doctrines principales sont au nombre

solemnes[1], una scilicet vulgaris, ceteræ vero speciales. De quibus omnibus singulariter infra dicemus, hiis pluribus causis : primo scilicet, tum cum, secundum diversas hominum conceptiones, diversi libri diversi modo sint vocati, ad eorumdem librorum plenam intelligentiam; tum quia una positio declarat aliam, tum etiam quia una super aliam in aliquibus addit scientiam ; tum quidem ad illorum qui non propter se, sed potius propter mensurabilis musicæ scientiam addiscunt theoricam instructionem plenariam.

2. Viso ergo quid sit discantus quædam præcognitiones sunt videndæ : est autem discantus diversus consonus cantus.

3. Scire etiam oportet quid sit sonus et quot sint soni; quid mensurabile et quid ultra mensuram ; quid ligatura et quomodo habeat proferri ; quid consonantia et quid dissonantia.

4. Sonus est duarum vocum vel plurium in eodem puncto vel in diversis conjunctio.

Soni sunt novem; scilicet unisonus, semitonium, tonus, etc.

5. Mensurabile est quod mensura unius temporis vel plurium mensuratur; ultra mensuram sunt quæ minus quam uno tempore et amplius quam

de cinq, savoir : une dite vulgaire et quatre spéciales. Nous parlerons plus loin de toutes séparément pour plusieurs motifs : 1° parce que, suivant la différence des intelligences, divers ouvrages concourent diversement à donner une idée complète de ces mêmes ouvrages; 2° parce qu'une doctrine confirme l'autre; 3° parce qu'on trouve quelquefois dans l'une le complément de l'autre ; 4° pour la complète instruction théorique de ceux qui étudient non pour eux-mêmes, mais plutôt pour la science de la musique mesurée.

2. Après avoir vu ce que c'est que le déchant, il y a à connaître quelques préliminaires : car le déchant est un chant composé de diverses consonnances.

3. Il faut savoir : ce que c'est qu'un intervalle et combien on en compte ; ce qui est mesurable et ce qui dépasse la mesure ; ce que c'est qu'une ligature et comment elle se fait ; ce que c'est qu'une consonnance et une dissonance.

4. L'intervalle (harmonique) est la réunion de deux ou de plusieurs voix sur une note ou sur plusieurs.

Il y a neuf intervalles, savoir : l'unisson, le demi-ton, le ton, etc.

5. Mesurable signifie ce qui peut se mesurer par un ou plusieurs temps; ce qui dépasse la mesure est ce qui se mesure par moins d'un temps et par

---

(1) Ces quatre doctrines principales sont celles de Jean de Garlande, Francon de Cologne, Pierre Picard et Jean de Bourgogne. Les trois premières sont reproduites dans le traité de Jérôme de Moravie, mais on n'y trouve pas celle de Jean de Bourgogne.

duobus mensuratur, ut semibreves quæ sic figurantur ♦♦♦; et longa quando longa sequitur; habet enim tria tempora, ut hic ▙▙▙.

6. Ligatura est plurium notarum invicem conjunctarum ligatio; quæ quidem in unisono fieri non debet. Ligantur enim notæ duæ et duæ, tres et quatuor; de quibus talis datur regula :

7. Quandocunque duæ notæ ligantur in discantu, prima est brevis, secunda longa, nisi prima grossior sit secunda, ut hic ◢.

8. Quando autem tres; si pausa præcedit, prima est longa, secunda brevis, tertia longa.

9. Si nota longa præcedit, primæ duæ sunt breves, tertia longa.

10. Quod si nota longa sequitur, tertia erit longior longa.

11. Si vero quatuor ligatæ fuerint, omnes sunt breves.

12. Quod si plures quam quatuor fuerint, tunc quasi regulis non subjacent, sed ad placitum proferuntur; quæ etiam ad organum et conductum pertinent singulariter.

13. Item consonantia est diversarum vocum in eodem sono vel in pluribus concordia.

14. Inter concordantias autem tres sunt cæteris meliores, scilicet unisonus, diapente et diapason. Cæteri vero

plus de deux, comme les semibrèves et la longue, quand elle est suivie d'une autre longue, car elle vaut alors trois temps. Exemple : ▭▬▭▬▭

6. La ligature est la liaison de plusieurs notes ensemble, ce qui ne doit pas avoir lieu dans l'unisson : les notes se lient par deux, par trois et par quatre; voici la règle :

7. Lorsque deux notes sont liées dans un déchant, la première est brève, la seconde longue, à moins que la première ne soit d'une dimension plus forte que la seconde, comme ici : ◢.

8. Lorsque trois notes sont liées, si elles sont précédées d'un repos, la première est longue, la seconde brève, la troisième longue.

9. Si elles sont précédées d'une longue, les deux premières sont brèves, la troisième est longue.

10. Si la ligature est suivie d'une longue, la troisième sera plus longue qu'une longue ordinaire.

11. Si la ligature se compose de quatre notes, toutes sont brèves.

12. Lorsqu'il y a plus de quatre notes, elles ne sont plus comme soumises à des règles, leur valeur est arbitraire, même lorsqu'elles appartiennent à un organum et à un conduit.

13. La consonnance est l'accord de diverses voix dans un même son ou dans plusieurs.

14. Parmi les consonnances il en est trois meilleures que les autres, savoir : l'unisson, la quinte et l'octave.

modi magis sunt istæ dissonantiæ quam consonantiæ. Tamen secundum magis et minus una major videtur dissonantia in tono quam in aliquo alio modo.

15. Propterea notandum quod omnes notæ planæ musicæ[1] sunt longæ et ultra mensuram, eo quod mensuram trium temporum continent. Omnes autem notæ discantus sunt mensurabiles per directam brevem[2] et directam longam[3]; unde sequitur quod sunt quælibet notæ firmi cantus ad minus duæ notæ, longa scilicet et brevis vel aliquid hiis æquipollens; item quatuor breves vel tres cum plica brevi proferri debent; quæ etiam convenire debent in aliquam dictarum trium consonantiarum.

16. Sic autem ascendere et descendere debet discantus. Omnis enim cantus ascendit vel descendit per aliquem dictorum novem modorum vel facit unisonum.

17. Sciendum infra quod omnes notæ impares eæ quæ consonant, melius consonant; quæ vero dissonant, minus dissonant quam pares.

18. Unde si ascendat vel descendat de quinta in unisonum, per tertiam debet ascendere vel descendere. Verbi

Les autres intervalles sont plutôt des dissonances que des consonances. Parmi les dissonances, qui sont plus ou moins fortes, la seconde paraît plus dure que les autres.

15. Il est à remarquer que toutes les notes du plain-chant[1] sont longues et dépassant la mesure, parce qu'elles valent trois temps. Toutes les notes de déchant sont mesurables par une brève simple[2] et une longue simple[3]; d'où il suit que toutes les notes de plain-chant valent au moins deux notes, une longue et une brève, ou leur équivalent. Leur valeur doit même s'étendre jusqu'à quatre brèves ou trois brèves et une brève pliquée. Elles doivent en outre s'adapter à l'une des trois consonnances dont nous avons parlé.

16. Le déchant doit monter et descendre; car toute mélodie monte ou descend par un des neuf intervalles précités, ou reste à l'unisson.

17. On apprendra plus loin que les notes impaires formant consonnances sont de meilleures consonnances que les notes paires, et que les notes impaires produisent des dissonances moins dures que les notes paires.

18. Si donc le déchant monte ou descend de la quinte à l'unisson, il doit monter ou descendre par la tierce.

---

(1) Il ne s'agit pas ici, comme le fait remarquer Jérôme de Moravie en marge du manuscrit, de plain-chant pur, mais de plain-chant soumis au déchant.

(2) La brève *directa* ou *recta* était la brève simple, valant un temps.

(3) La longue *directa* est ici la longue *recta* dont parle Jean de Garlande. *Voyez* page 189,

gratia, si firmus cantus habeat duas notas unisonas in quacunque clavi, puta in F gravi, et discantus cum prima illarum sit in quinta, puta in *c* acuto velitque descendere in unisonum cum secunda, per tertiam, id est, per *a* acutum, debet descendere, vel e converso ascendere.

19. Si vero super easdem duas notas unisonas de diapason descendat in diapente, puta de *f* acuto in *c* acutum, per tertiam a diapente, id est, per *e* acutum debet descendere, et e converso de diapente in diapason.

20. Item si firmus cantus ascendit per semitonium, puta de E gravi in F gravem, et discantus sit in diapason, puta in *e* acuto, descendat in ditonum per secundum a dupla et habebit diapente.

21. Si autem e converso descendat semitonium et discantus fit in diapente, e converso in ditonum debet ascendere ut habeat diapason.

22. Item si ascendat per tonum, puta de C in D, et discantus sit in diapason, in semiditonum per secundam debet descendere.

23. Et e converso discantus ascendat si cantus per tonum descendat.

24. Item si ascendat per semiditonum, tunc per tonum descendat.

Ainsi, lorsque le plain-chant a deux notes à l'unisson sur un degré de l'échelle tonale, soit sur FA, et que le déchant est à la quinte, savoir à *ut*, s'il veut descendre à l'unisson avec la seconde note, il doit descendre par la tierce, c'est-à-dire par *la*, ou monter de même. Exemple 1[1].

19. Si, sur deux notes à l'unisson, le déchant descend de l'octave à la quinte, comme de *fa* à *ut*, il doit descendre par la tierce à partir de la quinte, c'est-à-dire par *mi*, ou monter de même de la quinte à l'octave. Exemple 2.

20. Si le plain-chant monte d'un demi-ton, comme de MI à FA, et que le déchant commence à l'octave, c'est-à-dire à *mi*, qu'il descende par la seconde à la tierce, et il sera à la quinte. Exemple 3.

21. S'il descend d'un demi-ton et que le déchant commence à la quinte, il doit monter d'une tierce pour avoir l'octave. Exemple 4.

22. S'il monte d'un ton comme d'UT à RÉ, et que le déchant se trouve à l'octave, il doit descendre à la tierce mineure par la seconde. Exemple 5.

23. Que le déchant monte, au contraire, si le chant descend d'un ton. Ex. 6.

24. Si le chant monte d'une tierce mineure, que le déchant descende d'un ton. Exemple 7.

---

note 2. Elle valait deux brèves simples, suivant ce didacticien ; c'est la valeur attribuée par l'auteur du *Traité du déchant vulgaire*.

(1) Cet exemple et les suivants ne se trouvent pas dans le manuscrit. Pour faciliter l'intelligence du texte, nous le donnons, PLANCHE A, Doc. IV, p. 252.

25. Et e converso, si per semiditonum cantus descendat.

26. Item si ascendat per ditonum, descendat per semitonium.

27. Vel si descendat, e converso ascendat.

28. Item si ascendat cantus per diatessaron, stet discantus in eadem.

29. Et eodem modo, si descendat.

30. Item si firmus cantus ascendit in diapente, discantu exeunte in diapason, ascendat et ipse discantus tonum vel descendat diapason.

31. Si vero descendat, tunc ex converso ascendat.

32. Item si per semitonium cum diapente ascendat, tunc et ipse in semiditonum per secundam ascendat, vel duplex diatessaron descendat.

33. Si vero descendat, tunc e converso descendat quantum ad semiditonum et ascendat quantum ad duplex diatessaron.

34. Item si ascendat per tonum cum diapente, tunc et ipse ascendat per secundam in ditonum vel duplex diatessaron descendat.

35. Si vero descendat, tunc e converso descendat quantum ad ditonum et ascendat quantum ad duplex diatessaron.

36. Item si ascendat per duplex diatessaron, tunc descendat per tonum cum diapente.

25. Que le contraire ait lieu, si le chant descend d'une tierce mineure. Exemple 8.

26. Si le chant monte d'une tierce majeure, que le déchant descende d'un demi-ton. Exemple 9.

27. S'il descend, que le déchant monte d'un demi-ton. Exemple 10.

28. S'il monte d'une quarte, que le déchant reste sur la même note. Ex. 11.

29. Qu'il en soit de même s'il descend. Exemple 12.

30. Si le plain-chant monte d'une quinte, que le déchant, partant de l'octave, monte d'un ton ou descende à l'octave. Exemple 13.

31. Mais s'il descend, que le déchant monte. Exemple 14.

32. S'il monte d'une sixte mineure, que le déchant monte à la tierce mineure par la seconde, ou descende d'une septième mineure. Exemple 15.

33. Mais s'il descend, que le déchant descende aussi d'une tierce mineure et monte à la septième. Exemple 16.

34. Si le chant monte d'une sixte majeure, que le déchant monte à la tierce majeure par la seconde, ou descende à la septième. Exemple 17.

35. Mais s'il descend, que le déchant descende à la tierce majeure et monte à la septième mineure. Exemple 18.

36. Si le chant monte d'une septième mineure, que le déchant descende à la sixte. Exemple 19.

DOCTRINE DU DÉCHANT VULGAIRE.

37. Et e converso ascendat, si descendat.

38. Item si ascendat per diapason, tunc discantus in diapente descendat.

39. Et e converso ascendat, si cantus descendat.

40. Quibus visis et memoriæ commendatis totum discantandi artem habere poteris, arte usui applicata.

37. Qu'il monte au contraire, si le chant descend. Exemple 20.

38. Si le chant monte à l'octave, que le déchant descende à la quinte. Ex. 21.

39. Qu'il monte au contraire, si le chant descend. Exemple 22.

40. En observant ces règles, en les fixant dans la mémoire, et en y ajoutant ce qu'enseigne l'usage, on possédera tout l'art du déchant.

IV

TRAITÉ DE GUI DE CHALIS.

Le traité de musique de Gui, abbé de Chalis, se trouve dans un manuscrit in-4° de la bibliothèque de Sainte-Geneviève de Paris, sous le n° 1611. Il est à la suite d'un ouvrage intitulé « Discordantium concordia », et d'un autre sur la jurisprudence, portant pour rubrique : « De edendo summa ». L'écriture du manuscrit est du xiiie siècle. L'ouvrage de Gui est divisé en deux parties ; la première, relative au plain-chant, commence ainsi : « Cantum a beato Gregorio edictum quælibet se habere solentur, etc., » et finit par ces mots : « Expliciunt regulæ domini Guydonis abbatis de arte musica ». Cette première partie se compose de vingt-six feuillets. La deuxième traite du déchant ; elle comprend le verso du feuillet 26, tout le recto et environ le tiers du verso du feuillet 27.

Il existait autrefois à l'abbaye de Saint-Germain-des-Prés un manuscrit renfermant le traité de Gui de Chalis ; il est probable que c'est celui dont nous venons de parler. Casimir Oudin, « Commentarius de scriptoribus ecclesiæ antiquis », en cite deux autres dont l'un existait autrefois à l'abbaye de Foigny et l'autre à celle de Bucilly.

L'ouvrage de Gui de Chalis, resté inédit jusqu'à présent, est plein d'intérêt tant sous le rapport du chant ecclésiastique que sous celui de l'harmonie. Si nous n'en publions ici que la deuxième partie, c'est parce qu'elle rentre plus directement dans le sujet que nous traitons, et que nous sommes obligé de nous renfermer dans les limites que, à notre grand regret, nous ne pouvons dépasser. Le traité de déchant commence par deux distiques en l'honneur de Gui, qui ont dû être composés par le copiste ou par un des admirateurs du savant abbé. La rubrique finale annonce des exemples dont le fragment, qui se trouve dans le manuscrit de Sainte-Geneviève, ne saurait être considéré comme l'ensemble ou la totalité des spécimens qu'a voulu donner l'auteur.

Ars probat artificem quæ scribitur arte Guidonis.	L'ouvrage de Gui prouve le talent du maître.
Musica scripta docet quam sit in arte potens.	Ses écrits sur la musique démontrent sa supériorité dans cet art.
Laude liber dignus, sed dignior auctor honore.	Son livre est digne d'éloge, mais l'auteur en est plus digne encore.
Sic opus auctorem comprobat, auctor opus.	Ainsi l'ouvrage fait honneur à l'auteur et l'auteur à l'ouvrage.
1. Si cantus ascendit duas voces et organum incipit in duplici voce, descenderit tres voces et erit in quinta, vel descenderit septem voces et erit cum cantu.	1. Si le chant monte de deux notes, et que l'organum commence à l'octave, il descendra de trois notes et sera à la quinte, ou bien il descendra de sept notes, et sera à l'unisson avec le chant. Exemples 1[1], 2.
2. Si cantus ascendit tres voces et organum incipit in duplici voce, descenderit duas voces et erit in quinta, vel descenderit sex voces et erit cum cantu.	2. Si le chant monte de trois notes et que l'organum commence à l'octave, il descendra de deux notes, et sera à la quinte, ou bien il descendra de six notes, et sera avec le chant. Ex. 3, 4.
3. Si cantus ascendit quatuor voces et organum incipit in duplici voce et erit cum cantu, vel descenderit octo et erit in quarta de sub cantu.	3. Si le chant monte de quatre notes et que l'organum commence à l'octave, (il descendra de cinq notes) et sera avec le chant, ou bien il descendra de huit notes, et sera à la quarte inférieure du chant. Exemples 5, 6.
4. Si cantus ascendit quinque voces et organum incipit in duplici voce, descenderit quatuor voces et erit cum cantu, vel descenderit septem voces et erit in quinta (l. quarta) sub cantu.	4. Si le chant monte de cinq notes et que l'organum commence à l'octave, il descendra de quatre notes, et sera à l'unisson avec le chant, ou bien il descendra de sept notes, et sera à la quarte inférieure du chant. Exemples 7, 8.
5. Si cantus descenderit duas voces et organum incipit in quinta, ascenderit tres voces et erit in duplici voce.	5. Si le chant descend de deux notes et que l'organum commence à la quinte, il montera de trois notes, et sera à l'octave. Exemple 9.

(1) Cet exemple et les suivants se trouvent PLANCHE A, Doc. IV. *Voyez* page 252.

6. Si cantus descenderit tres voces et organum incipit in quinta, ascenderit duas voces, et erit in duplici voce.

7. Si autem descendit quatuor voces et organum incipit cum cantu, ascenderit quinque voces et erit in duplici voce.

8. Si cantus descendit quinque voces et organum incipit cum cantu, ascenderit quatuor voces et erit in duplici voce.

9. Si cantus ascendit duas voces et organum incipit in quinta, descendet quatuor voces et erit cum cantu, vel descendet octo voces et erit in quinta de sub cantu.

10. Si cantus ascendit tres voces et organum incipit in quinta, descendet tres voces et erit cum cantu, vel descendet septem voces et erit in quinta de sub cantu.

11. Si cantus ascendit quatuor voces et organum incipit in quinta, descendet duas voces et erit cum cantu, vel descendet sex voces et erit in quinta de sub cantu.

12. Si cantus ascendit quinque voces et organum incipit in quinta[1]. . . . .

13. Si cantus descendit duas voces et organum incipit cum cantu, ascen-

6. Si le chant descend de trois notes et que l'organum commence à la quinte, il montera de deux notes, et sera à l'octave. Exemple 10.

7. Si le chant descend de quatre notes et que l'organum commence avec le chant, il montera de cinq notes et sera à l'octave. Ex. 11.

8. Si le chant descend de cinq notes et que l'organum commence avec le chant, il montera de quatre notes et sera à l'octave. Ex. 12.

9. Si le chant monte de deux notes et que l'organum commence à la quinte, il descendra de quatre notes et sera à l'unisson avec le chant, ou il descendra de huit notes et sera à la quinte inférieure du chant. Ex. 13,14.

10. Si le chant monte de trois notes et que l'organum commence à la quinte, il descendra de trois notes et sera à l'unisson avec le chant, ou il descendra de sept notes et sera à la quinte inférieure du chant. Ex. 15,16.

11. Si le chant monte de quatre notes et que l'organum commence à la quinte, il descendra de deux notes et sera à l'unisson avec le chant, ou bien il descendra de six notes et sera à la quinte inférieure du chant. Ex. 17,18.

12. Si le chant monte de cinq notes et que l'organum commence à la quinte[1]. . . .

13. Si le chant descend de deux notes et que l'organum commence avec

---

(1) Il y a ici une lacune dans le manuscrit.

det quatuor voces et erit in quinta, vel ascendet septem voces et erit in duplici.

14. Si autem descendit tres voces et organum incipit cum cantu, ascendet tres voces et erit in quinta, vel ascendet sex voces et erit in duplici.

15. Si cantus descendit quatuor voces et organum incipit cum cantu, ascendet duas voces et erit in quinta, vel ascendet quinque voces et erit in duplici.

16. Si cantus descendit quinque voces et organum incipit cum cantu, ascendet quatuor voces et erit in duplici, vel descendet octo voces et erit in quinta desuper duplici.

17. Si cantus est æqualis et organum incipit cum cantu vel in quarta, vel in quinta, vel in duplici, vel in quarta desuper duplici, vel in quinta desuper duplici, vel in quarta de sub cantu, vel in quinta, vel in duplici, vel in quarta desuper duplici, vel in quinta desuper duplici ; si incipit cum cantu, ascendet quatuor voces et erit in quarta ; vel ascendet quinque et erit in quinta ; vel ascendet octo et erit in duplici ; vel ascendet undecim et erit in quarta desuper ; vel ascendet duodecim et erit in quinta desuper duplici. Si incipit in quarta de sub cantu, ascendet quatuor voces et erit cum cantu (vel incipit cum cantu, descendit quatuor voces et erit cum cantu?) ; vel

le chant, il montera de quatre notes et sera à la quinte, ou bien il montera de sept notes et sera à l'octave. Ex. 19, 20.

14. Si le chant descend de trois notes et que l'organum commence avec le chant, il montera de trois notes et sera à la quinte, ou bien il montera de six notes et sera à l'octave. Ex. 21, 22.

15. Si le chant descend de quatre notes et que l'organum commence avec le chant, il montera de deux notes et sera à la quinte, ou il montera de cinq notes et sera à l'octave. Ex. 23, 24.

16. Si le chant descend de cinq notes et que l'organum commence avec le chant, il montera de quatre notes et sera à l'octave, ou bien il descendra de huit notes et sera à la quinte au-dessus de l'octave. Ex. 25, 26.

17. Si le chant est à l'unisson et que l'organum commence avec le chant ou à la quarte, à la quinte, à l'octave, à la onzième ou à la douzième supérieures du chant, ou bien à la quarte, à la quinte, à l'octave, à la onzième ou à la douzième inférieures du chant ; s'il commence avec le chant, il montera de quatre notes et sera à la quarte ; ou il montera de cinq notes et sera à la quinte ; ou il montera de huit notes et sera à l'octave ; ou il montera de onze notes et sera à la onzième supérieure ; ou il montera de douze notes et sera à la douzième supérieure. S'il commence à la quarte inférieure, il montera de quatre notes et sera avec le chant ; ou bien il commence avec

incipit cum cantu et descendet quatuor voces et erit in quarta de sub cantu.

18. Si incipit in quinta de sub cantu, ascendet quinque voces et erit cum cantu; vel incipiet cum cantu et descendet quinque voces et erit in quinta de sub cantu.

19. Si incipit in duplici voce de sub cantu, ascendet octo voces et erit cum cantu, vel incipiet cum cantu et descendet octo voces et erit in duplici de sub cantu.

20. Si incipit in quarta desuper duplici de sub cantu, ascendet undecim voces et erit cum cantu; vel incipiet cum cantu et descendet undecim voces et erit in quarta desuper duplici sub cantu.

21. Si ipsa incipit in quinta desuper duplici sub cantu, ascendet duodecim et erit cum cantu; vel incipiet cum cantu et descendet duodecim voces et erit in quinta desuper duplici sub cantu.

Expliciunt regulæ majores; incipiunt exprobationes.

le chant et il descendra de quatre notes, et sera à la quarte inférieure du chant. Ex. 27, 28, 29, 30, 31, 32, 33.

18. S'il commence à la quinte inférieure, il montera de cinq notes et sera avec le chant; ou il commencera avec le chant et il descendra de cinq notes, et sera à la quinte inférieure. Ex. 34, 35.

19. S'il commence à l'octave inférieure du chant, il montera de huit notes et sera avec le chant, ou il commencera avec le chant, descendra de huit notes et sera à l'octave inférieure du chant. Ex. 36, 37.

20. S'il commence à la onzième supérieure du chant, il montera de onze notes et sera avec le chant; ou il commencera avec le chant, descendra de onze notes et sera à la onzième inférieure du chant. Ex. 38, 39.

21. S'il commence à la douzième inférieure du chant, il montera de douze notes et sera avec le chant, ou il commencera avec le chant, descendra de douze notes et sera à la douzième inférieure. Ex. 40, 41.

Ici finissent les règles principales et commencent les exemples[1].

c	a	c	b	c	e	a	c
C	D	C	E	C	E	D	C

---

[1] Le manuscrit de la bibliothèque de Sainte-Geneviève ne contient pas d'autre exemple que celui-ci. Il y a lieu de croire que les autres ont été négligés par le copiste.

V

L'ART DE DÉCHANTER.

Le manuscrit qui contient ce traité anonyme est un volume in-8°, qui était autrefois à Saint-Victor, sous le n° 1107. Il fait partie aujourd'hui de la bibliothèque nationale de Paris où il porte le n° 813, même fonds. Bien que l'écriture du manuscrit soit du xiiie siècle, ce document, ainsi que nous l'avons fait voir plus haut, page 41, remonte au xiie. Le volume contient divers opuscules de littérature sacrée et profane. Le fascicule, relatif à la musique, commence au feuillet 254, et prend quatre-vingt-seize pages; il a pour titre : «Item sequitur quidem liber cantualis sub quo quidam libellus in gallico de arte discantandi.»

Les seize premiers feuillets comprennent treize pièces à une, deux et trois voix ; ce sont les suivantes :

A UNE VOIX.	A DEUX VOIX *(suite)*.
1. F° 255 v°. O commendandi judices.	7. 262 r°. Scisma mendacis Græciæ.
2. *Ibid.* Inter membra singula.	8. 263 v°. Quasi stella matutina.
3. 258 r°. Agmina militiæ cœlestis.	9. 266 r°. O totius Asiæ gloria regis.
A TROIS VOIX.	10. 266 v°. Maria stella maris.
4. 259 r°. Ave Maria.	A UNE VOIX.
A UNE VOIX.	11. 267 r°. Sacrosancta.
5. 260 r°. Vivere vere si tu cupias.	12. 268 r°. Gaude Maria virgo.
A DEUX VOIX.	A DEUX VOIX.
6. 261 r°. Gaude felix Francia.	13. 269 r°. Transferasse legitur in duabus.

Sur les marges inférieures des feuillets 269 et 270 se trouve le petit traité de déchant en langue romane qui forme le second de nos documents inédits.

Au verso du feuillet 270 est écrit, de la même main que le précédent et également sur les marges, le traité de déchant dont il s'agit ici ; il commence par ces mots : "Quando due note, etc.", et finit à la marge inférieure du feuillet 275, r°, par ceux-ci : " En grant dolour."

Les feuillets 270 à 288 contiennent des déchants à deux et trois voix, dont nous donnons ici les premières paroles :

	A DEUX VOIX.		A DEUX VOIX (suite).
1.	F° 270 v°. Cum sint difficilia.	18.	Ibid. Patefactæ sunt.
2.	271 v°. Assistricem sedium Dei sapientiam.	19.	283 r°. Vidit beatus.
		20.	Ibid. Gloria patri et filio.
3.	274 r°. Jherusalem accipitur.	21.	283 v°. Ne magnitudo.
4.	275 v°. Quæris quid me moveat.	22.	Ibid. Nam virtus.
	A TROIS VOIX.	23.	Ibid. Gloria patri.
5.	278 r°. Quis imponet terminum.	24.	284 r°. Qui operatus est.
6.	279 r°. Mariæ qui gratiam.	25.	Ibid. Gratia Dei.
7.	280 v°. Benedicamus domino.	26.	284 v°. Qui operatus est.
8.	281 r°. Custodi nos domine.	27.	Ibid. Alleluia.
9.	281 v°. Alleluia.	28.	Ibid. Magnus sanctus Paulus.
10.	Ibid. Ecce jam.	29.	285 r°. Alleluia.
	A DEUX VOIX.	30.	Ibid. Bonum.
11.	282 r°. Sederunt.	31.	285 v°. Scio cui credidi.
12.	Ibid. Adjuva me domine.	32.	Ibid. Gloria patri.
13.	Ibid. Sederunt.	33.	286 r°. Alleluia.
14.	Ibid. Alleluia.	34.	Ibid. Ne partatur.
15.	Ibid. Video cœlos apertos.	35.	286 v°. Alleluia.
16.	282 v°. Alleluia.	36.	Ibid. Corpus beatæ virginis.
17.	Ibid. Ecce jam.		

Viennent ensuite quarante pièces à deux et trois parties portant un caractère et un cachet tout particuliers. Elles forment de curieux spécimens du genre de déchant, appelé par quelques auteurs déchant avec paroles différentes, et dont il a été parlé plus haut, pages 55 et suivantes. Elles sont disposées dans le manuscrit comme les fac-similés n°ˢ 1, 2 et 3 de la PLANCHE XXVII, que nous reproduisons d'après ce codex. Les paroles latines sont écrites sous la partie de ténor, et celles du déchant se trouvent à la marge, en regard de chaque pièce. En voici la nomenclature :

	TEXTE FRANÇAIS Ecrit en marge.	TEXTE LATIN Ecrit sous la partie inférieure de chaque pièce.
	A TROIS VOIX.	
1.	F° 288 r°. Dieus je ne puis la nuit dormir.	Et vide et inclina aurem tuam.
2.	Ibid. De la vile issoi pensant.	Manere.
	A DEUX VOIX.	
3.	Ibid. A la ville une ville a qui preus.	Manere.
4.	Ibid.	Domino.
5.	Ibid. Trop ma amours assalli.	In seculum.

L'ART DE DÉCHANTER.

A DEUX VOIX (suite).

6.	288 v°.	Que demandes vous quant vos.	Immolatus.
7.	Ibid.	Ne sais ou confort prendrai.	Et tenue (sic).
8.	Ibid.	Je mestoie mis en voie.	Ille vos docebit.
9.	Ibid.	Pourcoi mavez vos doné mari.	Docebit.
10.	289 r°.	Lies est.	Docebit.
11.	Ibid.	Encontra le nouvel tans d'esté.	Docebit.
12.	Ibid.	Amours ma asegure D'un gent secours.	Amoris.
13.	Ibid.	Ales quointement, ales Pour les medisans desvés.	Perlustravit.
14.	289 v°.	Je me cuidai bien tenir A men fin loial mari, Mais jai trové un ami A cui jou me sui donnée.	Et gaudebit.
15.	Ibid.	Al cor ai une aligeance Dun fel dol enoscurade, Que mes maris par faignanche Seslonge de mamourade; Mais je ferai un ami Dun gracieus clerc joli.	Et gaudebit.
16.	290 r°.	. . . .	Et gaudebit.
17.	Ibid.	Jai trové ki mamera, S'en rench a Dieu grace.	Fiat.
18.	Ibid.	Merchis de cui jatendoie secours Ch'a un poi trop demouré.	Fiat.
19.	290 v°.	En espoir d'avoir merchi Qua meschief atenc.	Fiat.
20.	Ibid.	Chief soutil.	Fiat.
21.	Ibid.	Mainte dame est desevrée.	Johanne.
22.	Ibid.	Pour noient me reprend on.	Johanne.
23.	Ibid.	Ja namerai autrui d'amours	Pro patribus.
24.	Ibid.	Dames sont en grant esmai.	Et in fines.
25.	291 r°.	. . . .	Et in fines.
26.	Ibid.	. . . .	Propter veritatem.
27.	Ibid.	On dit que j'ai amé.	Flos filius ejus.
28.	Ibid.	E bergier.	Ejus.
29.	Ibid.	Quant de ma dame part.	Ejus.
30.	291 v°.	Je les ai tant quises.	Go (sic).
31.	Ibid.	En tel lieu sest entremis.	Go (sic).
32.	Ibid.	En quel lieu que mes cuers soit.	Go (sic).
33.	Ibid.	Lonc le rieu de la fontaine.	Regnatur.

34.	292 r°.	. . . .	Regnatur.
35.	*Ibid.*	Dame douce sans pitié.	Portare.
36.	*Ibid.*	Que pour mon reconfort.	Et sperabit.
37.	*Ibid.*	In indiciluis.	In virtute.
38.	292 v°.	Bele sans orgueil.	Et exaltavit.
39.	*Ibid.*	Grant tans a que jai merci.	Et florebit.
40.	*Ibid.*	Lautre ier cuidai avoir.	Agmina.

La notation de ces déchants, quoique nettement écrite sous son aspect général, n'est pas toujours exacte dans ses détails. On y rencontre des omissions et des incertitudes dans la valeur des notes qui en rendent quelquefois la traduction assez difficile. Nous avons traduit un grand nombre des pièces de ce volume; mais comme il serait impossible de les donner toutes ici, nous en avons choisi quelques-unes des plus intéressantes qu'on trouvera dans la troisième partie, PLANCHE XXVII, n°s 1, 2, 3 et 4. Nous avons fait voir plus haut, page 54, toute l'importance de ce dernier fragment, qui est en effet un des plus anciens spécimens où l'on rencontre des imitations.

DE ARTE DISCANTANDI.	L'ART DU DÉCHANT.
1. Quando duæ notæ sunt in unisono et tertia ascendit, prima debet esse in quinto, secunda in duplo, tertia in quinto, ut hic [1].	1. Quand deux notes sont à l'unisson et que la troisième monte, la première (du déchant) doit être à la quinte, la seconde à l'octave, la troisième à la quinte. Exemple 1 [1].
2. Si tres sunt continuæ e converso, id est prima in duplo, etc.	2. Si trois notes se succèdent en sens inverse, la première se met à l'octave, la deuxième à la quinte, la troisième à l'octave. Ex. 2.
3. Quando cantus ascendit per unam notam, prima debet esse in duplo et descendere per duas voces; vel aliter, prima in quinto, et descendere usque ad cantum; vel aliter, prima cum cantu.	3. Lorsque le chant monte d'une note, la première doit être à l'octave et descendre de deux notes; ou bien, la première doit être à la quinte et descendre sur le chant; ou bien encore, la première doit commencer avec le chant. Ex. 3, 4, 5.
4. Quando cantus ascendit per duas	4. Lorsque le chant monte de deux

(1) L'exemple de ce paragraphe et ceux des paragraphes suivants, y compris le n° 15, manquent dans le manuscrit. Nous les avons rétablis dans la PLANCHE A, Doc. V, annexée à la p. 252.

voces, prima debet esse in duplo et descendere per unam vocem; vel aliter, prima cum cantu in quinto et descendere usque ad cantum; vel aliter, prima cum cantu et descendere usque ad tertiam vocem.

5. Quando cantus ascendit per tres voces, prima debet esse in duplo et secunda in eodem loco; vel aliter, prima in quinto et descendere per unam vocem; vel aliter, prima cum cantu.

6. Quando cantus ascendit per quatuor voces, prima debet esse in duplo et ascendere primam vocem; vel aliter, prima in quinto et ascendere usque ad quintam vocem.

7. Quando tres notæ ascendunt gradatim unam post aliam, prima debet esse in duplo vel in quinto et descendere gradatim usque ad tertiam vocem; vel aliter, prima cum cantu et descendere gradatim usque ad tertiam vocem; vel aliter, prima in duplo et aliæ duo in quinto.

8. Cum tres vel quatuor vel plures ascendunt unam post aliam, omnes possunt esse in quinto præter ultimam; prima debet esse in duplo et ultima potest redire ad cantum.

9. Quando duæ notæ sunt in unisono et tertia descendit, prima debet esse in duplo, secunda in quinto et tertia in duplo.

notes, la première doit être à l'octave et descendre d'une note; ou bien, la première doit être à la quinte et descendre sur le chant; ou bien encore, la première, commençant avec le chant, doit descendre à la troisième note. Ex. 6, 7, 8.

5. Lorsque le chant monte de trois notes, la première doit être à l'octave et la seconde rester en place; ou bien, la première doit être à la quinte et descendre d'une note; ou bien encore, la première commencer avec le chant. Ex. 9, 10, 11.

6. Lorsque le chant monte de quatre notes, la première doit être à l'octave et monter d'une note; ou bien, la première doit prendre la quinte et monter de cinq notes. Ex. 12, 13.

7. Lorsque trois notes montent par degrés conjoints, la première doit être à l'octave ou à la quinte et descendre graduellement de trois notes; ou bien, la première doit prendre l'unisson avec le chant et descendre graduellement de trois notes; ou bien encore, la première doit prendre l'octave et les deux autres la quinte. Ex. 14, 15, 16, 17.

8. Lorsque trois, quatre notes ou plus montent l'une après l'autre, toutes peuvent être à la quinte, hors la dernière; la première doit être à l'octave et la dernière peut revenir au chant.

9. Quand deux notes sont à l'unisson et que la troisième descend, la première doit être à l'octave, la seconde à la quinte et la troisième à l'octave. Ex. 18.

10. Si tres sunt continuo e converso, id est prima in quinto, etc...
....
.....

11. Quando cantus descendit per unam vocem, prima debet esse in quinto et ascendere per duas voces; vel aliter, prima cum cantu et ascendere usque ad quartam; vel aliter, prima in quinta sub cantu.

12. Quando cantus descendit per duas voces, prima debet esse in quinto et ascendere per unam vocem; vel aliter, prima cum cantu, et ascendere usque ad tertiam vocem; vel aliter, prima in quinto sub cantu et ascendere usque ad quintam (*l.* tertiam) vocem.

13. Quando[1] cantus descendit per tres voces, prima debet esse in quinto, secunda in eodem loco; vel prima cum cantu et ascendere per unam vocem; vel aliter, prima in quinto sub cantu et ascendere per unam vocem.

14. Quand cantus ascendit per tres (*l.* descendit per quatuor) voces, prima debet esse in quinto et descendere per unam vocem; vel aliter, prima in quinto sub cantu et descendere usque ad quintam vocem.

15. Quando tres notæ descendunt gradatim una post aliam, prima po-

10. Si les trois notes se succèdent en sens inverse, la première sera à la quinte, la deuxième à l'octave et la troisième à la quinte. Ex. 19.

11. Lorsque le chant descend d'une note, la première doit être à la quinte et monter de deux notes; ou bien, commencer avec le chant et monter à la quatrième; ou bien encore, commencera à la quinte inférieure. Ex. 20, 21, 22.

12. Lorsque le chant descend de deux notes, la première doit être à la quinte et monter d'une note; ou bien, la première doit être avec le chant et monter à la troisième note; ou bien encore, la première doit être à la quinte inférieure et monter à la troisième note. Ex. 23, 24, 25.

13. Lorsque le chant descend de trois notes, la première doit être à la quinte, la seconde doit rester en place; ou bien, la première doit être avec le chant et monter d'une note; ou bien encore, la première doit être à la quinte inférieure et monter d'une note. Ex. 26, 27, 28.

14. Lorsque le chant descend de quatre notes, la première doit être à la quinte et descendre d'une note; ou bien, la première doit prendre la quinte inférieure et descendre à la cinquième note. Ex. 29, 30.

15. Lorsque trois notes descendent graduellement l'une après l'autre, la

---

(1) Dans le manuscrit, le paragraphe 12 se trouve placé après le paragraphe 13. C'est évidemment une interversion qu'il faut attribuer au copiste.

test esse cum cantu et ascendere gradatim usque ad tertiam notam; vel aliter, prima in quinto sub cantu et ascendere gradatim usque ad tertiam notam; vel aliter, prima cum cantu, duæ ultimæ in quinto.

16. Quando tres notæ, vel quatuor, vel plures descendunt una post aliam, omnes possunt esse in quinto præter ultimam quæ debet esse in duplo.

Gaudent brevitate moderni.

17. Punctus quadratus vel nota quadrata [1] tractum habens a parte dextra descendentem, longa vocatur, ut hic :

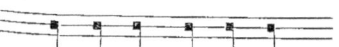

18. Quando punctus quadratus vel nota quadrata invenitur qui caret omni tractu, brevis dicitur, ut hic :

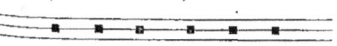

19. Longa plica ascendens et descendens sic formatur, ut hic :

20. Brevis plica ascendens et descendens sic formatur :

première peut être avec le chant et monter graduellement jusqu'à la troisième; ou bien la première peut prendre la quinte inférieure et monter graduellement jusqu'à la troisième; ou bien encore la première prendre l'unisson, et les deux dernières la quinte. Ex. 33.

16. Quand trois, quatre notes ou plus descendent l'une après l'autre, toutes peuvent être à la quinte, hors la dernière qui doit être à l'octave.

La brièveté plaît aux modernes.

17. Un point carré ou une note carrée [1], ayant une queue en descendant et du côté droit, s'appelle longue. Exemple :

18. Lorsqu'un point carré ou une note carrée n'a pas de queue, on l'appelle brève. Exemple :

19. La plique longue, en montant et en descendant, est formée ainsi [2] :

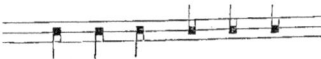

20. La plique brève, en montant et en descendant, est formée ainsi :

(1) On rencontre ici pour la première fois ces dénominations consacrées plus tard, et pendant longtemps, exclusivement à la musique mesurée, ainsi que le prouve le titre du traité du nommé Aristote : « Musica quadrata seu mensurata. » Musique carrée, c'est-à-dire dont les notes sont carrées, signifiait donc musique mesurée.

(2) Voyez, pour l'explication des pliques, p. 191.

21. Semibrevis sic formatur :

22. Et non plicari potest, nisi quando tres super unam syllabam ordinantur, ut hic :

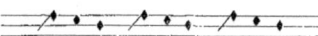

23. Longa ante longam valet tria tempora, ut hic :

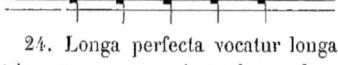

24. Longa perfecta vocatur longa trium temporum ; imperfecta, duorum.

25. Duplex longa valet sex tempora, ut hic :

26. Quandocunque brevis vel valor unius brevis præcedit longam, imperficit eam, ut hic :

27. Si vero sola brevis vel valor sequitur longam, imperficit eam, ut hic :

28. Tunc prima habebit tria tem-

21. La semibrève a cette forme :

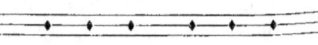

22. Elle ne peut être pliquée, si ce n'est quand il s'en trouve trois sur une syllabe. Exemple :

23. Une longue devant une autre longue vaut trois temps. Exemple[1] :

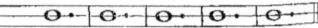

24. On appelle longue parfaite celle qui vaut trois temps, et longue imparfaite celle qui en vaut deux.

25. La double longue vaut six temps. Exemple :

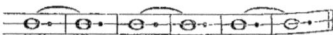

26. Lorsqu'une brève ou la valeur d'une brève précède une longue, elle la rend imparfaite. Exemple :

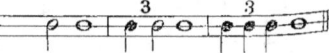

27. Lorsqu'une brève ou sa valeur suit une longue, elle rend celle-ci imparfaite. Exemple :

28. Alors celle qui vient après aura

---

(1) Le temps était représenté par la brève. La ronde, qui dans la musique moderne est la note dont la durée est la plus longue, représente la semibrève de la musique du XIIe siècle, c'est-à-dire la note dont la durée est la plus courte dans la musique de cette époque. Pour donner exactement la valeur des notes du XIIe siècle, il aurait fallu employer des notes d'une forme inusitée; ce qui en aurait rendu la lecture difficile. Nous avons cru préférable d'en réduire la valeur. Ainsi, dans les exemples de ce document et des documents suivants, la longue sera représentée par une ronde, une brève par la blanche, la semibrève majeure par une blanche valant les deux tiers de la blanche qui représente la brève, et la semibrève mineure par une noire.

pora, et brevis sequens refertur ad longam sequentem et imperficit eam.

29. Sciendum est quod omnes breves fiunt æquales, nisi tribus modis :

30. Quorum primus est, quandocunque inter duas longas duæ breves invenientur vel valor, prima brevis valet unum tempus, secunda valet duo tempora et vocatur altera brevis ;

31. Ambæ longæ erunt perfectæ, nisi sola brevis vel valor præcedit vel sequatur, ut hic :

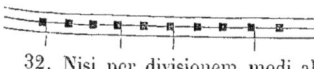

32. Nisi per divisionem modi aliter distinguuntur, ut hic :

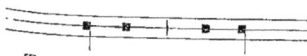

Tunc ambæ breves erunt æquales et prima brevis vel valor imperficit primam longam, secunda vero secundam.

33. Si autem tres breves inveniuntur inter duas longas, prædictæ breves erunt æquales, ambæ et erunt longæ (perfectæ), nisi brevis vel valor præcedat vel sequatur, ut hic :

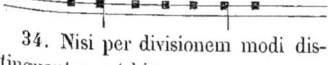

34. Nisi per divisionem modi distinguantur, ut hic :

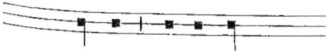

trois temps, et la brève suivante se rapportera à la longue suivante qui deviendra imparfaite.

29. Toutes les brèves sont d'égale valeur, excepté dans trois cas :

30. Premièrement, lorsque entre deux longues se trouvent deux brèves ou leur valeur, la première brève vaut un temps, la seconde deux et s'appelle "altera brevis".

31. Les deux longues seront parfaites, à moins qu'elles ne soient précédées ou suivies d'une seule brève, comme ici :

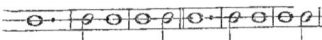

32. Et à moins que les brèves ne soient séparées par la division du mode. Exemple :

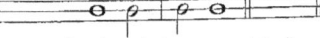

Alors les deux brèves seront égales : la première ou sa valeur rend la première longue imparfaite, la seconde brève rend la deuxième longue imparfaite.

33. S'il y a trois brèves entre deux longues, elles sont égales, et les deux longues sont parfaites, à moins qu'elles ne soient précédées ou suivies d'une brève ou de sa valeur, comme ici :

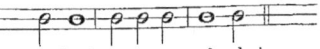

34. Ou à moins que les brèves ne soient séparées par la division du mode. Exemple :

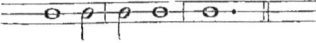

268   DOCUMENTS.

Tunc prima brevis imperficit primam longam ; secunda vero valet unum tempus; tertia valet duo tempora; et hoc est secundo quod breves sunt inequales.

35. Tertio autem modo, si plures breves quam tres inter duas longas inveniuntur, vel etiam si prima fuerit longa, ita quod ultima brevis habebit duo tempora, ut hic :

Semper longa remaneat; computentur ergo tres et tres pro perfectione, et sic in fine duæ breves remaneant.

Alors la première brève rend la première longue imparfaite ; la deuxième vaut un temps, la troisième deux ; c'est le second cas où les brèves sont inégales.

35. Le troisième est celui où il y a plus de trois brèves entre deux longues, quand même la première devrait rester longue (parfaite), de telle sorte que la dernière brève aura la valeur de deux temps. Exemple :

Que la longue reste toujours (parfaite); que l'on compte donc par groupes de trois pour former la perfection, et qu'ainsi il en reste deux à la fin.

DE SEMIBREVIBUS.

36. Quandocunque duæ semibreves inter duas longas vel inter longam et brevem vel e converso inveniuntur, prima semibrevis habebit tertiam partem unius temporis, alia vero duas partes unius temporis, ut hic :

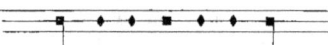

37. Si autem tres, erunt æquales ut hic.

38. Si autem quatuor, tunc duæ pro recta brevi computentur, ut hic :

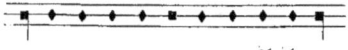

DES SEMIBRÈVES.

36. Quand deux semibrèves se trouvent entre deux longues, ou entre une longue et un brève, ou réciproquement, la première vaut un tiers de temps, et la seconde deux tiers. Exemple :

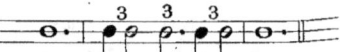

37. S'il y en a trois, elles seront d'égale valeur. Exemple :

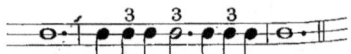

38. S'il y en a quatre, elles se divisent par groupes de deux, qui valent une brève simple. Exemple :

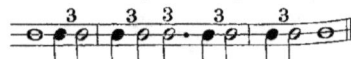

L'ART DE DÉCHANTER.

39. Et sciendum est quod quandocunque plures semibreves quam tres inter duas longas, vel longam et brevem, vel e converso inveniuntur, prædictæ semibreves erunt inæquales, nisi tres in fine remaneant; tunc erunt æquales ut hic :

40. Nisi per divisionem modi aliter distinguantur, ut hic :

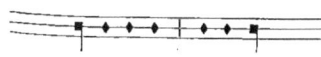

DE LIGATURIS.

41. Quandocunque secundus punctus altior est primo et primus punctus omni tractu caret, cum proprietate dicitur, ut hic :

42. Quandocunque primus punctus altior est secundo habens tractum a parte sinistra descendente, cum proprietate dicitur, ut hic :

43. Sequitur valor : omnis ligaturæ cum proprietate brevis est prima.

44. Quandocunque secundus punctus altior est primo et primus punctus habet tractum a parte dextra descendente, sine proprietate dicitur, ut hic :

39. Lorsqu'il y a plus de trois semi-brèves entre deux longues, ou entre une longue et une brève, ou réciproquement, ces semibrèves sont inégales, à moins qu'il n'en reste trois à la fin ; alors elles sont égales. Exemple :

40. Ou d'être séparées par la division du mode. Exemple :

DES LIGATURES.

41. Quand la seconde note d'une ligature est plus élevée que la première, et que celle-ci n'a pas de queue, la ligature est dite avec propriété. Exemple :

42. Lorsque la première note est plus élevée que la seconde et qu'elle a une queue du côté gauche, la ligature est dite avec propriété. Exemple :

43. Suit la valeur : dans toute ligature avec propriété, la première est brève.

44. Lorsque la seconde note d'une ligature est plus élevée que la première et que celle-ci a une queue à droite en descendant, la ligature est dite sans propriété. Exemple :

45. Quandocunque primus punctus altior est secundo et primus punctus caret omni tractu, sine proprietate dicitur, ut hic :

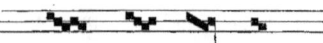

46. Sequitur valor : omnis ligaturæ sine proprietate prima est longa.

47. Opposita proprietas est quandocunque in primo puncto ligaturæ ascendentis vel descendentis tractus ascendens a parte sinistra invenitur, ut hic :

48. Sequitur valor : opposita proprietas signum est semibrevitatis duarum.

DE PERFECTA ET IMPERFECTA.

49. Quandocunque ultimus punctus recte stat super penultimum, cum perfectione dicitur, ut hic :

50. Quandocunque ultimus punctus quadratus sub penultimo invenitur, cum perfectione dicitur, ut hic :

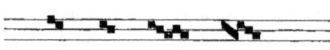

51. Sequitur valor : omnis perfectio longa.

52. Quandocunque ultimus punc-

45. Lorsque la première note est plus élevée que la seconde et qu'elle n'a pas de queue, la ligature est dite sans propriété. Exemple :

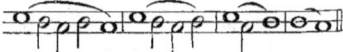

46. Suit la valeur : dans toute ligature sans propriété la première est longue.

47. La ligature est appelée avec propriété opposée lorsque la première note d'une ligature montante ou descendante a une queue en haut et à gauche. Exemple :

48. Suit la valeur : dans la ligature avec propriété opposée, les deux premières notes sont semibrèves.

DE LA LIGATURE PARFAITE ET IMPARFAITE.

49. Quand la dernière note est placée directement au-dessus de la pénultième, la ligature est dite parfaite. Exemple :

50. Lorsque la dernière note est plus basse que la pénultième, la ligature est encore appelée parfaite. Exemple :

51. Suit la valeur : toute perfection est longue.

52. Lorsque la dernière note est

tus stat ab obliquo super penultimum, imperfecta dicitur, ut hic :

plus élevée que la pénultième, sans être directement au-dessus, elle est dite imparfaite. Exemple :

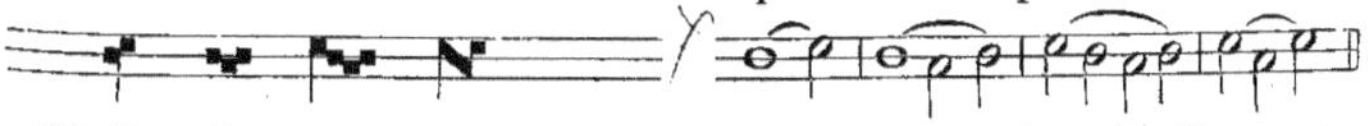

53. Quandocunque duæ notæ in uno corpore obliquo in fine ligaturæ inveniuntur, imperfecta vocatur, ut hic :

53. Lorsque les deux dernières notes forment une figure oblique, la ligature est dite imparfaite Exemple :

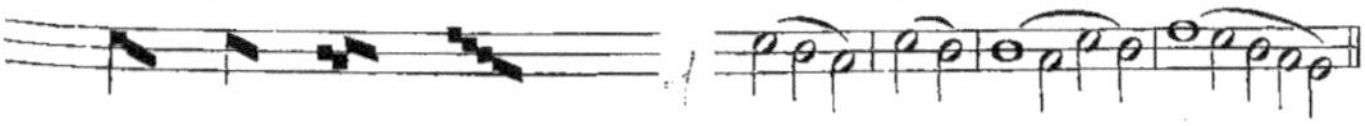

54. Sequitur valor : omnis imperfecta brevis.

54. Suit la valeur : toute note imparfaite est brève.

55. Omnes mediæ breves, nisi per oppositam proprietatem defendantur et tunc quandocunque media erit semibrevis, ut hic :

55. Toute note médiaire est brève, excepté dans les ligatures avec propriété opposée où la première médiaire est toujours semibrève.

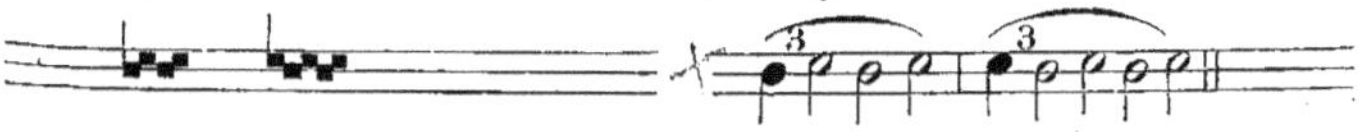

Ratio est quia nulla semibrevis sola potest esse.

La raison en est qu'une semibrève ne peut jamais se trouver seule.

DE PLICIS LIGATURARUM.

DES PLIQUES DANS LES LIGATURES.

56. Quandocunque in fine ligaturæ punctus quadratus plicatur, pro longa tenetur, ut hic :

56. Lorsque la dernière note carrée d'une ligature est pliquée, elle vaut une longue. Exemple :

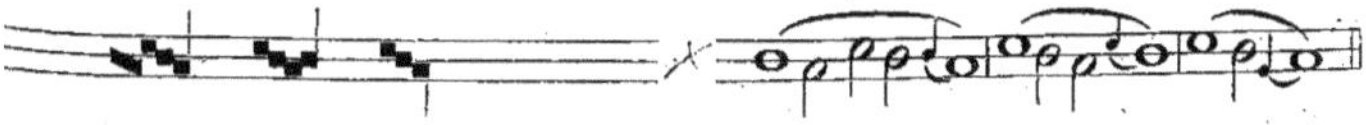

57. Quandocunque in fine ligaturæ inveniuntur duæ notæ in uno corpore, sunt breves, ut hic :

57. Lorsque les deux dernières notes d'une ligature sont réunies en un corps oblique, elles sont brèves. Exemple :

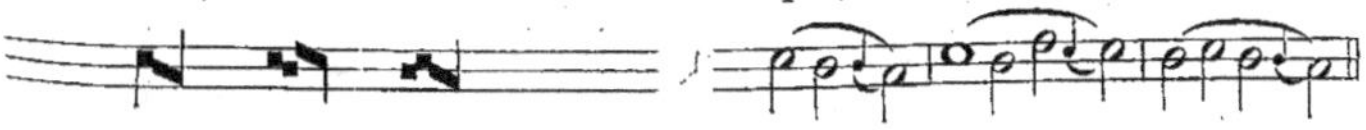

DE PAUSIS.

DES PAUSES.

58. Pausationum sex sunt species. Prima pausatio est trium temporum ;

58. Il y a six pauses. La première vaut trois temps ; la seconde deux ; la

secunda duorum ; tertia unius ; quarta duarum partium unius temporis ; quinta tertiæ partis unius temporis ; sexta et ultima nullius temporis.

59. Pausa trium temporum (tria) tegit spatia vel valorem trium, scilicet cum duobus integris et duo (*l.* duo integra cum duobus) semis.

60. Pausa duorum temporum duo tegit spatia vel unum integrum cum duobus semis.

61. Pausa unius temporis unum tegit spatium vel duo semis.

62. Pausa duarum partium unius temporis duas partes unius spatii tegit.

63. Pausa tertiæ partis unius temporis tertiam partem unius spatii tegit.

64. Pausa quæ immensurabilis dicitur finis punctorum appellatur ; hæc enim non plus quam tria spatia tegit ; et apparent formæ earum, ut hic :

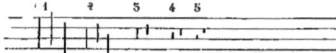

65. Modi cantus quinque componuntur a modernis.

66. Primus est omnibus longis, ut hic :

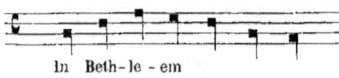

In Beth-le-em

troisième un temps; la quatrième deux tiers d'un temps; la cinquième un tiers. La sixième ne représente aucune valeur de temps.

59. La pause qui vaut trois temps embrasse trois espaces de la portée, ou la valeur de trois espaces, c'est-à-dire deux espaces entiers et deux demi-espaces. Voir Ex. suiv. 1.

60. La pause qui vaut deux temps embrasse deux espaces ou un espace et deux demi-espaces. Ibid. 2.

61. La pause qui représente un temps embrasse deux espaces ou deux demi-espaces. Ibid. 3.

62. La pause qui vaut deux tiers de temps prend deux parties (deux tiers) d'un espace. Ibid. 4.

63. La pause qui vaut un tiers de temps est représentée par un trait qui ne prend que le tiers d'un espace. Ib. 5.

64. La pause non mesurable est appelée pause finale. Elle n'embrasse pas plus de trois espaces[1]. Voici la figure des pauses :

65. Les modernes comptent cinq modes.

66. Le premier se compose de toutes longues. Exemple :

In Beth-le-em

(1) Cette pause se confond ici avec la pause de la longue, puisque toutes deux embrassent trois espaces. Suivant l'auteur de notre Doc. VI, d'accord avec Francon de Cologne et Jean de Garlande, la pause finale devait prendre quatre espaces.

L'ART DE DÉCHANTER.

Ex longa et brevi et longa :

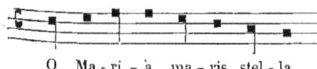

O Ma - ri - a ma - ris stel - la.

67. Secundus ex brevi et longa et brevi, ut hic :

Diex ou por - rai - je.

68. Tertius modus ex longa et duabus brevibus ex longa, ut hic :

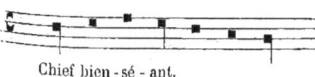

Chief bien - sé - ant.

69. Quartus modus est ex duabus brevibus et longa, et duabus brevibus, ut hic :

Ho-no-res mo-res.

70. Quintus modus est ex omnibus brevibus et semibrevibus, ut hic :

En grant dolour.

Ou d'une longue et d'une brève et d'une longue. Exemple :

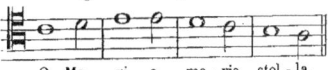

O Ma - ri - a ma - ris stel - la.

67. Le second se compose d'une brève et d'une longue et d'une brève. Exemple :

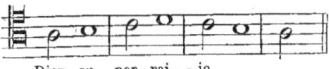

Diex ou por - rai - - je.

68. La troisième est formée d'une longue et de deux brèves et d'une longue. Exemple :

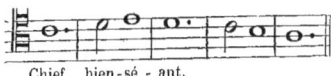

Chief bien - sé - ant.

69. La quatrième se compose de deux brèves et d'une longue et de deux brèves. Exemple :

Ho-no-res mores.

70. Le cinquième se compose de toutes brèves et semibrèves. Exemple :

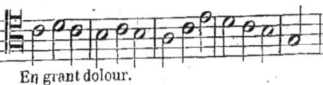

En grant dolour.

VI

RÈGLES SUR L'ART DE DÉCHANTER.

Ce traité anonyme, l'un des plus intéressants du XIIe siècle sous le rapport tant de l'harmonie que de la musique mesurée, est à la bibliothèque nationale de Paris sous le n° 812, ancien fonds latin. Il provient de Saint-Victor où il portait le n° 1106. Le volume qui le contient est un petit in-4°, dont l'écriture appartient au XIIIe siècle. Ce document est surtout important à cause des exemples de notation et d'harmonie qu'il renferme sur toutes les règles posées par l'auteur. Il est suivi en outre de six pièces de déchant à deux et trois voix que nous donnons dans la troisième partie de cet ouvrage, PLANCHES XXVIII, XXIX et XXX, n°s 1, 2 et 3. La doctrine de ce traité, en ce qui concerne la musique mesurée, est à peu près conforme à la doctrine de Francon de Cologne; elle est cependant moins complète que celle de ce célèbre maître. C'est là une preuve, suivant nous, de son antériorité à l'« Ars cantus mensurabilis » de Francon. Sous le rapport des préceptes harmoniques, il est incontestablement le plus remarquable de cette époque. Il est en effet le seul où l'on enseigne la manière de pratiquer l'harmonie à la fois au-dessus et au-dessous de la mélodie.

QUÆDAM DE ARTE DISCANTANDI.	RÈGLES SUR L'ART DE DÉCHANTER.
1. Figura est repræsentatio vocis in aliquo modorum ordinatæ.	1. La note[1] est la représentation du son disposé dans l'un des modes.
2. Item, figurarum aliæ sunt simplices, aliæ compositæ.	2. Des notes, les unes sont simples, les autres composées.

(1) Nous avons dit plus haut, p. 188, que les didacticiens des XIIe et XIIIe siècles donnent à la note de musique mesurée le nom de *figura*. De là aussi le nom de *musica figurata*, musique figurée, pour désigner la musique mesurée. Chaque fois donc que, dans nos documents, se rencontrera le mot *figura*, nous le traduirons par *note*.

3. Item, simplicium aliæ longæ, aliæ breves et aliæ semibreves.

4. Item, longarum aliæ duplices, aliæ perfectæ, aliæ imperfectæ; quarum valor distincte secundum ordinationem in sequentem breviter agnoscetur.

5. Longa sic formata ¶ ante longam valet tria tempora :

6. Prædicta longa ante duas breves vel tres, longa sequente immediate, valet tria tempora, ut patet in regula sequente :

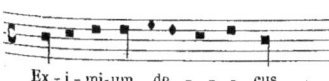

7. Nisi brevis ad prædictam longam relata, computando perfectiones, præcedat, ut hic :

8. Et nisi brevis ad prædictam longam relata, computando perfectiones, sequatur, modi divisione taliter intramixta :

9. Prædicta longa ante solam brevem, vel ante plures quam tres, valet

3. Les notes simples sont la longue, la brève et la semibrève.

4. Les longues se distinguent en longues doubles, parfaites ou imparfaites ; leur valeur, on le verra plus loin, se reconnaîtra distinctement suivant leur disposition.

5. La longue ainsi figurée ¶ vaut trois temps devant une autre longue :

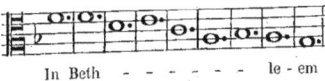

6. La longue devant deux ou trois brèves suivies immédiatement d'une autre longue vaut trois temps, comme dans l'exemple suivant :

7. A moins qu'elle ne soit précédée d'une brève qui s'y rapporte pour former la perfection, comme ici :

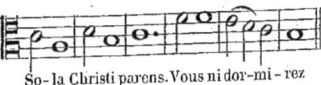

8. Et à moins que, par la division du mode intercalée comme suit, elle ne soit suivie d'une brève qui s'y rapporte pour compléter la perfection :

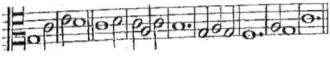

9. La longue devant une brève ou devant plus de trois vaut deux temps,

duo tempora, nisi modi divisio subsequatur ; tunc valet tria tempora :

10. Duplex longa sic formata :

valet sex tempora.

11. Brevis sic formata ∎ valet unum tempus.

12. Nisi computatis perfectionibus, vel non computatis, modo ponantur duæ breves, vel valor duarum brevium in principio vel in medio vel in fine ante longam notam vel pausam ; tunc prima valet unum tempus et secunda duo ; ut hic :

13. Semibrevium sic formatarum ♦, alia minor, alia major in valore, sed non in figuratione. Quarum ponantur aliquando duæ pro tempore, aliquando tres, vel quatuor, vel quinque, vel sex,

à moins qu'elle ne soit suivie de la division du mode ; alors elle vaut trois temps.

10. La double longue formée ainsi :

vaut six temps.

11. La brève ainsi figurée ∎ vaut un temps.

12. A moins que, après le règlement des perfections, il ne s'en trouve deux ou leur valeur, placées au commencement, au milieu ou à la fin devant une longue ou un repos ; alors la première vaut un temps et la seconde deux. Exemple :

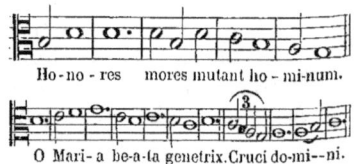

13. Des semibrèves figurées ainsi ♦, l'une est plus petite, l'autre plus grande en valeur, mais non quant à la figure. On en place tantôt deux pour un temps, tantôt trois ; lorsqu'elles

RÈGLES SUR L'ART DE DÉCHANTER.

vel septem, et tunc sunt per modi divisionem taliter distinctæ :

sont au nombre de quatre, cinq, six ou sept, elles se distinguent par la division du mode, comme dans l'exemple suivant :

14. Plica est nota divisionis ejusdem soni in gravem et in acutum, et debet formari in gutture cum epiglotto.

14. La plique est une note de division d'un même son en grave et aigu ; elle doit se former dans le gosier avec l'épiglotte.

15. Plica longa est cujus dexter tractus longior est sinistro :

15. La plique longue est celle dont la queue de droite est plus longue que celle de gauche. Exemple :

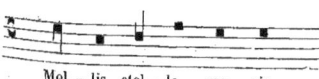

16. Brevis plica est cujus dexter tractus est brevior sinistro, ut hic :

16. La plique brève est celle dont la queue de droite est plus courte que celle de gauche. Exemple :

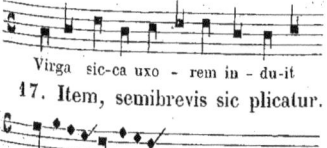

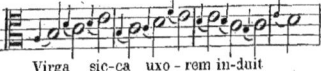

17. Item, semibrevis sic plicatur.

17. La semibrève se plique ainsi :

Nec mirum, cum diffinitio plicatis possit convenire.

18. Valor plicarum in temporibus cognoscitur ex prædictis.

19. Ligatura est ordinatio figurarum per tractus debitos ordinata.

20. Ligaturarum alia ascendens cujus secundus punctus altior est primo, ut hic :

21. Alia descendens, cujus secundus punctus inferior est primo, ut hic :

22. Ascendens carens omni tractu cum proprietate dicitur, ut hic :

23. Est enim proprietas nota primariæ intentionis a plana musica data vel inventa. Item proprietas[1]. . . .

24. Ligatura ascendens habens tractum descendentem a parte sinistra vel a parte dextra, quod magis proprium est, sine proprietate dicitur, ut hic :

Cela n'est pas étonnant, puisque la définition peut convenir aux semibrèves pliquées.

18. La valeur des pliques dans les temps se règle d'après ce qui précède.

19. La ligature est la liaison des notes au moyen de traits convenablement disposés.

20. Des ligatures, l'une ascendante est celle dont la seconde note est plus élevée que la première. Exemple :

21. L'autre descendante est celle dont la seconde note est plus basse que la première. Exemple :

22. La ligature ascendante sans queue est dite avec propriété. Ex. :

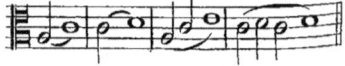

23. Car la propriété est la note de première intonation donnée par le plainchant ou inventée. La propriété[1]. . .

24. La ligature ascendante dont la première note a une queue à gauche ou à droite, ce qui est le plus convenable, est dite sans propriété. Exemple :

(1) Ce paragraphe est inexact et incomplet.

25. Ligatura descendens, habens tractum descendentem a parte sinistra cum proprietate dicitur, ut hic :

25. La ligature descendante ayant une queue en bas et à gauche est dite avec propriété. Exemple :

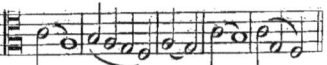

26. Carens vero, sine, ut hic :

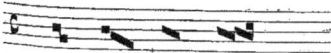

26. Sans queue, elle est dite sans propriété. Exemple :

27. Ascendens autem ligatura et descendens, habens tractus desuper venientes a parte sinistra, cum opposita proprietate dicitur, ut hic :

27. La ligature ascendante ou descendante, ayant une queue en haut et à gauche, est appelée avec propriété opposée. Exemple :

28. Omnis ligaturæ cum proprietate, prima brevis.

29. Omnis sine proprietate, prima longa.

30. Omnis ligaturæ cum opposita proprietate, duæ primæ semibreves.

31. Omnis media, brevis.

32. Omnis ligaturæ habentis recte ultimum punctum supra primum vel penultimum, vel sub primo vel penultimo habentis quadratum, ultima longa est, ut hic :

28. De toute ligature avec propriété, la première note est brève.

29. De toute ligature sans propriété, la première est longue.

30. De toute ligature avec propriété opposée, les deux premières notes sont semibrèves.

31. Toute médiaire est brève.

32. La dernière note carrée de toute ligature, placée directement au-dessus de la première ou de la pénultième, ou bien plus basse que la première ou la pénultième, est longue. Exemple :

33. Omnis ligaturæ obliquæ habentis ultimum punctum supra primum

33. De toute ligature dont la dernière note est plus élevée que la pre-

vel penultimum, vel sub primo vel sub penultimo sub uno corpore cum penultimo habentis ultimum punctum, ultima brevis est, ut hic :

34. Ligaturæ plicatæ ultima longa est, ut hic :

35. Sed si plica poneretur a parte sinistra, tunc esset brevis, ut hic :

36. Si autem plica fieret descendendo, tunc esset necessaria obliquitas, ita quod duæ ultimæ sub uno corpore formarentur super primum vel penultimum, ut hic :

37. Sunt enim omnes ligaturæ plicabiles in fine tam ascendendo quam descendendo, ut hic :

38. Excepta illa cujus ultimus punctus recte stat supra primum vel penultimum, ut hic :

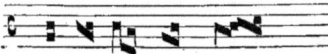

mière ou la pénultième, ou dont la première ou pénultième est plus basse, mais faisant partie d'une ligature oblique, la dernière est brève. Exemple :

34. La dernière note d'une ligature pliquée est longue. Exemple :

35. Mais si la plique est placée à gauche, elle est brève. Exemple :

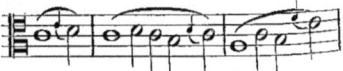

36. Si la plique se faisait en descendant, alors il faudrait que les deux dernières notes fussent liées obliquement, de manière à ne former qu'un seul corps. Exemple :

37. Car toutes les ligatures sont plicables à la fin tant en montant qu'en descendant. Exemple :

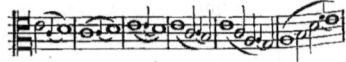

38. Excepté celle dont la dernière note se trouve posée directement au-dessus de la première ou de la pénultième. Exemple :

39. Ultimarum valor in temporibus (*l.* ligaturis) cognoscitur ex prædictis: ibi longa sic ▪ est formata, etc.

40. Item ligaturarum primæ et ultimæ possunt taliter duplicari, scilicet ut hic :

41. Modus est variatio soni ex longitudine et brevitate ordinata.

42. Item modorum alius ex longa et brevi et longa, etc.; qui primus dicitur via cognoscendi, quia levior est ad sciendum, ut hic :

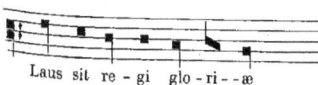

Laus sit re - gi glo - ri - - æ

43. Secundus modus procedit ex brevi et longa et brevi, ut hic :

A - mor qui cor mul-ce - at

44. Tertius modus procedit ex longa et duabus brevibus et longa, ut hic :

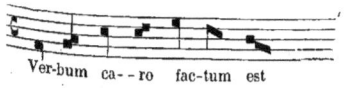

Ver-bum ca - - ro fac-tum est

45. Quartus modus procedit ex

39. La valeur des dernières notes dans les ligatures sera connue par les règles précédentes : la longue est figurée ainsi ▪, etc.

40. Les premières et dernières notes des ligatures peuvent être doublées ainsi. Exemple :

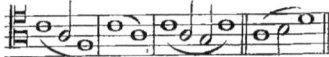

41. Le mode est la manière de varier le chant par la disposition des longues et des brèves.

42. Des modes, l'un se compose d'une longue et d'une brève et d'une longue, etc.; il est appelé le premier dans l'ordre, parce qu'il est plus facile à connaître que les autres. Exemple :

Laus sit re - gi glo - ri - - æ

43. Le second mode procède par une brève et une longue et une brève. Exemple :

A - - mor qui cor mul-ce - at

44. Le troisième procède par une longue et deux brèves et une longue. Exemple :

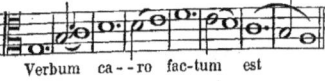

Verbum ca - - ro fac-tum est

45. Le quatrième procède par deux

duabus brevibus et longa et duabus brevibus, ut hic :

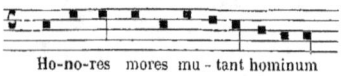
Ho-no-res mores mu - tant hominum

46. Quintus modus procedit ex omnibus longis, ut hic :

In Bethle- -em

47. Sextus modus procedit ex omnibus brevibus et semibrevibus, ut hic :

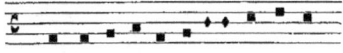
Gau-de cho-rus de nostra le-ti-ci-a

48. Pausa est omissio rectæ vocis ficta in aliquo modorum debita quantitate.

49. Pausæ valent tot tempora quot spatia comprehendunt, excepta illa quæ omnes lineas comprehendit, quæ immensurabilis appellatur, ut hic :

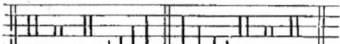

50. Pausæ semibrevis majoris et minoris habetur differentia quoad situm. Unde si ponatur a principio, tunc est minor ; si vero ponatur (post) semibrevem notam, tunc est major.

brèves et une longue et deux brèves. Exemple :

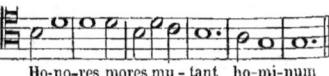
Ho-no-res mores mu - tant ho-mi-num

46. Le cinquième procède par toutes longues. Exemple :

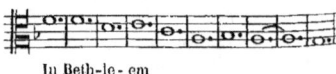
In Beth-le-em

47. Le sixième procède par toutes brèves et semibrèves. Exemple :

Gaude chorus de nostra le-ti-ci - - a

48. La pause est l'omission d'un son représentée par une figure équivalente dans un des modes.

49. Les pauses valent autant de temps qu'elles embrassent d'espaces de la portée, hors celle qui embrasse toutes les lignes et qui est appelée non mesurable. Exemple :

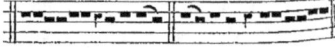

50. La différence entre la pause de la semibrève majeure et mineure réside dans la position. Si elle est au commencement, elle représente une semibrève mineure ; si elle est placée après

Et debent continere mediam partem unius spatii, ut hic patet :

la note, elle est majeure. Elles doivent embrasser la moitié d'un espace. Ex. :

51. Modi divisio, suspirium ac septio syllabæ taliter figurantur :

51. La division du mode, le soupir et la clôture syllabique sont figurés ainsi :

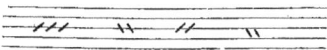

A te dubium removeatur.
Explicit ars mensurabilis.

Que le doute soit éloigné de ton esprit.
Fin de l'art de la musique mesurée.

52. Sciendum est quod in plana musica vel mensurabili genere unisonus aut ascensus unius vel duarum, vel trium, vel quatuor, vel quinque, quod raro accedit, vel descensus e contrario; et secundum hoc dantur undecim regulæ subsequentes.

52. Dans le plain-chant comme dans la musique mesurée, les notes sont à l'unisson, ou bien elles montent ou descendent d'une, deux, trois, quatre ou cinq notes, ce qui est rare; on donne à cet égard les onze règles suivantes.

PRIMA REGULA.

PREMIÈRE RÈGLE.

53. Ad unisonum incipias in diapason supra vel in diapente infra, fac diatessaron in deponendo.

53. Le chant étant à l'unisson, commencez à l'octave supérieure ou à la quinte inférieure, et faites la quarte en descendant. Exemple suivant, 1.

54. Vel incipias in diapason infra vel in diapente supra, fac diatessaron elevando.

54. Ou commencez à l'octave inférieure ou à la quinte supérieure, et faites la quarte en montant, 2.

55. Vel incipias in diapason supra, fac diapason in deponendo; vel fac unisonum ubicunque incipias longis,

55. Ou bien commencez à l'octave supérieure et faites l'octave en descendant, 3; ou bien encore faites l'unis-

brevibus et semibrevibus nobiliter intramixtis.

Sequuntur exempla cujusque paragraphi per ordinem intra duas pausas; et similiter in aliis regulis apponantur :

son partout où vous commencez par des longues, et entremêlez le déchant convenablement de brèves et de semibrèves, 4.

Suivent des exemples de chaque paragraphe placés par ordre et entre deux pauses; il en sera de même pour les autres règles.

SECUNDA REGULA.

DEUXIÈME RÈGLE.

56. Ad ascensum unius, incipias in diapason supra vel in diapente infra, descende duas voces, differenter tamen. Et ista differentia monstrabitur in practica nona. Et sic de aliis ascensibus vel descensibus.

56. Le chant montant d'un degré, commencez à l'octave supérieure ou à la quinte inférieure et descendez de deux notes, mais différemment néanmoins, 1. On fera voir cette différence dans la neuvième règle. Il en sera de même des autres degrés en montant ou en descendant.

57. Incipias in diapente supra vel

57. Commencez à la quinte supé-

RÈGLES SUR L'ART DE DÉCHANTER.

cum tenore, descende tres voces.

58. Vel incipe in diapason vel in diapente supra vel cum tenore, descende unam vocem.

Et nota quod quando dicitur : ascende vel descende sic vel sic, prima vox non computatur.

TERTIA REGULA.

59. Ad ascensum duarum, incipe in diapason supra vel in diapente infra, descende unam vocem.

60. Incipe autem in diapente supra vel cum tenore, descende duas voces.

Ubicumque vis facere diapason, debes respicere quintæ locum et ipsam demittere per tonum vel semitonium.

rieure ou avec le ténor, et descendez de trois notes, 2.

58. Ou bien commencez à l'octave ou à la quinte supérieures ou avec le ténor, et descendez d'une note, 3.

Remarquez que quand il est dit : montez ou descendez de telle ou telle manière, la première note ne compte pas.

TROISIÈME RÈGLE.

59. Le chant montant de deux notes, commencez à l'octave supérieure ou à la quinte inférieure, et descendez d'une note, 1.

60. Si vous commencez à la quinte supérieure ou avec le ténor, descendez de deux notes, 2.

Partout où vous voulez faire l'octave, il faut examiner la place de la quinte et y descendre par une seconde majeure ou mineure.

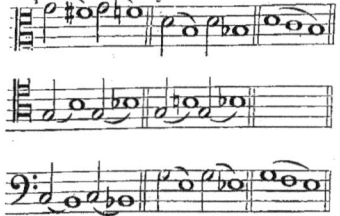

QUARTA REGULA.

61. Ad ascensum trium, incipe in diapason supra vel in diapente (infra) et fac unisonum.

62. Incipias autem in diapente supra vel cum tenore, descende unam vocem.

63. Vel incipe diapason supra vel cum tenore, fac diapente de primo tono.

QUATRIÈME RÈGLE.

61. Le chant montant de trois notes, commencez à l'octave supérieure ou à la quinte inférieure et faites l'unisson, 1.

62. Si vous commencez à la quinte supérieure ou avec le ténor, descendez d'une note, 2.

63. Ou commencez à l'octave supérieure ou avec le ténor, et descendez à la quinte, 3.

QUINTA REGULA.

64. Ad ascensum quatuor, incipe in diapason supra vel in diapente infra, ascende unam vocem.

65. Incipe autem in diapente supra vel cum tenore, fac unisonum.

66. Vel incipe in diapason supra vel cum tenore et descende (tres voces).

CINQUIÈME RÈGLE.

64. Le chant montant de quatre notes, commencez à l'octave supérieure ou à la quinte inférieure, et montez d'une note, 1.

65. Mais si vous commencez à la quinte supérieure ou avec le ténor, faites l'unisson, 2.

66. Ou commencez à l'octave supérieure ou avec le ténor, et descendez de trois notes, 3.

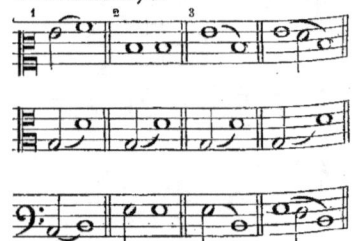

RÈGLES SUR L'ART DE DÉCHANTER.

SEXTA REGULA.

67. Ad ascensum quinque, quod rare accidit, incipe in diapason supra vel in diapente (infra), et ascende duas.

68. Incipe autem in diapente supra vel cum tenore, ascende unam.

SIXIÈME RÈGLE.

67. Le chant montant de cinq notes, ce qui est rare, commencez à l'octave supérieure ou à la quinte inférieure, et montez de deux notes, 1.

68. Mais si vous commencez à la quinte supérieure ou avec le ténor, montez d'une note, 2.

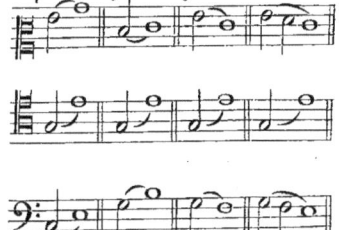

69. Vel incipe in diapason supra vel cum tenore, descende duas voces.

Sequuntur regulæ de prædictis speciebus descendendo.

69. Ou commencez à l'octave supérieure ou avec le ténor, et descendez de deux notes, 3.

Suivent les règles sur les mêmes espèces en descendant.

SEPTIMA REGULA.

70. Ad descensum unius, incipe in diapason infra vel in diapente supra, ascende duas.

71. Incipe autem in diapente infra vel cum tenore, ascende tres.

72. Vel incipe in diapason vel in

SEPTIÈME RÈGLE.

70. Le chant descendant d'une note, commencez à l'octave inférieure ou à la quinte supérieure, et montez de deux notes, 1.

71. Mais si vous commencez à la quinte inférieure ou avec le ténor, montez de trois notes, 2.

72. Ou commencez à l'octave ou à

288   DOCUMENTS.

diapente infra, vel cum tenore, ascende unam vocem.

la quinte inférieure, ou avec le ténor, et montez d'une note, 3.

OCTAVA REGULA.

HUITIÈME RÈGLE.

73. Ad descensum duarum, incipe in diapason infra vel in diapente supra, ascende unam.

74. Incipe autem in diapente infra vel cum tenore, ascende duas voces, ut hic :

73. Le chant descendant de deux notes, commencez à l'octave inférieure ou à la quinte supérieure, et montez d'une note, 1.

74. Mais si vous commencez à la quinte inférieure ou avec le ténor, montez de deux notes, 2.

NONA REGULA.

NEUVIÈME RÈGLE.

75. Ad descensum trium, incipe in diapason infra vel in diapente supra, fac unisonum.

76. Incipe autem in diapente infra vel cum tenore, ascende unam.

75. Le chant descendant de trois notes, commencez à l'octave inférieure ou à la quinte supérieure, et faites l'unisson, 1.

76. Mais si vous commencez à la quinte inférieure ou avec le ténor, montez d'une note, 2.

77. Vel incipe in diapason infra vel cum tenore, ascende quatuor.

77. Ou bien commencez à l'octave inférieure ou avec le ténor, et montez de quatre notes, 3.

DECIMA REGULA.

DIXIÈME RÈGLE.

78. Ad descensum quatuor incipe in diapason infra vel in diapente supra, descende unam.

78. Le chant descendant de quatre notes, commencez à l'octave inférieure ou à la quinte supérieure, et descendez d'une note, 1.

79. Vel incipe in diapente infra vel cum tenore, fac unisonum.

79. Ou commencez à la quinte inférieure ou avec le ténor, et faites l'unisson, 2.

80. Vel incipe in diapason infra vel cum tenore, ascende tres voces, ut hic patet :

80. Ou bien commencez à l'octave inférieure ou avec le ténor, et montez de trois notes, 3.

UNDECIMA REGULA.

ONZIÈME RÈGLE.

81. Ad descensum quinque, quod raro accidit, incipe in diapason infra

81. Le chant descendant de cinq notes, ce qui arrive rarement, com-

37

vel in diapente supra, descende duas.

82. Incipe autem in diapente infra vel cum tenore, descende unam.

83. Vel incipe in diapason infra vel cum tenore, ascende duas voces, ut hic patet :

mencez à l'octave inférieure ou à la quinte supérieure, et descendez de deux notes, 1.

82. En commençant à la quinte inférieure ou avec le ténor, descendez d'une note, 2.

83. Ou commencez à l'octave inférieure ou avec le ténor, et montez de deux notes, 3.

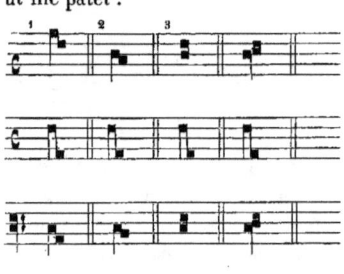

DE PROPORTIONIBUS.

84. Proportionum tredecim sunt species, scilicet unisonus, tonus, semitonus, ditonus, semiditonus, tritonus (diatessaron, diapente), tonus cum diapente, semitonus cum diapente, ditonus cum diapente, semiditonus cum diapente, diapason.

85. Quarum quædam vocantur consonantiæ et quædam dissonantiæ, ut patet in arte de discantu : ibi componitur autem discantus, etc. [1]

86. Unisonus est unius et ejusdem vocis immediata repetitio, et dicitur quasi unius vocis sonus.

DES PROPORTIONS.

84. Il y a treize espèces de proportions, savoir : l'unisson, le ton, le demiton, la tierce majeure, la tierce mineure, le triton (la quarte, la quinte), la sixte majeure, la sixte mineure, la septième majeure, la septième mineure, l'octave.

85. Les unes sont appelées consonnances, les autres dissonances, comme cela se voit dans l'art du déchant : « Ibi componitur autem discantus, etc. [1]. »

86. L'unisson est la répétition immédiate d'un seul et même son, comme si l'on disait le son d'une même voix.

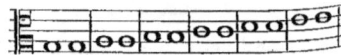

---

(1) C'est le commencement d'un traité resté inconnu jusqu'à présent.

Immediata repetitio ponitur[1]. La répétition immédiate se rencontre ici[1].

 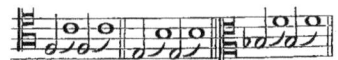

87. Tonus, cum secunda species est, est duarum vocum immediatarum perfectum vel legitimum spatium; et dicitur a tono, as, eo quod perfecte tonat, id est perfecte ostendit distantiam inter duas voces.

87. Le ton, qui forme la deuxième espèce de proportion, est l'intervalle parfait et légitime de deux sons immédiats. Il est appelé ainsi de tono, *as*, parce qu'il sonne parfaitement, c'est-à-dire qu'il donne une idée parfaite de la distance qui existe entre deux sons.

88. Semitonus est duarum vocum immediatarum imperfectum spatium, et dicitur a semus, sema, semum, quod est imperfectum, et tonus quasi imperfectus tonus.

88. Le demi-ton est l'intervalle imparfait de deux sons immédiats; il vient de " semus, sema, semum ", qui veut dire imparfait, et de " tonus ", ton, c'est-à-dire ton imparfait.

89. Ditonus est spatium duarum vocum continens duos tonos, et dicitur a dia quod est duo et tono, quasi continens duos tonos.

89. La tierce est l'intervalle de deux sons contenant deux tons. Ce mot vient de "dia", deux, et "tonus", ton, c'est-à-dire contenant deux tons.

 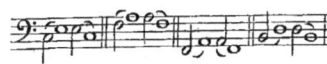

90. Semiditonus dicitur quasi im-

90. La tierce mineure, comme si

---

(1) Cet exemple n'est pas ici à sa place; il se rapporte à la quinte et non à l'unisson.

perfectus ditonus continet unum tonum et semitonum.

l'on disait tierce imparfaite, contient un ton et demi.

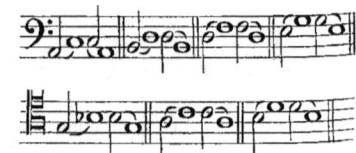

91. Tritonus dicitur a tris, quod est tres, et tonus, quasi continens tres sonos.

91. Le triton est ainsi appelé de "tris", trois, et de "tonus", ton, c'est-à-dire contenant trois tons.

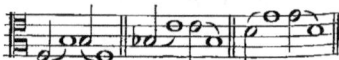

92. Diatessaron est quædam consonantia ex qualibet voce usque ad quartam elevata et deposita, continens duos tonos cum dimidio, ut hic :

92. La quarte est une consonnance formée d'un son quelconque porté à la quarte aiguë ou grave, contenant deux tons et un demi-ton.

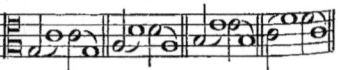

93. Nisi ubi cadit fa contra mi, ut videmus in exemplo tritoni ; fieri tunc potest diatessaron per falsam musicam, et dicitur a dia quod est de, et tetra quod est quatuor, quasi de quatuor vocibus, ut hic :

93. Si ce n'est là où tombe fa contre mi, comme à l'exemple du triton ; alors la quarte s'établit par la musique fausse[1]. Elle est appelée "diatessaron", de "dia", de, et de "tetra", quatre, c'est-à-dire de quatre sons. Exemple :

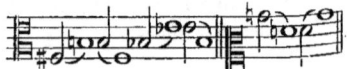

94. Diapente est quædam consonantia ex tribus tonis et semitono consistens a qualibet voce usque ad quintam elevata et deposita, et dici-

94. La quinte est une consonnance formée d'un son porté à la quinte supérieure ou inférieure ; elle est appelée ainsi de "dia", de, et de "pentha",

---

(1) C'est-à-dire en ajoutant un dièze ou un bémol à l'une ou à l'autre note. Voyez ce que nous avons dit à cet égard, p. 39.

tur a dia, quod est de, et pentha, quod est quinque, quasi ascensus de quinque vocibus. Fit enim a qualibet voce usque ad quintam, ut hic :

cinq, comme une montée de cinq sons. Elle se fait à partir d'un son quelconque jusqu'au cinquième, comme ici :

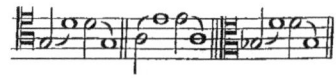

95. Nisi ubi cadit fa contra mi, et tunc est ibi æquipollens tritoni :

95. Si ce n'est là où tombe fa contre mi, elle ressemble alors au triton.

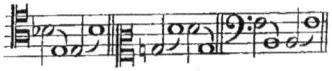

96. Fieri tunc potest in locis prædictis per falsam musicam, ut hic :

96. Elle peut se faire sur ces degrés de l'échelle tonale à l'aide de la musique fausse. Exemple :

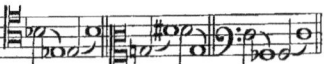

97. Aliæ species præter diapason patent visis simplicibus quarum exempla per ordinem hic subsequuntur, ut hic :

97. Les autres proportions, l'octave exceptée, se forment des proportions simples. En voici des exemples selon leur ordre :

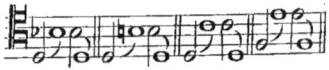

98. De semitono cum diapente potest fieri tonus cum diapente per falsam musicam, et e converso de tono semitonus.

98. On peut former une sixte majeure d'une sixte mineure par la musique fausse, et réciproquement.

99. Diapason est quædam consonantia ex octo vocibus constituta a qualibet voce usque ad consimilem elevata et deposita, quinque tonos et duos semitonos continens.

100. Non fit tamen a *b* molli acuto ad ♮ gravem, nisi similem vocem vel litteram assumendo.

Et hoc patet per falsam musicam.

101. Quid sit falsa musica dicitur in arte discantus.

99. L'octave est une consonnance composée de huit sons à partir d'un son quelconque porté jusqu'à son semblable supérieur ou inférieur, contenant cinq tons et deux demi-tons.

100. Elle ne se fait pourtant pas de *si* aigu à *si* grave, si ce n'est en prenant la même note ou le même son.

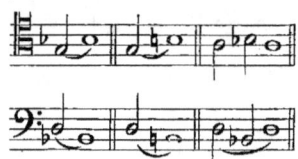

C'est-à-dire par la musique fausse.

101. On verra dans l'art du déchant ce que l'on entend par musique fausse.

VII

LA CALLIOPÉE LÉGALE

PAR JEAN HOTHBY.

Ce précieux document, resté inconnu jusqu'à présent à tous les historiens et à tous les bibliographes, a été découvert par MM. Danjou et Morelot qui en ont rencontré deux manuscrits en Italie : l'un à la bibliothèque Magliabecchiana de Florence, classe XIX, n° 36; l'autre à la bibliothèque de Saint-Marc à Venise, classe VIII, n° LXXXII. La copie qu'ils en ont rapportée a été faite d'après le manuscrit de Florence et collationnée sur celui de Venise. Le titre du traité diffère dans les deux codex; celui de Florence est intitulé : « Acleopea legale, reducta in brevita, per maestro Giovanni Anglico Octobi, « carmelita »; dans celui de Venise, il porte le titre de : « La Caliopea leghale, « reducta in brevita, per maestro Giovanni Anglico Octobi, carmelita ». "Acleopea", dont nous avons vainement cherché la signification, nous a paru être un mot défiguré par quelque copiste. Nous n'avons pas hésité à l'abandonner pour adopter celui de "Caliopea" du manuscrit de Venise. Ce nom, sans avoir un sens bien déterminé, laisse entrevoir du moins l'idée qu'a voulu exprimer l'auteur. "Caliopea" ne peut venir que de "Calliope", la muse de l'éloquence et de la poésie épique, dont le nom signifie en grec "belle voix". En examinant ce traité, on y aperçoit bien un rapport général et vague entre la matière qui fait l'objet de l'ouvrage et son titre; ce rapport toutefois ne semble pas assez direct pour motiver un intitulé dont le moindre défaut est d'être obscur et sujet à commentaire. Quant à l'épithète "leghale" dont le mot " Caliopea " est accompagné, elle signifie ici, pensons-nous, " conforme aux lois, aux règles de l'art ".

Cet ouvrage, bien qu'il ne porte aucune division de matière, se compose néanmoins de quatre parties qu'il est facile de distinguer. La première traite des sons et de la solmisation par muances dont le système se trouve envisagé et expliqué ici d'une manière particulière qui mérite l'attention des musicologues. Cette partie comprend les paragraphes 1 à 32.

La deuxième partie est relative aux mouvements des sons ou de la voix. C'est, comme nous l'avons déjà dit, la partie la plus importante de la Calliopée, au point de vue de la notation et du rapport des neumes avec les notes carrées. On y voit de la manière la moins équivoque la relation qui existait au moyen âge entre les neumes et la notation noire qui les a remplacés, tant dans le plainchant que dans la musique figurée. Nous engageons ceux de nos lecteurs que la question des neumes intéresse à porter leur attention sur cette deuxième partie. Son examen ne peut laisser de doute, suivant nous, sur la corrélation intime entre les neumes composés et les ligatures de la notation carrée, sur la transition immédiate des uns aux autres. C'est là que se trouve l'explication de la théorie de Gui d'Arezzo sur les rapports des neumes avec les mouvements des sons exprimés par certaines ligatures. La deuxième partie est comprise dans les paragraphes 33 à 72.

Ce que nous appelons la troisième partie concerne les diverses proportions de durée des sons, mais cette matière n'y a pas les développements que l'on peut désirer ; elle n'y est qu'effleurée dans les paragraphes 72 à 114.

La dernière partie traite des intervalles en usage dans le plain-chant. Il est intéressant de voir comment ils étaient considérés du temps d'Hothby. Nous appelons surtout l'attention de nos lecteurs sur ceux de seconde, de quarte, de quinte et de septième.

En somme, ce traité est un des plus remarquables documents qui nous aient été légués par le moyen âge. En nous félicitant d'en être l'éditeur, nous nous empressons de témoigner tous nos remerciments à MM. Danjou et Morelot de nous avoir permis d'en enrichir ce volume.

Jean Hothby, l'auteur de la « Calliopée », était un moine carmélite, Anglais d'origine, ainsi que le constate le traité lui-même. Il vivait à la fin du XIVe siècle, et il paraît avoir passé une grande partie de son existence en Italie. Hothby n'était connu jusqu'à présent que par deux traités sur les proportions et le contre-point : l'un à la bibliothèque nationale de Paris, sous le n° 7369, intitulé « Hothby anglici, proportiones musicæ » ; l'autre à la bibliothèque de l'institut de Bologne, sous le titre de « P. Jo. Hocthobi carmelitæ, de propor« tionibus et canto figurato, de contrapuncto, de monocordo ». Mais, d'après les renseignements recueillis par MM. Danjou et Morelot, Hothby est un des auteurs les plus féconds du moyen âge qui aient écrit sur la musique. Il existe dans les bibliothèques d'Italie un grand nombre d'ouvrages de ce savant reli-

LA CALLIOPÉE LÉGALE.   297

gieux, relatifs à toutes les branches de la science musicale. Il est à désirer qu'ils soient explorés avec soin; nul doute, si l'on en juge d'après la Calliopée, qu'ils ne soient de nature à porter une nouvelle lumière sur la situation de l'art, et de l'art italien surtout à cette époque.

Le style italien de notre savant religieux anglais n'est pas toujours pur ni correct. Il est en outre souvent diffus et prolixe, jusqu'à devenir obscur par l'abondance même des détails. L'orthographe n'y est ni exacte ni uniforme. Nous l'avons néanmoins respectée, telle qu'elle se trouve dans les manuscrits, car les corrections qu'il aurait fallu y faire eussent été trop considérables et eussent enlevé à l'ouvrage une partie de sa physionomie originale.

Le texte que nous donnons de la Calliopée est celui du manuscrit de Florence, collationné, comme nous l'avons dit, avec le manuscrit de Venise dont les variantes sont placées en note, avec cette marque : **Ms. V.**

LA CALIOPEA LEGALE	LA CALLIOPÉE LÉGALE
REDUCTA IN BREVITA	RÉDUITE EN ABRÉGÉ
PER MAESTRO GIOVANNI ANGLICO OCTOBI	PAR L'ANGLAIS MAITRE JEAN HOTHBY,
Carmelita.	Carmélite.

CAPITULO PRIMO.   CHAPITRE PREMIER.

1. Le parte della musica melliflue sono quatro, cio è : phtongo, articolo[1], membro magiore et compositione. Phtongo overo voce, si come A overo B, ciascuno da per se; articulo, si come A, B, uniti in semi, overo A, B, C; membro magiore è si come A, B, C, D, uniti in semi; compositione è si come A, B, C, D; D, C, B, A, uniti da per se.

1. La musique se compose de quatre parties : le son, le membre mineur, le membre majeur et la composition. Le son ou la voix, comme A ou B, chacun dit séparément; le membre mineur, comme A, B, ou A, B, C, joints ensemble; le membre majeur, comme A, B, C, D, unis ensemble; la composition, comme A, B, C, D; D, C, B, A (deux ou plusieurs membres) réunis.

2. Le voce sono sette[2], cio è : A, B, C, D, E, F, G.

2. Il y a sept sons, savoir : A, B, C, D, E, F, G.

---

(1) « Overo membro minore. » Ms. V.
(2) « Le voci overo phtongi, cio è suoni vocali, sono sette. » Ms. V.

298 DOCUMENTS.

3. Li ordini principali delle voce sono tre, cio è: primo, secondo e terzo. Ma B et E in nel secondo e terzo[1] non sono dipinti. E pero nel primo ordine sono[2] sette; ma in nel secondo et terzo sono solamente per uno cinque, cio è: A, C, D, F, G, si come la prima taola delle voce dimostra per righe e spatii in traverso tirati; le qual etiamdio represantano le voce del primo, del secondo e del terzo.

3. Il y a trois principaux ordres de sons : le premier, le second et le troisième. B et E ne figurent ni dans le second ni dans le troisième. Le premier comprend sept sons; le second et le troisième n'en ont que cinq, savoir : A, C, D, F, G, comme le démontre le premier tableau formé de lignes horizontales et d'espaces qui représentent les sons du premier ordre, du second et du troisième.

PRIMA TAOLA DELLE VOCE.   PREMIER TABLEAU DES SONS.

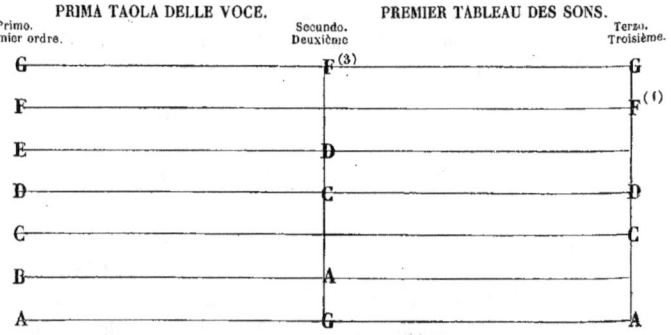

4. B dipinto per tre maniere, cio è : per *b* quadro, per *b* rotondo e per *b* iacenti.

Le voce del primo ordine sono dipinte per A, e per *b* quadro directo, e per C, D, E, F, G, le quali sono chiamate chiavi del primo ordine.

Le voce del secondo ordine sono dipinte per *b* rotondo, le quali sono chiamate clave del secondo ordine.

Le voce del terzo ordine sono di-

4. B est figuré de trois manières, savoir : par ♮, par ♭, et par ♯.

Les sons du premier ordre sont figurés par A, ♮, C, D, E, F, G. Ils sont appelés clefs du premier ordre.

Les sons du second ordre sont figurés par ♭; on les appelle clefs du second ordre.

Les sons du troisième ordre sont fi-

(1) « Ordine. »   (2) « Dipinte sette voci. »
(3) Le manuscrit porte ici, par erreur, un G au lieu d'un F. Voir l'explication de ce tableau, § 7.

(4) La place qu'occupe ici l'F est vide dans le manuscrit; mais cette lettre doit s'y trouver, d'après l'explication du § 7.

piute per *b* iacenti, le quali sono chiamati clavi del terzo ordine, si come la seconda taola delle voce dimostrano per righe e spatii in traverso tirati, le quali representano le voce.

gurés par #; on les nomme clefs du troisième ordre, ainsi qu'on le voit dans le deuxième tableau formé de lignes horizontales et d'espaces qui représentent les sons.

SECONDO TAOLA DELLE VOCE.   DEUXIÈME TABLEAU DES SONS.

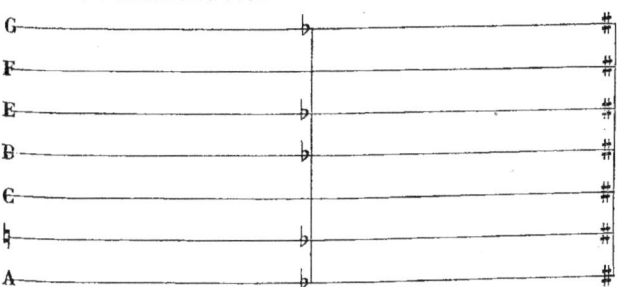

5. Le positione delle voce sono quatro, e piu e meno, secondo che altrui piace, cio è : subgrave, grave, acute, sopracuto, si come la terza taola dimostra per righe e spatii in traverso tirati, le quali representano le voce per tre positioni intere, si per G subgrave del primo, e per C del secondo, si per F del terzo.

6. Septe sono le consonantie del canto, cio è : tono, semitono, ditono, semiditono, diatessaron, diapente, diapason. Tono si è : ut, re; re, ut; re, mi; mi, re; fa, sol; sol, fa; sol, la; la, sol. Semitono si è : mi, fa; fa, mi. Ditono si è : ut, mi; fa, la. Semiditono si è : re, fa; mi, sol; et e converso. Diatessaron si è : ut, sol; re, la; mi, mi; fa, fa; et e converso. Diapason si è di otto voce composto, cio è, cinque tono e due semi-

5. Les sons, quel qu'en soit le nombre, se divisent en quatre positions, savoir : en sous-grave, grave, aigu et suraigu, comme le démontre le troisième tableau formé de lignes horizontales et d'espaces qui représentent les sons par trois positions entières, savoir : par G sous-grave du premier ordre, par C du second, par F du troisième.

6. Les consonnances sont au nombre de sept, savoir : la seconde majeure, la seconde mineure, la tierce majeure, la tierce mineure, la quarte, la quinte, l'octave. La seconde majeure, comme : ut, ré; ré, ut; ré, mi; mi, ré; fa, sol; sol, fa; sol, la; la, sol. La seconde mineure, comme : mi, fa; fa, mi. La tierce majeure, comme : ut, mi; mi, ut; fa, la; la, fa. La tierce mineure, comme : ré, fa; fa, ré; mi, sol; sol, mi. La quarte, comme : ut,

DOCUMENTS.

tono, videlicet : re in A grave, la in a acuta.

sol ; sol, ut ; ré, la ; la, ré ; mi, si ♮ ; si ♮, mi ; fa, si ♭ ; si ♭, fa. L'octave est composée de huit sons, savoir : cinq tons, et deux demi-tons, comme RÉ, *ré*.

TERZA TAOLA DELLE VOCE.   TROISIÈME TABLEAU DES SONS.

Italien	Français	Note		
Principe. Demostratore. Comite.	*Principal.* Démonstrateur. Associé.	G	♭	
Principe. Comite.	*Principal.* Associé.	F		
Principe. Comite.	*Principal.* Associé.	E	♭	
Principe. Demostratore. Comite.	*Principal.* Démonstrateur. Associé.	D	♭	Superacute. Suraigu.
Principe. Comite.	*Principal.* Associé.	C		
Principe. Comite.	*Principal.* Associé.	♮	♭	
Principe. Demostratore. Comite.	*Principal.* Démonstrateur. Associé.	A	♭	
Principe. Demostratore. Comite.	*Principal.* Démonstrateur. Associé.	G	♭	
Comite. *Principe.*	Associé. *Principal.*	F		
Principe. Comite.	*Principal.* Associé.	E	♭	
Principe. Demostratore. Comite.	*Principal* Démonstrateur. Associé.	D	♭	
Principe. Comite.	Principal Associé.	C♯	Clave utilissima vel usitatissima. Clef très utile ou très usitée.	Acute. Aigu.
Principe. Comite.	Principal. Associé.	♮	♭	
Principe. Demostratore. Comite.	*Principal.* Démonstrateur. Associé.	A	♭	
Principe. Demostratore. Comite.	*Principal.* Démonstrateur. Associé.	G	♭	
Comite. Principe.	Associé. Principal	F♯♮	Clave utilissima vel usitatissima. Très utile ou très usitée.	Grave. Grave.
Principe. Comite.	Principal. Associé.	E	♭	
Principe. Demostratore. Comite.	*Principal.* Démonstrateur. Associé.	D	♭	
Comite. Principe.	Associé. Principal	C		
Principe. Comite	Principal. Associé	♮	♭	
Principe. Demostratore. Comite.	*Principal.* Démonstrateur. Associé.	A	♭	
Principe. Demostratore Comite.	*Principal.* Démonstrateur. Associé.	G	♭	Subgrave. Sous-grave.

7. Riga e spatii, representando A del primo, representano ancora G del secondo et A del terzo; representando B del primo, representano solamente A, del secondo; representando C del primo, representano solamente C del terzo; representando D del primo, representano C del secondo e D del terzo; representando E del primo, representano solamente D del secondo; representando F del primo, representano solamente F del terzo; representando G del primo, representano ancora F del secondo e G del terzo.

8. Le chiave usitatissime sono quatro, cio è : F grave del primo ordine, communamente dipinte per tre punti; et C acuto del primo, per due punti; et ♭ quadro directo del primo, et A del secondo acuto ordine representato, per ♭ ritondo.

9. Le voce famose sono tre, cio è : principe, comite et demostratore. Li principi del primo ordine da per se sono due, cio è : B et E. Similmente li comiti sono ancora due, cio è : C lo qual è comite al B et F, è comiti ad E. Ogni altro phtongo è demostratore, si come A, D, G. Lo principe del primo ordine si rivolta in comite per rispetto del terzo di sotto a se, et lo comite si rivolta in principe per respecto del secondo di sopra a se. Ma lo demostratore si rivolta in comite et in prin-

7. Les lignes et les espaces, qui représentent A du premier ordre, représentent encore G du second et A du troisième; ceux qui représentent B du premier ordre, représentent seulement A du second; ceux qui représentent C du premier, représentent seulement C du troisième; ceux qui représentent D du premier, représentent C du second et D du troisième; ceux qui représentent E du premier, représentent seulement D du second; ceux qui représentent F du premier, représentent seulement F du troisième; ceux qui représentent G du premier, représentent encore F du second et G du troisième.

8. Les clefs les plus usitées sont au nombre de quatre, savoir : F grave du premier ordre, ordinairement figuré par trois points; C aigu du premier ordre, marqué par deux points; ♮ du premier ordre et A du second ordre aigu représenté par ♭.

9. On compte trois sons distincts, savoir : le "principal", l' "associé" et le "démonstrateur". Il y a deux principaux du premier ordre, B et E. Il y a également deux associés, savoir : C qui est l'associé de B, et F qui est l'associé de E. Tous les autres sons comme A, D, G, sont démonstrateurs. Le principal du premier ordre se change en associé par rapport au son du troisième ordre immédiatement en dessous; et l'associé se change en principal par rapport au son du deuxième

cipe, cio è : in comite per rispetto del terzo di sotto a se, et rivolta se in principe per rispetto del secondo di sopra a se. Etiandio el comite e lo principe del primo ordine si rivoltano in demostratore, e cosi le voce del secondo e del terzo.

10. Adoncha le voce del secondo ordine sono comite al primo di sotte a se, e le voce del terzo sono principe al primo di sopra a se ; e tutte le voce del primo sono principe al secondo di sopra a se, e comite al terzo de sotto a se, excepto C, F, li quali mai sono comiti al terzo.

11. El principe del primo ordine è naturalmente duro, perche sta intra dui F, a li quali se inimicono et duramente se portano insieme. E, principe del primo ordine, è naturalmente naturali, perche a tutte le voci del suo ordine è amico, e facilmente stanno insiemi. A del secondo ordine et F del terzo sono chiamati molli, perche A del secondo è amico a quelli dui F del primo, a li quali B del primo è inimico. Et F del terzo è amico a li dui B del primo a li quali F del primo è inimico ; e pero A del secondo

ordre immédiatement au-dessus. Le démonstrateur se change en associé et en principal, savoir : en associé par rapport au son du troisième ordre au-dessous de lui, et en principal par rapport au son du second ordre au-dessus. L'associé et le principal du premier ordre se changent de même en démonstrateurs, ainsi que les sons du second et du troisième.

10. Par conséquent les sons du second ordre sont associés par rapport aux sons du premier immédiatement au-dessous ; les sons du troisième sont principaux par rapport aux sons du premier ordre immédiatement supérieurs ; et tous les sons du premier ordre sont principaux par rapport aux sons supérieurs du second, et associés par rapport aux sons inférieurs du troisième, excepté C et F qui ne sont jamais associés par rapport au troisième.

11. Le principal du premier ordre est naturellement dur, parce qu'il se trouve entre deux F, dont il est l'ennemi et avec lesquels il sonne durement. E, principal du premier ordre, est naturellement naturel, parce qu'il sympathise et s'allie facilement avec tous les sons de son ordre. A du deuxième ordre et F du troisième s'appellent mous, parce que A du deuxième ordre sympathise avec les deux F du premier, auxquels E du premier ordre est antipathique. F du troisième ordre sympathise avec les

è chiamato comite molle del secondo, et F del terzo è chiamato principe molle del terzo.

12. Le voce del secondo e terzo ordine determinamente non possono esser cognosciuti nè in libri legali, nè corali, se prima non se guarda a le chiave del primo ordine, le qual chiave sono fondamento a tutti gli altri ordini, si come la terza taula delle voci ogni cosa in fine a qui ditta dimostra.

13. Ogni comiti co lo suo principe guvernano tutti li nomi officiali in la loro schiera. Li nomi officiali sono sei per schiera, cio è : ut, re, mi, fa, sol, la, li quali in la loro schiera sempre servano a sei voci intra se diverse. Al principe si da mi, al comite si da fa, alla seconda voce di sotto al principe si da re, e alla terza de sotto si da ut; ma alla seconda di sopra al comite si da sol, e alla terza si da la.

14. Le schiere del primo ordine da per se sono due, cio è : la prima sta intra G et E, interponendo A demostratore, B principe, C comite et D demostratore, tutte voce del primo ordine. La seconda schiera sta intra C et A, interponendo D demostratore, E principe, F comite, G demostratore, tutte voce del primo ordine. Le schiere si legano comenciando dal grave andando in verso lo acuto, et ogni voce

deux B du premier, auxquels F du premier ordre est antipathique ; c'est pourquoi A du deuxième est appelé associé mou du deuxième, et F du troisième est appelé principal mou du troisième.

12. Les sons du deuxième ordre et du troisième ne peuvent être connus d'une manière fixe ni dans les livres de plain-chant, ni dans les livres de musique figurée, si l'on ne considère les clefs du premier ordre, qui servent de fondement à tous les autres, ainsi que cela se trouve démontré dans le troisième tableau.

13. Les associés et principaux régissent tous les noms officiels des sons dans chaque série. Il y a six noms officiels par série, savoir : ut, ré, mi, fa, sol, la, qui, dans chaque série, servent toujours à six sons divers entre eux. Le principal s'appelle mi, l'associé fa, le deuxième son au-dessous du principal ré, le troisième au-dessous ut; le second au-dessus de l'associé se nomme sol, et le troisième la.

14. Il y a deux séries du second ordre : la première se trouve entre G et E, au milieu desquels se placent A démonstrateur, B principal, C associé et D démonstrateur, tous sons du premier ordre. La seconde série est placée entre C et A, entre lesquels se trouvent D démonstrateur, E principal, F associé, G démonstrateur, tous sons du premier ordre. Les séries se lient entre elles en allant du grave à l'aigu, et

in qualuncha positione è chiamata grave respetto a ciascuna voce più alta di se, et così ogni voce si chiama acuta per respetto di ogni voce bassa de se.

15. Le regole si legano per rigo et spazio in traverso diretto, proferendo le voci insieme colle nomi officiali, cio è : le lettere de le voce da per se, e li nome officiali da per se; cominciando sempre da **A**, andando in super infino al **G**, dicendo la prima regola **A**. la, ré, per tal modo che, in ciascuna taula delli nomi officiali con le voce, si trovono appuntino septe regole overo septe parole regolative; la qual è mirabile inventione che in sette parole se ha tutta la scientia. Le regole simplice sono sette, si come la prima taula delli nomi officiali colle loro voci del primo ordine da per se demostrando per righe e spatii in traverso tirati li quali etiandio representano le regole, cio è le voci con li loro nomi officiali.

tout son, dans quelque position qu'il soit, est appelé grave par rapport à tout autre son plus élevé que lui ; il est dit aigu par rapport à tout autre plus bas que lui.

15. Les espacements se lient entre eux par des lignes horizontales, contenant à la fois les sons et leurs noms officiels, c'est-à-dire les lettres représentant les sons à part, et leurs noms officiels aussi à part; en commençant par A et en montant jusqu'à G, disant sur la première ligne **A**, la, ré, de telle sorte que, dans chaque tableau des noms officiels et des sons, se trouvent précisément sept espacements ou sept noms régulateurs; admirable invention où sept mots forment toute la science. Les espacements simples sont au nombre de sept, comme le démontre le premier tableau des noms officiels et des sons du premier ordre, formé de lignes horizontales et d'intervalles dont les espacements représentent les sons et les noms officiels.

LA CALLIOPÉE LÉGALE.

	PRIMA TAULA DELLI NOMI OFFICIALI COLLE VOCI DEL PRIMO ORDINE.			PREMIER TABLEAU DES NOMS OFFICIELS AVEC LES SONS DU PREMIER ORDRE.	
G	Demostratore.		sol	ré	
F	Démonstrateur. Comite.		fa	ut	Naturalmente duro.
	Associé.				Naturellement dur.
E	Principe.	la	mi		
D	Principal. Demostratore.		sol	ré	
					Sopracuto.
C	Démonstrateur. Comite.		fa	ut	Naturalmente naturale. Suraigu.
♮	Associé. Principe.		mi		Naturellement naturel.
A	Principal. Demostratore.	la	ré		Acuto.
G	Démonstrateur. Demostratore.	sol	ut	Naturalmente duro.	Aigu.
F	Démonstrateur. Comite.	fa		Naturellement dur.	
E	Associé. Principe.	la	mi		
D	Principal. Demostratore.	sol	ré		
C	Démonstrateur. Comite.	fa	ut	Naturalmente naturale.	
♮	Associé. Principe.	mi		Naturellement naturel.	
A	Principal. Demostratore.	la	ré		
G	Démonstrateur. Demostratore.	sol	ut	Naturalmente duro.	
F	Démonstrateur. Comite.	fa		Naturellement dur.	
E	Associé. Principe.	la	mi		
D	Principal. Demostratore.	sol	ré		Grave.
C	Démonstrateur. Comite.	fa	ut	Naturalmente naturale.	Grave.
♮	Associé. Principe.	mi		Naturellement naturel.	
A	Principal. Demostratore.	la	re		
G	Démonstrateur. Demostratore.	sol	ut	Naturalmente duro.	Subgrave.
	Démonstrateur.			Naturellement dur.	Sous-grave.

16. La prima schiera di sotto, perche non è fornita et aperta, demostrando che si può fornire, e cosi le due ultime di sopra. Avengadio che le

16. La première série inférieure, non achevée et ouverte, montre qu'elle peut être complétée ainsi que les deux dernières supérieures. Bien que

schiere siano otto in numero, pur nientedimeno non sono se non due in quanto alla forma naturale delli loro principi e comiti, li quali sono B, C et E, F, che danno li nomi ordinarii alle schiere. La prima schiera è chiamata naturalmente dura per rispetto del suo principe, perche si porta duramente collo F. La seconda è chiamata naturalmente naturale per che lo sue principe facilmente a tutte le voci è amico.

17. Li nomi officiali che ascendono sono tre, cio è : ut, re, mi, perche sono di sotto al comite, et ancora che volli ascendere, necessario è che sià basso. Li nomi officiali che descendono sono tre, cio è : fa, sol, la, (l. la, sol, fa,) perche sono di sopra al principe, et ancora, che volli descendere, necessario è che sagli in alto. Li nomi officiali comuni sono quatro, cio è : re, mi, fa, sol, perche o poco o assai possono ascendere e descendere ; ma ut non può descendere, ne la puo ascendere perche son dui extremi.

18. Mi ascendendo debbi essere profferito cordialmente, et è molto acuto, perche, intra re et mi, è grande spatio. Ma il fa debbi essere profferito moderatamente, perche, intra mi et fa, è meno spatio della metà delli altri. E pero mi è chiamato principe, et fa comite, cio è compagno al principe. Il perche sono strettamente insieme abbraciati, si come debbono essere e

les séries soient au nombre de huit, il n'y en a cependant que deux, par rapport à la forme naturelle des principaux et associés B, C et E, F, qui donnent aux séries les noms ordinaires. La première série est appelée naturellement dure, à cause de son principal qui sonne durement avec F. La seconde s'appelle naturellement naturelle, parce que son principal s'allie facilement à tous les sons.

17. Les noms officiels ascendants sont au nombre de trois, savoir : ut, ré, mi, parce qu'ils sont au-dessous de l'associé et que, pour monter, il est nécessaire qu'on soit en bas. Les noms officiels descendants sont au nombre de trois, savoir : la, sol, fa, parce qu'ils sont au-dessus du principal, et que, pour descendre, il est nécessaire qu'on soit en haut. Les noms officiels communs sont au nombre de quatre, savoir : ré, mi, fa, sol, parce qu'ils peuvent monter ou descendre plus ou moins ; mais ut ne peut descendre, ni la monter, tous deux étant à l'extrémité.

18. Mi en montant doit être chanté avec vigueur, et est très aigu, parce que, entre ré et mi, il y a un grand intervalle. Mais fa doit être chanté avec modération, parce que, entre mi et fa, l'intervalle est moindre qu'entre les autres sons. C'est pourquoi mi est appelé principal et fa associé, c'est-à-dire compagnon du principal. Comme ils sont étroitement unis, ils doivent être

buoni compagni. Ma li altri nomi officiali da questi sono molto distanti e così intra loro. E però sono chiamati demonstratori, a similitudine del dito indice co lo qual dimostrando qual cosa molto si parte del dito grosso et da quello di mezzo. Aduncha mi descendendo debbe essere profferito come quasi equal al fa.

19. Cantando sempre si debbi avere la mente al principe e al comite accio che siano coniuncti strettamente insieme. E da poi che ancora siano trovati insemi il principe e il comite, facilmente si potranno trovare gli altri nomi officiali in quella medesima schiera. E pero mai si debbi cantare alcuni nomi officiali delle schiere promiscui del secondo col primo, se non è depinto *b* rotondo, nè del terzo col primo, se non è depinto *b* quadro jacenti.

20. A, in la regola simplice, ha dui nomi officiali, che lo servano, cio è : la, nella schiera naturalmente naturale per descendere, e re, nella schiera naturalmente dura per ascendere. B ha uno nomi officiali che lo servi, cio è: mi, nella schiera naturalmente dura così per ascendere, come per descendere. C ha due nomi officiali che lo servono, cio è : fa, nella schiera naturalmente dura per decendere, e ut, nella schiera naturalmente naturale per ascendere. D ha due nomi officiali, che lo servono cio è : sol, nella schiera naturalmente dura per discendere, re, nelle schiera naturalmente natu-

bons compagnons. Les autres noms officiels sont également à une grande distance entre eux. On les appelle démonstrateurs, par analogie avec l'index, lequel, quand on s'en sert pour montrer quelque chose, s'éloigne du pouce et du doigt du milieu. Donc mi en descendant doit être chanté pour ainsi dire de même que fa.

19. En chantant, on doit toujours faire attention au principal et à l'associé, afin qu'ils soient étroitement unis ensemble. Dès que le principal et l'associé sont connus, il est facile de trouver les autres noms officiels de la même série. C'est pourquoi l'on ne doit jamais chanter aucun nom officiel de la série commune du second ordre avec le premier, si elle n'est marquée par un ♭, ni du troisième avec le premier, si elle n'est marquée par un ♯.

20. A, dans l'espacement simple, a deux noms officiels : la, dans la série naturellement naturelle en descendant, et ré, dans la série naturellement dure en montant. B a un seul nom officiel : mi, dans la série naturellement dure tant en montant qu'en descendant. C a deux noms officiels : fa, dans la série naturellement dure en descendant, et ut, dans la série naturellement naturelle en montant. D a deux noms officiels : sol, dans la série naturellement dure en descendant; ré, dans la série naturellement naturelle en montant. E a deux noms officiels: la, dans la série naturellement dure en montant; mi,

rale per ascendere. E ha dui nomi officiali, cio è : la, nella schiera naturalmente dura per descendere, mi, nella schiera naturalmente natural per ascendere. F ha dui (*l.* uno) nomi officiali, cio è : fa, nella schiera naturalmente naturale, così per ascendere come per descendere. G ha dui nomi, cio è : sol, nella schiera naturalmente naturali per descendere, et ut, nella schiera naturalmente dura per ascendere. In ciascuna regola che ha due nomi officiali, sono dui mutatione : la prima lassando lo primo nomi, sumendo el secondo; la seconda lasciando il secondo e sumendo il primo. E quella mutatione si chiama per ascendere si al nome che si piglia per ascendere; e cosi è per lo contrario, andando sempre di una schiera in altra. Onde ut, re, mi, serveno a tre voci diverse, a le quali fa, sol, la, etiandio in un' altra schiera possono servire. Sempre si debbono pigliare piu tosto fa, sol, la, che ut, re, mi, maximamente non passando el comite dell' altra schiera loro, cio è : ut, re, mi; e questo, piu tosto per descendere che per ascendere, avenga idio che si faccia l'uno e l'altro.

21. La mutazione si debbe fare tanto presto quanto l'occhio si avedi che a passare piu alto che la della schiera che el cantore (nel ascendere?), overo piu basso che ut a descendere; perche ascendendo si piglia comunamento, ut, overo re, overo mi, che sono proprio per ascendere, maxime trapas-

dans la série naturellement naturelle en descendant. F a un nom officiel : fa, dans la série naturellement naturelle en montant et en descendant. G a deux noms officiels : sol, dans la série naturellement naturelle en montant; et ut dans la série naturellement dure en descendant. Dans chaque espacement où il y a deux noms officiels, il y a deux mutations : la première a lieu en quittant le premier nom pour prendre le second; la seconde, en quittant le second pour prendre le premier. La mutation s'appelle mutation ascendante, si on change de nom en montant; et réciproquement, en allant toujours d'une série à une autre. Ainsi ut, ré, mi servent à trois sons divers, auxquels fa, sol, la, peuvent servir dans une autre série. On doit toujours prendre plutôt fa, sol, la, que ut, ré, mi, surtout lorsqu'on ne dépasse pas l'associé de l'autre série, c'est-à-dire ut, ré, mi; et cela plutôt en descendant qu'en montant, quoiqu'il arrive de faire l'un et l'autre.

21. La mutation doit se faire dès que l'œil aperçoit qu'il faut aller plus haut que la de la série en montant ou plus bas qu'ut en descendant, parce qu'en montant on prend ordinairement ut, ou ré, ou mi, qui sont convenables pour monter, surtout lorsqu'on dépasse l'associé. En descendant, on

sando il comite; e descendendo comunamente si piglia fa, overo sol, overo la, secondo che la regola demonstra cantando. Mai si debbe abandonare il primo ordine, si expresse il secondo ordine overo il terzo non siano signati per le loro clave, overo che se videssi ♮ et F uniti che volessino stare insieme, che naturalmente non possono. Allora si potrebbe pigliare A del secondo ordine, che è comite al qual si da fa overo F del terzo ordine, principe al qual si da mi. Nientidemeno in le loro schiere non si debbono usare altri nomi officiali che fa medesimo overo mi medesimo; ma subito si debbi ricorrere a la schiera del primo dun meno (modo?) che non si vedi. Lo canto vada principalmenti per tal schiera molle, perche allora b rotondo comunamente si pone nelli principi delle taule del canto. Ma fa del terzo ordine, in nel canto legali, rarissime volte è depinto per el suo b quadro iacenti, benche spesse volte si canti. Spesse volte si pigliano diverse schiere delli nomi officiali secondo la inclinazione dello audire, delli quali el principe è 'l comite il buono cantore subito cognoscera. A del secondo ordine è in nella prima schiera del secondo ordine; e F del terzo è in nella quarta schiera del terzo ordine. La prima schiera del secondo sta intra F e D del primo, interponendo G demostratore, A principe, tutti dui del primo, et A comite del secondo ordine, e C demostratore

prend ordinairement fa, ou sol, ou la, suivant l'indication d'espacement. On ne doit jamais abandonner le premier ordre, si le second ou le troisième ne sont marqués expressément par leur clef, ou à moins qu'on ne voie ♮ et F sur le point de se trouver ensemble, ce qui ne peut être naturellement. Alors on peut prendre A du second ordre, qui est l'associé, auquel on donne fa, ou F du troisième ordre, principal auquel on donne mi. Néanmoins dans chaque série, on ne doit prendre d'autre nom officiel que le même fa ou le même mi, et aussitôt retourner à la série du premier ordre d'une manière invisible. Le chant marche principalement dans la série molle, parce qu'alors se place ordinairement un ♭ au commencement de la portée. Dans le plain-chant, fa du troisième ordre est très rarement accompagné d'un ♯, bien que souvent il s'y chante. On prend fréquemment, suivant la propension de l'oreille, diverses séries de noms officiels parmi lesquels le principal et l'associé sont reconnus de suite par un bon chanteur. A du second ordre est dans la première série du second ordre; F du troisième est dans la quatrième série du troisième. La première série du second ordre se trouve entre F et D du premier, entre lesquels sont G démonstrateur et A principal du premier ordre, A associé du second et C démonstrateur du premier. La quatrième série du troi-

del primo. La quarta schiera del terzo sta intra D e B del primo, F principe del terzo, G comite, et A demostratore, tutti due voce del primo.

sième ordre se trouve entre D et B du premier, F principal du troisième, G associé et A démonstrateur du premier.

SECONDA TAOLA DELLI NOMI OFFICIALI — DEUXIÈME TABLEAU DES NOMS OFFICIELS.

G {					sol	ré	ut	
F {	Comite.				fa	ut	Prima schiera del 2ᵉ ordine.	
	Associé.						Première série du 2ᵉ ordre.	
E {	Principe.			la	mi		Principe.	
	Principal.						Principal.	
D {			la	sol	ré			
C {	Comite.		sol	fa	ut			
	Associé.							Sopracute.
B {	Comite.			fa	mi		Principe.	Suraigu.
	Associé.						Principal.	
A {	Principe.		la	mi	ré		Principe.	
	Principal.						Principal.	
G {			sol	ré	ut			
F {	Comite.			fa	ut		Prima schiera de 2ᵉ ordine.	
	Associé.						Première série du 2ᵉ ordre.	
E {	Principe.		la	mi			Principe.	
	Principal.						Principal.	
D {		la	sol	ré				
C {	Comite.	sol	fa	ut				Acute.
	Associé.							Aigu.
B {	Comite.		fa	mi			Principe.	
	Associé.						Principal.	
A {	Principe.	la	mi	ré			Principe.	
	Principal.						Principal.	
G {		sol	ré	ut				
F {	Comite.		fa	ut			Prima schiera del 2ᵉ ordine.	
	Associé.						Première série du 2ᵉ ordre.	
E {	Principe.	la	mi				Principe.	
	Principal.						Principal.	
D {	la	sol	ré					
C {	Comite.	sol	fa	ut				Grave.
	Associé.							Grave.
B {	Comite.	fa	mi				Principe.	
	Associé.						Principal.	
A {	Principe.	la	mi	ré			Principe.	
	Principal.						Principal.	
C {		sol	ré	ut			Prima schiera del 2ᵉ ordine.	Subgrave.
							Première série du 2ᵉ ordre.	Sous-grave.

22. Le regole promiscue solamente della prima schiera del secondo ordine col primo sono sette, e sono molte in usu. Ma A del secondo ordine, dipinto per B, sta directe con le voce del primo ordine; e ♮ quadro directo del primo sta in la propria schiera, si come dimostra la seconda taola delli nomi officiali come le voce.

23. In nella regola che a tre nome officiali sone sei mutazione; la prima lasciando el primo nome, sumendo el secondo; la seconda sumendo il primo, lasciando il secondo; la terza lasciando il primo, sumendo il terzo; la quarta lasciando il terzo, sumendo il primo; la quinta lasciando il secondo, sumendo il terzo; la sesta lasciando il terzo, sumendo il secondo; si come la prima taola overo regula dimostra, cio è : A la, mi, re, dicendo la, mi; mi, la; la, re; re, la; mi, re; re, mi. In la seconda regula, cio è : ♭, fa, ♮, mi, mai si debbi mutare fa in mi, ne mi in fa, perche fa, servi ad A del secondo, e mi a ♮ quadro dritto; e ancora mi è piu alto che 'l fa, ch'è contra natura delle schiere. Pur nientidimeno nel canto corale si trova tal mutazione; ma nel canto legale non per nostra eta. Le regole, per misure solamente della quarta schiera del terzo ordine col primo, sono sette come dimostra la terza taola delle nomi officiali con le voce.

22. Les espacements communs de la première série du second ordre et du premier seulement sont au nombre de sept et très usités. Mais A du second ordre, figuré par B, est en rapport direct avec les sons du premier ordre; et ♮ du premier est dans sa propre série, comme le démontre le deuxième tableau des noms officiels et des sons.

23. Dans l'espacement qui porte trois noms officiels, il y a six mutations : la première a lieu en quittant le premier nom pour prendre le second; la seconde en prenant le premier et quittant le second; la troisième en quittant le premier pour prendre le troisième; la quatrième en quittant le troisième pour prendre le premier; la cinquième en quittant le second pour prendre le troisième; la sixième en quittant le troisième pour prendre le second, comme le démontre le premier tableau ou espacement, savoir : A, la, mi, ré, en disant la, mi; mi, la; la, ré; ré, la; mi, ré; ré, mi. Dans le second espacement, ♭, fa, ♮, mi, on ne doit jamais changer fa en mi, ni mi en fa; parce que fa sert à A du second, et mi à ♮, et que mi (si ♮) est plus élevé que fa (si ♭) qui est contre nature dans la série. Cette mutation se pratique dans le chant figuré, mais non dans le plain-chant de notre époque. Les espacements de la quatrième série du troisième ordre avec le premier sont au nombre de sept, comme le démontre le troisième tableau de noms officiels et des sons.

312 DOCUMENTS.

TERZA TAOLA DELLI NOMI OFFICIALI.   TROISIÈME TABLEAU DES NOMS OFFICIELS.

G	Comite.					sol	fa	ut	
	Associé.								
F	Comite.						fa	mi	Principe.
	Associé.								Principal.
E	Principe.				la	mi	ré	*Principe*	
	Principal.							Principal.	
D					sol	ré	ut	4ª schiera del 3°.	Sopracute.
								4ᵉ série du 3ᵉ ordre.	Suraigu.
C	Comite.					fa	ut		
	Associé.								
♮	Principe.				la	mi		Principe.	
	Principal.							Principal.	
A				la	sol	ré			
G	Comite.			sol	fa	ut			
	Associé.								
F	Comite.			fa	mi		Principe.		
	Associé.						Principal.		
E	Principe.		la	mi	ré	*Principe*.			
	Principal.					Principal.			
D			sol	ré	ut	4ª schiera del 3°.			Acute.
						4ᵉ série du 3ᵉ ordre.			Aigu.
C	Comite.		fa	ut					
	Associé.								
♮	Principe.	la	mi		Principe.				
	Principal.				Principal.				
A	la	sol	ré						
G	Comite.	sol	fa	ut					
	Associé.								
F	Comite.	fa	mi						
	Associé.								
E	Principe.	la	mi	ré	Principe.				
	Principal.				Principal.				
D		sol	ré	ut	4ª schiera del 3°.				Grave.
					4ᵉ série du 3ᵉ ordre.				Grave.
C	Comite.	fa	ut						
	Associé.								
♮	Principe.	la	mi		Principe.				
	Principal.				Principal.				
A	la	sol	ré						
G	Comite.	sol	fa	ut					Subgrave.
	Associé.								Sous-grave.
			4ª schiera del 3°.						
			4ᵉ série du 3ᵉ ordre.						

24. In nella sesta regola mai si muta mi in fa, ne fa in mi, perche fa servi a F del primo, e mi a F del terzo.

24. Dans le sixième espacement, mi ne se change jamais en fa, ni fa en mi, parce que fa sert à F du premier.

la qual mutazione non si fa mai in canto legali per l'eta nostra.

Li principi e comiti delle schiere promiscui del secondo ordine col primo sono cinque per una, cio è: A del primo e A del secondo; C del primo e C del secondo; D del primo e D del secondo; G del primo e G del secondo. Li comiti et li principi delle schiere promiscue del terzo col primo etiamdio sono cinque per una, cio è: A del terzo e B del primo; C del terzo e D del primo; D del terzo et E del primo; F del terzo e G del primo; G del terzo et A del primo dell' altra positione. Sempre la schiera piglia il suo ordinario dal principe e dal comite, cio è : il primo principe e lo primo comite generano overo producono la prima schiera. Le regole promiscue di tutti li ordini sono sette siccome la quarta taola delli nomi officiali colle voci. Seguita la :

et mi à F du troisième; cette mutation ne se fait jamais dans le plainchant de notre époque.

Les principaux et les associés des séries communes au second ordre et au premier sont au nombre de cinq pour une, savoir : A du premier et A du second; C du premier et C du second; G du premier et G du second. Les associés et les principaux des séries communes au troisième ordre et au premier sont au nombre de cinq pour une, savoir : A du troisième et B du premier; C du troisième et D du premier; D du troisième et E du premier; F du troisième et G du premier; G du troisième et A du premier de l'autre position. La série reçoit toujours sa disposition du son principal et de l'associé, c'est-à-dire que le premier principal et le premier associé engendrent ou produisent la première série. Les espacements communs à tous les ordres sont au nombre de sept, comme le démontre le quatrième tableau des noms officiels et des sons. Suit le :

QUARTA TAOLA DELLI NOMI OFFICIALI
CON LE VOCI DI TUTTI LI ORDINI

QUATRIÈME TABLEAU DES NOMS OFFICIELS
AVEC LES SONS DE TOUS LES ORDRES.

[Table showing notes C, ♮, A, G, F, E, D, C, ♮, A, G, F with columns for Principe/Principal, Comite/Associé, Démousi./Démonstrateur, and musical syllables la, sol, fa, mi, ré, ut, with designations such as:]

- C : la sol fa mi ré ut
- ♮ : la sol fa mi ré ut — 3ᵃ del 2° e 3°. / 3ᵉ série des 2ᵉ et 3ᵉ ordres.
- A : la sol fa mi ré ut
- G (Demostratore/Démonstrateur) : la sol fa mi ré ut — 2ᵃ del 1° et 3°. *Sopracute.* / 2ᵉ série des 1ᵉʳ et 3ᵉ ord. *Suraigu.*
- F : la sol fa mi ré ut — La pᵃ del 2° e 3°. / La 1ʳᵉ des 2ᵉ et 3ᵉ ordres.
- E : la sol fa mi ré ut — 2ᵃ et 3ᵃ schiera. / 2ᵉ et 3ᵉ série.
- D (Demostratore/Démonstrateur) : la sol fa mi ré ut — 4ᵃ schiera del 2° e 3°. / 4ᵉ série du 2ᵉ ordre et du 3ᵉ. *Acute. / Aigu.*
- C : la sol fa mi ré ut
- ♮ : la sol fa mi ré ut — 3ᵃ schiera del 2° e 3°. / 3ᵉ série des 2ᵉ et 3ᵉ ordres.
- A (Demostratore/Démonstrateur) : la sol fa mi ré ut — 2ᵃ schiera del 2° e 3°. *Grave.* / 2ᵉ série des 2ᵉ et 3ᵉ ordres. *Grave.*
- G (Demostratore/Démonstrateur) : la sol fa mi ré ut
- F : la sol fa mi ré ut — pᵃ schiera del 2° e 3°. / 1ʳᵉ série des 2ᵉ et 3ᵉ ordres.

25. Una medesma schiera promiscua servi a dui ordini, cio è al secondo e al terzo, come si vede per *b* ritondo et *b* quadro iacenti in una medesima schiera. Aduncha la prima schiera promiscua del secundo e del terzo ordine comminciano per medesimi righi et spatii che F del primo, finiendo per D;

25. Une même série commune sert à deux ordres, savoir : au second et au troisième, comme on le voit lorsqu'il y a un ♭ et un ♯ dans une même série. Donc la première série commune au second ordre et au troisième commence par les mêmes lignes et intervalles que F du premier et finit par D; la seconde

la seconda per A, finiendo per F; la terza per B, finiendo per G; la quarta per D, finiendo per B; la quinta per E, finiendo per C. Fa in ciacuna schiera promiscue, servendo alle voci del primo, è comite al terzo; ma servendo alle voci del secondo, è comite al primo. Mi certamente servendo alle voci del primo è principe al secondo; ma servendo alle voce del terzo, è principe al primo.

26. La prima schiera promiscua del secondo sta infra F grave del primo et D acuto, overo intra F acuto e D superacuto, interponendo G demostratore et A principe, tutte due voce del primo, A comite del secondo e C demostratore del primo.

27. La seconda schiera promiscua del terzo sta intra F grave del terzo e D acuto, overo intra F acuto del terzo e D supracuto, interponendo G demostratore, A principe, tutti due voci del terzo, B comite del primo e C demostratore del terzo.

La seconda schiera promiscue del secondo sta intra G grave del secondo e F acuto overo intra G acuto del secondo et F sopracuto del primo, interponendo A demostratore del secondo, C principe del primo, C comite e D demostratore, tutti due voci del secondo.

La seconda schiera del terzo sta intra A acuto del primo e F acuto del terzo overo intra A supracuto del primo et F sopracuto del terzo, interponendo B demostratore del primo, C

commençant par A, finit par F; la troisième par B, finit par G; la quatrième par D, finit par B; la cinquième par E, finit par C. Fa dans chaque série commune, servant aux sons du premier ordre, est associé du troisième, et servant aux sons du deuxième, est associé du premier. Mi servant aux sons du premier ordre est principal du second, et, servant aux sons du troisième, est principal du second.

26. La première série commune du second ordre se trouve entre F grave du premier et D aigu, ou entre F aigu et D suraigu, entre lesquels se trouvent G démonstrateur et A principal du premier ordre, A associé du second et C démonstrateur du premier.

27. La seconde série commune du troisième ordre se trouve entre F grave du troisième et D aigu, ou entre F aigu du troisième et D suraigu, entre lesquels sont G démonstrateur et A principal du troisième, B associé du premier et C démonstrateur du troisième.

La seconde série commune du troisième se trouve entre G grave du second et F aigu, ou entre G aigu du second et F suraigu du premier, entre lesquels sont A démonstrateur du second, C principal du premier, C associé et D démonstrateur du second.

La deuxième série du troisième se trouve entre A aigu du premier et F aigu du troisième, ou entre A suraigu du premier et F suraigu du troisième, entre lesquels sont B démonstrateur du

principe del terzo, D comite e E demostratore, tutti dui voci del primo.

28. La terza schiera promiscua del secondo sta intra A acuto del secondo e G acuto del primo, overo intra A sopracuto del secondo e G sopracuto del primo, interponendo C demostratore, D principe, tutti due voce del primo; D comite del secondo e F del primo demostratore. Ma la terza schiera promiscua del terzo sta intra B acuto del primo e G acuto del terzo, overo intra B supracuto del primo e G sopracuto del terzo, interponendo C demostratore, D principe, tutti due voce del terzo, E comite del primo e F demostratore del terzo.

29. La quarta schiera promiscua del terzo sta in(tra) C acuto del secondo et A supracato overo intra C sopracuto e A excellenti, interponendo D demostratore del secondo, E principe del primo, F comite, G demostratore, tutti due voce del secondo. Ma la quarta schiera promiscua del terzo sta in(tra) D acuto del primo e B sopracuto, overo intra D sopracuto del primo e B excellenti, interponendo E demostratore del primo, F principe del terzo, G comite, A demostratore, tutti due voce del primo.

30. La quinta schiera promiscua del secondo sta intra D acuto del secondo e C sopracuto del primo, overo intra D sopracuto e C excellenti, interponendo F demostratore, G principe,

premier, C principal du troisième, D associé et E démonstrateur du premier.

28. La troisième série commune du second ordre se trouve entre A aigu du second et G aigu du premier, ou entre A suraigu du second et G suraigu du premier, entre lesquels sont C démonstrateur et D principal du premier, D associé du second et F démonstrateur du premier. Mais la troisième série commune du troisième se trouve entre B aigu du premier et G aigu du troisième, ou entre B suraigu du premier et G suraigu du troisième, entre lesquels sont C démonstrateur et D principal du troisième ordre, F associé du premier et F démonstrateur du troisième.

29. La quatrième série commune du troisième ordre se trouve entre C aigu du second et A suraigu, ou entre C suraigu et A supérieur, entre lesquels sont D démonstrateur du second, E principal du premier, F associé et A démonstrateur du second. Mais la quatrième série commune du troisième ordre se trouve entre D aigu du premier et B suraigu, ou entre D suraigu du premier et B supérieur, entre lesquels sont E démonstrateur du premier ordre, F principal du troisième, G associé et A démonstrateur du premier.

30. La cinquième série commune du second ordre se trouve entre D aigu du second et C suraigu du premier, ou entre D suraigu et C supérieur, entre lesquels sont F démonstrateur et G

tutti due voci del primo; G comite, e A demostratore tutti due voci del secondo. Ma la quinta schiera promiscua sta intra C acuta del primo e C sopracuto del terzo, overo intra E sopracuto e C excellenti interponendo F demostratore, G principe, tutti dui voci del terzo, A comite et D demostratore, tutte due voci del primo. E cosi si intende per l'altre positioni, non di tutti come è la positione subgrave per respetto al grave.

31. Le prime cinque schiere, per che non sono fornite, sono aperte di sotto, dimostrando che si possono fornire discendendo, e cosi le ultime cinque di sopra ascendendo. In ciascuna regula promiscua per tutti li ordini sono trenta mutazione :

1ª Lassando il primo nome, sumendo il secondo;
2ª Lassando il secondo, sumendo il primo;
3ª Lassando il primo, sumendo il terzo;
4ª Lassando il terzo, sumendo il primo;
5ª Lassando il primo, sumendo il quarto;
6ª Lassando il quarto, sumendo il primo;
7ª Lassando il primo, sumendo il quinto;
8ª Lassando il quinto, sumendo il primo;

principal du premier ordre, G associé et A démonstrateur du second. Mais la cinquième série commune se trouve entre C aigu du premier et C suraigu du troisième, ou entre E suraigu et C supérieur, entre lesquels sont F démonstrateur et G principal du troisième, A associé et D démonstrateur du premier. Il en est de même pour les autres positions non entières, comme est la position sousgrave par rapport au grave.

31. Les cinq premières séries, n'étant pas terminées, sont ouvertes au bas, faisant voir qu'elles peuvent s'achever en descendant; il en est de même des cinq dernières supérieures. Dans chaque espacement commun pour tous les ordres, il y a trente mutations qui ont lieu ainsi :

La 1re, en quittant le premier nom pour prendre le second;
La 2e, en quittant le second pour prendre le premier;
La 3e, en quittant le premier pour prendre le troisième;
La 4e, en quittant le troisième pour prendre le premier;
La 5e, en quittant le premier pour prendre le quatrième;
La 6e, en quittant le quatrième pour prendre le premier;
La 7e, en quittant le premier pour prendre le cinquième;
La 8e, en quittant le cinquième pour prendre le premier;

9ª Lassando il primo, sumendo il sesto;
10ª Lassando il sesto, sumendo il primo;
11ª Lassando il secondo, sumendo il terzo;
12ª Lassando il terzo, sumendo il secondo;
13ª Lassando il secondo, sumendo il quarto;
14ª Lassando il quarto, sumendo il secondo;
15ª Lassando il secondo, sumendo il quinto;
16ª Lassando il quinto, sumendo il secondo;
17ª Lassando il secondo, sumendo il sesto;
18ª Lassando il sesto, sumendo il secondo;
19ª Lassando il terzo, sumendo il quarto;
20ª Lassando il quarto, sumendo il terzo;
21ª Lassando il terzo, sumendo il quinto;
22ª Lassando il quinto, sumendo il terzo;
23ª Lassando il terzo, sumendo il sesto;
24ª Lassando il sesto, sumendo il terzo;
25ª Lassando il quarto, sumendo il quinto;
26ª Lassando il quinto, sumendo il quarto;

La 9ᵉ, en quittant le premier pour prendre le sixième;
La 10ᵉ, en quittant le sixième pour prendre le premier;
La 11ᵉ, en quittant le second pour prendre le troisième;
La 12ᵉ, en quittant le troisième pour prendre le second;
La 13ᵉ, en quittant le second pour prendre le quatrième;
La 14ᵉ, en quittant le quatrième pour prendre le second;
La 15ᵉ, en quittant le second pour prendre le cinquième;
La 16ᵉ, en quittant le cinquième pour prendre le second;
La 17ᵉ, en quittant le second pour prendre le sixième;
La 18ᵉ, en quittant le sixième pour prendre le second;
La 19ᵉ, en quittant le troisième pour prendre le cinquième;
La 20ᵉ, en quittant le quatrième pour prendre le troisième;
La 21ᵉ, en quittant le troisième pour prendre le cinquième;
La 22ᵉ, en quittant le cinquième pour prendre le troisième;
La 23ᵉ, en quittant le troisième pour prendre le sixième;
La 24ᵉ, en quittant le sixième pour prendre le troisième;
La 25ᵉ, en quittant le quatrième pour prendre le cinquième;
La 26ᵉ, en quittant le cinquième pour prendre le quatrième;

27ª Lassando il quarto, sumendo il sesto;
28ª Lassando il sesto, sumendo il quarto;
29ª Lassando il quinto, sumendo il sesto;
30ª Lassando il sesto, sumendo il quinto;

32. Si come in ciascuna regula promiscua cantando per li nomi officiali; cio è : la, sol; sol, la. La, fa; fa, la. La, mi; mi, la. La, re; re, la. La, ut; ut, la. Sol, fa; fa, sol. Sol, mi, mi, sol. Sol, re; re, sol. Sol, ut; ut, sol. Fa, mi; mi, fa. Fa, re; re, fa. Fa, ut; ut, fa. Mi, re; re, mi. Mi, ut, ut, mi. Re, ut; ut, re. Ma fa che servi al secondo ordine non si muta in mi che servi al terzo, perchè mi sarebbe più alto che fa; che sarebbe contra la natura delle schiere, cio è in questo genere mellifluo qua in fine quivi dicto[1], è che mi (del terzo) non si muta in fa del secondo.

Mutando uno nome officiale in altro, con bel modo profferendo sarebbi solamenti quel che si piglia[2] tacendo quel che si lassa facendo la mutazione, perchè tutti dui servano ad una medesima voce. E mutando il nome officiale sempre si muta la schiera. Le schiere del secondo et del terzo ordine sono chiamate molli overo cromatice, cio è colorate, perchè, quando

La 27ᵉ, en quittant le quatrième pour prendre le sixième;
La 28ᵉ, en quittant le sixième pour prendre le quatrième;
La 29ᵉ, en quittant le cinquième pour prendre le sixième;
La 30ᵉ, en quittant le sixième pour prendre le cinquième;

32. Ou en chantant, dans chaque espacement commun, par les noms officiels, savoir : la, sol; sol, la. La, fa; fa, la. La, mi; mi, la. La, ré; ré, la. La, ut; ut, la. Sol, fa; fa, sol. Fa, mi; mi, fa. Fa, ré; ré, fa. Fa, ut; ut, fa. Mi, ré; ré, mi. Mi, ut; ut, mi. Ré, ut, ut, ré. Mais fa qui sert au deuxième ordre ne se change pas en mi qui sert au troisième, parce que mi (si ♮) serait plus haut que fa (si ♭); ce qui serait contraire à la nature des séries, dans le genre agréable, déjà décrit, où mi du troisième ne se change pas en fa du second.

En changeant un nom officiel en un autre, le mode convenable est de proférer seulement celui que l'on prend et de taire celui qu'on abandonne pour faire la mutation, parce que les deux servent à désigner un même son. En changeant le nom officiel on change toujours la série. Les séries du second ordre et du troisième sont appelées molles ou chromatiques

---

(1) « In fine a qua ditto ne anchora mi del terzo non si muta in fa. » Ms. V.

(2) « Bel modo sarebbe proferendo solamente quello che si piglia. » Ms. V.

320   DOCUMENTS.

le voci del primo ordine intra se non convengano, cio è duramente si portano, si interpongono le voci del secondo et del terzo per rimovere quella durezza e asperità.

33. Li movimenti delle voce sono cinque, cio è : recto, intenso, remisso, circonflexo del grave, e circonflexo dell'acuto.

34. Movimento recto è quando una medesima voce secondo la sua forma naturali, è mossa molte volte, facendo molte phtongi differenti in numero siccome proferendo molte volte :

ou colorées, parce que, quand les sons du premier ordre ne conviennent pas entre eux, c'est-à-dire qu'ils sonnent durement, on y interpose les sons du second ordre et du troisième pour éviter cette dureté et âpreté.

33. On compte cinq mouvements des sons, savoir : le direct, l'aigu, le grave, le circonflexe grave et le circonflexe aigu.

34. Le mouvement direct a lieu quand la même note, suivant sa forme naturelle, est mise en mouvement plusieurs fois, et rend plusieurs sons différents en nombre, comme lorsqu'on chante plusieurs fois :

ré ré ré ré
G   G   G   G

E cosi profferendo l'altre voci, overo li nomi officiali. E tal movimento si chiamo movimento univoco.

35. Movimento intenso è quando movendo una voce subito si move dopo quella la seconda overo la terza, o la quarta, o la quinta, o la sexta in verso l'acuto. Se da poi la voce grave si move la seconda, la terza, la quarta, etc., si come profferendo :

Il en est de même lorsqu'on chante les autres sons ou leurs noms officiels. Ce mouvement s'appelle aussi univoque.

35. Le mouvement ascendant a lieu quand un son grave s'élève à la seconde, à la tierce, à la quarte, à la quinte ou à la sixte. Si la voix grave monte d'une seconde, d'une tierce, d'une quarte, etc. (cela s'appelle mouvement de seconde, tierce, quarte, etc.), comme dans cet exemple :

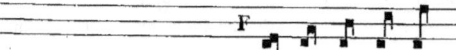

Tal movimento si dice esser movimento intenso.

36. Movimento remisso è quando,

Ce mouvement s'appelle mouvement ascendant.

36. Le mouvement descendant a

movendo una voce acuta subito si move dopo quella la seconda, la terza, la quarta, la quinta, la sexta in le gravi e cosi dell'altre a simili. Se da poi la voce acuta si move la seconda in verso al grave, si dice movimento secondo, e se la terza, movimento terzo, e cosi de singulis, exempli gratia :

lieu lorsqu'un son aigu descend d'une seconde, d'une tierce, d'une quarte, d'une quinte, d'une sixte et ainsi de suite. Si le son aigu descend d'une seconde, on l'appelle mouvement de seconde; s'il descend d'une tierce, on l'appelle mouvement de tierce, et ainsi de suite. Exemple :

37. Movimento circonflexo del grave e quando si move una voce grave movendosi subito dopo quella un' altra verso a l'acuta, e dopo l'acuta subito si move un' altra verso al grave dove el movimento è venuto da primo verbi gratia.

37. Le mouvement circonflexe grave a lieu quand un son grave monte subitement vers un autre son aigu et descend subitement de celui-ci au premier. Exemple :

38. Movimento circonflexo dell' acuto è quando movendo una voce acuta subito si move un' altra verso il grave, e da poi il grave subito si move un' altra verso all' acuto d'onde el movimento è venuto da prima[1].

38. Le mouvement circonflexe aigu est celui où un son aigu descend subitement sur un son grave et remonte subitement au premier. Exemple :

39. Le note delli movimenti sono cinque, cio è puncto, podato, clino cephalico e salico.

39. Cinq notes servent à exprimer les mouvements, savoir : le "point", le "podatus", le "clinus", le "cephalicus", et le "salicus".

40. Li puncti sono quattro, cio è : quadrato, helmaym, strophico el arisco.

40. Il y a quatre points : le point "carré" (la brève), l' "helmaym" (la semibrève), le "strophicus" (la longue), et l' "ariscus" (la plique).

---

(1) « Exempli gratia. » M. V.

522 — DOCUMENTS.

41. Sono ancora quattro note, cio è : scandico, climaco, terculo e himaco, le quali sono in luogo di podato, clino, cephalico e salico.

42. Ancora e un altra nota dicta presso, cio è exprimitore, perche sta in capo ultimo di tutte le taule ad exprimere la prima nota della taula sequente [1]. Exempli gratia :

41. Il y a ensuite quatre notes : le "scandicus", le "climacus", le "terculus" et le "himacus" qui tiennent la place du "podatus", du "clivus", du "cephalicus" et du "salicus".

42. Il est encore une autre note appelée "pressus", ou guidon, parce qu'elle se place à la fin d'une portée musicale pour indiquer la première note de la ligne suivante. Exemple :

PRIMA TOALA DELLE VOCE OVERO NOTE. PREMIER TABLEAU DES NOTES.

43. La quantita delle note sono cinque, cio è : equalita, unita, equalita divisa et inequalita unita, inequalita divisa et inequalita ligata. Dui o tre punti del movimento retto di sopra una sillaba delle parole è della equalita unita; ma separata di sopra a molte sillabe [2] sono della equalita divisa.

44. Scandico, climaco, terculo, himaco [3], ciascuno da per se di sopra a una sillaba sola è della inequalita ligata, e sempre la lettera vocale è appuntino di sotto al primo punto della nota fatta per molti puncti in qualuncha quantita, sicome dimostrano le seconde taule delle note :

43. La "quantité" des notes offre cinq variétés, savoir : l'égalité, l'unité, l'égalité séparée, l'égalité conjointe, l'inégalité séparée et l'inégalité liée. Deux ou trois notes du mouvement direct placées sur une syllabe du texte appartiennent à l'égalité conjointe; mais, étagées sur plusieurs syllabes, elles sont de l'égalité séparée.

44. Le scandicus, le climacus, le terculus, le himacus [3], chacun sur une seule syllabe, appartiennent à l'inégalité liée, et le texte se met toujours exactement sous la première note du groupe, quelle qu'en soit la quantité, ainsi qu'on le voit dans le second tableau des notes :

(1) « Ad cio che il vedere non sia ingannato. » Ms. V. (Pour que la vue ne soit pas trompée.)

(2) « Della parola. » Ms. V.
(3) « Podato, clino, cephalico, et salico. » Ms. V.

LA CALLIOPÉE LÉGALE.

45. Di molti podati si fa uno podato parte dell' inequalita unita et parte dell' inequalita ligata, cio è quando tutti sono insieme sopra una sillaba sola. E similimente di molti clini si fa uno clino e di molti podati e clini e di molti podati e clini si fa uno salico,

45. De plusieurs podatus on forme un podatus composé en partie de l'inégalité unie et de l'inégalité liée, savoir quand tous se trouvent ensemble sur une seule syllabe. De même, de plusieurs clinus on forme un clinus; de plusieurs podatus et de plusieurs cli-

sicome dimostra la terza taola sopra anotata.

46. Il primo puncto del clino, del salico el arico mai sta per uno quadrato; e l'ultimo puncto del podato o del salico sempre è arico overo strophico; mai tutti li altri puncti sono quadrati. Il perche le virgule, le quali legano l'uno puncto con l'altro, sono infinite, cio è non hanno fine determinato piu in l'uno puncto che in l'altro. Ma la maggiore parte della inequalita unita sono helmuaim, cio è quadrati et obtusi.

47. Il primo puncto della ligatura è dicto con proprieta, perche è il fondo, overo a uno colonnello in nel sinistro descendenti che lo sostienni.

48. Ma l'ultimo puncto è chiamato con perfectione perche etiamdio è in fondo, overo ha uno colonnello in nel dextro descendente che la sostenni. Ancora propria cosa è a li principii delle cose essere breve e li fini loro essere longhi; e pero in nel canto corale la nota con perfectione è longa e tutte l'altre breve. Il qual modo a cantare ancora si pò usare nel canto legale, il qual si chiami cantare con proprieta e perfectione, come si pò provare per le taole delle note.

49. Ancora li strophici e arici sono longhi; ma li quadrati et obtusi sono brevi, cio è helmauym.

nus on forme un cephalicus; plusieurs clinus et podatus produisent un salicus, ainsi que cela est démontré dans le précédent tableau.

46. Le premier point du clinus, du salicus et de l'ariscus n'est jamais simplement carré, et le dernier du podatus ou du salicus est toujours un ariscus ou un strophicus; tous les autres points sont carrés. Les traits qui lient une note à une autre sont d'une longueur indéterminée; ils ne commencent et ne finissent pas plus à une note qu'à l'autre. La plus grande partie de l'inégalité unie se compose d'helmuaim, c'est-à-dire de brèves et semibrèves.

47. Le premier point d'une ligature est dit avec propriété, parce qu'il est la base, ou parce qu'il a à sa gauche un trait descendant qui le soutient.

48. Le dernier point est appelé avec perfection, parce qu'il est la base, ou qu'il a à sa droite un trait descendant qui le soutient. Une autre propriété est d'être brève au commencement et longue à la fin; c'est pourquoi, dans la musique figurée, la note avec perfection est longue et toutes les autres sont brèves. Ce mode de chanter, appelé avec propriété et perfection, peut s'employer aussi dans le plain-chant, comme on peut le prouver par le tableau des notes.

49. Les "strophicus" et les "ariscus" sont des notes longues; les notes carrées (brèves) et celles en forme de lo-

50. Ma quando sono notati per numero dispari, il punto davanti debbe essere tenuto piu longo per uno helmaym, se a li cantori paresse troppo difficile a cantare per el numero dispare.

51. La legatura non puo avere meno di due punti, ne debbe averne piu di tre, perche due e tre sono radice di tutti gli altri numero; cio è dui è radice del numero pari, e tre è del numero dispari, perche in questi medesimi li altri numeri sono resoluti; e cosi tutte le legature cosi[1] in nel canto corale come legale sono risolute in queste legature, cio è podato, clino, cephalico e salico; e ancora perche Iddio non si alegra solamente del ternario, ma etiamdio dal duplice testamento; e pero chi lo lauda cordialmenti per queste radice delli numeri pare essere laudato per tutti li numeri e per tutte le note per tali numeri numerate.

52. Le situazione delli puncti per la inequalita sono cinque, cio è :

Præposita secondo la intensione, cio è di sopra posita.

Subposita secondo la remissione, cio è di sotto posita.

(1) « Breve. » M. V.

sange (semibrèves) sont des notes d'une durée courte, comme l'helmuaym. (?)

50. Quand ces notes sont liées par nombre impair, l'avant-dernière doit être plus longue de la valeur d'un helmuaym, s'il paraît trop difficile aux chantres de chanter par nombre impair.

51. Une ligature ne peut avoir moins de deux notes, et ne doit en avoir plus de trois, parce que deux et trois sont la racine de tous les autres nombres. Deux est la racine de tout nombre pair, et trois, la racine de tout nombre impair, parce que, à ces nombres, se réduisent tous les autres; parce que toutes les ligatures, dans le chant figuré comme dans le plainchant, ont leur principe dans les ligatures du podatus, du clinus, du cephalicus et du salicus; et enfin parce que Dieu se réjouit non-seulement dans sa trinité, mais encore dans son double testament; c'est pourquoi celui qui le loue en esprit par cette racine des nombres, le loue également par tous les nombres et par toutes les notes qui en sont formées.

52. Les situations des points, sous le rapport de l'inégalité, sont au nombre de cinq :

La préposée par élévation, c'est-à-dire posée au-dessus ;

La supposée par abaissement, c'est-à-dire posée au-dessous ;

Interposita secondo l'augmentazione, per che quando in mezzo è messo alcuna nota, appare che li movimenti sia augumentato.

Apposita secondo la diminuzione, perche quando il fine d'uno movimento e principio dell' altro, appare che li movimento sia diminuto, perche intra puncti non e spatio alcuno, per li quali l'uno punto sia separato dell' altro si in verso al grave, si in verso l'acuto.

53. E la situazione mixta è dicta secondo la variazione delle diverse positioüe, cio è : parte interposita, parte præposita, parte subposita e parte apposita. Il primo punto sempre è supposito, e l'ultimo è preposito ; ma quello di mezzo è interposito, proposito, è subposito e apposito. Adunque el punto di mezzo è mixto, e pero tutto il podato per le sue proprie parte è mixto, perche ciascuna nota fatta di piu punti necessariamente di diversi situazioni è mixta al meno di dui situazioni, cio è della proposita e subposita. E cosi si intendi del clino, cephalico e salico, e dell' altre note simiglianti, si come dimostrono le taole delle note.

54. Queste medesime positione overo situazione dicte cadono ancora all' altra note intra se medesme ; perche, in nel podato di tre puncti fato da dui podati, il primo podato e subposito e l' altro presupposito, e tutti dui sono

L'interposée, par l'augmentation, parce que, quand une note est placée au milieu, il semble que le mouvement soit augmenté ;

L'apposée, par diminution, parce que, quand la fin d'un mouvement est le commencement d'un autre, il semble qu'il soit diminué, les notes n'étant séparées l'une de l'autre par aucun intervalle, soit au grave, soit à l'aigu.

53. La situation mixte est appelée ainsi de la variation des positions, c'est-à-dire de ce qu'elle est partie interposée, partie préposée, partie supposée, partie apposée. La première note est toujours supposée, et la dernière préposée ; mais celle du milieu est interposée, préposée, supposée ou apposée. Donc la note du milieu est mixte; c'est pourquoi tout podatus de sa nature est mixte, puisque chaque neume, formé de plusieurs notes, ayant nécessairement diverses positions, est mixte par rapport à deux positions au moins, à savoir la préposée et la supposée. Il en est de même du clinus, du cephalicus, du salicus et des autres semblables, comme le démontre le tableau des notes.

54. Ces positions ou situations se rencontrent aussi dans les autres neumes formés de mêmes espèces; car, dans un podatus de trois notes formé de deux podatus, le premier est supposé et l'autre présupposé ; tous deux

appositi. Il perche il fino dell'uno è principio dell'altro. Aduncha tutto il podato di tre puncti e facto di dui podati et è mixto secondo la variatione delle situationi.

55. E può essere ancora mixto secondo la variatione delle mòdi, li quali sono seconda minore che intra è principe e comite, e seconda maggiore che è intra el demostratore e la principe, overo intra el demostratore e lo comite, et intra se medesmo demostratori; e terza minore che è tra re, fa et intra mi e sol, e terza maggiore intra ut et mi e intra fa, la. Sono tutti li articuli, perche l'uno movimento delli dui podati po essere seconda minore, e l'altro seconda maggiore. E tutti due podati possono essere secondi maggiori; ma alloro il podato de tre puncti composto di dui podati non è mixto secondo la variatione delli modi, cio è delli temperamenti, perche tutti due li articuli sono di uno medesmo temperamento, perche tanto spazio è del puncto di mezzo al puncto verso l'acuto, quanto è al puncto in verso al gravi in quanto alla forma naturale della seconda maggiore. E cosi si intende del clino di tre puncti composito di due clini.

56. Quando il primo puncto e l'ultimo del cephalico cadeno in medesmo movimento recto (?) in tutto è apposito per rispetto al podato, e lo clino del

sont apposés, parce que la fin de l'un est le commencement de l'autre. Donc tout podatus de trois points est fait de deux podatus et est mixte par la variation de la position.

55. Il peut être encore mixte par la variation des intervalles composés d'une seconde mineure, qui est entre le principal et l'associé; d'une seconde majeure qui se trouve entre le démonstrateur et le principal, ou entre le démonstrateur et l'associé ou entre les démonstrateurs eux-mêmes; d'une tierce mineure qui est entre ré, fa et entre mi, sol, et d'une tierce majeure entre ut, mi et entre fa, la. Ce sont là tous les membres par lesquels l'un des mouvements du double podatus peut être seconde mineure et l'autre seconde majeure. Les deux podatus peuvent être composés de secondes majeures; mais alors le podatus de trois notes n'est pas mixte par la variation des intervalles, c'est-à-dire des tempéraments, parce que les deux membres sont du même tempérament, attendu que l'intervalle qui sépare la note du milieu de la note aiguë est le même que celui qui sépare la note du milieu de la note inférieure, quant à la forme naturelle de la seconde majeure. Il en est de même du clivus de trois notes composé de deux clivus.

56. Quand la première note et la dernière du cephalicus tombent sur le même degré, il est entièrement apposé par rapport au podatus et au clivus

DOCUMENTS.

qual lui è composito. E similmenti del salico, in tutto è apposito per rispetto al clino e'l podato, per lo qual lui per lo contrario è composto. Ma quando il primo puncto del cephalico è piu alto che l'ultimo, overo l'ultimo è piu alto del primo, è proposito.

dont il est composé. Il en est de même du salicus, il est entièrement apposé par rapport au clivus et au podatus dont il est composé. Mais quand la première note du cephalicus est plus élevée que la dernière, ou que la dernière est plus élevée que la première, il est préposé.

57. Ma è salico per lo contrario; cio è quando il primo puncto è più alto che l'ultimo, è supposito, overo quando l'ultimo è più alto che el primo, sicome le quarte taole delle note demostrano.

57. Le contraire a lieu dans le salicus; c'est-à-dire que, quand la première note est plus élevée que la dernière, ou quand la dernière note est plus élevée que la première, il est supposé, comme cela est démontré dans le quatrième tableau des notes.

QUARTA TAOLA DELLE NOTE.   QUATRIÈME TABLEAU DES NOTES.

58. Arsis et thesis, cio è intentione e remissione, overo elevatione e depositione. Per il gemino moto di arsis et thesis ciascuna neuma è formata, excepte le simplici e le repercusse, le quali sono formate solumente per uno moto, cio è per moto recto solamente,

58. Arsis et thésis signifient élévation ou abaissement. Chaque neume est formé du double mouvement de l'arsis et de la thésis, excepté les neumes simples et les neumes répercutés qui ne sont formés que d'un seul mouvement, du mouvement direct

o per il moto intenso solamente, overo per il moto remisso solamente.

59. Neuma è una certa composizione e forma[1] de molte note quante voci si può facilmente profferire di sotto uno spirito; overo è formata di una sola nota posita per una sillaba o dictione, overo oratione. Ma quando tal composizione fusse fornita[2] di più note che si pò profferire sotto uno spirito, tal composizione debbe essere ressoluta in molti spiriti, cio è fiati, e in molti neumi più brevi, siccome uno corpo in brevi membri è diversi. Aduncha tal composizione è chiamata neuma overo formula dum meno (*sic*.)[3] sia notata overo scripta.

60. Ma proferendola è chiamata modulatione overo modulo, overo modo, cio è di molti modi diversi uno delectivoli temperamento; ma in quanto che a molti movimenti interpositi e chiamata constitutione, cio è quasi uno corpo pieno de modulazione. E avengadio che qual che volta è formata tal compozitione di una sola nota, nientidimeno è per molti movimenti inclusi, li quali pareno[4] solamente uno a l'audito. E per li dicti movimenti tal sola voce recevi uno dilettevoli temperamento di tali moti diversi inclusi.

61. Le neumi sono octo, cio è : neuma simplice formata di una nota

seul, de l'aigu seul ou du grave seul.

59. Le neume est un ensemble formé d'autant de notes que la voix peut facilement produire de sons d'un seul souffle; ou bien il consiste en une seule note servant à une syllabe, un mot ou une phrase. Mais quand un pareil ensemble est formé de plus de notes qu'on n'en peut chanter d'une haleine, il doit être exécuté en plusieurs respirations ou souffles et en plusieurs neumes plus courts, comme un corps qui est composé de divers membres courts. Ainsi un tel assemblage est appelé neume ou formule, quand il est noté ou écrit.

60. Lorsqu'il est chanté, on l'appelle modulation, module ou mode, c'est-à-dire phrase mélodique agréable, composée de plusieurs intervalles divers; mais par rapport à plusieurs mouvements interposés, on l'appelle constitution, c'est-à-dire ensemble de modulation. Quoiqu'un pareil ensemble soit quelquefois formé d'une seule note, il est néanmoins pourvu de divers mouvements qui, à l'ouïe, ne semblent en faire qu'un seul. A l'aide de ces mouvements, un tel son unique prend un caractère agréable résultant de ces mouvements mêmes.

61. Les neumes sont au nombre de huit, savoir : 1° le neume simple

---

(1) « Formata de tante note. » Ms. V.
(2) « Formata. » Ms. V.

(3) « Dum mentre (*sic*). » M. V.
(4) « Piano. » M. V.

per il moto dricto, cio è non per arsis nè per thesis.

Neuma repercussa è formata di molte note, etiamdio per il moto cio è nè per arsis nè per thesis, ma per univoco.

Neuma simplex è formata da due note per el moto intenso cio è per arsis solamente.

(Neuma simplex è formata da due note per il moto remisso, cio è per thesi solamente. Ms. V.)

Neuma repercussa è formata di più note che di due per il moto intenso, cio è per arsis solumente.

Neuma repercussa di più note che di due è per el mote remisso cio è per thesi solamente.

Neuma formata di molte note per il moto circumflexo gravi, cio è per arsi et thesi.

Neuma formata de molte per il moto circumflexo da l'acuto, cio è per thesi et arsi, si come demostrano le quinte taole.

formé d'une note par mouvement direct, c'est-à-dire sans arsis ni thésis.

2° Le neume répercuté, composé de plusieurs notes disposées aussi par mouvement direct, c'est-à-dire sans arsis ni thésis, mais à l'unisson.

3° Le neume simple, formé de deux notes par mouvement ascendant, c'est-à-dire par arsis seulement.

4° Le neume simple, formé de deux notes par mouvement descendant, c'est-à-dire par thésis seulement.

5° Le neume répercuté, formé de plus de deux notes par mouvement ascendant, c'est-à-dire par arsis seulement.

6° Le neume répercuté, formé de plus de deux notes par mouvement descendant, c'est-à-dire par thésis seulement.

7° Le neume formé de plusieurs notes par mouvement circonflexe grave, c'est-à-dire par arsis et par thésis.

8° Le neume formé de plusieurs notes par mouvement circonflexe aigu, c'est-à-dire par thésis et par arsis, comme le démontre le cinquième tableau.

QUINTA TAOLA DELLE NOTE.   CINQUIÈME TABLEAU DES NOTES.

62. Inequalita delli neumi sono nove, cio è : simil continentie; simil disjunctione; simil conjunctione; disimil continentie; disimil disjunctione; disimil conjunctione; parte simili e disimili; in tutto simili; in tutto disimili.

63. Simil continentia è quando el movimento comparato contienni virtualmente overo actualmenti tante voce quanto il movimento a che è comparato.

64. Simil disjunctione è quando el movimento è comparato actualmente non ad alcuna voce in mezzo, nè ancora quello a che è comparato.

65. Simil conjunctione è quando il movimento è comparato actualmenti a qualche voce in mezzo, siccome a quello a che è comparato.

66. Disimil continentia è quando il movimento è comparato virtualmenti overo actualmenti a più voci o meno che el movimento a che è comparato.

67. Disimil disjunctione è quando el movimento è comparato actualmenti non a qualche voce di mezzo, ma a quello a che è comparato non alcuno.

68. Disimil continentia (*l.* conjunctione) è quando il movimento comparato virtualmenti ha tante voce quante

62. L'inégalité des neumes offre neuf variétés, savoir : la contenance semblable; la disjonction semblable; la conjonction semblable; la contenance dissemblable; la disjonction dissemblable; la conjonction dissemblable; le semblable en partie et le dissemblable en partie; le semblable en tout; le dissemblable en tout.

63. La contenance semblable est celle où le mouvement, objet de la comparaison, contient virtuellement ou actuellement autant de sons que le mouvement auquel il est comparé.

64. La disjonction semblable est celle où le mouvement n'est comparé actuellement ni à un son intermédiaire, ni à celui qui forme l'objet de la comparaison.

65. La conjonction semblable est celle où le mouvement est comparé actuellement à quelque son intermédiaire, comme à celui auquel il est comparé.

66. La contenance dissemblable est celle où le mouvement est comparé virtuellement ou actuellement à plus ou moins de sons que le mouvement auquel il est comparé.

67. La disjonction dissemblable est celle où le mouvement n'est comparé actuellement ni à un son intermédiaire, ni à aucun de ceux auxquels il est comparé.

68. La conjonction dissemblable est celle où le mouvement, objet de la comparaison, a virtuellement autant

quello a che è comparato; ma quello, che è comparato, è disjuncto e conjuncto.

69. Simil continentia e disimil conjunctione è quando il movimento è comparato virtualmenti a tante voce quante quello a che è comparato; ma il comparato è conjuncto e l'altro disjuncto.

70. In tutto simili è quando il movimento comparato actualmenti overo virtualmenti ha tante voce quante quello a che è comparato; e tutti due sono disjuncti overo conjuncti.

71. In tutto disimil è quando il movimento comparato ha virtualmenti più voce, o meno che quello a che è comparato, e si l'uno è disjuncto, l'altro è conjuncto, sicome dimostrano le sexte taole delle voci.

de sons que celui auquel il est comparé; celui qui forme l'objet de la comparaison étant disjoint et conjoint.

69. Le semblable en contenance et le dissemblable en conjonction a lieu quand le mouvement est virtuellement comparé à autant de sons que celui auquel il est comparé; le mouvement, objet de la comparaison, étant conjoint et l'autre disjoint.

70. Le semblable en tout a lieu quand le mouvement comparé actuellement ou virtuellement a autant de sons que celui auquel il est comparé, tous deux étant disjoints ou conjoints.

71. Le dissemblable en tout a lieu quand le mouvement, objet de la comparaison, a plus ou moins de sons que celui auquel il est comparé, et quand l'un est disjoint et l'autre conjoint, comme le démontre le sixième tableau.

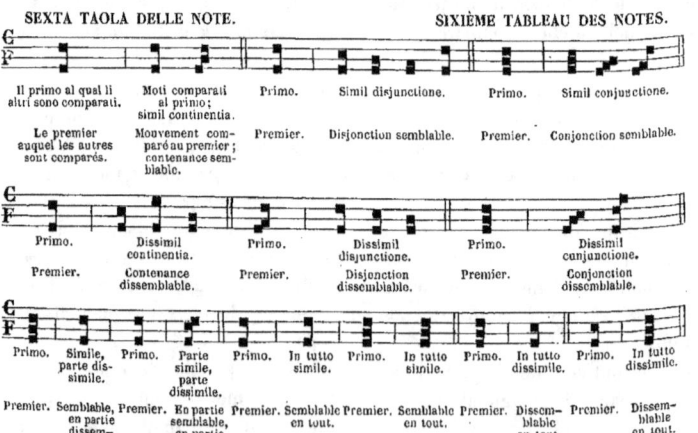

SEXTA TAOLA DELLE NOTE. SIXIÈME TABLEAU DES NOTES.

72. Li modi, cio è le determinationi delle note alle radice delli numeri, cio è binario e ternario, sono octo, videlicet primo, secondo, terzo, quarto, quinto, sexto, septimo et octavo.

73. El primo modo è determinato per strophici qualche volte mescolati cum alcuno arisco senza alcune altre note.

74. El secondo è determinato per uno strophico con el quadrato sequente.

75. El terzo è determinato per el quadrato con lo strophico sequenti.

76. El quarto è determinato per uno strophico con dui quadrati sequenti.

77. El quinto è determinato per dui quadrati con uno strophico sequenti.

78. El sexto è determinato per un strophico con tre quadrati sequenti.

79. El septimo è determinato per tre quadrati con uno strophico sequenti.

80. El octavo è determinato per quadrati et obtusi mescolati in semi senza alcuno strophico.

81. Nientidimeno intra loro correspontioni è valenti per uno strophico, per lo [1] strophico da se è messo per tre overo per dui quadrati. Se per tre da se, è chiamato del modo

72. Les modes, c'est-à-dire le rapport des notes avec la racine des nombres, binaire ou ternaire, sont au nombre de huit : le premier, le second, le troisième, le quatrième, le cinquième, le sixième, le septième et le huitième.

73. Le premier mode est composé de " strophicus " mélangés de quelques " ariscus ", mais sans autres notes.

74. Le second est composé d'un " strophicus " (une longue) et d'une note carrée (une brève) qui le suit.

75. Le troisième est composé d'une carrée suivie d'un " strophicus ".

76. Le quatrième est composé d'un " strophicus " suivi de deux carrées.

77. Le cinquième est composé de deux carrées suivies d'un " strophicus ".

78. Le sixième est composé d'un " strophicus " suivi de trois carrées.

79. Le septième est composé de trois carrées suivies d'un " strophicus ".

80. Le huitième est composé de carrées et de notes en losanges mêlées ensemble sans " strophicus ".

81. Néanmoins en place d'un " strophicus " on peut mettre sa valeur correspondante, parce que le strophicus (la longue) est mis pour trois ou deux carrées (brèves). S'il est mis pour trois, le

---

(1) « Perche. » Ms. V.

perfecto; e se è posto da se per dui, è chiamato strophico del modo imperfetto. E pero lo strophico nel secondo modo avenga idio che da se è del modo perfecto, nientidimeno esso è imperfetto per el quadrato sequenti, il quali si intende essere levato da lui; è cosi ancora in nel terzo modo, si come dimostrano le septime taule delle note.

mode s'appelle mode parfait; s'il est mis pour deux, le mode est imparfait. En conséquence, bien que de lui-même le strophicus soit du mode parfait, il devient du mode imparfait lorsqu'il est suivi d'une brève qui est censée lui être enlevée; il en est de même dans le troisième mode, comme on le voit dans le septième tableau des notes.

SEPTIMA TAOLA DELLE NOTE.   SEPTIÈME TABLEAU DES NOTES.

82. De l'octavo modo si cava octo tempi, cio è: primo, secondo, terzo, quarto, quinto, sexto, septimo et octavo.

82. Du huitième mode dérivent huit temps : le premier, le second, le troisième, le quatrième, le cinquième, le sixième, le septième et le huitième.

83. El primo tempo è determinato per uno quadrato solamente o più infra loro senza alcuno strophico obtuso.

83. Le premier est composé d'une brève seulement ou de plusieurs, sans mélange de longues ou de semi-brèves.

84. El secondo tempo è determinato per uno quadrato con uno obtuso sequenti.

84. Le second temps est composé d'une brève suivie d'une semibrève.

85. El terzo tempo è determinato per uno obtuso con uno quadrato sequenti.

85. Le troisième est composé d'une semibrève suivie d'une brève.

86. El quarto tempo è determinato per uno quadrato con dui obtusi sequenti.

86. Le quatrième est composé d'une brève suivie de deux semibrèves.

87. El quinto tempo è determinato per dui obtusi con uno quadrato sequenti.

88. El sexto tempo è determinato per uno quadrato cum tre obtusi sequenti.

89. El septimo tempo è determinato per tre obtusi cum uno quadrato sequenti.

90. L'octavo tempo è determinato per obtusi e minime intra loro mesculati; le qual minime sono formate guingendo una virgula al canto obtuso di sopra al hemuym. Le qual minime rarissime in nel canto legale sono cantate excepto in nel credo[1] cardinalesco et ancora certe glorie legale. Nientidimeno benche sia l'octavo tempo corrispondente al primo tempo, conciosiacosa che lo quadrato in nel primo tempo vaglia tre obtusi overo dui da se, se vale dui da se, e dicto tempore imperfetto; se val tre, è dicto tempore perfecto da se, sicome si dimostra in l'octavo taule.

87. Le cinquième est composé de deux semibrèves et d'une brève.

88. Le sixième est composé d'une brève et de trois semibrèves.

89. Le septième est composé de trois semibrèves et d'une brève.

90. Le huitième est composé de semibrèves et de minimes mélangées entre elles. Les minimes se forment en ajoutant une virgule à la semibrève, appelée ci-dessus "helmaym". Les minimes s'exécutent très rarement dans le plaint-chant, excepté dans "le credo cardinal" appelé ferial et dans un certain "gloria". Néanmoins, bien que le huitième temps corresponde au premier, puisque la brève, dans le premier temps, vaut trois ou deux semibrèves, le temps est dit imparfait, lorsque la brève vaut deux semibrèves ; il est appelé parfait, lorsqu'elle en vaut trois, comme le démontre le huitième tableau des notes.

OCTAVA TAOLA DELLE NOTE.   HUITIÈME TABLEAU DES NOTES.

1º tempo. 2º tempo. 3º tempo. 4º tempo. 5º tempo. 6º tempo. 7º tempo. 8º tempo.
1er temps. 2e temps. 3e temps. 4e temps. 5e temps. 6e temps. 7e temps. 8e temps.

91. Del octavo tempo si cava prolatione, cio è prima, seconda, terza, quarta, quinta, sexta, septima, octava.

91. Du huitième temps dérivent huit prolations, savoir : la première, la seconde, la troisième, la quatrième, la cinquième, la sixième, la septième et la huitième.

---

(1) « Chiamato festivo. »

92. La prima prolatione è determinata per uno obtuso da per se, overo per molti obtusi senza altra nota.

93. La seconda è determinata per uno obtuso e una minima sequenti.

94. La terza è determinata per una minima con uno obtuso sequenti.

95. La quarta è determinata per uno obtuso con due minime.

96. La quinta è determinata per due minime e uno obtuso sequenti.

97. La sexta è determinata per uno obtuso con tre minime sequenti.

98. La septima è determinata per tre minime con uno obtuso sequenti.

99. L'octava è determinata per minime.

100. E lo canto legale non procedi più oltra, ma rarissime si usa la determinazione del tempo e della prolatione, si come li dimostra la nona taola delle note.

92. La première prolation se compose d'une semibrève ou de plusieurs semibrèves sans mélange d'autres notes.

93. La seconde est composée d'une semibrève et d'une minime.

94. La troisième est composée d'une minime suivie d'une semibrève.

95. La quatrième est composée d'une semibrève et de deux minimes.

96. La cinquième est composée de deux minimes et d'une semibrève.

97. La sixième est composée d'une semibrève et de trois minimes.

98. La septième est composée de trois minimes et d'une semibrève.

99. La huitième est composée de minimes.

100. Le plain-chant ne va pas au delà; on y emploie rarement le temps et la prolation, comme le démontre le neuvième tableau des notes.

NONA TAOLA DELLE NOTE.   NEUVIÈME TABLEAU DES NOTES.

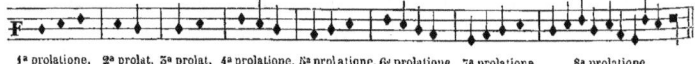

1ª prolatione.   2ª prolat.   3ª prolat.   4ª prolatione.   5ª prolatione.   6ª prolatione.   7ª prolatione.   8ª prolatione.
1ʳᵉ prolation.   2ᵉ prolat.   3ᵉ prolat.   4ᵉ prolation.   5ᵉ prolation.   6ᵉ prolation.   7ᵉ prolation.   8ᵉ prolation.

101. Li puncti li quali in nel canto legale sono chiamati strophico, quadrate et obtuso, cio è helmaym nel canto corale[1] sono chiamati longa, brevi, semibrevi.

102. Quando el canto è del modo perfecto, la longa da se è perfecta; e pero quando è da per se, overo accompagnata con altre longhe è detta

101. Les points appelés dans le plain-chant strophicus, carré et losange, c'est-à-dire "helmauym", s'appellent, dans le chant figuré, longue, brève, semibrève.

102. Quand le chant est du mode parfait, la longue est parfaite par elle-même; quand donc elle l'est par elle-même ou qu'elle est accompagnée

---

(1) « Figurato. » Ms. V.

longa perfecta del primo modo perfecto.

103. E se dapoi lei è una brevi, è detta longa imperfetta del secondo modo perfetto.

E se davanti lei hane una brevi, è chiamata longa imperfecta del terzo modo perfecto.

104. Aduncha la longa po' essere imperfetta, nientidimeno è del modo perfecto; e così per lo contrario, la longa po' essere perfecta quantunche del modo imperfecto, cio è in nel canto corali[1] quando da poi lei avessi uno punto piccolo.

105. Similmenti, quando il canto è del tempo perfecto, la brevi da se è perfetta, o sola, o accompagnata cum le altre brevi. E pero quando è da per se overo accompagnata cum altri brevi, detta brevi perfetta del primo tempo perfecto. E se hane dapoi una semibrevi è detta brevi imperfetta del secondo tempore perfetto[2]; e si davanti, è detta brevi imperfetta del terzo tempo perfecto.

106. Aduncha la brevi puo essere imperfetta, pur nientidimeno del tempo perfetto, et e contrario la brevi puo essere perfetta del tempo imperfetto[3].

107. Similmente ancora quando el canto è della prolatione perfecta, la semibrevi da se è perfetta; e quando è sola overo accompagnata cum altre

103. Lorsqu'elle est suivie d'une autre longue, la longue est dite parfaite du premier mode parfait.

103. Lorsqu'elle est suivie d'une brève, elle est dite longue imparfaite du second mode parfait.

Si elle est précédée d'une brève, elle est appelée longue imparfaite du troisième mode parfait.

104. En conséquence, la longue peut être imparfaite, quoiqu'elle appartienne au mode parfait, et au contraire elle peut être parfaite, quoique appartenant au mode imparfait, savoir, lorsque, dans le chant figuré, elle est suivie d'un petit point.

105. De même, quand le chant est du temps parfait, la brève est parfaite par elle-même, ou seule ou accompagnée d'une autre brève. Quand elle est seule ou accompagnée d'une autre brève, elle est dite parfaite du premier temps parfait. Si elle est suivie d'une semibrève, elle est dite brève, imparfaite du second temps parfait ; si elle est précédée d'une semibrève, elle est appelée brève imparfaite du troisième temps parfait.

106. Donc la brève peut être imparfaite, quoique appartenant au temps parfait, et au contraire elle peut être parfaite dans le temps imparfait.

107. De même, quand le chant appartient à la prolation parfaite, la semibrève est parfaite par elle-même ; et quand elle est seule ou accompa-

---

(1) « Figurato.» Ms. V. (2) « Imperfetto.» Ms. V.
(3) « Cio è, quando il canto è del tempo imperfetto. » (C'est-à-dire, quand le chant est dans le temps imparfait.)

semibrevi, è chiamata semibrevi perfecta della prima prolatione perfecta.

108. E, se hane una minima dopo, se è detta semibrevi imperfetta della seconda prolatione perfetta; e, se l'a dinanzi, è detta semibrevi imperfetta della terza prolatione perfecta.

109. Adoncha la semibrevi puo essere imperfetta, nientidimeno delle prolatione perfetta [1]; et, e contrario, la semibrevi puo essere perfetta, nientidimeno della prolatione imperfetta.

110. Adoncha in nel canto legale sono tre determinationi : la prima è del modo usitatissimo in nel canto legale; la seconda è del tempo poco usato in nel canto legali; la terza rarissima, cio è la prolatione.

111. Per le determinationi delle note perfectissime si può comprendere il canto corale avere per suo fundamento il canto legale, e di quello essere cavato, e che l'uno canto e l'altro subito essere reducto al binario e al ternario; perche el senario non è altra se non tre binarii overo dui ternarii, et el quaternario (dui) binarii, el novenario è tre ternarii e sic de singulis numeris li quali subito sono reducti a questo come è duodenario.

112. Li quali numeri sono chiamati intra se comparati proportioni ordinarii, perche, in nel legali e corale, ordinatamente altro numero non si

gnée d'une autre semibrève, elle est appelée semibrève parfaite de la première prolation parfaite.

108. Si elle est suivie d'une minime, elle est dite de la seconde prolation parfaite; et, si elle est précédée d'une minime, elle est appelée imparfaite de la troisième prolation parfaite.

109. Donc la semibrève peut être imparfaite, quoique de la prolation parfaite; et elle peut être, au contraire, parfaite, quoique appartenant à la prolation imparfaite.

110. Dans le plain-chant il y a trois proportions de durée des sons : la première est le mode, c'est le plus usité; la deuxième, le temps peu usité; et la troisième, la prolation, qui l'est très rarement.

111. Dans les proportions de durée des notes les plus parfaites, il est facile de voir que le chant figuré a pour fondement le plain-chant, qu'il en est dérivé, et que l'un et l'autre se réduisent subitement au nombre binaire ou ternaire; car le sénaire n'est autre que trois binaires ou deux ternaires; le quaternaire (deux) binaires; le novenaire, trois ternaires, et ainsi de suite des autres nombres, qui se réduisent de suite à ceux-là, comme, par exemple, le duodénaire.

112. Ces nombres s'appellent proportions de comparaison, parce que, dans le chant figuré comme dans le plain-chant, on ne doit régulièrement

---

(1) « E cosi per lo contrario. quando il canto è della prolatione imperfetta. »

debbe usare come sono el quinario e setenario, si come dimostrano le taule delle legature e determinationi in nel modo e tempo et in prolatione.

113. Ciascuna forma delli movimenti cosi ben retta, come obliqua per molte voce è chiamata diaphonia, cio è disjunctione, perche in nel canto legali sempre le voci sono proferite separemente; ma, in nel canto corali, simphonia tal è detta… cio è consonanza, perche principalmente le voci gravi cum l'acute sono proferite tutte insemi in uno medesimo tempo.

114. Le diaphonie in nel canto legale suficienti sono octo, cio è : univoca, seconda, terza, quarta, quinta, sexta, septima, octava.

115. La univoca è una diaphonia di molte voci in uno medesimo spatio o rigo recto.

116. La seconda diaphonia è di due voce in nel movimento obliquo per arsis overo per thesis.

117. La terza diaphonia è di tre voci in nel movimento obliquo per arsis et thesis.

118. La quarta diaphonia è di quattro voci in nel moto obliquo per arsis e thesis.

119. La quinta diaphonia è di cinque voci in nel moto obliquo per arsis et thesis.

120. La sexta diaphonia è di sei voci in nel moto obliquo per arsis e thesis.

pas en employer d'autres, comme, par exemple, le nombre quinaire ou septenaire, ainsi que le démontre le tableau des ligatures dans le mode, dans le temps et dans la prolation.

113. Chaque forme de mouvement de plusieurs sons soit direct, soit oblique, s'appelle diaphonie (intervalle), c'est-à-dire disjonction, parce que, dans le plain-chant, les sons se produisent séparément; dans le chant figuré, une telle symphonie s'appelle… ou consonnance, parce que le son grave et le son aigu sont entendus ensemble et en même temps.

114. Les diaphonies, dans le plainchant, sont au nombre de huit, savoir : l'unisson, la seconde, la tierce, la quarte, la quinte, la sixte, la septième et l'octave.

115. L'unisson est une diaphonie de plusieurs sons placés sur la même ligne ou dans le même espace.

116. La seconde diaphonie est composée de deux sons dans le mouvement oblique par arsis ou par thésis.

117. La troisième diaphonie est de trois sons dans le mouvement oblique par arsis et thésis.

118. La quatrième diaphonie est composée de quatre sons dans le mouvement oblique par arsis et thésis.

119. La cinquième diaphonie est composée de cinq sons dans le mouvement oblique par arsis et thésis.

120. La sixième diaphonie est composée de six sons dans le mouvement oblique par arsis et thésis.

121. La septima diaphonia è di sette voci in nel moto obliquo per arsis et thesis.

122. L'octava diaphonia è di octo voci in nel moto obliquo per arsis et thesis.

123. La seconda è tripartita, cio è : minore, maggiore e media.

La seconda minore sta intra el principe e el comite, laqual è misura a tutte l'altre diaphonie, e sempre sta o di quà o di là, e mai ha meno de dui seconde maggiore.

La seconda maggiore sta intra el principe e lo demostratore, et intra el comite demostratore, et ancora intra l'uno et l'altro demostratore. Aduncha la seconda minore sta intra mi e fa per arsis; e la seconda maggiore sta intra ut, re, et intra re, mi, et intra fa, sol, et intra sol, la, per thesis.

La media sta intra el primo ordine et lo terzo in verso l'acuto, et intra el secondo e'l primo.

124. La terza è bipartita, cio è : in terza minore e terza maggiore.

La terza minore sta intra A e C, et intra B e D, et intra D et F, et intra E et G, et ha una seconda minore.

La terza maggiore sta intra C et E, et intra F et A, et intra G et ♮, sic de singulis.

121. La diaphonie de septième est composée de sept sons dans le mouvement oblique par arsis et thésis.

122. La diaphonie d'octave est de huit sons dans le mouvement d'arsis et de thésis.

123. Il y a trois sortes de secondes : la seconde mineure, la seconde majeure et la seconde moyenne.

La seconde mineure se trouve entre le son principal et l'associé ; elle sert de mesure à toutes les autres diaphonies ; elle est toujours seule de çà ou de là, et elle n'est jamais séparée de moins de deux secondes majeures.

La seconde majeure se trouve entre le principal et le démonstrateur, entre l'associé et le démonstrateur et encore entre l'un et l'autre démonstrateur. Donc la seconde mineure est entre mi et fa par arsis, et la seconde majeure est entre ut et ré, entre ré et mi, entre fa et sol, et entre sol et la, par thésis.

La seconde moyenne se trouve entre le premier ordre et le troisième vers l'aigu, et entre le second et le premier.

124. Il y a deux tierces : la tierce mineure et la tierce majeure.

La tierce mineure est entre A et C, entre B et D, entre D et F et entre E et G ; elle contient une seconde mineure.

La tierce majeure est entre C et E, entre F et A, entre G et ♮, et ainsi de suite.

LA CALLIOPÉE LÉGALE.

125. La quarta è ancora bipartita, cio è minore e maggiore.

La quarta minore sta intra A et D, et B et E, et C et F, et D et G, et E et A, et de similibus. Sta aduncha per le official note : re, sol ; mi, la ; ut, fa ; re, sol ; e mi, la. E ciascuna schiera delle nomi officiali ha due quarte notabili : la prima comincia dal principe e fornisce la schiera di sopra ; l'altra comincia dal comite e fornisce la schiera di sotto ; e però la seconda minore sempre sta in mezzo della schiera.

La quarta maggiore sta intra dui minori[1], cio è intra B et F gravi et infra F gravi et ♮ acuto ; e però rarissime volte sono cantate, lequal certe sono da essere schiffate, il perche sono composte di tre seconde maggiori[2].

126. La quinta etiam è bipartita, cio è : quinta minore e quinta maggiore.

La quinta minore sta intra dui inimici, cio è : intra B et F gravi, et intra E gravi et b acuta ; e però rarissime è cantata, et debbi essere schifata.

La quinta maggiore sta intra A et

125. Il y a aussi deux sortes de quartes : la quarte mineure et la quarte majeure.

La quarte mineure est entre A et D, B et E, C et F, D et G, E et A, et ainsi de suite ; elle est donc, pour les notes officielles : ré, sol ; mi, la ; ut, fa ; ré, sol, et mi, la. Chaque série de noms officiels a deux quartes distinctives : la première commence avec le son principal et finit la série supérieure ; l'autre commence avec l'associé et termine la série inférieure ; par conséquent la seconde mineure se trouve toujours au milieu de la série.

La quarte majeure se trouve entre deux quartes mineures[1], savoir : entre B et F graves, et entre F grave et ♮ aigu ; elles sont très rarement usitées, elles doivent même être évitées, parce qu'elles sont composées de trois secondes majeures[2].

126. La quinte aussi se divise en deux sortes, savoir : en quinte mineure et en quinte majeure.

La quinte mineure se trouve entre deux ennemis, savoir entre B et F, et entre E et b ; aussi est-elle très rarement chantée, et doit-elle être évitée.

La quinte majeure se trouve entre

---

(1) E dyaphonia per ypsilon, cio è sonorita mal separata, perche ha tre toni : cio è uno semitono maggiore troppo ; et questa quarta maggiore sta intra dui inimici, cio è intra F et B. Ms. V.

(2) *Dia* per *iota* significa buona separatione ; illa per ypsilon significa mala separatione, et *fonia*, vocalis. Ms. V.

(1) La quarte est une dyaphonie par ypsilon ; un intervalle sonore mal disposé, parce qu'il a trois tons, c'est-à-dire un demi-ton majeur de trop ; cette quarte majeure est entre deux ennemis, savoir F et B. — Ms. V.

(2) *Dia* par *iota* signifie intervalle bien disposé ; *dya* par *ypsilon* signifie mauvaise disposition ; *fonia* veut dire vocal. Ms. V.

E; et D et A; et E et ♮; et F et C; et d et a; et c et g; et ha una seconda minore e tre maggiore. Ma la quinta minore ha due seconde minore e due maggiore. Aduncha la quinta maggiore sta per re, la; mi, mi; fa, fa; ut, sol; et re, la [1].

127. La sexta similiter è bipartita, cio è: minore et majore. La minore ha due seconde minore e tre maggiore, e sta intra A et F et B et G.

La sexta maggiore sta intra G et E et C et a, dell' altre positione sta intra D et ♮, et intra F et d; et ha una se-

(1) La quinta minore è dyaphonia per ypsilon, scilicet vocalita male separata, perche ha dù toni et dù semitoni minori, cio è li mancha uno semitono maggiore. La quinta minore sta intra dù inimici, cio è intra ♮ et fa; et pero rarissime volte è cantata, et debbe essere percio schiffata. Aduncha sequita che ♭ (l. ♮), posto infra dù F è inimico a tutte dù; et cosi f posto intra du ♭ (l. ♮).

La quinta maggiore è diaphonia per iota, perchè ha tre toni et uno semitono minore, cio è ha una secunda minore e tre maggiore; ma la quinta minore ha due seconde minori et dù maggiori. La quinta maggiore sta intra D et A, del altra positione sequente intra E et B, intra F et C, intra G et D; intra a et e, intra c et g; adoucha la quinta maggiore sta intra ut, sol; intra re, la; intra mi, mi; cio è intra ♭ et e, intra fa, fa, cio è intra f et c.

Et per amore (orrore?) di queste due dyaphonie per ypsilon, cio è per la quarta maggiore, et per la quinta minore, si piglia overo A del secondo ordine, overo F del terzo ordine: cio è se F e cominciato, si debbe pigliare A del secondo ordine in luogo di B primo; ma se ♮ e cominciato, si

A et E, D et A, E et ♮, F et C, d et a, c et g; elle renferme une seconde mineure et trois secondes majeures, donc la quinte majeure se trouve entre ré, la; mi, si; fa, si ♭; ut, sol, et ré, la [1].

127. La sixte est également divisée en sixte mineure et sixte majeure. La sixte mineure, composée de deux secondes mineures et de trois majeures, se trouve entre A et F, et B et G.

La sixte majeure est entre G et E, et C et a; dans l'autre position elle se trouve entre D et ♮, et entre F et d;

(1) La quinte mineure est une dyaphonie par ypsilon; un intervalle sonore mal disposé, parce qu'il a deux tons et deux demi-tons mineurs, c'est-à-dire qu'il lui manque un demi-ton majeur. La quinte mineure se trouve entre deux ennemis, savoir entre si ♮ et fa; c'est pourquoi elle n'est que très rarement chantée; elle doit être évitée. Il s'ensuit que si ♮, placé entre deux Fa, est ennemi de tous deux; il en est de même de Fa placé entre deux si ♮.

La quinte majeure est une diaphonie par iota, parce qu'elle a trois tons et un demi-ton mineur, c'est-à-dire une seconde mineure et trois majeures, tandis que la quinte mineure a deux secondes mineures et deux majeures. La quinte majeure se trouve entre D et A, dans l'autre position suivante, entre E et B, entre F et C, entre G et D, entre a et e, entre c et g. Donc la quinte majeure se trouve entre ut, sol; ré, la; mi, mi; c'est-à-dire si ♭ et mi (l. mi, si ♮), entre fa, fa, c'est-à-dire f et c.

Et par horreur pour ces deux intervalles par ypsilon, c'est-à-dire pour la quarte majeure, et pour la quinte mineure, on prend ou A du second ordre ou F du troisième : c'est-à-dire si le chant commence par F, on doit prendre A du second ordre au lieu de B du premier; mais si l'on com-

conda minore et quatro maggiore, et hanne dui principii notabili, cio è quella che sta intra G et E, et intra C et a; e però hanno la seconda minore appuntino in mezzo la qual piglia la sua forma naturali dal principe et dal comite.

128. La septima è bipartita, cio è: septima minore e maggiore. Septima minore ha due seconde minore et quattro maggiore, e sta intra A et G, et B et a. Ma quella che sta intra B et a è grandamente nobile et chiamenta synaphe, cio è conjuncta, perche è partita in due quarte minore per tal maniera, che l'ultima voce della prima quarta è principe dell' altra sequenti, cio è: el principi è fine dell uno è principio dell' altro, la septima maggiore sta intra C et ♮, dell' altre positione intra F et e, et ha una seconda minore et cinque maggiore.

elle est composée d'une seconde mineure et de quatre majeures; celles qui sont situées entre G et E et entre C et a ont deux principes remarquables; elles ont toutes deux, précisément au milieu, leur seconde mineure, naturellement formée du principal et de l'associé.

128. Il y a deux septièmes: la septième mineure et la septième majeure. La septième mineure a deux secondes mineures et quatre majeures; elle se trouve entre A et G, et entre B et a. Celle qui est entre B et a est très noble et s'appelle " synaphe ", c'est-à-dire conjointe, parce qu'elle est divisée en deux quartes mineures dans lesquelles le dernier son de la première est le premier de la suivante, c'est-à-dire que la fin de l'un est le commencement de l'autre. La septième majeure est entre C et ♮, et dans l'autre position entre F et C; elle a deux secondes mineures et cinq majeures.

debbe pigliare F del terzo ordine in luogo de F del primo ordine, in questo modo che sequita. Ms. V.

mence par si ♮, on doit prendre F du troisième ordre au lieu de F du premier, comme dans l'exemple suivant. Ms. V.

Nota che le quattro prime caselle sono bene partite et quattro sequenti sono mai partite.

Les intervalles des quatre premiers groupes sont bons et ceux de quatre suivants mauvais.

129. L'octava in nel primo ordine da per sè è octava sola, la quale sta intra due voce consimili, delle quali l'una è la sua gravissima e l'altra acutissima, cio è; intra A et a, intra B et ♮, intra C et c, intra D et d, intra F et f, intra G et g; et ecci una symphonia nobilissima, perche la voce gravissima e con l'acutissima adeo pari faccino una univoca; e però sono dipinte per una medesma forma dimostrando che dopo l'octava non c'è altra voce in quanto a la forma naturali che quelli che sono dinanzi a detta octava. E però tutti per una medesma forma naturale sono depinte. Et ha due seconde minore e cinque maggiore; et è immediate composita cum la quarta maggiore e la quinta maggiore, sicome: A, D, a; overo ha quinta maggiore in verso il grave e la quarta inverso l'acuto sicome: A, E, a. E ancora composta della quarta maggiore e della quinta minore sicome: F, ♮, f; overo della quinta minore in verso il grave e la quarta maggiore in verso l'acuto, sicome: B, F, ♭. Ma infra l'altre octave, quella che sta intra E et e, è nobile et è dicta dyazeusis, cio è disjuncto, perchè l'ultima voce della prima quarta minore non è principe; ma intra lui e lo principe della quarta minore sequenti è una seconda maggiore. E però tal octava è dicta disjuncta, cio è diazeusis. E cosi le quarte minori extremi sicome: E, A; B, e, sicome demostrano le taule delle note

129. L'octave du premier ordre est la seule qui se trouve entre deux sons semblables dont l'un est le plus grave et l'autre le plus aigu, savoir : entre A et a, entre B et ♮, entre C et c, entre D et d, entre F et f, entre G et g; c'est là une symphonie des plus nobles, parce que le son le plus grave avec le son le plus élevé n'en forment qu'un seul. C'est pourquoi elles sont représentées par une même figure pour démontrer qu'après l'octave il n'y a pas, quant à la forme naturelle, d'autres figures pour représenter les sons que celles qui se trouvent avant l'octave; voilà aussi pourquoi elles sont toutes figurées de même. L'octave a deux secondes mineures et cinq majeures; elle est composée d'une quinte majeure et d'une quarte majeure, comme A, D, a; ou d'une quinte majeure au grave et d'une quarte majeure à l'aigu, comme A, E, a. Elle renferme aussi une quarte majeure et une quinte mineure, comme F, ♮, f; ou une quinte mineure au grave et une quarte majeure à l'aigu, comme B, F, ♭. Quant à l'autre octave qui est entre E et e, elle est noble et appelée " dyazeusis ", c'est-à-dire disjointe, parce que le dernier son de la première quarte mineure n'est pas le commencement (de l'intervalle suivant), mais qu'entre lui et le premier de la quarte mineure suivante il y a une seconde majeure; c'est pourquoi cette octave est appelée

con le symphonie insieme overo dia- | disjointe, c'est-à-dire " diazeusis ".
phonie. | Elle est ainsi composée de deux quartes mineures, comme E, A; B, E, ainsi qu'on le voit dans le tableau des symphonies ou intervalles.

DECIMA TAOLA DELLE NOTE. DIXIÈME TABLEAU DES NOTES.

Secunda media.   Secunda minore.   Secunda maggiore.
Seconde moyenne. Seconde mineure. Seconde majeure.

Terza minore. Terza maggiore. Quarta minore. Quarta maggiore. Quinta maggiore.
Tierce mineure. Tierce majeure. Quarte mineure. Quarte majeure. Quinte majeure.

130. Ciascuna diaphonia, excepto la univoca, per dui modi puo essere dicta disjuncta: prima, perchè l'una voce nel canto legale è profferita primo l'una e poi l'altro; secundariamenti, quando la dyaphonia attualmenti non ha voce alcuna in mezzo. E cosi ancora è dicta incomposita, quando non ha in mezzo alcuna voce, e nientidimeno è composita delli sui membri, ma non exclusivamenti al senso exteriore. Ancora la diaphonia è dicta conjuncta, quando in mezzo ha alcuna voce, e per uno altro vocabulo si chiama composita.

131. La modulazione è per dui maniere, cio è: reductiva e circumscriptiva. La modulatione reductiva è quando la diaphonia produce le sue modulatione qualche volta disjuncta, qualche volta conjuncta e sempre inclusivamente. Ma la modulazione cir-

130. Tout intervalle, excepté l'unisson, peut être appelé disjoint, pour deux raisons : 1° parce que, dans le plain-chant, l'un des sons est émis avant l'autre; 2° parce que l'intervalle n'a pas de son intermédiaire. Il est aussi appelé incomposé, quand il n'a aucun son intermédiaire. Il est néanmoins composé de ses membres, mais non exclusivement au sens extérieur. L'intervalle est encore appelé conjoint, quand il a un son intermédiaire; dans ce cas on l'appelle aussi composé.

131. La modulation est réductive ou circonscriptive. Elle est réductive quand l'intervalle produit une modulation tantôt disjointe, tantôt conjointe, et toujours inclusivement. La modulation est circonscriptive, quand l'intervalle produit une modulation

cumscriptiva è quando la diaphonia produce le sue modulazione conjuncte sempre qual che volta inclusivamente e qualche volta exclusivamente per tutto d'intorno. E però in una diaphonia si trova qualche volta una modulazione comune alla reductiva e la circumscriptiva, la quale in tutto è composita overo conjuncta.

132. Le diaphonie sempre duplicano ordinatamente le sue modulazione reductive per tal maniera che la seconda ha una modulazione, la terza hanne due, la quarta hanno quatro, la quinta hanne octo, la sexta hanne sedici, la septima trenta due, l'octava hanne sessenta quatro. Aduncha la seconda ha la sua modulazione movendo B dopo A, e cosi per contrario è similmenti dopo C movendo D; e cosi dell' altra seconde maggiore. Ma in nella seconda minore dopo al B, si movi el C, e dopo E si movi F; per li nomi officiali, dicendo alla seconda maggiore ut, re; re, ut; re, mi; mi, re; per arsis et thesis, e cosi degli altri nomi officiali; ma la secondo minore si dice : mi, fa; fa, mi; per arsis et thesis.

133. La prima modulazione della terza maggiore è : ut, mi; la seconda : ut, re, mi; overo la prima : fa, la; la seconda : fa, sol, la. La prima modulazione della terza minore è : re, fa; la seconda : re, mi, fa; overo la prima : mi, sol; la seconda : mi, fa, sol, et e contrario.

134. La prima modulazione della

toujours conjointe, tantôt inclusivement, tantôt exclusivement en tout ce qui est interne. Enfin, dans un intervalle, il se trouve quelquefois une modulation commune à la réductive et à la circonscriptive qui est tout à fait composée ou conjointe.

132. Les intervalles doublent toujours régulièrement leurs modulations réductives, de telle sorte que le second a une modulation, le troisième deux, le quatrième quatre, le cinquième huit, le sixième seize, le septième trente-deux, le huitième soixante-quatre. Donc la seconde a sa modulation en prenant B après A, et en sens contraire en prenant C après D; il en est de même des autres secondes majeures. Mais, dans la seconde mineure, après B on prend C, et après E on prend F. Par les noms officiels on dira ut, ré; ré, ut; ré, mi; mi, ré; par arsis et par thésis, et ainsi de suite; mais, pour la seconde mineure, on dira mi, fa; fa, mi; par arsis et thésis.

133. La première modulation de la tierce majeure est : ut, mi; la seconde : ut, ré, mi; ou la première : fa, la; la seconde . fa, sol, la. La première modulation de la tierce mineure est : ré, fa; la seconde : ré, mi, fa; ou la première est : mi, sol; la seconde : mi, fa, sol, et réciproquement.

134. La première modulation de

quarta minore è : ut, fa ; la seconda : ut, re, mi, fa; la terza : ut, re, fa; la quarta : ut, mi, fa; overo la prima è : re, sol; la seconda : re, mi, fa, sol; la terza : re, mi, sol; overo la prima : mi, la ; la seconda : mi, fa, sol, la; la terza : mi, fa, la; la quarta : mi, sol, la.

135. La prima modulazione della quarta maggiore è : fa, mi ; cio è : infra F e ♮ quadra dritto. La qual modulazione in ogni modo debbe essere schifata, et avengadio che in alcune canti si trovi, nientidimeno è incorrecto ; conciosiacosache la quarta maggiore da per se è dissonanza per ypsilon che significa mala separatione, et è scripta per yota et e quale medesmo che dyaphonia, cio è buona vocalita separata.

La seconda modulazione è : fa, sol, re, mi; la terza: fa, ut, mi ; la quarta : fa, re, mi ; le quali tutti qual che volta sono proferiti delle qual solamente lo audito n' è iudice dico del perito cantore, perche rarissime da per se acadono, ma spesso si usano in nella quinta maggiore.

136. La prima modulazione della quinta minore è : mi, fa; cio è intra ♮ dritto e F, la quale è da essere schifata per ogni modo, maximamento in nel canto legale. La seconda : mi, fa, sol ; mi, fa, la ; la terza : mi, fa, mi, fa, la ; la quarta : mi, re, fa ; la quinta : mi, fa, re, fa; la sexta : mi, re, mi, fa; la septima : mi, fa, fa; l'octava : mi, mi, fa. La qual rarissime sono in uso, e lo iudice

la quarte mineure est : ut, fa ; la seconde : ut, ré, mi, fa ; la troisième : ut, ré, fa; la quatrième : ut, mi, fa ; ou la première est : ré, sol; la seconde : ré, mi, fa, sol ; la troisième : ré, mi, sol ; ou la première : mi, la ; la seconde : mi, fa, sol, la ; la troisième : mi, fa, la; la quatrième : mi, sol, la.

135. La première modulation de la quarte majeure est : fa, mi, c'est-à-dire entre F et ♮. Cette modulation doit être évitée dans tous les modes, et s'il arrive qu'elle se trouve dans quelque chant, celui-ci est incorrect, parce que la quarte majeure est dissonante. Écrit par ypsilon, le mot diaphonie signifie mauvais intervalle ; écrit par iota, il veut dire bon intervalle.

La seconde modulation est : fa, sol, ré, mi; la troisième: fa, ut, mi; la quatrième : fa, ré, mi. Ces modulations sont quelquefois usitées ; l'oreille du chanteur habile en est seule juge, parce que cela arrive rarement. Elles sont plus usitées dans la quinte majeure.

136. La première modulation de la quinte mineure est : mi, fa, c'est-à-dire, entre ♮ et F; elle doit être évitée de toute manière, principalement dans le plain-chant ; la seconde est : mi, fa, sol; mi, fa, la; la troisième : mi, fa, mi, fa, la ; la quatrième : mi, ré, fa; la cinquième : mi, fa, ré, fa ; la sixième : mi, ré, mi, fa; la septième : mi, fa, fa ; la huitième : mi, mi, fa.

loro è lo audito del perito cantore. Ma intra la sexta minore spesse fiate si canta.

La prima modulazione della quinta maggiore è : ut, sol ; la seconda è : ut, re, mi, fa, sol ; la terza : ut, re, fa, sol ; la quarta : ut, mi, sol ; la quinta : ut, re, mi, sol ; la sexta : ut, mi, fa, sol ; la septima è : ut, re, sol ; la octava è : ut, fa, sol ; overo la prima è : re, la ; la seconda : re, mi, fa, la ; la terza : re, mi, sol, la ; la quarta : re, fa, la ; la quinta : re, mi, fa, la ; la sexta : re, fa, sol, la ; la septima : re, mi, la ; la octava : re, sol, la ; overo la prima è : mi, mi ; cio è intra E e ♮ quadrato dricto ; la seconda : mi, fa, sol, re, mi ; la terza : mi, fa, re, mi ; la quarta : mi, ut, re, mi ; la quinta mi, fa, ut, mi ; la sexta : mi, ut, re, mi ; la septima : mi, fa, mi ; la qual è da essere schifata ; la octava : mi, re, mi ; overo la prima è : fa, fa, intra F e C ; la seconda è : fa, sol, re, mi, fa ; la terza : fa, ut, mi, fa ; la quarta : fa, re, fa ; la quinta : fa, sol, re, fa ; la sexta : fa, re, mi, fa ; la septima : fa, ut, fa ; l'octava : fa, mi, fa ; la qual debbe essere schifata. Adoncha la quarta minore ha duodici modulatione reductivi e la quinta maggiore e hane trenta due ascendendo et altre trenta descendendo. Una modulatione sempre piglia la forma contraria della modulatione immediate precedente maxime del mezzo per tal maniera che la pri-

Ces modulations sont rarement usitées ; elles sont abandonnées au jugement de l'oreille du chanteur expérimenté. La sixième seule est d'un usage fréquent.

La première modulation de la quinte majeure est : ut, sol ; la seconde est : ut, ré, mi, fa, sol ; la troisième : ut, ré, fa, sol ; la cinquième : ut, ré, mi, sol ; la sixième : ut, mi, fa, sol ; la septième : ut, ré, sol ; la huitième : ut, fa, sol ; ou la première est : ré, la ; la seconde : ré, mi, fa, la ; la troisième : ré, mi, sol, la ; la quatrième : ré, fa, la ; la cinquième : ré, mi, fa, la ; la sixième : ré, fa, la ; la septième : ré, mi, la ; la huitième : ré, sol, la ; ou la première est : mi, mi, c'est-à-dire entre E et ♮ ; la seconde : mi, fa, sol, ré, mi ; la troisième : mi, fa, ré, mi ; la quatrième : mi, ut, ré, mi ; la cinquième : mi, fa, ut, mi ; la sixième : mi, ut, ré, mi ; la septième : mi, fa, mi, qui doit être évitée ; la huitième : mi, ré, mi ; ou bien la première est : fa, fa, entre F et C ; la seconde : est fa, sol, ré, mi, fa ; la troisième : fa, ut, mi, fa ; la quatrième : fa, ré, fa ; la cinquième : fa, sol, ré, fa ; la sixième : fa, ré, mi, fa ; la septième : fa, ut, fa ; la huitième : fa, mi, fa, qui doit être évitée. Donc la quarte mineure a douze modulations réductives, et la quinte majeure en a trente-deux en montant et trente-deux en descendant. Une modulation prend toujours la forme contraire de la modulation qui la précède immé-

ma fia in tutto disjuncta, e la seconda in tutto conjuncta. Ma le modulatione delle altre diaphonie lascio al giuditio del perito cantore. Le decime taule demostrano tutte le modulatione insino à la quinta.

diatement, surtout par rapport au milieu ; de telle sorte que la première étant disjointe en tout, la seconde est en tout conjointe. Les modulations des autres intervalles sont abandonnées au jugement du chanteur habile. Les dix tableaux démontrent toutes les modulations jusqu'à la quinte.

NONA TAOLA DELLE NOTE.   NEUVIÈME TABLE DES NOTES [1].

Seconda maggiore.   Seconda minore.   Terza minore.   Terza maggiore.
Seconde majeure.   Seconde mineure. Tierce mineure. Tierce majeure.

[1] Cet exemple qui, dans les manuscrits, se trouve placé à la fin du traité, se rapporte au dixième tableau de la page 346, dont il semble être une rectification ou un complément.

TROISIÈME PARTIE

MONUMENTS

I

FAC-SIMILÉS

N°1 VERSVS BOECII
O Stellifeti
  conditor orbis .
  Qui perpetuo
  Nixus solio
  Rapido celum
  Turbine versas
  Legemque pati
  Sidera cogis
  Vt nunc pleno
  Lucida cornu
  Totis fratris
  Obuia flammis .
  Condat stellas .

N°2 ITEM ALIVS
VERSVS BOECII
Bella bis quinis
  operatus annis .
  Vltor atrides
  Frigie ruinis .
  Fratris amissos .
  Thalamos piauit .

N°3 VERS DE BELLA QVE FVT
  ACTA FONTANETO
Aurora cum primo mane
  Teram noctem diuideret
  Sabbatum non illud fuit
  Sed Saturni dolium
  De fraterna rupta pace
  Gaudet demon impius .

N°4 VERSV PAVLINI
  DE HERICO DVCE
Micum Timaui
  Saxa nouem flumina
  Flae per nouem
  Fontes redundantia
  Que salsa gluttit
  Vnda ponti ionici
  Histris sauusque
  Tissa culpa marui
  Natissa conca
  Gurgites isoncii .

MONUMENTS

N° 1

INCIPIT PLANCTUS
KAROLI

A SOLIS ORTU
V squeadoccidua
L ittore maris
P lanctuspulsatpectora
V ltra marina
A gminatristitia

T nigtingens
e umerrore nimio
H eume dolens plango
F ranci romani
A tquecunctacreduli
L uctupunguntur
E tmagnamolestia
I nfantes senes
G loriosiprincipes
M adangoabis
D efrimentumkaroli

Heumichimisero ;

N° 2

PLANCTUS
UGONIABBATIS

H DULCENOMEN
h ugppago nobilis
K arli potentis
A eternipricipis
I nsonssubarmis
T amrepentesoncius
o ccubuista ;

N° 3

VERSUS
GODISCALCHI
QVIDIVBESPVSIOLE

Q uaremandasfiliole
C armendulcemecantare
E ulmlongeexulualde
I ntra mare
O cur ubesanove ;

Lith. Lefebvre Ducrocq, Lille

N° 1 . Complainte sur la mort de Charlemagne
N° 2 . Complainte sur la mort de l'abbé Hug
N° 3 . Chant de Godeschalc

Bibl. Nat. de Paris, MS 1154

IX° SIÈCLE

MONUMENTS

PLANCHE III.

A egnuscis preparare

F ulgorans ab oriente

VERSDEDIEIVDICII
  tristis
QVIQVEDEMORTEREDemp
E t p crucem liberati   A ntepium redeptorē
P retioso comparati   C um apta celi astru
S anguine filidei   U sque ad terminos cre
S ursum corda preparate   C eperit tuba canere
E t hiesum desiderare   S ancti archangeli di
D iem illum formidare
Q uando dominū iudicare
E t p imperator celi
U enerit fulgens in uirtute R esurgent omnes defuncti
E t in magna claritate

Prose des Morts
Bibl. Nat. de Paris, MS 1154
IX° SIÈCLE

MONUMENTS

PLANCHE IV

N° 1

Cum ab igne fit a mundi
Tota ceperit ardere
Seua flama c cremare
Celum liber plicare
Sidera tota cadere
Finis sectⁱ uenire;
Dies ire dies illa.
Dies nebule & caliginis

N° 2

VERSVS SIBILLE
DE DIE IVDICII
Iudicii signum
Tellus sudore madescet
E celo rex adueniet
Per secla futurus
Scilic& incarne p^rsens
ut iudic& orbem
unde deum cernent
Incredulus atq; fidelis

Elsum cum scis eui
Am termino in ipso;
Iudicii signum
Si anime cu carne ader
Quas iudicat ipse
Cum iac& incultius densu
Nu e pribus orbis
Iudicii signum
Reicient simulacra uiri;
Cunctam quoque gazam
Exur& terras ignis
Pontumq; polum quer;
Iudicii signum
Inquirens tempora;
Effring& auerni
S corum sedem im
Cuncte lux libera carni;
Iudicii signum

N° 1 Prose des Morts (Suite)
N° 2 Chant de la Sybille sur le Jugement dernier

Bibl. Nat. de Paris, Ms. 1154

IX° SIÈCLE

PLANCHE V

T rada fontes & ornus   L aequani campis
E lammacremabit .   M ontes & cerula pontus
O ccultos actus retegens   O mnia cessabunt
T unc quisquid o quisrim   T ellus confracta poribit
    Iudicii signum   Iudicii signu
S ecreta atque di reserabit   S ic parii fontes torrent
P ectora luci   F lumina que igni
T uncerit & luctus   F ccubatu sonitum
S tridebunt dentib; omis   T riste demittet ab alto
    Iudicii signu   Iudicii signu
E ripitur solis iubar   O rbe gemens facinus
E t chorus interit astris   M iseru varios q; labores
V olu& urit caelum   T artareum q; chaos
L unari splendor obibit   M onstrabit erra dehiscens
    Iudicii signum   Iudicii signu
D eiici& colles valles   E t coram hic reges
E xtollae ab imo   S istentur ad unum
N on erit in reb; hominu   R ced& e celo ignis que
S ublime vel altu   E t sulphuris amnis
    Iudicii signu   Iudicii signum

IX° SIECLE

MONUMENTS

Iudicii signū tellus sudore madescet
E celo rex adueniet per secla futurus
Scilicet in carne presens, ut iudicet orbē
Unde dm̄ cernent incredulus atq; fidelis
Celsum cum sc̄is eius in fine in ipso
Sic anime cum carne aderant quas iudicat ipse
Cum iacet incultus densis in uepribus orbis
Reicient simulachra uiri cunctā quoq; gazā
Exuret terras ignis pontū q; polumq;
Perquirens tetri portas effringet auerni
Sc̄orum sed enim cuncte lux libera carni
Tradetur sontes et perpetua flāma cremauit
Occultus actus retegens tunc quisq; loquetur
Secreta atq; ds̄ reserabit pectora luci
Tunc erit et luctus stridebunt dentibus omnis
Eripitur solis iubar et chorus interit astris
Voluetur celum lunaris splendor obibit
Deiciet colles ualles extollet ab imo
Non erit in rebus hominum sublime uel altū
Iam equantur campis montes et cerula ponti
Omnia cessabunt tellus confracta peribit

Sic pariter fontes torrentur flumiaq; igni
Et tuba tum sonitum tristem demittet ab alto
Orbe gemens facinus miserum uariosq; labores
Tartareumq; chaos monstrabit terra dehiscens
Et cora hic d̄o reges sistentur ad unum
Recidet e celo ignisq; et sulphuris amnis

Chant de la Sybille sur le Jugement dernier
Bibl. Nat. de Paris. MS 2832

IXe SIECLE

MONUMENTS

PLANCHE VII

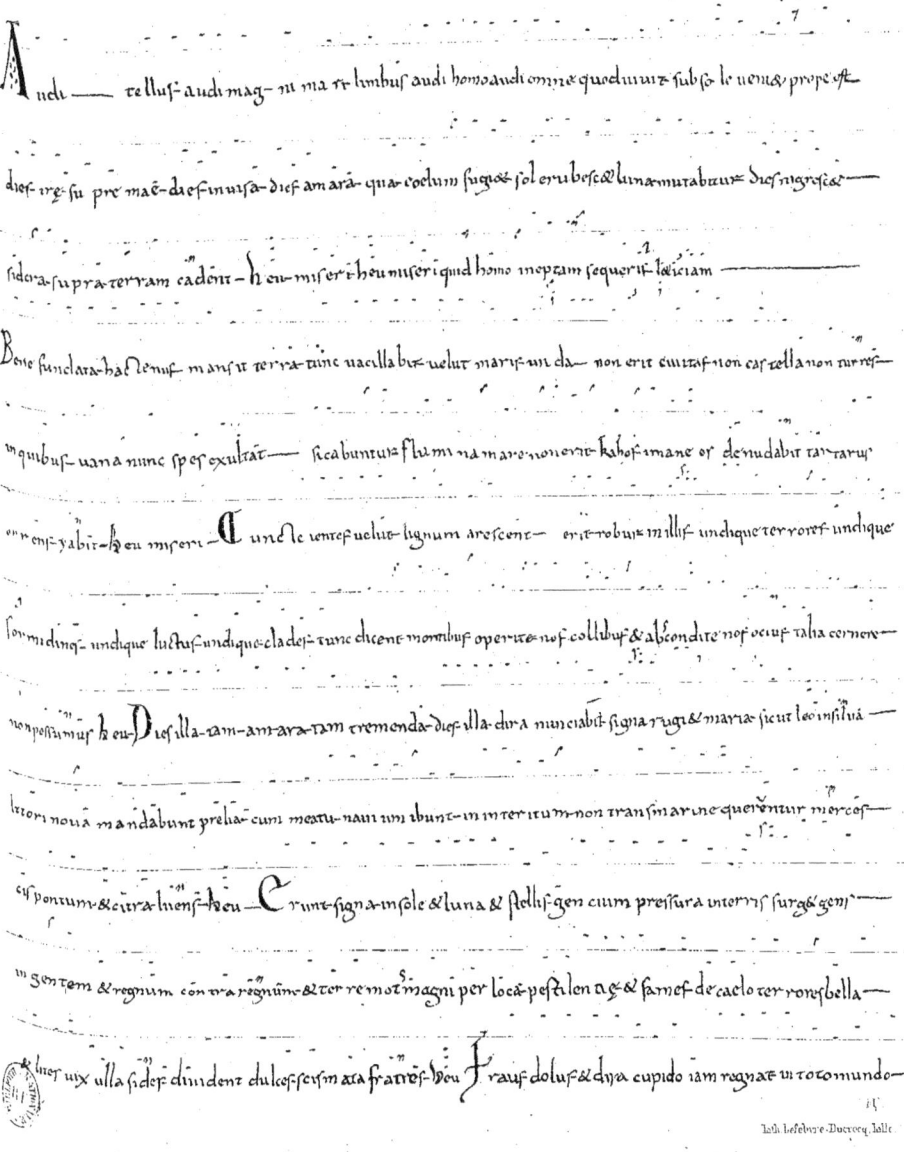

Prose des Morts. Bibliothèque de Montpellier

Xe SIÈCLE

MONUMENTS

N° 1

MODVS OTTINC

Magnus cesar otto quem hic modus refert
in nomine ottinc dicitur quadam nocte membra
sua dum collocat palatio casu subito inflamatur

N° 2

Iam dulcis amica uenito, quam sicut cor meum
diligo intra in cubiculum meum ornamentis cunctis ornatum Ibi sunt sedilia strata, abseque uelis
domus ornata floresque in domo sparguntur her-
beque flagrantes miscentur Est ibi mensa
adposita uniuersis cibis ornata ibi clarum
uinum abundat et quicquid te kara delectant
Ibi sonant dulces armoniae, inflantur et altius
tibie ibi puer et docta puella cantant, ibi cantica
pulchra. Hic cum plectro citharam illa melos cum
lira pangit portantque ministri pateras uniuersis
poculis plenas Ego fui sola in silua et dilexi loca
secreta frequenter effugi tumultum et uniam
populum multum Iam nix glaciesque liquescit folium
et herba uirescit philomena iam cantat in alto arde
amor cordis in antro.

N° 1   Chant sur Otton III
N° 2   Chanson de Table

Xe SIÈCLE

N° I.

Iam dulcissima uenito. Quia sicut cor meum diligo intra in cubiculu̅ meu̅ ornamen
tis cunctis onustu̅. Ibi sunt sedilia strata & domus uestis ornata flores q̅ in domo sparguntur
herbeq̅ flaglantes miscentur. Est ibi mensa apposita uniuersis cibis onusta. Ibi clarum
uinu̅ habundat. & quicquid te cara delectat. Ibi sonant dulces symphonie. inflantur
& altius tybie. ibi puer doctus & puella pangunt tibi carmina bella. Hic cu̅ plectro
cythara tangit illa melos cum lyra pangit. portantq̅ ministri pateras pigmentis
poculis plenas. Non me iuuat tantum conuiuiu̅ quantu̅ p̅ dulce colloquiu̅ nec rerum
tantaru̅ ubertas ut dilecta familiaritas Iam nunc ueni soror electa. & p̅ cunctis
mihi dilecta. lux mea clari pupille. pars q̅ maior anime mex. Ego fui sola in silua & dilexi
loca secreta. frequenter offugi tumultu & uitaui p̅p̅m multu̅. Karissima noli tardare.
Studeamus nos nunc amare sine te non potero uiuere iam dere̅ amore p̅ficere. Quid
iuuat differre electa que fiant p̅ facienda fac cita qd̅ em̅s factura imme̅ e̅ aliqua mora.

N° 2

R Virgo israel reuertere ad ciuitates tuas usque quo
dolens auerteris generabis dominum saluatorem oblationem nouam inter
ambulabunt homines in saluationem V Incarnate per patua dilexite ideo
attraxit te miseran̅s.

N° 1 Chanson de table — Bibliothèque Impériale de Vienne
N° 2 Fragment d'une feuille de garde — Bibl. de l'Auteur

X° SIÈCLE

AD PHILLIDEM

Est michi nonum superantis annum
plenus albani cadus, est in horto
Phylli nectendis apum coronis,
est hedere vis

multa, qua crines religata fulges;
ridet argento domus; ara castis
vincta verbenis avet immolato
spergier agno;

cuncta festinat manus huc et illuc,
cursitant mixte pueris puelle,
sordidum flamme trepidant rotantes
vertice fumum;

Ode d'Horace
Bibl. de Montpellier Ms 425
Xe SIÈCLE

PLANCHE XI

N° 1.

Libera me do mine de morte eter na In die
illa tremenda quando celi mo uendi sunt et
terra. Tremens factus sum ego et timeo
dum discussio uenerit & uentura ira In die
Dies illa dies ire calamitatis de miserie dies
et magna et amara ualde

N° 2

Libera me do mine de morte eter nam
die illa tremenda quando celi mo uendi sunt
et terra Dum ueneris iudica re se
culum per ignem Tremefactus sum ego et timeo
cum discussio uenerit atq; uentura ira. Quid ego
miserrimus quid dicam uel quid faciam cum nil boni
perferam ante talem iudicem. Dies illa di
es ire dies calamitatis et miserie dies magna et a
mara ualde

N° 1 Libera Bibl Santa Croce, Missel d'Aquilée, XI° SIECLE
N° 2 Libera Archives de Cividale, Bréviaire du XI° SIECLE

PLANCHE XII

Lamtano rachel. Quales filii quos nunc a genu...

Olim dicta mae qd nomen tenui. Olim & pignora uo

cor puerpora Modo sum misera natrum nudua Heu michi

misere cum possim muere Cum nates coramine inder p dore

Atqi lacerare parum detran care Herodes impulit furore

repletus Nimium sup tus perdit monstra tus **anglis**

Noli rachel deflere pignora torculturis rotundis pectora

Noli flere sed gaude potius Omanati mnuit folenus Ergo

gaude Summi patris eterni filius hcest ille quem girit

pdere Quinos heu eterne muere Ergo g

Lamentation de Rachel

N° 1

Libera me domine de morte eterna in die illa tremenda quando celi mouendi sunt terra dum ueneris iudicare seculum per ignem. Tremens factus sum ego timeo, dum discussio uenerit atque uentura ira. Quando dies illa dies ire calamitatis et miserie dies magna et amara ualde dum.

N° 2

O ecclesia de mulieribus

Vnus est xpistus meus dominus nihilus excelsus eia amus ui dere sepulcrum. Quem queris in sepulcro o xpisti cole. Non est hic surrexit sicut predixerat ite nuntiate discipulis eius quia precedet uos in galileam. Vere surrexit dominus de sepulcro cum gloria alleluya.

N° 3

Askon? Ad est hesus

qui est xpistus vigilate virgines p aduentum eius gaudent gaude

bunt homines venit enim liberare gentium origines qualis primi

mam sibi matrem sub iugarunt demones hic est adam qui fecit

per quem Auctur p quem seclus prima ade a nobis diluitur

hic pependit in celeste patrie nos redderet ade parte inimici

liberos nos traheret venit sponsus qui nostror scelerum pia

cula morte lauit at q crucis sustulit patibula Prudentes

ite virgines aito queues durum aifer profon queues co

mandarum atenda nes pos iju saluaret anom 6 aire noi

MONUMENTS   PLANCHE XV

dormez. Aisel espos que nos hora rend'a uenit, on terra ploz

uostres pechet, de la urgine en Bethleem fo nez, e fl'um iorda

lauet, chi re et Gaire. Qu su batut, gablet, e la' n dosc

sus ela crot batut, e clau figet. De cum monumen de so entre pau

set Gaire. Eresos es la scriptura, e di' gabriels fos en tra

mios anci aten de lo que ia uenra prauci. Gaire. Fatue

os uirgines que ad uos uenimus, negligenter oleum

fundimus ad uos orare sorores cupimus, ut uillas qbus nos

credimus, dolentras chaitiuas tropi auem dormit. Mosco

Les Vierges sages et les Vierges folles
Bib. Nat. à Paris MS 1139
XI.e SIÈCLE

MONUMENTS

PLANCHE XVI

mittes huius mineris sorores eiusdem generis quam uis male

contigit miseris potest nos reddere supra Dō Harum nunc lu-

mine lampadibus pre his insipientibus pulso neues simul so-

ribus cum uos sponsus uocat introibus Dole Ihesores

Hos precari precamur amplius dehinc sorores eius

uobis enim mi ei melius dare preces phoc ulterius Dolentes

Ite nunc ite celeriter accendentes rogate dulciter

ut oleum uestris lampadibus dent eisdem uobis in tenebris

Miseras nos hic quid facimus uigilare numquid po-

Les Vierges sages et les Vierges folles (Suite)

XIᵉ SIÈCLE

PLANCHE XVII

cuimus hunc laborem que nunc g ferimus nobis nos mod contulimus Dot Et ar nobis mercator onus quas habeat merces quas soluis oleum nunc querere uenimus negligenter quod nosmet fundimus Dot Denostro h queret nos ad donet non aurret pont aler en a chapter deus merchaans que la ue et ester Dot

D omnas gemis nouel couent ester nilo tamen dici ademorer cosel queret nouuos poem doner queret lo deu chiuos por cosoler Alec amir auostras sait serors eprisat las z dou loglorius aroleo saion socos auos saites ouit qui a uenra lo spos

mercatures

Les Vierges sages et les Vierges folles (Suite)
Bibl. Nat. de Paris, Ms. 1139
XIe SIÈCLE

MONUMENTS

PLANCHE XVIII

Audite nos ad quid uenimus · nil est enim illuc quod queram?
factum est · nos uidebimus ad nuptias numquam intrabim̄ dei

Mundi sponse uoces plangentium aspice · fac nobis ostium · cum
m̄ ueniat sp̄s
X̄P̄S Amen dico uos ignos

co nam carens lumine quod ęgunt p̄ cul ęgunt huius au
te lumine · A la charnuas alas mal aureas atot uos mais uos
rscepter in infernū
so penas liureas one stern ora sera · men̄ a ṡ M ās accipiant demones

Omnes gentes congaudentes deum
cantum lyrice · Deus homo hī ardo m̄o c̄ aut natus hodie

Nº 1. Les Vierges sages et les Vierges folles (Suite)
Nº 2. Les Prophéties du Christ.

ENSIBULE

MONUMENTS

PLANCHE XIX

O Iudei uerbum dei qui negatis hominem vestre legis teste regis

audire pordinem. Et uos gentes noncredentes peperisse uirginem

uestre gentis documentis pellite caliginem. Isrl.

Sit uir tenens inque de xpo nostri firme. R' Dux deuda non

tollitur donec adhic qui uenit. Salutare dei uerbum expecta-

bant gentes mecum. Moyses. legis lator huc pping

et de xpo pmes digna. R' Dabit deus nobis uatem hunc ut mi

aurem dante Q ui non audit hunc audientem expelletur sua

gente. Ismal. fayat uerum quiscis ueritatem cur

Les Prophètes du Christ (Suite)

Bibl. Nat. de Paris. Ms. 1139

XIᵉ SIÈCLE

MONUMENTS

PLANCHE XX

non dicit KE A necesse virga iesse deradice pueri Flos donde

surgat inde qui est spiritus dei JEREMIAS

Huc accede ieremias dic de xpisto qphetias K Sic est hic est

deus noster sine quo non erit alius daniel Daniel indi

ca voce prophetica facta dinea SK S cs seqz venturi tunc he deficit

Abacuc regis celestis nunc ostende quid his testis

Expectaui mox expaui motu mirabilium Opus tuum inter

duum corpus animalium DAVID De tu dauid de

ne potes causas que sunt tibi nota K Uniuersus grex conuersus

adorabat dominum Cui futurum seruiturum omne genus ho

XIᵉ SIÈCLE

MONUMENTS

PLANCHE XXI

...minum Dixit dominus domino meo sede ad dextris meis

Simeon

Nunc Symeon aduenerat quia responsum acceperat

qui non obiret terminum donec uideret dominum R. Nunc

me dimittas domine finire uitam inpace Quia mei m

cernunt oculi quem misisti hunc mundum p salute populi elisabet

Illud helisaber in medium dedo mino p ferre loquiuos Et

Quid est rei qa me mei mater eri uisitat Nam exeo

uentre meo locus infans palpitat

O baptista uentris cista clausus quod dedisti causa pepulit

Les Prophètes du Christ (Suite)
Bibl. Nat. de Paris Ms. 1139
XIe SIÈCLE

plausus qui dedisti — gaudium — ꝓ sere — testimonium ℟ Uoui —

talis — soculans — cuius nonsum gram T am benignus — ut sim au —

sus soluere — corrigiam — VIRGILI. V ates moro gentilium —

dea xpisto — testimonium ℟ Ecce polo — demissa solo — noua pro —

les es est NABUCODOSOR. A ge — fare — os lagurne —

que — de xpisto — nostri — uere ℟ N abucodonosor — ꝓphetia auc —

torem — om ium — auctorizat ℟ C um re uisi — tres quo misi

uiros in in cendium — Vidi iustu — in conbustis mixtum dei filium

Viros tres mignem — misi — quartum — cerno — plenum dei SIBILLA

MONUMENTS

PLANCHE XXIII

N° 1. Les Prophètes du Christ (Suite)
N° 2. Mira lege, à 2 parties.

XIᵉ SIÈCLE

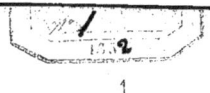

TABLEAU SYNOPTIQUE

indiquant la transformation des neumes en notes carrées du XII.ᵉ siècle

Neumes générateurs	Simples	Virgule (accent aigu)		
		Point (accent grave)		
	Composés	Clivus (accent circonflexe grave)		
		Podatus (accent circonflexe aigu)		
Neumes dérivés	Liés	Formés du clivus uni au podatus		
		Formés du podatus uni au clivus		
	Conjoints	Scandicus (virgule précédée de 2 ou 3 points)		
		Climacus (virgule suivie de 2 ou 3 points)		
Neumes d'ornement	Simples	Oriscus (plique longue descendante)		
		Gnomo (plique longue ascendante)		
		Porrectus (plique brève descendante)		
		Franculus (plique brève ascendante)		
	Composés	Quilisma		

Les manuscrits d'où ont été extraits les principaux signes de ce tableau sont : l'Antiphonaire de S.ᵗ-Gall, du VIII.ᵉ siècle; le Rouleau de la Bibl. de la Minerve, à Rome; le Rituel de Monza, le Missel de Worms; la lettre de Reginon de Prum à Rathbode, de la Bibl. royale de Bruxelles; l'Antiphonaire de Montpellier, du IX.ᵉ siècle; le Missel d'Aquilée, de la Bibl. de Santa-Croce, et celui de la Bibl. Ottobona, coté N.º 576, du X.ᵉ siècle; le Missel, daté de 1044, de la Bibl. Vallicellane; l'Anthiphonaire des Archives de Monza, et plusieurs autres de la Bibl. nationale de Paris, du XI.ᵉ siècle; des Missels, des Antiphonaires et d'autres livres liturgiques des bibliothèques d'Italie, de France et de Belgique, du XII.ᵉ siècle.

23 bis.

TABLEAU ANALYTIQUE ET SYNOPTIQUE
des neumes à points superposés.

Neumes.	Simples	Point (représentant une longue, une brève ou une semibrève, selon la position)		
		Plique		
	Lies	Seconde ascendante		
		Tierce descendante		
		Quarte descendante		
	Conjoints	Seconde descendante		
		Tierce ascendante		
		Longue ou brève suivie de 2 ou 3 semibrèves descendantes		
	Mixtes	Note supérieure d'une ligature ascendante		
		———— de seconde, tierce ou quarte		
		Seconde descendante		
		———— se liant toujours avec la note précédente		
		Tierce descendante		
		———— se liant toujours avec la note précédente		
		Seconde ascendante, suivie de 2 ou 3 semibrèves descendantes		

23 ter.

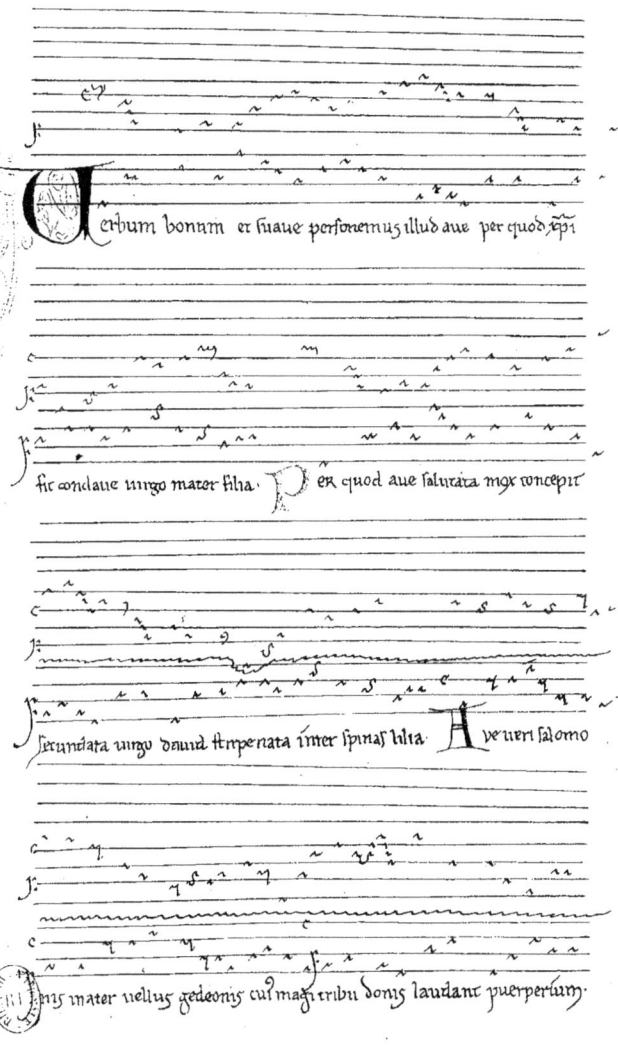

MONUMENTS

PLANCHE XXV

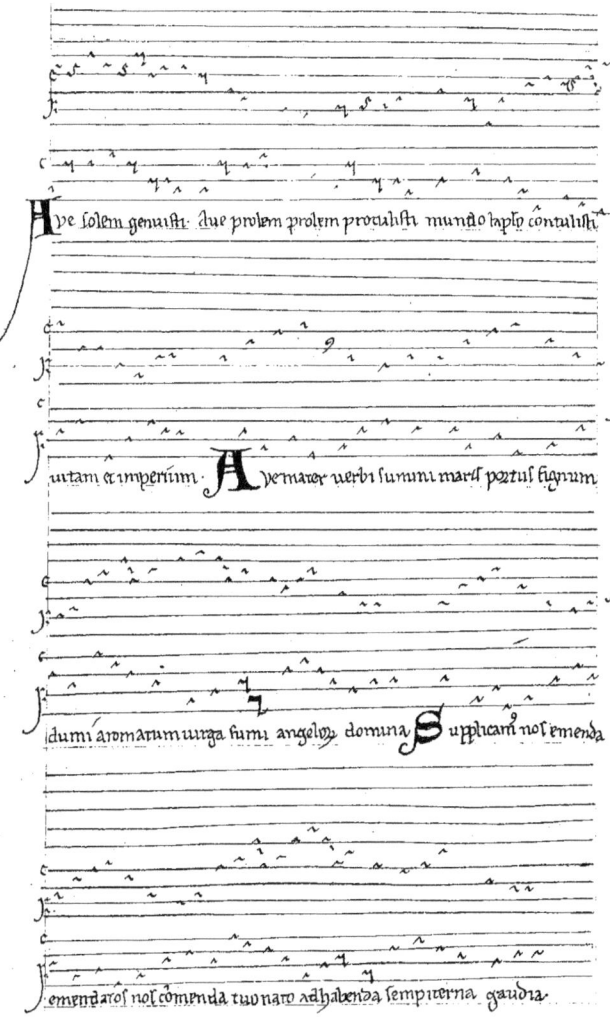

XIIe SIÈCLE

N° 1 Chant de la Sybille sur le Jugement dernier. Bibl. Nat. de Paris. Ms. 751
N° 2 Agnus fili virginis, à 2 parties. Bibl. de Lille. Ms. 95
N° 3 Air de Danse. Bibl. de Lille. Ms. 95

XIII° SIÈCLE

N° 1 Lonc le rieu de la fontaine. — N° 2. Dames sont en grand esmai.
N° 3. Dieus, je ne puis la nuit dormir. — N° 4. Custodi nos — N° 5. Dulcia.
N°s 1, 2, 3, 4, Bibl. Nat. de Paris, Ms. 813; n° 5 ibid. Ms. 1817.

XII° SIÈCLE.

MONUMENTS.

PLANCHE XXX.

Nº 1. Benedicamus — Nº 2 Alleluia — Nº 3. Tumba sancti Nicholai Bibl. Nat. de Paris, Ms. 812.

XIIᵉ SIÈCLE.

Nº 4. Virgo Israhel, bibliothèque de l'auteur.

XIVᵉ SIÈCLE.

Nos 1 et 2 Rondeaux à 3 parties d'Adam de la Halle.
Bibliothèque de Cambrai.
XIIIe SIÈCLE

PLANCHE XXIII

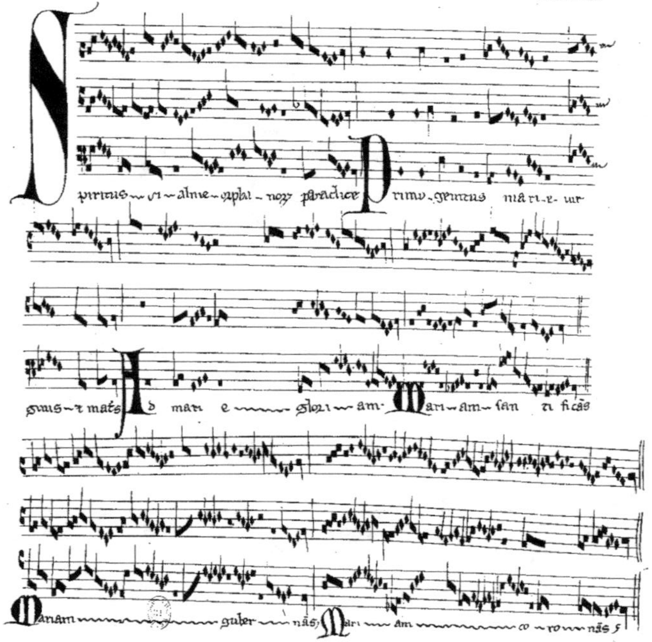

XIVe SIECLE

N° 1. Libera. Ms. de la Bibliothèque de l'Auteur.
N° 2. Venes a nuesches. Chanson à 3 parties. Bibl. de Cambrai.

XIVe SIÈCLE

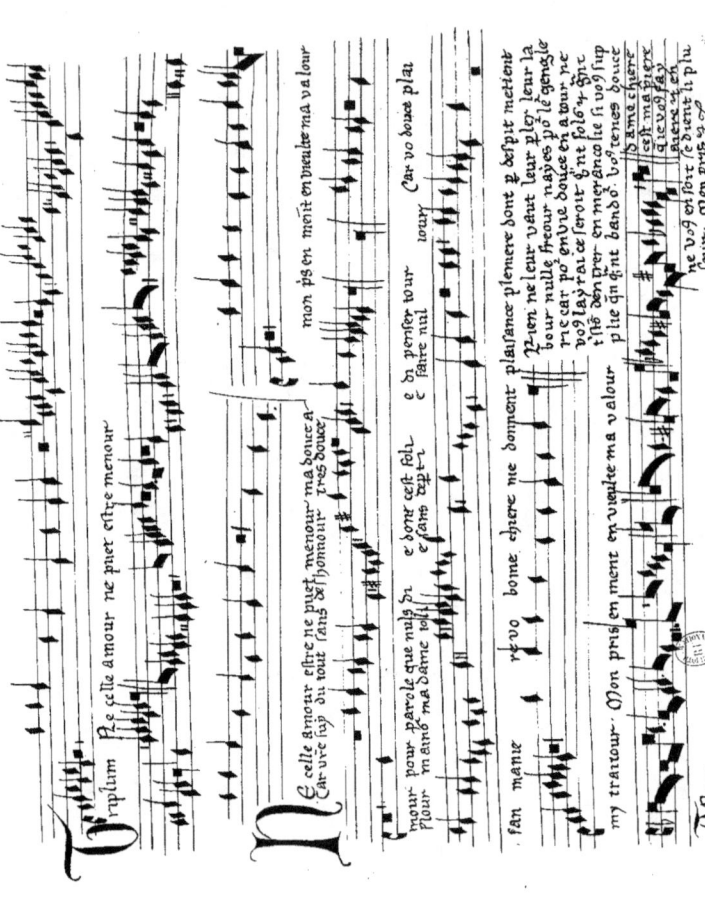

Ne celle amour à trois parties.

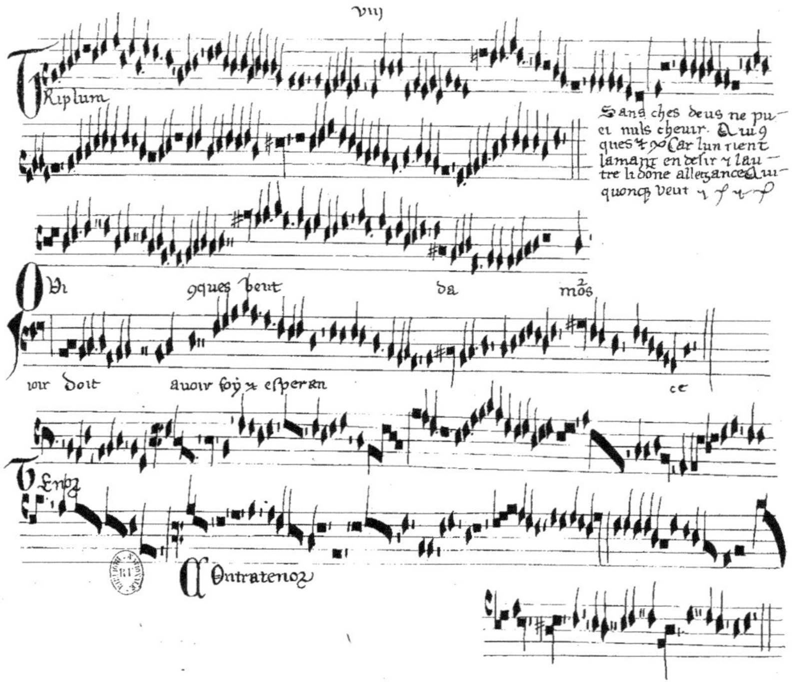
viij
Triplum
Sans ches deus ne pu-
ei nuls cheuir. Quiq
ques & cet. Car lun tient
lamant en desir & lau-
tre li done allegance. Qui
quonques veut & cet.
Qui quonques veut da mors
voir doit avoir foy & esperan ce
Tenor
Contratenor

MONUMENTS

PLANCHE XXXVII

DE ACCENTIS VEL NOMINA NOTÆ
LXXXV.

- Prima, accentus acutus, facta est sic. . . . .)
- Secunda, accentus gravis, facta est sic. . . . . . . ◆
- Tertia, percussionalis brevis, facta est sic. . . . . . •
- Quarta, percussionalis longa, facta est sic. . . . . . ━
- Quinta, inflatilis, facta est sic. . . . . ⌒
- Sexta, circumflexa, facta est sic. . . . . ∧
- Septima, muta, facta est sic. . . . . J

N° 1 et 2. Tableaux de Neumes, Archives du Mont-Cassin.

XI° SIÈCLE

MONUMENTS

PLANCHE XXXVIII.

N.º 1

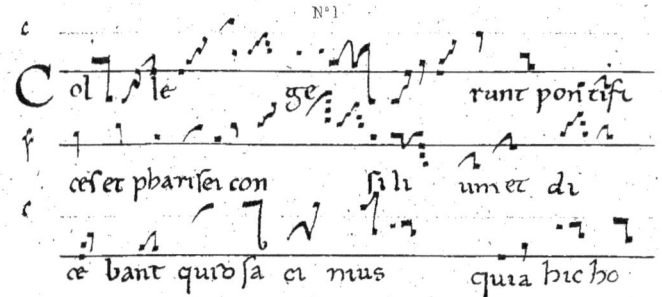

N.º 2

Albi ne doleaſ plurimio memor
Immitis agheere neu miserabiles
ditantel eleges cur tibi iunior
lesa pureat fide.

N.º 3

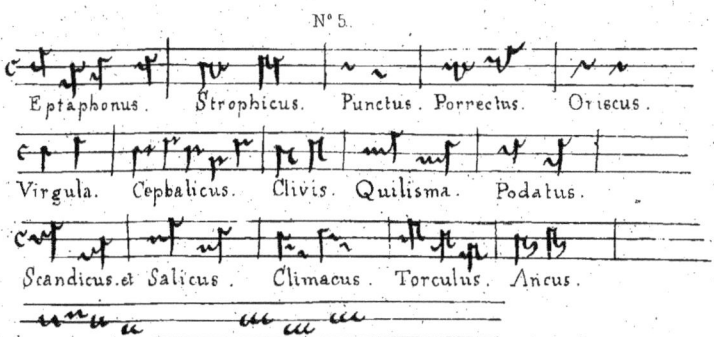

N.º 4

2/o.mina notaru̅.

ſ ſ ſ ſſſ ſſ ſſſ   ɅſɅɅ ɔ ɔ ſ Cſ
Eutaphu̅ ſtphicus. punctus. porrect. oriscuſ. v̥gula.
ρ ρρρ ɔ ɔ   ɔ ſ ſſ   ɯˢsss ʍɔ ɔɔ ɔ ɔ
Coufalıe. chuſl quilisma. podat. ſcandic. ×ſalic. climac.
ɅɅ   ɯɯ   ft ɯfß   p   p   p   pppγʊ
torculus. Aggus. ŋ preſſus mino̅ ac maior nec pluribus utor

N.º 5

Eptaphonus.	Strophicus.	Punctus.	Porrectus.		Oriscus.
Virgula.	Cephalicus.	Clivis.	Quilisma.		Podatus.
Scandicus et Salicus.	Climacus.	Torculus.		Ancus.
Depressus minor atque	major.	Nec pluribus utor		
Neumarum signis erras qui plura resingis.				

N.º 1. Collegerunt. Archives du Chapitre de Padoue. M.ᵗ A. 47. XII.º SIÈCLE.
N.º 2. Ode d'Horace. Bibl. de Franckere. X.º S.   N.º 3. Tableau de Neumes. Bibl. de Douai. M.º 658. XIII.º S.
N.º 4. Tableau de Neumes. Bibl. du Vatican. M.º 1346. XIII.º S.   N.º 5. Tableau de Neumes. Bibl. de S.ᵗ Marc à Venise. XV.º S.

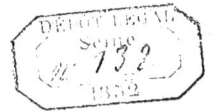

II

TRADUCTION DES FAC-SIMILÉS

TRADUCTION DES FAC-SIMILÉS

EN NOTATION MODERNE.

IXᵉ SIÈCLE.

1. — ODE DE BOÈCE
(*Voir* le fac-similé, planche I, n° 1.)

O stel - li - fe - ri con - di - tor or - bis, Qui per -pe - tu - o ni - xus so - li - o, Ra - pi - do cœ - lum tur - bi - ne ver - sas, Le - gem - que pa - ti si - de - ra co - gis.

Ut nunc ple - no lu - ci - da cor - nu, To - tis fra - tris ob - vi - a flam - mis, Con - dat stel - las lu - na mi - no - res; Nunc ob - scu - ro pal - li - da cor - nu.

2. — AUTRE ODE DE BOÈCE.
(*Voir* le fac-similé planche I, n° 2.)

Bel - la bis qui - nis o - pe - ra - tus an - nis, Ul - tor A - tri - des Phry - gi - æ ru - i - nis Fra - tris a - mis - sos tha - la - mos pi - a - vit.

iv
MONUMENTS.

3. — CHANT SUR LA BATAILLE DE FONTANET,
PAR ANGELBERT.
(*Voir* le fac-similé, planche I, n° 3.)

4. — CHANT SUR ÉRIC, DUC DE FRIOUL,
PAR PAULIN, PATRIARCHE D'AQUILÉE.
(*Voir* le fac-similé, planche I, n° 4.)

5. — COMPLAINTE SUR LA MORT DE CHARLEMAGNE.
(*Voir* le fac-similé, planche II, n° 1.)

TRADUCTION.

6.—COMPLAINTE SUR LA MORT DE L'ABBÉ HUG.
(*Voir* le fac-similé, planche II, n° 2.)

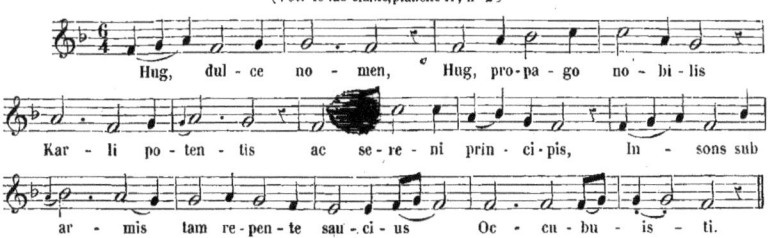

7.—CHANT DE GODESCHALC.
(*Voir* le fac-similé, planche II, n° 3.)

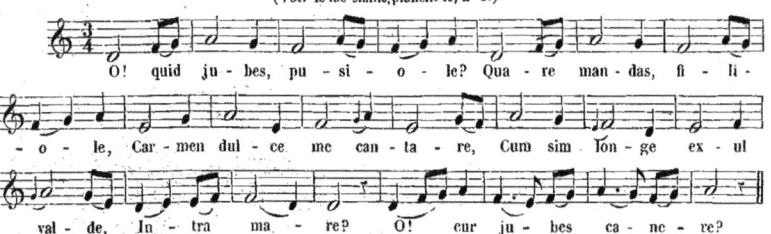

8.—PROSE DES MORTS DE SAINT-MARTIAL, DE LIMOGES.
(*Voir* le fac-similé, planches III et IV, n° 1.)

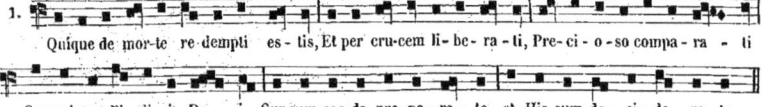

TRADUCTION.

vij

9. Quid dic tu - ri e-runt pra-vi! Quan-do ip - si trement sanc-ti An - te tan-tam ma-jes-ta - tem
Jhe-su Christi, Fi - li - i De - i; Et si jus-tus vix e - va-det, Im-pi-us i - bi pa - re - bit.

10. Non est lo-cus e - va-den-di, Nec in-du-ci-as pe-ten-di: Sed est tempus dis-cu-ti - en - di,
A-ma-ra dis-tric-ti - o - ne, U - bi, men-te a - cu-san-te, Tor-que-bun-tur pu-ni-en-di.

11. Jhe-su-Christe, sa - lus mun-di, Tunc suc-cur - re, pi - e, no - bis Qui, cum pa-tre nunc te u - num
at - que cum Sanc-to-Spi - ri - tu, A - do - re-mus ve-rum De-um Sal-va-to - rem se - cu - lo - rum.

9. — CHANT DE LA SYBILLE SUR LE JUGEMENT DERNIER.
(Comparaison des quatre versions mélodiques de la première strophe.)

IXe SIÈCLE. Voir le fac-similé planche VI.
Ju - di - ci - i si-gnum tel - lus su-do - re ma-des-cet. E cœ-lo rex ad - ve - ni - et

FIN DU IXe SIÈCLE. Voir le fac-similé planche IV, n° 2, et planche V.
Ju - di - ci - i si-gnum tel - lus su-do - re ma-des-cet. E cœ-lo rex ad - ve - ni - et

XIe SIÈCLE. Voir le fac-similé planche XXIII, n° 1.
Ju - di - ci - i si-gnum tel - lus su-do - re ma-des-cet. E cœ-lo rex ad - ve - ni - et

XIIIe SIÈCLE. Voir le fac-similé planche XXVI, n° 1.
Ju - di - ci - i si-gnum tel - lus su-do - re ma-des-cet. E cœ-lo rex ad - ve - ni - et

per se - cla fu - tu - rus Sci - li - cet in car - ne præ-sens ut ju - di - cet or-bem.
per se - cla fu - tu - rus Sci - li - cet in car - ne præ-sens ut ju - di - cet or-bem.
per se - cla fu - tu - rus Sci - li - cet in car - ne præ-sens ut ju - di - cet or-bem.
per se - cla fu - tu - rus Sci - li - cet in car - ne præ-sens ut ju - di - cet or-bem.

MONUMENTS.

2. (*) Un-de De-um cernent in-cre-du-lus at-que fi- de- lis Celsum cum sanctis cu- i jam termi-no in ip-so.

3. Sic a- nimæ cum carne a-derunt quas ju-di-cat ip-se, Cum ja-cet in-cul-tus densis in ve- pribus or-bis.

4. Re-ji-ci-ent si-mu-lacra vi-ri cunctam quo-que ga-zam; Ex-ur ret ter-ras ignis, pontum-que polum-que.

5. In-quirens te-tri por-tas ef-frin-get A-ver-ni; Sanctorum sed e-nim cuncta lux li- be- ra car-ni.

6. Trade-tur sontes æ-terna flamma cre-ma- bit; Occul-tos ac- tus re- tegens tunc quis-que lo- quetur.

7. Se-cre-ta atque De-us re-servabit pec-to-ra lu - ci; Tunc e- rit et luc-tus, stridebunt den-ti-bus omnes.

8. E- ri-pi-tur solis ju-bar et chorus in- te-rit as- tris; Volvetur cœ-lum, lu-na-ris splendor o - bi-bit.

9. De-ji-ci-et colles, val-les ex-tol-let ab i - mo; Non e-rit in re- bus hominum subli- me vel altum.

10. Jam æquantur campis montes et ce- ru- la pon- ti Om-ni- a ces-sabunt, tellus confrac- ta pe-ri-bit.

11. Sic pa-riter fontes torrentur, flumi-na-que i - gni Et tu-ba cum tonitum tristem demit-tet ab al-to.

12. Orbe, gemens facinus mi-serum, vari-osqué la-bo- res, Tartare-um-que chaos monstrabit ter-ra de-hiscens.

13. Et coram hoc do-mino reges sisten-tur ad u - num: De-ci-det e cœ- lo ignisque et sul-phu-ris amnis,

*) Cette strophe et les suivantes sont la traduction du fac-similé, planche VI.

TRADUCTION.

Xe SIÈCLE.

10. — PROSE DES MORTS DE MONTPELLIER.

(*Voir le fac-similé, planche VII.*)*

1. Audi tellus, audi magni maris limbus, audi homo, audi omne quod vivit sub sole: Veniet, prope est dies iræ supremæ, dies invisa, dies amara, qua cœlum fugiet, sol erubescet, luna mutabitur, dies nigrescet, sidera supra terram cadent. Heu miseri! heu miseri! quid, homo, ineptam sequeris lætitiam?

2. Bene fundata haetenus mansit terra; tunc vacillabit velut maris unda: Non erit civitas, non castella, non turres in quibus vana nunc spes exultat. Siccabuntur flumina; mare non erit; Kahos immane os denusabit; tartarus orrens yabit. Heu miseri! Heu miseri! quid, homo, ineptam sequeris lætitiam?

3. Cunctæ gentes velut lignum arescent; erit robur in illis; undique terrores, undique formidines, undique luctus, undique clades. Tunc dicent montibus: operete nos; collibus: et abscondite nos ocius, talia cernere non possumus. Heu miseri! heu miseri! quid, homo, ineptam sequeris lætitiam?

(*) M. Paulin Blanc a eu l'obligeance de faire marquer sur notre copie, faite d'après son fac-similé, la ligne tracée à la pointe sèche dans le manuscrit; mais cette ligne ne s'y trouvant pas toujours à sa véritable place, nous donnons le fac-similé sans lignes.

X   MONUMENTS.

4. Di - es il - la tam a - ma - ra, tam tremenda, di - es il - la di - ra nun - ci - a - bit si - gna:

ru - gi - ent ma - ri - a si - cut le - o in sil - va, Lit - to - ri no - va, manda - bunt præ - li - a Cum me - a - tu

na - vi - um i - bunt in in - te - ritum; non transma - ri - næ quærentur merces.Cis pontum et ci - tra lu - es.

Heu mi - se - ri! heu mi - se - ri! quid, ho - mo, i - nep - tam se - que - ris læ - ti - ti - am?

5. E - runt si - gna in so - le et lu - na et stel - lis, Gen - ti - um pres - su - ra in ter - ris.

Surget gens in - gentem et regnum contra regnum, Et ter - ræ mo - tus ma - gni per - lo - ca ; Pes - ti - len - ti - æ et

fa - mes; de cœ - lo ter - ro - res, Bel - la et li - tes; vix ul - la fi - des, Di - vi - dent dul - ces scis - ma - ta fra - tres.

Heu mi - se - ri! Heu mi - se - ri! Quid, ho - mo, i - nep - tam se - que - ris læ - ti - ti - am?

11. — CHANT EN L'HONNEUR D'OTTON III.

Sur l'air appelé : MODUS OTTINC.

(*Voir* le fac-similé, planche VIII, n° 1.)

Magnus Cæ - sar Ot - to, quem hic modus re - fert in no - mi - ne Ot - tinc dic - tus, quadam noc - te mem - bra su - a dum col - lo - cat, Pa - la - ti - um ca - su su - bi - to in - flam - ma - tur.

12. — CHANSON DE TABLE,

(*Voir* le fac-similé, planche VIII, n° 2)

1. Jam, dul - cis a - mi - ca, ve - ni - to, Quam si - cut cor me - um di - li - go;

MONUMENTS.

13. — ODE A PHILIS, D'HORACE.

Sur la mélodie de l'hymne : UT QUEANT LAXIS.
(*Voir* le fac-similé, planche X.)

14. — ODE A ALBIUS, D'HORACE.
(*Voir* le fac-similé, planche XXXVIII, n° 2.)

TRADUCTION. xiij

ti - bi ju - ni - or Lœ - sa pœ - ni - te - at fi - de.

15. — LIBERA DU MISSEL D'AQUILÉE.
(*Voir* le fac-similé, planche XI, n° 1.)

Li - be - ra me, Do - mi - ne, de mor - te æ - ter - - na in di - e il - la tre - men - da, quan-do cœ - li mo - ven - di sunt et ter - ra. ℣. Tremens fac - tus sum e - go et ti - me - o, dum dis - cus - si - o ve - ne - rit et ven - tu - ra i - ra. In - di - e. Di - es il - la, di - es i - ræ, ca - la - mi - ta - tis et mi - se - ri - æ, di - es ma - gna et a - ma - ra val - de.

XIe SIÈCLE.

16. — LIBERA DU BRÉVIAIRE DE CIVIDALE.
(*Voir* le fac-similé, planche XI, n° 2.)

Li - be - ra me, Do - mi - ne, de mor - te æ - ter - na in di - e il - la tre - men - da, quan - do cœ - li mo - ven - di sunt et ter - ra. Dum ve - ne - ris ju - di - ca - re se - cu - lum per i - gnem. Tremens fac - tus sum e - go et ti - me - o, cum dis - cus - si - o ve - ne - rit at - que ven - tu - ra i - ra. Quid, e - go mi - ser - ri - mus, quid di - cam, vel quid fa - ci - am, cum nil bo - ni per - fe - ram an - te ta - lem ju - di - cem. Di - es il - la, di - es i - ræ, di - es ca - la - mi - ta - tis et mi - se - ri - æ, di - es ma - gna et a - ma - ra val - de.

MONUMENTS.

17. — LIBERA DU MS. B. 81, DE LA BIBLIOTHÈQUE VALLICELLANA.
(*Voir* le fac-similé, planche XIII, n° 1.)

18. — LAMENTATION DE RACHEL.
(*Voir* le fac-similé, planche XII.)

TRADUCTION.

Hic est il-le quem que-rit per-de - re, Qui nos fa-cit æ -ter-ne vi - ve - re. Er - go gau - de.

19. — LES TROIS MARIES.

(*Voir* le fac-similé, planche XIII, n° 2.)

VIRGO MATER DEI.
U-bi est Christus, me-us Do-mi-nus et Fi - li-us Ex-cel-sus?

TRES MARIÆ.
E - a - mus vi - de - re se - pul - crum.

ANGELUS SEPULCRI CUSTOS.
Quem quæ-ri-tis in se-pul-cro, ô Christi-co-læ? Non est hic; surre-xit sicut prædi- xe - rat. I - te, nun-ti - a - te dis-ci-pu-lis e-jus qui-a præ-ce-det vos in Ga-li-læ-am.

TRES MARIÆ.
Ve-re sur-rex-it Do-minus de se-pul-cro cum glo-ri-a. Al - le - lu - ia.

20. — LES VIERGES SAGES ET LES VIERGES FOLLES.

(*Voir* le fac-similé, planches XIII, n° 3; XIV, XV, XVI, XVII et XVIII, n° 1.)

(CHORUS.)
Ad-est spon-sus qui est Christus: vi-gi-la-te, vir-gi-nes. Pro ad-ven-tu e-jus gaudent et gaude-bunt ho-mi-nes. Ve-nit e-nim li-be-ra-re gen-ti-um o-ri-gi-nes, Quas per pri-mam si-bi matrem subju-garunt de-mo-nes. Hic est A-dam, qui se-cundus per prophe-tam di-citur. Per quem scelus pri-mi A-dæ a no-bis di-lu-i-tur. Hic pe-pen-dit, ut cœ-les-ti pa-tri-æ nos red-de-ret, Ac de-par-te i-ni-mi-ci li-be-ros nos tra-he-ret. Ve-nit spon-sus qui nos-tro-rum sce-le-rum pi - a - cu - la Mor-te la - vit, at - que cru-cis, sus-tu-lit pa-ti-bu-la.

MONUMENTS.

PRUDENTES. Oi-et, vir-gi-nes, ai-so que vos di-rum; Ai-sel pre-sen que vos co-man-da-rum. At-ten-det un espos. Jhe-su sal-vai-re a nom. Gai-re noi dor-met. Ai-sel es-pos que vos hor' at-ten-det. Ve-nit en ter-ra per los vos-tres pe-chel. De la Vir-gi-ne en Beth-le-em fo net; en flum Jor-da la-vet et lu-te-el: Gai-re, etc. Eu fo ba-tut, gablet e lai de-niel, sus en la crot ba-tut et clau fi-get. Deu monumen de-so en-tre-pau-set. Gai-re, etc. E re-sors es, la scriptu-ra o di-i; Ga-bri-els soi, en-tra mes a-i-ci: attendet to, que ja ven-ra pra i-ci. Gaire, etc.

FATUÆ. Nos, vir-gi-nes, quæ ad vos ve-ni-mus, ne-gli-gen-ter o-le-um fun-di-mus; Ad vos o-ra-re, so-ro-res, cu-pi-mus, ut et il-las qui-bus nos cre-di-mus. Do-len-tas! Chai-ti-vas! trop i a-vem dor-mit. Nos co-mi-tes hu-jus i-ti-ne-ris et so-ro-res e-jusdem ge-ne-ris, quamvjs ma-le con-ti-git mi-se-ris, po-tes-tis nos red-de-re su-pe-ris. Dolentas, etc. Par-ti-mi-ni lu-men lam-pa-di-bus; pi-æ si-tis in-si-pi-en-ti-bus, Pul-sæ ne nos si-mus a fo-ri-bus, cum vos sponsus vo-cet in se-di-bus. Do-lentas, etc.

PRUDENTES. Nos pre-ca-ri, pre-ca-mur, am-pli-us de-si-ni-te, so-ro-res, o

[FATUÆ.]

Ah! mi-se-ræ! nos ad quid ve-ni-mus? Nil est e-nim il-luc quod quæ-ri-mus. Fa-tatum est, et nos vi-de-bi-mus, Ad nup-ti-as nun-quam intra-bi-mus. Do-lentas, etc.

Audi, sponse, voces plangentium;
Aperire fac nobis ostium
Cum sociis; præbe remedium.
Modo veniat sponsus.
    CHRISTUS
Amen dico,
Vos ignosco;
Nam caretis lumine:

Quod qui pergunt,
Procul pergunt,
Hujus aulæ limine.
Alet, chaitivas! alet, malaureas!
A tot jors mais vas so penas livreas :
En enfern ora secret meneias.
—*Modo accipiant eas dæmones et Præcipitentur in infernum.*

21. — LES PROPHÈTES DU CHRIST.

(*Voir* le fac-similé planches XVIII, n° 2, XIX, XX, XXI, XXII et XXIII, n° 1.)

[PRÆCENTOR.]

Omnes gentes congaudentes, dent cantum le-ti-ti-æ! De-us ho-mo fit, de do-mo Da-vid, na-tus ho-di-e. O Ju-dæ-i verbum De-i qui ne-ga-tis, ho-mi-nem ves-træ le-gis, tes-te re-gis, au-di-te per or-di-nem! Et vos, gentes, non cre-den-tes pe-pe-ris-se Vir-gi-nem, ves-træ gen-tis do-cu-men-tis pel-li-te cal-li-gi-nem.

AD ISRAELEM.

Is-ra-el, vir le-nis, in-que! de Chris-to quid nos-ti fir-me?

RESPONSUM.

Dux de Ju-da non tol-le-tur, Do-nec ad sit qui to-ne-tur Sa-lu-ta-re De-i ver-bum. Ex-pec-ta-bunt gen-tes me-cum.

AD MOYSEM.

Le-gis-la-tor, huc pro-pin-qua, et de Chris-to pro-me di-gna.

RESPONSUM.

Da-bit De-us vo-bis va-tem; huic ut mi-hi au-rem da-te:

TRADUCTION. xix

qui non au - dit hunc au - di - en - tem ex - pel - le - tur su - a gen - te.

AD ISAÏAM. I - sa - i - as, ve - rum qui scis, Ve - ri - ta - tem cur non di - cis?

RESPONSUM. Est ne - ces - se Vir - gam Jes - se De ra - di - ce pro - ve - hi;

Flos de - in - de Sur - get in - de, Qui est spi - ri - tus De - i.

AD JEREMIAM. Huc ac - ce - de, Je - re - mi - as; Dic de Chris-to pro - phe - ti - as.

RESPONSUM. Sic est: Hic est De-us nos - ter, Si - ne quo non e - rit al - ter.

AD DANIELEM. Da - ni - el, in - di - ca Vo - ce pro-phe - ti - ca Fac-ta do - mi - ni - ca.

RESPONSUM. Sanc-tus sanc - to - rum ve - ni - et Et unc - ti - o de - fi - ci - et.

AD ABACUC. A - ba - cuc, re - gis cœ - les - tis Nunc os - ten - de quod sis tes - tis.

RESPONSUM. Et expectavi, Mox ex-pa-vi Metu mi-ra-bi-lium, Opus tu-um Inter du-um Corpus a-ni-ma-lium.

AD DAVID. Dic tu, Da - vid, de ne - po - te Cau-sas quæ sunt ti - bi no - tæ.

RESPONSUM. U - ni - ver - sus Grex conver-sus A - do - ra-bit Do - mi-num, Cu - i fu - turum Ser-vi-

- tu-rum Om-ne ge-nus ho - mi - num. Di - xit Do - mi-nus Do mi-no me - o: Se-de a dex-tris me-is.

SIMEON. Nunc Simeon adveniat,
Qui responsum acceperat,
Quod non haberet terminum
Donec videret Dominum.

RESPONSUM. Nunc me demittas, Domine,
Finire vitam in pace,
Quia mei modo cernunt oculi
Quem misisti
Hunc mundum pro salute populi.*

* Ces paroles ne sont pas notées dans le manuscrit.

TRADUCTION. xxj

RESPONSUM.

Ju - di - ci - i Signum: tel-lus su - do - re ma-des-cet; E cœ - lo rex ad -
- ve - ni - et per sæ - cla fu - tu - rus, Sci - li - cet in car - ne præ - sens
ut ju - di - cet or - bem. Ju - dæ - a in - cre - du - la, cur ma - nes ad-huc in - ve - re - cun - da.

22. — MIRA LEGE.

(*Voir* le fac-similé, planche XXIII, n° 2.)

Mi - ra le - ge, mi - ro mo - do, De - us for - mat ho - mi -
Mi - ra le - ge, mi - ro mo - do, De - us for - mat ho - mi -
- nem, Mi - re ma - gis hunc re - for - mat; vi - de mi - rum or - di -
- nem; Mi - re ma - gis hunc re - for - mat; vi - de mi - rum or - di -
- nem. Re - for -
- nem. Re - for -
- man - di mi - rus or - do in hoc so - nat de - ca - cor -
- man - di mi - rus. or - do in hoc so - nat de - ca - cor -
do.
do.

xxij MONUMENTS.

XIIe SIÈCLE.

23. — VERBUM BONUM ET SUAVE.

(*Voir* le fac-similé, planches XXIV et XXV.)

xxiij

xxiv MONUMENTS.

24. — AGNUS FILI VIRGINIS.
(*Voir* le fac-similé, planche XXVI n° 2.)

TRADUCTION.   XXV

25. — AIR DE DANSE.

(*Voir* le fac-similé, planche XXVI, n° 3.)

26. — LONC LE RIEU DE LA FONTAINE

DÉCHANT A DEUX PARTIES, AVEC PAROLES DIFFÉRENTES:

(*Voir* le fac-similé, planche XXVII, n° 2.)

MONUMENTS.

27. — DAMES SONT EN GRAND ESMAI.
DÉCHANT A TROIS PARTIES, AVEC PAROLES DIFFÉRENTES.
(*Voir* le fac-similé, planche XVVII, n° 2.)

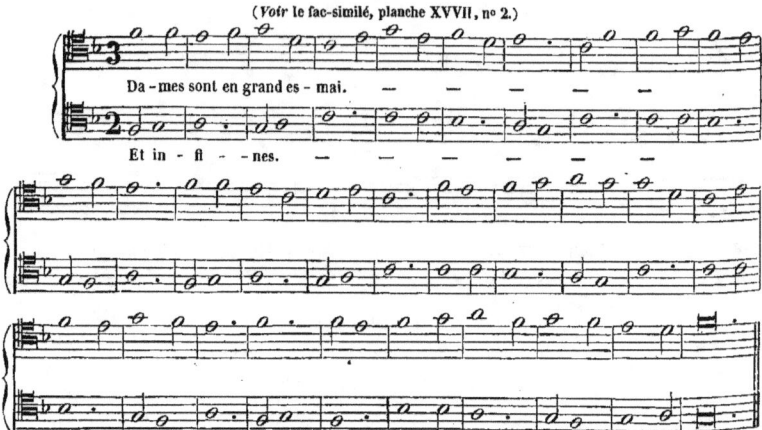

28. — DIEUS JE NE PUIS LA NUIT DORMIR.
DÉCHANT A DEUX PARTIES, AVEC PAROLES DIFFÉRENTES.
(*Voir* le fac-similé, planche XXVII, n° 3.)

TRADUCTION. xxvij

29. — CUSTODI NOS.
DÉCHANT A TROIS PARTIES AVEC IMITATIONS,
(*Voir le fac-similé, planche* **XXVII**, n° 4.)

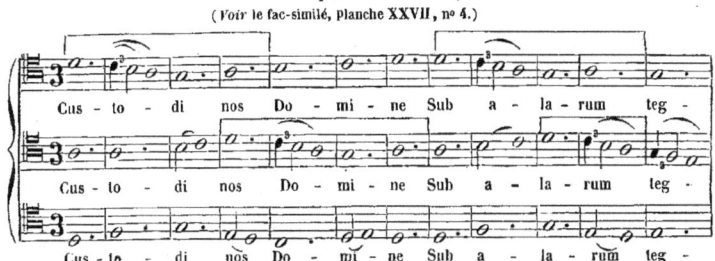

MONUMENTS.

32. — SANCTUS.

(*Voir* le fac-similé, planche XXIX n° 1.)

TRADUCTION.

MONUMENTS.

33. — BENEDICTUS.

(*Voir* le fac-similé, planche XXIX, n° 2.)

TRADUCTION. xxxiij

34. — BENEDICAMUS.

(*Voir* le fac-similé, planche XXX, n° 1.)

35. — ALLELUIA.

(*Voir* le fac-similé, planches XXXI, n° 2)

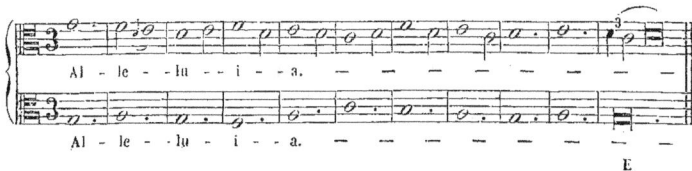

E

MONUMENTS.

36. — TUMBA SANCTI NICOLAI.

(*Voir* le fac-similé, planche XXX, n° 3.)

TRADUCTION.
XIIIe SIÈCLE.

37. — RONDEAU A TROIS PARTIES,
D'ADAM DE LA HALE.
(*Voir* le fac-similé, planche XXXI, n° 1.)

38. — AUTRE RONDEAU A TROIS PARTIES,
D'ADAM DE LA HALE,
(*Voir* le fac-similé, planche XXX, n° 2.)

MONUMENTS.

XIVᵉ SIÈCLE.

39. — MAIN SE LEVA SIR GARINS.
(*Voir* le fac-similé, planche XXXII.)

40. — SPIRITUS ET ALME,
FAUX-BOURDON A TROIS VOIX.
(*Voir* le fac-similé, planche XXXIII.)

TRADUCTION.   xxxvij

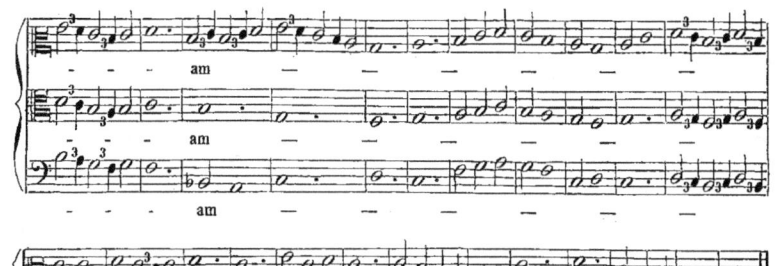

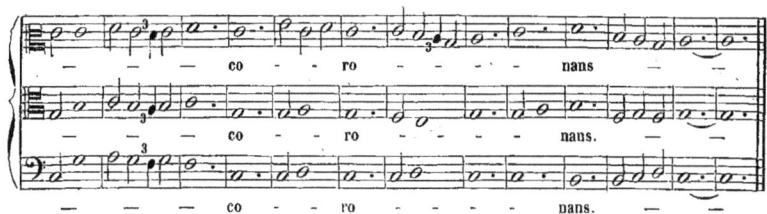

41. — VENES A NUESCHES,

CHANSON A DEUX PARTIES AVEC PAROLES DIFFÉRENTES.

(*Voir* le fac-similé, planche **XXXIV**, n° 2.)

42. — NE CELE AMOUR.
CHANSON A TROIS PARTIES.
(*Voir* le fac-similé, planche XXXV.)

TRADUCTION.

XLij   MONUMENTS.

43. — QUICONQUES VEUT.
CHANSON A QUATRE PARTIES.*

(*Voir* le fac-similé, planche XXXVI.)

* C'est par erreur que, dans le fac-similé, cette pièce se trouve indiquée comme étant à trois parties.

TRADUCTION.

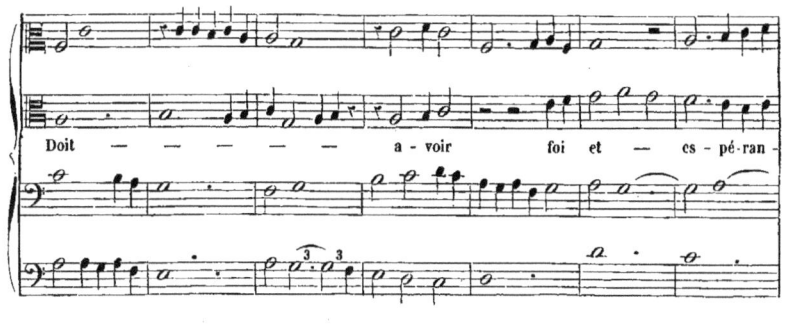

MONUMENTS.

44. — REUZELIED.

Sur la mélodie de l'hymne : CONDITOR ALME SIDERUM.

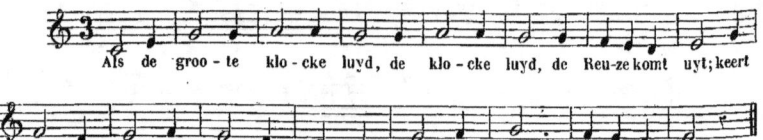

Als de groo-te klo-cke luyd, de klo-cke luyd, de Reu-ze komt uyt; keert uw weer-om de Reuz, de Reuz, keert uw weer-om Reu-ze-gom.

45. — HALEWYN.

Sur la mélodie du CREDO.*

Heer Ha-le-wyn zonc een lie-de-ken; al die het hoor-de wou by hem zyn, al die het hoor-de wou by hem zyn.

* La mélodie du CREDO n'est pas suivie ici note pour note ; mais la formule mélodique s'y trouve reproduite de telle sorte qu'on ne peut douter que ce soit ce chant qui ait servi de thème à l'air d'Halewyn.

FIN DE LA TRADUCTION DES FAC-SIMILÉS.

INDEX ALPHABÉTIQUE.

A

Aaron. Ses règles sur le contre-point improvisé, appelé par les Italiens *contrapunto a mente;* par les Français *chant sur le livre*, 31.

Accents (les) sont l'origine des neumes, 158.

Adam de la Hale. Trouvère du xiii° siècle, auteur de chansons, rondeaux, pastures et motets à deux et trois parties, 71; — de triples avec paroles différentes, 57; — de pièces de théâtre avec musique, 140 et 141. — Deux de ses rondeaux en fac-similé, Planche XXX; leur traduction en notation moderne, n°s 37 et 38.

Agnus Fili Virginis. Déchant à deux parties, tiré du Ms. 95 de la bibliothèque de Lille, 44; fac-similé, Planche XXVI, n° 2; traduction en notation moderne, n° 24.

Alipius. Passage de son traité, 8.

Alleluia. Déchant à deux parties, fac-similé, Planche XXIX, n° 2; traduction en notation moderne, n° 35.

Ammien Marcelin. Ce qu'il dit des bardes gaulois, 75.

Anonyme. Auteur d'un traité : *Ad organum faciendum*, 32, 33, 211. — Notice préliminaire, 225. — Texte et traduction, 226 et suiv.

— Auteur d'un traité : *Libellus in gallico de arte discantandi*, 34, 211. — Notice préliminaire, 244. — Texte et traduction, 245 et suiv.

— Auteur d'un traité appelé par Jérôme de Moravie : *Discantus vulgaris positio*, 35, 211. — Notice préliminaire, 247. — Texte et traduction, 247 et suiv.

— Auteur d'un traité : *De arte discantandi*, 36, 37, 212. — Notice préliminaire, 259. — Texte et traduction, 262 et suiv.

Anonyme. Auteur d'un traité : *Quædam de arte discantandi*, 38, 39, 212. — Notice préliminaire, 274. — Texte et traduction, 275 et suiv.

— Auteur d'un traité : *De musica*, 218.

— Auteur d'un traité : *Liber dechiarationis musicæ disciplinæ*, 219.

— Auteur d'un traité : *De musica mensurabili*, 219.

Antiphonaire de Saint-Gall. Le plus ancien livre de chant noté, 161.

Antiphonaire de Montpellier, découvert par M. Danjou; sa notation, 191.

Antiphonie, harmonie par octave chez les Grecs, 3.

Apel. Son opinion sur le rhythme musical des Grecs, 98.

Aribon ne parle pas de l'harmonie, 26. — Confirme le sens donné au mot neume par Gui d'Arezzo, 153. — Passage de son traité sur les mouvements des sons et leur corrélation avec les neumes, 177. — Ce qu'il dit du neume *quilisma*, 180.

Aristide Quintilien. Ce qu'il entend par musique harmonique, 2.

Aristote (le philosophe grec) n'adopte comme intervalles harmoniques que l'unisson et l'octave, 3. — Son explication de l'homophonie et de l'antiphonie des Grecs, 3. — N'admet ni la quarte ni la quinte comme intervalles harmoniques, 4.

Aristote (le nommé), écrivain mensuraliste du xiii° siècle, 30, 46. — Son Traité attribué à Bède le Vénérable, 46. — Est à la bibliothèque Nationale de Paris, sous le n° 1136 du supplément latin, 47. — Son système de ligatures, de 195 à 197.

ARISTOXÈNE. Ses *Eléments de l'harmonie*, cités, 3.
ART DRAMATIQUE, au moyen âge, 124.
ASCENDE. Déchant à deux parties ; fac-similé. PLANCHE XXVIII ; traduction en notation moderne, n° 31.
AURÉLIEN DE RÉOMÉ. Ce qu'il entend par musique harmonique, 8, 11.

B

BAINI est d'opinion que le déchant était une harmonie improvisée, 30. — Ce qu'il dit du rhythme dans le chant grégorien, 123.
BEAUCHAMPS, auteur de *Recherches sur le théâtre de France*, 124.
BELLERMANN. Son édition de l'anonyme grec sur le rhythme musical, 150.
BÉMOL usité au temps de Hucbald, 21.
BENEDICAMUS. Triple, tiré du Ms. 813 de la bibliothèque Nationale de Paris, fac-similé, PLANCHE XXX, n° 1 ; traduction en notation moderne, n° 34. — Autre à trois parties organales différentes, 227, 228.
BENEDICTUS. Triple tiré du Ms. 813 de la bibliothèque Nationale de Paris ; PLANCHE XXIX, n° 2 ; traduction en notation moderne, n° 33.
BERNON appelle les neumes répercutés *distrophe et tristrophe*, 153. — Ce qu'il dit du neume *quilisma*.
BETHMANN a découvert un fragment en écriture du IX° siècle entremêlée de notes tironiennes, 77. — Son fac-similé du chant sur Otton, 107.
BIBLIOGRAPHIE du déchant, 211. — Manuscrits, 241 ; — Livres imprimés, 219.
BIBLIOTHÈQUES. Voyez Manuscrits.
BOÈCE. Ses odes notées, 100 ; — leur texte, 101. — Fac-similés, PLANCHE I, n°s 1 et 2. — Traduction en notation moderne, n°s 1 et 2. — Époque à laquelle appartient leur musique, 102. — Sa notation musicale, 151.
BOECK. Son opinion sur le rhythme musical des Grecs, 97.
BOEN (Jean), auteur d'un traité de musique, 219.
BOTTÉE DE TOULMON prouve que le traité attribué à Bède le Vénérable appartient au nommé Aristote, 47.
BOUQUET (Dom), éditeur de la vie de saint Faron, contenant un fragment de la chanson sur Clotaire, 75.
BRODERIES appelées copules au XIII° siècle, 60.
BURETTE. Passages de sa *Dissertation sur la symphonie des anciens*, 4. — Cite Plutarque, Aristote, 3 et 4.
BURNEY. Son opinion sur le traité attribué à Bède, 46.

C

CALIOPEA LEGHALE, traité de J. Hothby, 295.
CASSIODORE. Ce qu'il entend par musique harmonique, 8.
CHANSON à deux parties, avec paroles françaises différentes, 57. — Fac-similé, PLANCHE XXXIV, n° 2. — Traduction en notation moderne, n° 41.
CHANSON DE TABLE du X° siècle, 108. — Fac-similé, PLANCHE VIII, n° 2 ; PLANCHE IX, n° 1 ; traduction en notation moderne, n° 42.
CHANSONS DE GESTES (les) étaient chantées, 104. — Caractère de leur mélodie, 104.
CHANT SUR LE LIVRE, contre-point improvisé, 30.
CHANTS HÉROIQUES des peuples du Nord, 74.
CHANTS HISTORIQUES. Leur caractère, 83.
CHANTS RELIGIEUX en grand nombre, 110.
CHANTS POPULAIRES. Le principal caractère de leur mélodie est le rhythme, 74. — Chez les anciens peuples du Nord, 74. — Accompagnés d'instruments de musique, 74. — A la cour de Charlemagne, 75. — Sur Clotaire, 75 ; — sur Louis le Germanique, 77 ; — sur l'amour, la danse, la table, 81 ; — sur la religion, 81. — Chants populaires antérieurs au IX° siècle, 81.
CHARLEMAGNE accueille avec faveur les compositeurs de chants nationaux, 75 ; — fait mettre par écrit les anciens chants du Nord, 75. — Complainte sur sa mort, 90. — Fac-similé, PLANCHE II, n° 5. — Texte, 90. — Traduction en notation moderne, n° 5.
CHASLES. Son catalogue des manuscrits de Chartres, 142. — Note sur le mot *instans*, 142.
CHINOIS. Leur notation musicale, 150.
CHRISTUS VINCIT, etc. Litanie, 108. — Dans le Ms. 1118 de la bibliothèque Nationale de Paris, avec prière : *Pro Hugone a Deo coronato*, 108.
CHROTTA, instrument de musique, 6.
CHRYSANTHE. Son ouvrage sur la musique des Grecs modernes, 5. — Ce qu'il dit du sentiment de ses compatriotes sur l'harmonie, 5.
CICONIA, auteur d'un traité de musique, 219.

CLEFS. Leur origine, 165.
CLÉMENT (Félix). Ses articles sur le drame liturgique, dans les Annales archéologiques, 125.
CLIVUS, neume générateur composé, 171. — Tableau I, 184.
CLOTAIRE. Chant en son honneur à l'occasion de sa victoire sur les Saxons, 75. — Texte latin d'un fragment, 75. — N'est qu'une traduction, 75.
CONSONNANCES appelées concordances au XIII° siècle, 49; — parfaites, imparfaites et moyennes, 49.
CONTRAPUNTO A MENTE, chant sur le livre; contre-point improvisé, 30.
CONTRE-POINT DOUBLE (le), au XIII° siècle, était appelé répétition de voix différente, 53.
COPULE. Sorte de broderies, 60.
COTTON (Jean). Sa définition de l'organum, 13. — Sa définition de la diaphonie, 25. — Ses règles de la diaphonie, 25. — Mouvement contraire, 26. — Applique le nom de neume aux notes simples comme aux notes composées, 153. — Ce qu'il entend par neumes réguliers et irréguliers, 165, 166.
COULEUR. Ce qu'on entendait par là au XII° siècle, 52.
CUSTODI NOS. Triple avec imitations; fac-similé, PLANCHE XXVII, n° 4; traduction en notation moderne, n° 29.

D

DAMES SONT EN GRAND ESMAI. Déchant avec paroles différentes à trois parties; fac-similé, PLANCHE XXVII, n° 2; traduction en notation moderne, n° 27.
DANIEL (Herm. Adalb.). Son Thesaurus hymnologicus, 44.
DANIEL (le mystère de). Drame liturgique du XIII° siècle, 139.
DANJOU. Sa Revue de musique religieuse, 19, 22, 30, 32 et passim. — Sa découverte de l'antiphonaire de Montpellier, 151; — d'un traité d'organum, 32, 225 et 226; — d'un traité d'Hothby, appelé Caliopea leghale, 154, 295, 296; — et d'un grand nombre de manuscrits sur la musique dans les bibliothèques d'Italie, 211, 214,
218, 219. — Son article sur le théâtre religieux et populaire au XIII° siècle, 125. — Son essai de traduction des neumes, 169.
DANSE (air de) du XIII° siècle, 96. — Fac-similé, PLANCHE XXVI, n° 3; traduction en notation moderne, n° 25.
DÉCHANT. Définition du déchant, 26 et 27. — Différence entre le déchant et la diaphonie, 27. — Son origine, 28. — Méthode primitive, 28. — Le déchant était une harmonie écrite, 30. — Règles de nos documents inédits, 33 à 41. — Composé de notes de durée inégale, 52. — Doctrine de Francon de Cologne, du nommé Aristote et de Jean de Garlande, 52 à 58. — Déchant coloré, 52, 53, 54. — Déchant avec paroles, 55; — avec paroles différentes, 57. — Exemples de déchant avec paroles différentes, PLANCHE XXVII, n° 1, 2 et 3. Autres exemples, 57. — Déchant en partie avec paroles et en partie sans paroles, 58. — Comment était exécutée la partie sans texte, 58. — Usage du déchant dans l'Église, 69, 70. — Né en France, XII, 72. — Règles de Gui de Chalis, 255 à 258. — Id., du Doc. V, 262 à 265. — Id., du Doc. VI, 283 à 290.
DEHN (M.), de Berlin, nous a envoyé le fac-similé du chant sur Otton, 107.
DE LA FAGE, auteur d'une Histoire générale de la musique et de la danse, 150.
DE LA FONS-MELICOCQ. Ses articles sur l'art dramatique dans les Annales archéologiques, 125.
DIAPHONIE. Ce qu'entend par ce mot Isidore de Séville, 9. — Définition, 13. — Diaphonie par mouvements et par intervalles semblables, 14 et suiv.; — par mouvements et par intervalles mélangés, 20. — Prépondérance de la diaphonie à mouvements et intervalles mélangés, 24. — Règles de Jean Cotton, 25. — Diaphonie de Gui d'Arezzo, 23. — La diaphonie n'a pas été usitée dans la musique mondaine, 28. — Était encore en usage au XIV° siècle, 28.
DIDRON. Ses Annales archéologiques, citées, XII, 6, 14, 125.
DIES IRÆ. Prose des morts attribuée à divers auteurs, 115. — Caractère de sa mélodie, 119.
DIEUS JE NE PUIS LA NUIT DORMIR, chanson à deux parties, avec paroles différentes; fac-similé,

Planche XXVII, n° 3 ; traduction en notation moderne, n° 28.

Diodore de Sicile rapporte que les bardes accompagnaient leurs chants d'instruments de musique, 75.

Dissonance. Comment elle est définie par Francon, 49. — Division en parfaite et imparfaite, par le même, 49 ; — en parfaite, imparfaite et moyenne, par J. de Garlande et Aristote, 50.

Distrophe, neume répercuté, 153.

Division syllabique ou clôture syllabique, 202.

Doni est d'opinion que le déchant est une harmonie improvisée, 30.

Drame liturgique; son caractère littéraire, 125 et 126. — Son caractère musical, 138. — Drame mixte, 139. — Drame profane, 140.

Ducange. Sa définition du mot neume, 151.

Dufay considéré à tort comme l'inventeur du canon et de l'imitation, 54.

Dulcia. Triple de Francon, 45. — Fac-similé, Planche XXVII, n° 5. — Traduction en notation moderne, n° 30.

Durée des sons dans les neumes, 178.

E

Éginard parle des chants populaires dans sa *Vita Karoli magni*, 75.

Éloy considéré à tort comme l'inventeur du canon et de l'imitation, 54.

Énéide (passages de l') avec notation musicale, dans un manuscrit du xe siècle, 102, 104.

Engelbert. Ce qu'il dit du neume *quilisma*, 180.

Éric duc de Frioul (chant en l'honneur d'), par Paulin, patriarche d'Aquilée ; texte, 87. — Fac-similé, Planche I, n° 4 ; traduction en notation moderne, n° 4.

Érigène Scot parle de l'organum dans son ouvrage *De divina natura*, 11.

Euclide. Son introduction à l'harmonie, 3.

Eudes (comte de Paris). Chant en son honneur, 115.

F

Faron (Passage de la vie de saint), relatif à la musique populaire, 75.

Faux bourdon. En quoi il consistait, 68. — Fac-similé d'un faux bourdon du xive siècle, Planche XXXIII. — Traduction en notation moderne, n° 40.

Fétis. Son opinion sur l'harmonie des Grecs, 5. — Donne à l'harmonie une origine septentrionale, 5. — Sa manière de traduire les exemples de Hucbald, 19. — Est d'avis que le déchant était une harmonie improvisée, 30. — Son opinion sur l'auteur du traité *De arte musices* de la bibliothèque de Gand, 39. — Son opinion sur le traité attribué à Bède, 47. — Ce qu'il entend par neume, 152. — Son système de traduction des neumes, 168.

Feussner. Son opinion sur le rhythme musical des Grecs, 98.

Florification, sorte de broderies d'après Jérôme de Moravie, 53.

Fontanet (Chant sur la bataille de), texte, 86. — Fac-similé, Planche I, n° 3. — Traduction en notation moderne, n° 3.

Forkel. Son opinion sur le traité attribué à Bède, 46.

Francon de Cologne, auteur d'un traité intitulé : *Ars cantus mensurabilis*. Sa définition du déchant, 27. — Sa doctrine harmonique, 46. — Confondu avec l'écolâtre de Liège, 143. — Controverse sur l'époque où il a vécu, 144. — Auteur d'un traité intitulé : *Compendium musices*, 147. — A été probablement recteur du prieuré de Saint-Benoît, à Cologne, 147.

Franculus, neume représentant la plique brève ascendante, 180.

G

Garlande (Jean de), auteur d'un traité de musique mesurée, 47. — N'est pas le grammairien de ce nom, 48. — Était chanoine à Besançon au xiie siècle, 48. — Son traité dans Jérôme de Moravie, 47, 212. — Au Vatican, 48, 212.

Gaudence. Son introduction à l'harmonie citée, 3.

Gaulois. Leurs bardes chargés de recueillir et de chanter les actions d'éclat, 75.

Gerbert (l'abbé). Ses *Scriptores ecclesiastici, de musica sacra* cités, passim et 219. — Ce qu'il dit de la traduction des neumes, 168.

INDEX.

GLAY (LE). Son catalogue des manuscrits de Lille, 45.

GNOMO, neume représentant la plique longue ascendante, 180.

GODESCHALC, hérésiarque du IXe siècle; chant composé par lui, 93. — Texte, 94. — Fac-similé, PLANCHE II, n° 3; traduction en notation moderne, n° 7.

GRADATUS, neume confondu avec le *quilisma*, 180 et 181.

GRECS. Leur harmonie, 3.—Leur notation, 150. — Différence entre leur système musical et le nôtre, 4.

GRÉGOIRE (saint). Sa notation, 151.

GRÉGOIRE IX, auteur d'une prose en l'honneur de saint François, 126.

GUÉRANGER (dom). Ses *Institutions liturgiques*, citées, 10, 225.

GUI D'AREZZO. Sa doctrine diaphonique, 23. — Sens qu'il donne au mot neume, 153. — Sa théorie du mouvement des sons, 175. — Commentaire du chapitre XVI du *Micrologue*, avec exemples en neumes, 176. — Ce qu'il dit de la durée des sons dans les neumes, 179.

GUILLAUME D'HIRSCHAU ne parle pas de l'harmonie, 26.

GUTTURALIS, neume d'ornement dont on ne connaît pas la signification, 180.

GUY DE CHALIS. Sa doctrine harmonique, 36. —Son traité de diaphonie: note préliminaire, 254; texte et traduction, 255 et suiv.

H

HALEWYN. Chanson flamande sur l'air du *Credo*, 103. — Musique, n° 45 des traductions.

HARMONIE. Signification de ce mot chez les Grecs, 2. — Comment les Grecs appelaient l'harmonie, 3. — Sentiment des Grecs modernes sur l'harmonie, 5. — Sa situation depuis le VIe siècle jusqu'au XIe, 10; — en usage dans la chapelle papale au IXe siècle, 11. — Son état au XIe siècle, 32; — aux XIIe et XIIIe, 36 à 60. — — Résumé de l'harmonie aux XIIe, XIIIe et XIVe siècles, 64.

HELENA (Henri), auteur d'un traité de musique, 219.

HOC VOBIS ITER, organum à deux parties, 229.

HOMOPHONIE, harmonie à l'unisson chez les Grecs, 3.

HOQUET, appelé aussi déchant tronqué; harmonie dans laquelle les notes étaient entrecoupées par des pauses, 61. — Exemples de déchant avec hoquet, 62, et PLANCHES XXXIV, n° 2, XXXV et XXXVI; traduction en notation moderne, n°s 41, 42 et 43.

HORACE. Son *Ode à Philis* sur la mélodie de l'hymne: *Ut queant laxis*, dans un manuscrit de Montpellier du Xe siècle, 102. — Fac-similé, PLANCHE X; traduction en notation moderne, n° 13. — Son *Ode à Albius Tibullus*, également notée en neumes dans un manuscrit du Xe siècle de la bibliothèque de Franekere, 102. — Fac-similé, PLANCHE XXXVIII, n° 2; traduction en notation moderne, n 14.

HOTHBY. Sens qu'il attribue au mot neume, 154. — Explique les mouvements des sons et leur corrélation avec les neumes, 177. — Son traité intitulé *Caliopea leghale;* note préliminaire, 295; texte et traduction, 297.

HROSVHITA. Son théâtre publié par M. Magnin, 139. — Caractère de ses pièces, 140.

HUCBALD (moine de Saint-Amand). Ses travaux sur l'organum et la diaphonie, 12 et suiv. — Sa définition de la diaphonie, 12. — Ses préceptes et ses exemples, 15, 16 et 17. — Controverse sur la manière de traduire ses exemples, 19. — Manuscrits qui contiennent ses ouvrages, 21. — Parle de la durée des sons dans le plain-chant, 178. — Id. dans les neumes, 178.

HUG (l'abbé). Complainte sur sa mort; texte, 92. — Fac-similé, PLANCHE II, n° 2; traduction en notation moderne, n° 6.

HUGUES CAPET. Litanie où on invoque son nom, 108.

HUGUES METELLUS. Ce qu'il dit de Gerlande, 48.

HYMNES composées sur des mélodies populaires, 83; — d'autres servant de texte mélodique aux chants populaires, 104.

I

IMBERT DE FRANCE auteur d'un traité de musique, 219.

IMITATIONS (les) étaient usitées au XII° siècle, 54. — Exemple, PLANCHE XXVII, n° 4. — Traduction en notation moderne, n° 29.

INDIENS. Leur notation musicale, 150.

INSTANS, nom donné à la partie la plus courte de la durée, au XII° siècle, 142.

INTERVALLES HARMONIQUES. Ce qu'en dit Francon, 49 —Appelés proportions par l'auteur du Doc. VI, de 290 à 294.

INTERVALLES MÉLODIQUES en usage dans le plain-chant au XIV° siècle, d'après Hothby, de 339 à 349.

ISIDORE DE SÉVILLE. Ce qu'il entend par musique harmonique, 8 et 9.

J

JEAN DE BOURGOGNE, auteur d'un tableau synoptique de la musique mesurée, 147. — Considéré par Bottée de Toulmon comme l'auteur de l'*Ars cantus mensurabilis* attribué à Francon, *ibid.*

JEAN LE CHARTREUX, dit Jean de Mantoue, auteur d'un traité de musique, 40.

JEAN DE GARLANDE. Voyez Garlande.

JEAN DE MANTOUE. *Voyez* JEAN LE CHARTREUX.

JEAN DE MURIS. Voyez Muris.

JEAN D'YPRES, auteur d'un traité de musique, 219.

JÉRÔME DE MORAVIE. Époque où il vécut, 35. — Son traité de musique, ibid. — Ce qu'il dit du rhythme dans le plain-chant, 123, — et des ornements, 124.

JORNANDES (passage de) sur les chants des peuples du Nord, 74.

JUBINAL. Ses *Mystères inédits du XV° siècle*, cités, 125.

JUMILHAC (dom). Ce qu'il dit du rhythme musical dans les poésies latines du moyen âge, 99. — Ses extraits des manuscrits notés en neumes, 167.

JUSSOW. Sa traduction des neumes, 167.

K

KYRIE en organum de la messe double, 226.

KIESEWETTER. Son opinion sur l'organum, 12, 18. — Id. sur l'origine des neumes, 155. — Ses ouvrages sur la musique du moyen âge, 221 et 222.

KIRCHER (le Père). — Ses formules de rhythme musical, 99.

L

LACHMANN. Sa division du texte du chant sur Otton III, 105.

LAMBILLOTTE (le Père). Sa *Clef du chant grégorien*, 169.

LAMENTATION DE RACHEL. Drame liturgique, texte, 128. — Fac-similé, PLANCHE XI. — Traduction en notation de plain-chant, n° 18.

LASSUS, architecte de la Sainte-Chapelle et de Notre-Dame de Paris ; ses articles sur le style ogival dans les *Annales archéologiques*, XII.

LEBEUF (l'abbé) est le premier qui ait signalé les chants du Ms. 1154, dans les *Dissertations sur l'histoire ecclésiastique*, et dans son *Recueil pour servir d'éclaircissement à l'histoire de France*, 84. — Le premier qui ait parlé du traité de déchant en langue romane, note, Doc. II, 244.

LEWTS (Denis), chartreux de Ruremonde, auteur d'un traité intitulé *De arte musices*, 39. — Ce qu'il dit de la musique feinte, 40.

LIBERA, répons de l'office des morts ; ses rapports avec le *Dies iræ*, 120. — Attribué par erreur à Maurice de Sully, ib. — Libera du X° siècle du missel d'Aquilée, bibl. de Santa-Croce ; fac-similé, PLANCHE XI, n° 1 ; traduction en notation moderne, n° 15. Libera du XI° siècle, des archives de Cividale ; fac-similé, PLANCHE XI, n° 1 ; trad. en notation moderne, n° 16. Libera du XI° siècle d'un Ms. de la Bibl. Vallicellana ; fac-similé PLANCHE XIII, n° 1 ; traduction en notation moderne, n° 17.

LIGATURES dans la notation proportionnelle ; ses plus anciennes traces, 187, 193. — Doctrines des documents inédits, 194, 249, 269, 278. — Doctrines de Francon, de Jean de Garlande et d'Aristote, 195. — Tableaux synoptiques des ligatures, 196, 197, 198 et 199. — Corrélation des ligatures et des neumes, 200. — Id. des ligatures et des pliques, 194.

LIGNES, ou portée musicale, 164.

LONC LE RIEU DE LA FONTAINE, déchant avec paroles différentes ; fac-similé, PLANCHE XXVII, n° 1. —Traduction en notation moderne, n° 26.

LONGIN. Ce qu'il dit du rhythme musical des Grecs, 98
LOUIS LE GERMANIQUE. Chant en son honneur, 76.
LUCIEN. Ce qu'il entend par harmonie, 3.

M

MANUSCRITS dont il y a des extraits dans cet ouvrage :

CAMBRAI (biblioth. de). Deux rondeaux à trois parties, d'Adam de la Hale, texte, 71 ; fac-similé, PLANCHE XXXI, n°^{s} 1 et 2 ; traduction en notation moderne, n°^{s} 37 et 38. — *Main se leva sir Garins*, chanson à une voix, XIVe siècle, texte, 96 ; fac-similé, PLANCHE XXXII ; trad. en notation moderne, n° 39. — *Venes à nuesches*, à deux parties, XIVe siècle, fac-similé, PLANCHE XXXIV, n° 2 ; traduction en notation moderne, n° 41. — *Ne cele amour*, à trois parties, fac-similé, PLANCHE XXXV ; traduction en notation moderne, n° 42. — *Quiconques veut*, à quatre parties, XIVe siècle ; fac-similé, PLANCHE XXXVI ; traduction en notation moderne, n° 43.

CIVIDALE (archives de). *Libera* tiré d'un bréviaire du XIe siècle, 121. — Fac-similé, PLANCHE XI, n° 2. — Traduction en notation moderne, n° 16.

COUSSEMAKER (bibliothèque de M. E. de). Manuscrit du XIIe siècle contenant les œuvres de Gui d'Arezzo, le *Tonarius* de Bernon et le dialogue d'Odon, 164, 165. — Fragment de garde du Xe siècle ; fac-similé, PLANCHE XI, n° 2. — Faux bourdon à trois voix, du XIVe siècle, fac-similé, PLANCHE XXXIII ; traduction en notation moderne, n° 40. — *Libera* tiré d'un manuscrit du XIVe siècle ; fac-similé, PLANCHE XXXIV, n° 1. — *Virgo Israël*, fragment d'un manuscrit du XIVe siècle ; fac-similé, PLANCHE XXX, n° 2.

DOUAI (bibliothèque de). Ms. 124, *Verbum bonum et suave*, à deux voix, XIIe siècle ; fac-similé, PLANCHES XXIV et XXV ; traduction en notation moderne, n° 23. — Ms. 838, tableau de neumes ; fac-similé, PLANCHE XXXVIII, n° 3.

FLORENCE (bibliothèque Magliabecchiana de). Ms. classe XIX, n° LXXXII, contient la *Caliopea leghale*, d'Hothby, XIVe siècle, 295 ; texte et traduction, 297 et suiv.

FRANEKERE (biblioth. de). Manuscrit du Xe siècle,

Suite des MANUSCRITS :

contient l'*Ode à Albius*, d'Horace, avec notation musicale ; fac-similé, PLANCHE XXXVIII, n° 2 ; traduction en notation moderne, n° 14.

GAND (bibliothèque de). Ms. 171, *De arte musices*, par Denis Lewts, 39, 40. — Même manuscrit, *Ars discantus*, attribué à Jean de Muris, 67, 68.

LILLE (bibliothèque de). Ms. 95, *Agnus fili Virginis*, à deux parties, 44, 45 ; fac-similé, PLANCHE XXVI, n° 2 ; traduction en notation moderne, n° 24. — Air de danse, du même Ms. 96 ; fac-similé, PLANCHE XXVI, n° 3 ; traduction en notation moderne, n° 25.

LONDRES (Musée britannique de). Ms. 4909, XIVe siècle, traité de Robert de Handlo, 214.

MILAN (bibliothèque Ambrosienne de). Ms. 17, fin du XIe ou commencement du XIIe siècle ; commentaire du chapitre XVI du *Micrologue* de Gui d'Arezzo, avec exemples notés en neumes, 175 ; fac-similé, 176. — Dans le même manuscrit, le traité *Ad organum faciendum*, texte et traduction, 226-243.

MONT CASSIN (archives du). Ms. 318, *De musica nova et antica* ; chapitre LXXXV, *de conjunctione arsi et thesi omnis neumæ* avec exemples notés en neumes, 175. — Un autre passage, 178. — Tableau de neumes, 182. — Fac-similé, PLANCHE XXXVII.

MONTPELLIER (bibliothèque communale de). Ms. 6, *Prose des morts*, 116 ; fac-similé, PL. VII ; traduction en notation moderne, n° 10.

MONTPELLIER (bibliothèque de la Faculté de médecine de). — Ms. H, 425, *Ode à Philis*, d'Horace, 85, 102, 103 ; fac-similé, PLANCHE X ; traduction en notation moderne, n° 13.

PADOUE (bibliothèque du Chapitre de). — Ms. A, 47 ; *Collegerunt*, noté en neumes sur deux lignes, 184 ; fac-similé, PLANCHE XXXVIII, n° 1.

PARIS (bibliothèque Nationale de). — Ms. 7207, *Speculum musicæ*, de Jean de Muris, 26, 27, 28, 31, 215 et passim. — Ms. 813, fonds Saint-Victor ; traité de déchant en langue romane, 34, 211 ; texte et traduction, 244-246. — Même Ms. *De arte discantandi*, 38, 212. — Texte et traduction, 259-273. — Ms. 812, même fonds ; *Quædam de arte discantandi*, 39, 212. — Texte et traduction, 274-294. — Ms. 1139, fonds de Saint-Martial

INDEX.

Suite des MANUSCRITS.

de Limoges; *Mira lege*, déchant à deux parties, 42; fac-similé, PLANCHE XXIII, n° 2; traduction en notation moderne, n° 22.—*Chant de la Sibylle sur le jugement dernier*, 110, 113; fac-similé, PLANCHE XXIII, n° 1; traduction en notation mod., n° 9. — *Lamentation de Rachel*, drame liturgique, texte 128 ; fac-similé, PLANCHE XII; traduction en notation moderne, n° 18. — *Les trois Maries*; texte 129; fac similé, PLANCHE XIII, n° 2; trad. en notation moderne, n° 19. —*Les vierges sages et les vierges folles*, texte 130; fac-similé, PLANCHES XIII, n° 3, XIV, XV, XVI, XVII et XVII, n° 1; traduction en notation moderne, n° 20. — *Les prophètes du Christ*, texte, 133-137; fac-similé, PLANCHES XVIII, n° 2, XIX, XX, XXI, XXII et XXIII, n° 1; traduction en notation moderne, n° 21. — Ms. 1136, suppl. du fonds latin, *Musica quadrata seu mensurata*, par un nommé Aristote, 46, 213. — Ms. 1154, fonds de Saint Martial de Limoges; deux odes de Boèce, texte 100, 101; fac-similé, PLANCHE I, n° 1 et 2; traduction en notation moderne, n°s 1 et 2. — *Chant sur la bataille de Fontanet*, par Angelbert, 85 ; texte 86 ; fac-similé, PLANCHE I, n° 3 ; trad. en notation moderne, n° 3. — *Chant sur Eric duc de Frioul*, par Paulin, patriarche d'Aquilée, 87; texte 87, 88, 89 et 90 ; fac-similé, PLANCHE I, n° 4; traduction en notation moderne, n° 4. — *Complainte sur la mort de Charlemagne*, 90; texte 91; fac-similé, PLANCHE II, n° 1; traduction en notation moderne, n° 5. — *Complainte sur la mort de l'abbé Hug*, 92 ; texte 92 et 93 ; fac-similé, PLANCHE II, n° 2 ; traduction en notation moderne, n° 6. — *Chant de Godeschalc*, 93 ; texte 94 ; fac-similé, PLANCHE II, n° 3 ; traduction en notation moderne, n° 7. — *Chant de la Sibylle sur le jugement dernier*, 110; fac-similé, PLANCHES IV, n° 2, et V; traduction en notation moderne, n° 9. — *Prose des morts de Saint-Martial de Limoges*, 113; texte 114 ; fac-similé, PLANCHE III et IV, n° 1; traduction en notation moderne, n° 8. — Ms. 1118, même fonds, x° siècle. — Chanson de table, 85, 107 ; texte, 108 ; fac-similé, PLANCHE VIII, n° 2; traduction en notation moderne, n° 12.—Ms. 273 bis, fonds Notre-Dame; *Les enseignements trebor de vivre sagement*, pas-

Suite des MANUSCRITS.

sage sur les chansons de gestes, 104. — Ms. 2832, fonds latin, IX° siècle. — *Chant de la Sibylle sur le jugement dernier*, 110 ; texte 110 et 111 ; fac-similé, PLANCHE VI; traduction en notation moderne, n° 9. — Ms. 781, même fonds, XIII° siècle. — *Chant de la Sibylle sur le jugement dernier*, 110; fac-similé, PLANCHE XXVI, n° 1 ; traduction en notation moderne, n° 9.—Ms.1817, fonds de Sorbonne, XIII° siècle; traité de Jérôme de Moravie, 213. — Ms. 7378 A; Ouvrages de Philippe de Vitry, 214.

PARIS (bibliothèque de Sainte-Geneviève). Ms. 1611, traité de Guy de Châlis, 36, 211. — Texte et traduction, 254-258.

ROME (bibliothèque de Santa-Croce). — *Missel d'Aquilée*, du X° siècle, 120; *Libera*; fac-similé, PLANCHE XI, n° 1 ; traduction en notation moderne, n° 15.

ROME (bibliothèque Vallicellana). Ms. 81, XI° siècle; *Libera*, 121; fac-similé, PLANCHE XIII, n° 1; traduction en notation moderne, n° 17.—Ms. B, 89 ; *Ars contrapuncti magistri Philippi ex Vitriaco*, 65.

ROME (bibliothèque du Vatican). Ms. 1346; tableau de neumes du XIII° siècle, 182; fac-similé, PLANCHE XXXVIII, n° 4. — Ms. 4315, traité de Jean de Garlande, 212. — Ms. 5321 et Ms 1377, fonds palatin : *Tractatus cantus mensurabilis secundum magistrum Ægidium de Murino*, 38, 218.

VENISE (bibliothèque de Saint-Marc). Ms. classe VIII, n° LXXXII ; *La Caliopea leghale* par Hothby, 215. — Texte et traduction, 295. — Tableau de neumes, 182; fac-similé, PLANCHE XXXVIII, n° 5.

VIENNE (bibliot. Impériale de), Ms. du X° siècle ; chanson de table, 107, texte, 109.—Fac-similé, PLANCHE IX, n° 1.

WOLFENBUTTEL (bibliothèque de). *Chant sur Othon III*, 85, 105 ; texte, 106 et 107. — Fac-similé, PLANCHE VIII, n° 1 ; traduction en notation moderne, n° 11.

MANUSCRITS cités.

AHSBURNHAM (bibliothèque de lord). *Virgile* du X° siècle, avec passages de l'Énéide, notés, 102.

BRUXELLES (bibliothèque de), Ms. 10,092,

INDEX.

Suite des MANUSCRITS.

XI⁰ siècle; *Musica Enchiriadis* de Hucbald, 21.
CAMBRIDGE (bibliothèque du collège du Corpus-Christi), Ms. c'c'c'c', *De speculatione musicæ*, par Walter Odington, 145, 213.
CÉSÈNE (bibliothèque Malatestiania de), Œuvres de Hucbald, 21.
CHARTRES (bibliothèque de). Ms. 148, *Musica Enchiriadis*, 21.
FLORENCE (biblioth. Laurentiana de). Ms. Pluteus, XXIX, cod. 48; ouvrages de Hucbald, 21.
FLORENCE (Bibl. Magliabecchiana de), ouvrages de Hucbald, 21.
OXFORD (bibl. d'). Ms. 2575, 60, 4. — *Compendium de discantu* de Francon de Cologne, 211. — Ms. 515. *De musica continua et discreta cum diagrammatibus* par Simon Tunsted, 218.
PARIS (bibl. Nationale de). Ms. 25. Œuvres de Guillaume de Machault, 57. — Ms. 81; Œuvres d'Adam de la Hale, 57, 71. — Mss. 7202, 7210, 7211, 7212; Œuvres de Hucbald, 21.
ROME (bibl. Barberine). Ms. B. 83; *Compendium musicale*, par Nicolas de Capio, 219. — Ms. 841; *De musica mensurabili*, par un anonyme, 219. — Même manuscrit; *Regulæ contrapuncti*, par Théodone de Capua, 219. Même manuscrit; *Liber de musica*, par Vetulus de Anagnia, 219.
ROME (bibl. du commandeur Rossi), manuscrit du X⁰ siècle, autrefois à l'abbaye de Moissac; *Prose des morts*, 115; *Chant sur Eudes*, 115 et 119.
ROME (bibl. du Vatican), Ms. 1196, fonds de la reine : traité de Jean Cotton, 153. — Ms. 1342; fonds palatin, X⁰ siècle; ouvrages de Hucbald, 21. — Ms. 1346 : *De musica*, 218. — Ms. 1616; notation boétienne, 151. — Ms. 5129; *Lectura per Petrum Thalanderii*, 219. — Ms. 5324; *Liber dechirationis musicæ disciplinæ*, 218.
VALENCIENNES (biblioth. de), F. 3. 2, IX⁰ siècle : *Musica Enchiriadis*, par Hucbald, 21.

MAGNIN. Ses travaux sur l'art dramatique, 125.
MARCHETTO DE PADOUE. Sa doctrine harmonique, 65. — Est le premier auteur qui parle des modes imparfaits, 207.
MARIES (les trois). Drame liturgique, 129.
MARTINI (le Père). Ses traductions des neumes, 168.
MAURICE DE SULLY, évêque de Paris au XIII⁰ siècle, regardé par erreur comme l'auteur du *Libera*, 120.
MEIBOMIUS. Passages tirés de ses *Antiquæ musicæ auctores septem*, 3, 8, 9.
MÉLODIE (caractère de la) des chants latins du moyen âge, 95.
MÉRIL (Édelestand du). Ses *Poésies populaires latines antérieures au XII⁰ siècle;* passages en notes, 84, 85, 86, 87, 88, 89, 91. — Ses *Poésies latines au moyen âge*, 84, 108. — Ses *Origines latines du théâtre moderne*, 125. — Passages de ce livre, 126.
MICHEL (Francisque). Théâtre français au moyen âge, 125.
MESURE. Définition, 73.
MESURÉE (musique). Voyez musique mesurée.
MIRA LEGE. Déchant à deux parties, 42 ; texte, 43 ; fac-similé, PLANCHE XXXIII, n⁰ 2 ; traduction en notation moderne, n⁰ 22.
MODE. Ce que c'était aux XII⁰ et XIII⁰ siècles, 202. — Divergence des auteurs sur leur nombre, 203. — Modes parfaits et imparfaits suivant Jean de Garlande et Aristote, 203. — Leur emploi, 204. — Comment on les représentait par des ligatures, 204. — Manières de les varier, 204. — Modes binaires et ternaires, 205. — Étaient tous ternaires au XII⁰ siècle, 205. — Le mode binaire mentionné pour la première fois par Marchetto, 207. — Division du mode; signe différent de la pause, 202.
MODUS CARELMANNINC; air de Charlemagne, 105.
MODUS FLORUM; air des fleurs, 105.
MODUS LIEBINC; air de l'amour, 105.
MODUS OTTINC; air d'Otton, 105. — Texte, 106 ; fac-similé, PLANCHE VIII, n⁰ 1 ; Traduction en notation moderne, n⁰ 11.
MOINE D'ANGOULÊME (le) parle de l'art d'organiser comme étant usité dans la chapelle papale au IX⁰ siècle, 11.
MONE. Ses messes latines et grecques depuis le II⁰ siècle jusqu'au VI⁰.
MONMERQUÉ (DE), l'un des auteurs du *Théâtre français au moyen âge*, 125.
MORELOT (Stephen) signale une prose des morts,

INDEX.

du x⁰ siècle, dans un Ms. autrefois à l'abbaye de Moisssac, 115 et 119. — A tiré du même manuscrit et publié un chant sur Eudes, comte de Paris, 115. — Nous a fait des communications importantes, 32, 154, 175, 226, 295, 296.

MOUVEMENT CONTRAIRE (principes du) nettement posés par Jean Cotton, 25.

MOUVEMENT DES SONS. Théorie de Gui d'Arezzo, 174. — Rapport du mouvement de la voix ou des sons avec les neumes, 175, 176, 177, 320 et suiv. — Ce que disent à cet égard Jean Cotton, Jean de Muris et Jean Hothby, 177 et de 319 à 332.

MUANCES (solmisation par); système d'Hothby, de 297 à 319.

MURINO (Ægidius de). Son traité de musique mesurée, 28, 218. — Sa méthode pour composer les déchants, 28, 29.

MURIS (Jean de). Auteur du *Speculum musicæ*, 215. — L'*Ars discantus* lui est attribué. — Notice de ce traité d'après un manuscrit de Gand, 217. — Son opinion sur l'origine de l'organum, 14. — Sa définition du déchant, 26 et 27. — Distingue la diaphonie en diaphonie organique et basilique, 28. — Sa doctrine harmonique d'après l'*Ars discantus*, 67 et 68. — Cite dans son *Speculum musicæ* des passages du traité du nommé Aristote, 47. — Ce qu'il dit des neumes, 153; du mouvement des sons, 177; des modes, 206.

MUSICA FALSA, musique fausse; ce qu'on entendait par là, 39.

MUSICA FICTA, musique feinte; ce que c'était, 39.

MUSIQUE MESURÉE. Son caractère général aux XII⁰ et XIII⁰ siècles, 73. — Sources et premiers vestiges, 141. — Est née du rhythme des anciens et des peuples du nord, 141. — Règles du doc. V, 265 à 273. — *Id.* du doc. VI, 274 à 283.

MUSIQUE VULGAIRE. Son caractère, 82. — Passage de Hucbald sur la musique vulgaire, 82. — Ce qui la distinguait du plain-chant, 83.

N

NE CELE AMOUR, chanson à trois parties; sa tonalité, 96. — Fac-similé, PLANCHE XXXV; traduction en notation moderne, n° 42.

NEUMES. Notes de musique en usage depuis le VIII⁰ siècle jusqu'au XIII⁰, 152. — Leur origine, 154. — Opinion à cet égard de M. Kiesewetter, 155. — De M. Fétis, 156. — De M. Th. Nisard, 157. — Les neumes ont leur origine dans les accents, 158. — Neumes au commencement du VIII⁰ siècle, 161. — Se montrent dans leur état complet dans l'*Antiphonaire de Saint-Gall* 161. — Se sont perfectionnés au sein du christianisme, 162. — Dans l'école de saint Grégoire, 162. — Neumes primitifs, 163. — A points superposés, 163. — A hauteur respective, 163. — Guidoniens, 164. — Réguliers et irréguliers, 165. — Leur traduction; importance de cette question, 166. — Tentatives faites pour la résoudre, 167. — Durée des sons dans les neumes, 178. — Leur classification, 170 à 173. — Neumes générateurs, 171. — Neumes dérivés, 171. — Leur signification, 171. — Neumes de trois sons, 172. — De quatre sons, 173. — Conjoints, 173. — Leur succession, leur enchaînement; théorie de Gui d'Arezzo, 174. — Confirmée par des documents et monuments, 175. — Nomenclature tirée du Ms. 17 de la bibliot. ambrosienne de Milan, 177. — Tableau des neumes de Saint-Blaise, 181; d'Ottenbourg, 181; de Murbach, 182; de Toulouse, 182; du Vatican, 182; de Venise, 182; du Mont-Cassin, 182; de Douai, 183. — Leur transformation en notes carrées, 184, 185. — Tableau synoptique, n° 1, p. 184. — Tableau synoptique des neumes à points superposés, n° 2; 184. — Les signes de la durée des sons ont leur source dans les neumes, 185.

NICOMAQUE. Son manuel de l'harmonie, 3.

NISARD (Th.), auteur d'*Études sur les anciennes notations musicales de l'Europe*, 152. — Son opinion sur le mot neume, 152. — Sur leur origine, 157. — Sur leur traduction, 170.

NOTATION par signes alphabétiques; par signes spéciaux; grecque; romaine; boétienne; grégorienne; neumatique, 149-151.

NOTATION PROPORTIONNELLE. Ses premiers vestiges, 186. — Premières règles, 187. — Règles de la notation mesurée aux XII⁰ et XIII⁰ siècles, 187 et suiv. — Doctrine de nos documents inédits, de Francon de Cologne, de Jean de Garlande, du nommé Aristote, 189.

NOTES COLORÉES. Rouges et noires, 208. — Leur

INDEX.

destination, 209. — Leur emploi enseigné par Jean de Muris, 208 et 209.

NOTES DE PASSAGE usitées au XIIe siècle, 68.

O

ODINGTON (Walter). Son traité de musique, *De speculatione musicœ*, 145. — Passe pour être en outre l'auteur d'un autre traité, 145.

ODON DE CLUNY. Passage de son dialogue sur la musique relatif au si ♭, 21 ; — à la musique vulgaire, 82.

ORGANISTRUM, instrument de musique, 6.

ORGANUM. Définition de Jean Cotton, 13. — Son origine, 13. — Son origine d'après Jean de Muris, 14. — Raison pour laquelle l'organum ne produisait pas sur les musiciens du moyen âge le mauvais effet qu'il fait sur nous, 18. — Organum commun, organum pur, 63. — Définition de l'organum par l'auteur du traité *Ad organum faciendum*, 230. — Méthode, système et exemples du même auteur, 231. — Organum naturel, organum éloigné de la nature, 234. — Application des préceptes de cet auteur, 239 à 243.

ORISCUS, neume représentant la plique longue descendante, 180.

ORNEMENTS, dans le plain-chant ; ce qu'en dit Jérôme de Moravie, 124. — Dans les neumes, 179. — Preuve de leur existence dans le plain-chant, 179. — Traditionnels et séméiologiques, 180.

OTTON (Chant sur) ; texte, 105. — Le texte latin n'est que la traduction du texte original, 107. — Fac-similé, PLANCHE VIII, n° 2 ; traduction en notation moderne, n° 11.

P

PARAPHONIE. Harmonie de quinte et de quarte chez les Grecs, 4.

PARFAIT (les frères). Leur *Histoire du théâtre français*, 124.

PAULIN, patriarche d'Aquilée ; son chant en l'honneur d'Éric duc de Frioul, 87.

PAUSES, signes de silence, 200. — Double fonction des pauses, 200, 201. — Doctrine de Jean de Garlande, 201.

PERNE. Ses recherches sur la notation grecque, 150.

PERTZ. Ses *Monumenta*, 75, 77.

PHILIPPE DE VITRY. Sa doctrine harmonique, 65, 66. — Ses traités de musique, 65. — Analyse du Ms. 7378 A, de la bibliothèque Nationale de Paris qui contient ses ouvrages, 214.

PICARD (Pierre). Son traité de musique mesurée, 30, 146, 213.

PIERRE DE VILLE (Petrus de Civitate). Auteur d'un traité de musique, 219.

PLATON. Sa définition du mot " harmonie ", 3.

PLIQUES (les) dérivent des neumes appelés *oriscus*, *gnomo*, *porrectus*, *franculus*, 180. — Leur figure et leur emploi au XIIe siècle, 191. — Leur valeur, 192. — Comment elles s'exécutaient, 193.

PLUTARQUE, admet la quinte et la quarte comme intervalles harmoniques, 4.

PODATUS, neume générateur composé, 171.

POINT, neume générateur simple, 171.

PORRECTUS, neume représentant la plique brève descendante, 180.

PRÆTORIUS, le premier auteur moderne qui ait parlé des neumes, 167.

PROPHÈTES DU CHRIST (les). Drame liturgique, 133. — Texte, 134 ; fac-similé, PL. XVIII, n° 2, XIX, XX, XXI, XXII et XXIII, n° 1 ; traduction en notation moderne, n° 21.

PROSE DES MORTS de Saint-Martial de Limoges, 113 ; texte, 114 ; fac-similé, PLANCHE III et IV, n° 1 ; traduction en notation moderne, n° 8. — Prose des morts de Montpellier, 116 ; texte, 116 ; fac-similé, PLANCHE VII ; traduction en notation moderne, n° 10. — Prose des morts, de Moissac, 115, 121.

PRUDENCE, poëte du IVe siècle ; ses vers sur la sténographie, 158.

PTOLÉMÉE. Ses harmoniques, 3.

Q

QUADRUPLE, contre-point à quatre parties ; règles de Francon, 59.

QUICONQUES VEUT. Déchant à quatre parties ; fac-similé, PLANCHE XXXVI ; traduction en notation moderne, n° 43.

QUILISMA, neume représentant une sorte de trille, 180.

QUINTILIEN (Aristide). Sa définition du mot *harmonie*, 2.

R

RÉGINON DE PRUM. Ce qu'il entend par consonnance et dissonance, 9, 11.

REMI D'AUXERRE. Sa définition de la musique harmonique, 9, 11.

RÉPÉTITION d'une même voix; ce qu'entend par là J. de Garlande, 53; — de voix différente, était le contre-point double, 53. — Exemple de répétition de voix différente, 53.

RETARD, ou prolongation harmonique, 68.

REUZELIED. Chant populaire flamand sur l'air de l'hymne *Conditor alme siderum*, 104.

RHYTHME MUSICAL. Sa définition, 73. — Inhérent aux chants populaires, 74. — Chez les Grecs et chez les peuples du nord, 74. — Son véritable caractère chez les anciens, 97 et 98.— — Dans les chants latins du moyen âge, 99. — Dans le plain-chant, 122. — Opinion de Baini, 123.

RIVET (dom) auteur du VIIIe volume de l'*Histoire littéraire de la France*. — Son opinion sur Jean de Garlande, 48.

ROMANUS, chantre romain envoyé à Charlemagne par le pape Adrien; sa copie de l'*Antiphonaire* de saint Grégoire, à Saint-Gall, contient des lettres indicatives, 179.

ROBERT DE HANDLO parle de J. de Garlande, 48.

ROTE, instrument de musique, 6.

S

SAINTES FEMMES (les). Voyez MARIES.

SANCTUS, déchant à trois parties du XIIe siècle, 70. — Fac-similé, PLANCHE XXVIII; traduction en notation moderne, n° 32.

SCHILTER a le premier publié le chant sur Louis le Germanique dans son *Thesaurus antiquitatum teutonicarum*, 157.

SCOT (Erigène). Passage sur l'organum dans son ouvrage *De divisione naturæ*, 11.

SIBYLLE. *Chant de la sibylle sur le jugement dernier*. Voyez Mss., bibliothèque Nationale de Paris.

SILENCE. Interposition du silence dans le rhythme en neumes, 44. — Texte, ib.; fac - similé,

musical des anciens démontrée par M. Vincent, 98.

SOLTAU. Sa manière de diviser le texte du chant sur Otton, 105.

SOUPIR. Ce que l'on entendait par là, 202.

SPECULUM MUSICÆ. — Traité de Jean de Muris. Voyez Muris.

STAPORST (Nicolas). Sa traduction des neumes, 168.

SYMPHONIE, accord, 9.

SYNCOPES, usitées au XIVe siècle, 68.

T

TACITE (Passage de) sur les chants populaires du Nord, 74.

TEMPS MUSICAL, appelé *tempus armonicum*, 142. — Ce que c'était au XIIe siècle et auparavant, ibid.

THOMAS CELANO, considéré comme l'auteur du *Dies iræ*, 115.

THURIAVE (office de saint) écrit en notation boëtienne, 151.

TONALITÉ. Différence entre notre tonalité et celle des Grecs, 4; — entre celle du plain-chant et celle de la musique vulgaire, 95; — des chants latins du IXe siècle, 95.

TOULOUSE. Tableau de neumes du XIIIe siècle, dans un manuscrit en la possession de M. l'abbé Berger, 182.

TREMULA, suivant Engelbert, était représenté par le neume *quilisma*, 180.

TRIPLE, déchant à trois parties, 45. — Règles de Francon, 59.

TRISTROPHE, neume répercuté, 153.

TUMBA SANCTI NICOLAI, déchant à deux parties, 70. — Fac-similé, PLANCHE XXX, n° 2; traduction en notation moderne, n° 36.

V

VENES A NUESCHES, chanson à deux parties avec paroles différentes, 96. — Fac-similé, PLANCHE XXXIV, n° 2; Traduction en notation moderne, n° 41.

VERBUM BONUM, déchant à deux parties, écrit

INDEX.

Planches XXIV et XXV; traduction en notation moderne, n° 23.

Verneilh (Félix de), auteur d'articles sur le style ogival dans les *Annales archéologiques*, XII.

Vicentino, donne des règles sur le *Contra-punto a mente*, 32.

Vièle, instrument de musique, 6.

Vierges sages et les vierges folles (les). — Texte 130; fac-similé, Planches XIII, n° 3, XIV, XV, XVI, XVII et XVIII, n° 1; traduction en notation moderne, n° 19.

Vincent, auteur de *Notice sur divers monuments grecs ;* ce qu'il dit de la tonalité et de l'harmonie des Grecs, 4. - Son opinion sur le rhythme musical des anciens, 97. — Son *Analyse du traité de la métrique et de la rhythmique de saint Augustin*, 97. — Silence dans le rhythme des anciens, 98. — Notation grecque, 150.

Virgule, neume générateur simple, 173, 184.

W

Walwein de Tervliet. Son opinion sur l'auteur du traité : *De arte musices* de la bibliothèque de Gand, 39.

Walther (Jean Ludolf). Ses tableaux de neumes avec traduction dans son *Lexicon diplomaticum*, 168.

Willems. Son édition du *Chant de Louis le Germanique*, 77.

Wolf (Ferdinand), conservateur de la bibliothèque Impériale de Vienne, nous a procuré un fac-similé d'une chanson de table du XI° siècle de cette bibliothèque, 108.

Wrigt (Thomas) a prouvé que Jean de Garlande, le grammairien, a vécu au XIII° siècle et était anglais, 48.

Z

Zacconi donne des règles relatives au chant sur le livre appelé par les Italiens *Contrapunto a mente*, 31.

Zarlino donne des règles relatives au chant sur le livre, 31.

FIN DE L'INDEX ALPHABÉTIQUE.

TABLE DES MATIÈRES.

		Pages.
PRÉFACE.		v

PREMIÈRE PARTIE.

HISTOIRE.

I.

HARMONIE.

Chapitre	I. Origine de l'harmonie. — Connaissance que les Grecs en ont eue	1
Chapitre	II. Suite de l'origine de l'harmonie. — Système de M. Fétis	5
Chapitre	III. L'harmonie depuis Isidore de Séville (vi^e siècle), jusqu'à Hucbald (ixe siècle)	8
Chapitre	IV. L'harmonie aux ixe et xe siècles. — Travaux de Hucbald. — « Organum », diaphonie. — Première espèce de diaphonie	12
Chapitre	V. Controverse sur la manière de traduire les exemples de diaphonie de Hucbald en notation moderne. — Seconde espèce de diaphonie	19
Chapitre	VI. Diaphonie au xie siècle. — Règles de Gui d'Arezzo. — Prépondérance de la diaphonie à intervalles et à mouvements mélangés sur celle à intervalles et à mouvements semblables. — Règles de Jean Cotton. — Mouvement contraire nettement posé par cet auteur	23
Chapitre	VII. Déchant. — Différence entre le déchant et la diaphonie. — Le déchant était une harmonie écrite et non improvisée. — Chant ou contre-point sur le livre	26
Chapitre	VIII. L'harmonie à la fin du xie siècle et au commencement du xiie. — Doctrine des trois premiers documents inédits	32
Chapitre	IX. Doctrine de Gui de Châlis. — Quatrième document inédit.	36
Chapitre	X. Doctrine harmonique du cinquième et du sixième document inédit. — Age des documents inédits	38
Chapitre	XI. Analyse des plus anciens monuments de déchant	42

TABLE DES MATIÈRES.

Pages.

CHAPITRE XII. Doctrine de Francon de Cologne, du nommé Aristote et de Jean de Garlande. — Classement des intervalles harmoniques. — Leur emploi. — Déchant coloré. — Répétition. — Contre-point double. — Imitations 46

CHAPITRE XIII. Déchant avec paroles. — Déchant en partie sans paroles, en partie avec paroles. — Conduit. — Triple. — Quadruple. — Quintuple 55

CHAPITRE XIV. Copule. — Hoquet. — Organum. 60

CHAPITRE XV. Résumé de l'harmonie au XIIe, au XIIIe et au XIVe siècles. — Faux bourdon. — Déchant dans l'Église 64

II.

MUSIQUE RHYTHMÉE ET MESURÉE.

CHAPITRE I. Caractère général de la musique mesurée au moyen âge. — Du rhythme et de la mesure. — Les chants populaires étaient rhythmés. — Chant sur Clotaire en 665. — Chant sur Louis le Germanique en 881 73

CHAPITRE II. Chants populaires antérieurs au IXe siècle. — Musique vulgaire. — Son caractère est différent de celui du plain-chant. — Chants religieux rhythmés 81

CHAPITRE III. Chants historiques en langue latine. — Leur caractère. — Leur tonalité 83

CHAPITRE IV. Rhythme musical des chants historiques latins du IXe siècle. — Rhythme musical des anciens. — Rhythme musical des poésies latines du moyen âge 97

CHAPITRE V. Odes de Boèce. — Odes d'Horace. — Énéide de Virgile avec notation musicale. — Mélodie des chansons de gestes. — Chant historique sur Otton III. — Chanson de table du Xe siècle. . 100

CHAPITRE VI. Chants religieux. — Chant de la Sibylle sur le jugement dernier. — Prose des morts de Saint-Martial de Limoges. — Prose des morts de Montpellier. — Libera 110

CHAPITRE VII. Du rhythme et de la valeur temporaire dans le plain-chant . 122

CHAPITRE VIII. Art dramatique au moyen âge. — Drame liturgique. — Son caractère musical 124

CHAPITRE IX. Drame mixte ou transitionnel. — Drame profane. — Son caractère musical 139

CHAPITRE X. Sources et premiers vestiges de la musique mesurée des XIIe et XIIIe siècles 141

TABLE DES MATIÈRES.

CHAPITRE XI. Francon de Cologne considéré comme le plus ancien écrivain sur la musique mesurée. — Controverse sur l'époque où il a vécu. — Importance de cette question. 143

III.

NOTATION.

CHAPITRE I. Deux systèmes de notation. — Notation par signes alphabétiques. — Notation par signes spéciaux. — Notation grecque, romaine, boétienne, grégorienne, neumatique. 149

CHAPITRE II. Origine des neumes 154

CHAPITRE III. Les neumes antérieurement au VIIIe siècle. — Neumes primitifs. — Neumes à hauteur respective. — Neumes à points superposés. — Neumes guidoniens. — Lignes. — Clefs. — Neumes réguliers et irréguliers 161

CHAPITRE IV. Traduction des neumes. — Importance de cette question. — Tentatives faites pour la résoudre. 166

CHAPITRE V. Classement méthodique des neumes. — Leur signification. — Leur succession et leur enchaînement. 170

CHAPITRE VI. De la durée des sons et des ornements mélodiques dans les neumes. — Tableaux des neumes de Saint-Blaise, d'Ottenbourg, de Murbach, de Toulouse, du Mont-Cassin, du Vatican, de Saint-Marc à Venise et de Douai. 178

CHAPITRE VII. Transformation des neumes en notation carrée. — Premiers vestiges de notation mesurée 184

    1. Tableau synoptique indiquant la transformation des neumes en notes carrées du XIIe siècle. 184

    2. Tableau analytique et synoptique des neumes à points superposés. 184

CHAPITRE VIII. Règles de la notation mesurée aux XIIe et XIIIe siècles. — Notes simples. — Leurs rapports de durée. — Pliques 187

CHAPITRE IX. Notes liées appelées ligatures. — Doctrine des documents inédits. — Doctrine de Francon de Cologne, de Jean de Garlande et du nommé Aristote. — Pauses. — Signe de division. — Soupir. 193

    Tableau synoptique des ligatures d'après les Doc. V et VI. 196

    Tableau synoptique des ligatures du traité d'Aristote. 197 à 199

CHAPITRE X. Modes. — Notation rouge et noire. 202

CHAPITRE XI. Bibliographie du déchant et de la musique mesurée des XIIe, XIIIe et XIVe siècles. 211

TABLE DES MATIÈRES.

DEUXIÈME PARTIE.
DOCUMENTS.

	Pages.
I. Traité d'organum.	225
II. Traité de déchant en langue romane.	244
III. Doctrine du déchant vulgaire.	247
PLANCHE A, contenant les exemples des documents II, III, IV et V.	252
IV. Traité de Gui de Châlis.	254
V. L'art de déchanter.	259
VI. Règles sur l'art de déchanter.	274
VII. La Calliopée légale, par Jean Hothby.	295

TROISIÈME PARTIE.
MONUMENTS.

I.
FAC-SIMILÉS.
IXe SIÈCLE.

PLANCHE I. N° 1. Ode de Boèce.
N° 2. Autre ode de Boèce.
N° 3. Chant sur la bataille de Fontanet.
N° 4. Chant sur Éric, duc de Frioul.
PLANCHE II. N° 1. Complainte sur la mort de Charlemagne.
N° 2. Complainte sur la mort de l'abbé Hug.
N° 3. Chant de Godeschalc.
PLANCHE III. Prose des morts de Saint-Martial de Limoges.
PLANCHE IV. N° 1. Suite de la prose de Saint-Martial de Limoges.
N° 2. Chant de la sibylle sur le jugement dernier.
PLANCHE V. Suite du chant de la sibylle.
PLANCHE VI. Chant de la sibylle sur le jugement dernier (autre version).

Xe SIÈCLE.

PLANCHE VII. Prose des morts de Montpellier.

TABLE DES MATIÈRES.

PLANCHE VIII. N° 1. Chant sur Otton III.
      N° 2. Chanson de table.
PLANCHE IX. N° 1. Chanson de table (autre version).
      N° 2. « Virgo Israel ».
PLANCHE X. Ode à Philis, d'Horace.
PLANCHE XI. N° 1. « Libera », du missel d'Aquilée.

XIe SIÈCLE.

PLANCHE XI. N° 2. « Libera », d'un bréviaire de Cividale.
PLANCHE XII. Lamentation de Rachel.
PLANCHE XIII. N° 1. « Libera », de la bibliothèque Vallicellana.
       N° 2. Les trois Maries.
       N° 3. Les Vierges sages et les Vierges folles.
PLANCHE XIV. Suite.
PLANCHE XV. Suite.
PLANCHE XVI. Suite.
PLANCHE XVII. Suite.
PLANCHE XVIII. N° 1. Suite.
       N° 2. Les prophètes du Christ.
PLANCHE XIX. Suite.
PLANCHE XX. Suite.
PLANCHE XXI. Suite.
PLANCHE XXII. Suite.
PLANCHE XXIII. N° 1. Suite.
       N° 2. « Mira lege », à deux voix.

XIIe SIÈCLE.

PLANCHE XXIV. « Verbum bonum et suave », à deux voix.
PLANCHE XXV. Suite.
PLANCHE XXVI. N° 1. Chant de la sibylle sur le jugement dernier.
       N° 2. « Agnus fili virginis ».
       N° 3. Air de danse.
PLANCHE XXVII. N° 1. « Lonc le rieu de la fontaine ».
       N° 2. « Dames sont en grant esmai ».
       N° 3. « Dieus je ne puis la nuit dormir ».
       N° 4. « Custodi nos ».
       N° 5. « Dulcia ».
PLANCHE XXVIII. « Ascende Christe ».
PLANCHE XXIX. N° 1. « Sanctus ».
       N° 2. « Benedictus ».

372   TABLE DES MATIÈRES.

PLANCHE   XXX. N° 1. « Benedicamus ».
                N° 2. « Alleluia ».
                N° 3. « Tumba sancti Nicolai ».
                N° 4. « Virgo Israhel ».

XIIIe SIÈCLE.

PLANCHE   XXXI. N° 1. Rondeau à trois parties d'Adam de la Hale.
                N° 2. Autre rondeau à trois parties, par le même.

XIVe SIÈCLE.

PLANCHE   XXXII. « Main se leva sir Garins ».
PLANCHE   XXXIII. Faux bourdon à trois voix.
PLANCHE   XXXIV. N° 1. « Libera ».
                 N° 2. « Venes à nuesches », à deux parties.
PLANCHE   XXXV. « Ne cele amour », à trois parties.
PLANCHE   XXXVI. « Quiconque veut », à quatre parties.

X^e, XIe, XIIe, XIIIe ET XIVe SIÈCLES.

PLANCHE XXXVII. N°s 1 et 2. Tableaux de neumes du Mont-Cassin.
PLANCHE XXXVIII. N° 1. « Collegerunt ».
                 N° 2. Ode à Albius, d'Horace.
                 N° 3. Tableau de neumes de Douai.
                 N° 4. Id.   du Vatican.
                 N° 5. Id.   de Venise.

II.

TRADUCTION DES FAC-SIMILÉS

EN NOTATION MODERNE.

IXe SIÈCLE.

                                                                    Pages.
1. Ode de Boèce.. iij
2. Autre ode de Boèce.. iij
3. Chant sur la bataille de Fontanet............................ iv
4. Chant sur la mort d'Éric, duc de Frioul...................... iv
5. Complainte sur la mort de Charlemagne........................ iv
6. Complainte sur la mort de l'abbé Hug......................... v
7. Chant de Godeschalc... v
8. Prose des morts de Saint-Martial de Limoges.................. v
9. Chant de la Sibylle sur le jugement dernier................. vij

TABLE DES MATIÈRES.

Xe SIÈCLE.

10. Prose des morts de Montpellier	ix
11. Chant sur Otton III	x
12. Chanson de table	x
13. Ode à Philis, d'Horace	xij
14. Ode à Albius, d'Horace	xij
15. « Libera », du missel d'Aquilée	xiij

XIe SIÈCLE.

16. « Libera », d'un bréviaire de Cividale	xiij
17. « Libera », de la bibliothèque Vallicellana	xiv
18. Lamentation de Rachel	xiv
19. Les trois Maries	xv
20. Les vierges sages et les vierges folles	xv
21. Les prophètes du Christ	xviij
22. « Mira lege », à deux parties	xxj

XIIe SIÈCLE.

23. « Verbum bonum et suave », à deux parties	xxij
24. « Agnus fili Virginis », à deux parties	xxiv
25. Air de danse	xxv
26. « Lonc le rieu de la fontaine », déchant à deux parties, avec paroles différentes	xxv
27. « Dames sont en grant esmai », déchant à deux parties, avec paroles différentes	xxvj
28. « Dieus je ne puis la nuit dormir », triple, ou déchant à trois parties, avec paroles différentes	xxvj
29. « Custodi nos », triple ou déchant à trois parties avec imitations	xxvij
30. « Dulcia », triple de Francon de Cologne	xxviij
31. « Ascende Christe », à deux parties	xxviij
32. « Sanctus », à trois parties	xxx
33. « Benedictus », à trois parties	xxxij
34. « Benedicamus », à trois parties	xxxiij
35. « Alleluia », à deux parties	xxxiij
36. « Tumba sancti Nicolai », à deux parties	xxxiv

XIIIe SIÈCLE.

37. « Hareu li maus d'amer », rondeau à trois parties, d'Adam de la Hale	xxxv
38. « Fines amouretes », autre rondeau à trois parties, d'Adam de la Hale	xxxv

TABLE DES MATIÈRES.

XIVᵉ SIÈCLE.

Pages.

39. « Main se leva sir Garins », chanson. . . . . xxxvj
40. « Spiritus et alme », faux bourdon à trois parties . . . . xxxvj
41. « Venes a nuesches », chanson à deux parties, avec paroles différentes. xxxix
42. « Ne cele amour », chanson à trois parties. xl
43. « Quiconques veut », chanson à quatre parties. . . . . xlij
44. « Reuzelied », chanson populaire flamande sur la mélodie de l'hymne : *Conditor alme siderum* xliv
45. « Halewyn », chanson populaire flamande sur la mélodie du « Credo ». xliv

INDEX ALPHABÉTIQUE. 555

FIN DE LA TABLE DES MATIÈRES.

www.ingramcontent.com/pod-product-compliance
Lightning Source LLC
Chambersburg PA
CBHW071614230426
43669CB00012B/1931